Hans Magenschab
ANDREAS HOFER

Hans Magenschab

ANDREAS HOFER

Held und Rebell der Alpen

Alle Bilder stammen aus dem Bildarchiv
der Österreichischen Nationalbibliothek, Wien.

Umwelthinweis:
Dieses Buch und der Einband wurden auf chlorfrei
gebleichtem Papier gedruckt.
Die Einschrumpffolie – zum Schutz vor Verschmutzung –
ist aus umweltverträglichem und recyclingfähigem PE-Material.

Ungekürzte Lizenzausgabe der Buchgemeinschaft
Donauland Kremayr & Scheriau, Wien,
und der angeschlossenen Buchgemeinschaften

© 1998 by Amalthea Signum Verlag GmbH, Wien
Alle Rechte vorbehalten
Covergestaltung: Wolfgang Heinzel
Herstellung und Satz: VerlagsService Dr. Helmut Neuberger
& Karl Schaumann GmbH, Heimstetten
Gesetzt aus der 10/13,5 pt Simoncini Garamond
Druck und Binden: Ueberreuter Buchproduktion, Korneuburg
Printed in Austria

Buch-Nr. 84163 5
www.donauland.at

Inhalt

Motiv 7

Mantua 1810 9

Politik kommt ins Passeiertal 34

Begegnung mit der Revolution 49

Zwischen Bayern und dem Po: Tirol 66

»Ihr seid Bayern« 91

Die Folgen von Austerlitz 103

Tiroler im Widerstand 118

Das spanische Modell 139

Andrä Hofer – »Ernannter Kommandant« 161

Mai am Bergisel 202

Ein Kaiser verspricht 222

»Marschall, seien Sie schrecklich!« 243

Inhalt

Die Ächtung des Sandwirts 262

Metternich 285

Verzweiflung am Brenner 313

Vom Ende zur Legende 338

Zeittafel 363

Literaturverzeichnis 369

Personenregister 379

Motiv

Ein Blick in die Zeitungen oder auf den Fernsehschirm macht klar, warum heute eine Beschäftigung mit Andreas Hofer und seinen Tirolern sinnvoll ist: Der Wirt aus dem Passeiertal verkörperte vor nicht ganz 200 Jahren *die erste militärisch organisierte Widerstandsaktion* Mitteleuropas – *eine Partisanenbewegung von Freiheitskämpfern* unter einem Oberbefehlshaber mit klar umrissenen politischen Zielen: jede Hütte eine Festung, jeder Bauer ein Schütze, jeder Wirt ein Kommandant. Überdies war mit Andreas Hofer erstmals ein »Mann aus dem Volk« ins Rampenlicht der Geschichte getreten.

Was den Tirolern nördlich und südlich des Brenner damals gelang, war eine *Selbstbefreiung* auf Zeit. Hatten doch 1805 die Großmächte am Grünen Tisch kaltblütig über die Köpfe des Bergvolkes in den Alpen hinweg entschieden. Daß die Bauern im Zuge der Kämpfe von 1809/10 die besten Marschälle Napoleons und seiner Verbündeten besiegten, überraschte die Zeitgenossen und ist aus heutiger Sicht bemerkenswert. Es zeigt, daß Befreiungskampf und Widerstand stets Inspiration und Mythos erschaffen und daß die Helden der Geschichte damals wie heute die heroischen Führer im Dienst von »Gerechtigkeit« und »Freiheit« sind, auch wenn sie für Gewalt und Grausamkeit die Verantwortung tragen.

Andreas Hofer wurde freilich zum Rebellen, ohne ein Revolutionär im Sinne der damals gerade zu Ende gegangenen *revolution française* gewesen zu sein; vielmehr war er ein Konservativer, ja Reaktionär, der die Rückkehr zur alten ständisch-katholischen Ordnung in seinem Land anstrebte. Er mußte aber vor das Hinrichtungskommando, weil er an seinem *Widerstandsrecht* festhielt, als der Friede bereits unbestritten war.

*

Der Dank des Autors für das Zustandekommen dieses Buches gilt vielen Institutionen, Archiven und Bibliotheken, insbesondere in Innsbruck, Bozen und Wien. Es sei noch angemerkt, daß Zitate in dieser Arbeit behutsam in eine modernisierte, verständliche Form gebracht wurden und die Schriftstücke Andreas Hofers aus dem Tirolischen ins Hochdeutsche übersetzt wurden. Personen- und Ortsnamen orientieren sich an der Schreibweise des »Tirol-Lexikons« von Gertrud Pfaundler.

Möge dieses Buch – über Tirol, Österreich und den Alpenraum hinaus – viele Leser finden und mithelfen, ein Stück europäischer Geschichte aufzuhellen.

Mantua 1810

Wer das Land Tirol – von Norden nach Süden – durchquert und über die heutige Staatsgrenze am Brenner fährt, trifft in Bozen auf den Fluß Etsch. Die Italiener haben dem Land südlich des Brenners den Namen des Flusses gegeben – Alto Adige. Es heißt erst seit 1918 so. Vorher hatte sich die gefürstete Grafschaft Tirol von Kufstein und den Allgäuer Alpen Bayerns bis fast zum Gardasee erstreckt.

Die Etsch ist so aufs engste mit der Geschichte dieses Landes verbunden; ihr eigenes Tal wie jenes der Zuflüsse sind uraltes Siedlungsgebiet: Eisack, Passer, Rienz, weiter südlich Noce, Avisio, Leno Vallarsa.

Tief mußte sich der Fluß eingraben in die harten Bergmassive zwischen Ortler und Dolomiten und hat doch wie kein Wasserlauf in Europa den Weg von Nord nach Süd geöffnet.

Sprach- und Kulturgrenzen verwischend, hat hier mehr als anderswo die Geschichte als formendes Element der Landschaft ihren Stempel aufgedrückt. Links und rechts der Etsch, südlich von Bozen und Trient, stehen unzählige Burgen und Türme – Zeugen für Schutz und Wehr an diesem kaiserlichen Weg; Forts und Festungen erweisen sich bis in die Gegenwart als beredte Zeugen eines riesigen europäischen Schlachtfelds; Monte Baldo und Lessinische Alpen waren Tor und Sperre zugleich.

Hier verläuft, unweit von Belluno, auch die alte Grenze Tirols, der Habsburgermonarchie, des Heiligen Römischen Reiches, des Bistums von Trient, das in der Geschichte des Katholizismus eine so außerordentliche Bedeutung hat: Ging doch von hier die Rekatholisierung Mitteleuropas aus. Der Ort Ala an der Etsch, südlich von Rovereto, war einst die letzte größere Siedlung Tirols vor der Grenze. Heinrich Heine hat uns, als er 1830 hier durchkam, eine lebhafte Schilderung hinterlassen:

»Ala ist schon ein recht italienisches Dorf. Die Lage ist pittoresk, an einem Berghang, ein Fluß rauscht vorbei, heitergrüne Weinreben umranken hie und da die übereinanderstolpernden zusammengeflickten Bettlerpaläste ...«

Es war damals 20 Jahre her, daß dieses Ala einen anderen Reisenden erlebt hatte – in ganz anderem Zusammenhang als der flotte Dichter auf seiner Italienfahrt. Und gut möglich ist, daß die Dorfbewohner Heine noch davon erzählten, was sich 20 Jahre vorher zugetragen hatte.

Am 2. Februar 1810 war ein vierrädriger Karren in den Ort eingefahren; dahinter und davor ritten Soldaten in französischer Uniform, die die neugierigen Dorfbewohner an den Straßenrand drängten. Im Wagen selbst saß, gefesselt, ein Mann mit schwarzem Bart. Neben ihm sein jugendlicher Gefährte – gefesselt wie er. Man hatte – wegen der Kälte – den Gefangenen eine dicke braune Decke um die Schultern gelegt, so daß sie wie Mitglieder der braungekleideten Bettelorden der katholischen Kirche, wie Kapuziner oder Franziskaner, aussahen – hätte der Bärtige freilich nicht einen großen breitrandigen Hut aufgehabt. Sein Gesicht zeigte unverwechselbare Spuren von Mißhandlungen, es war aufgeschwollen, und die kleinen dunklen Augen blickten wehmütig in die Menge der Dorfbewohner, die sich ängstlich am Marktplatz von Ala versammelt hatten. »Es ist der Barbone«, flüsterten sich die Männer zu; der General Barbone, der die Franzosen in so vielen Schlachten besiegt hat ... Fromme Frauen bekreuzigten sich, und einige Männer zogen ihren Hut. Andreas Hofer, der Sandwirt aus dem Passeiertal, weiland Oberkommandant der gefürsteten Grafschaft Tirol, den die Italiener Barbone nannten, war in der Hand seiner Feinde; mit ihm sein junger Adjutant Kajetan Sweth.

Jeder wußte, was dieses Schauspiel zu bedeuten hatte. Man führte den Helden der Berge zu seinem letzten Gefecht – vor ein Militärtribunal.

In einer Mischung aus Neugier und Ehrfurcht begegneten hier in Ala dem Sandwirt zum letzten Mal seine Tiroler Landsleute, Tiroler italienischer Zunge, Menschen, die sich nicht mit übermäßiger Freude am Aufstand Tirols gegen Napoleons Armeen und die seiner Verbündeten beteiligt hatten – gegen bayrische, sächsische, rheinische, italienische Truppen. Aber auch sie fragten: Wer war dieser einfache Mann, der es zuwege gebracht hatte, französischen Marschällen und Herzögen zu widerstehen, den Befehlshabern der bestgerüsteten Armeen der damaligen Welt? Ja, der sie demütigte – und den großen Kaiser der Franzosen offen herausforderte, dessen unbändigen Zorn provozierend?

Die Soldaten zerrten den steifgefrorenen Hofer vom Wagen. Man quartierte ihn im Haus des Ortskommandanten ein, wo er – es war Freitag und Lichtmeßtag, ein Feiertag in Tirol – kein Fleisch, sondern nur Käse und Brot zu sich nahm. Der italienische Schriftsteller Antonio Bresciani, der als Schüler in Ala den Vorfall beobachtet hatte, schrieb später genau darüber:

»Der Speisesaal lag gegen eine Loggia. Dort stand ich mit einem Freund und spähte mit jugendlicher Neugier in den Saal und betrachtete den großen Gefangenen. Er stand noch im besten Alter, war von hoher Statur und stark gebaut, mit hoher Stirn, langem Gesicht, langem Bart und schütteren, feinen Haaren, die ihm auf die Schultern herabhingen ... Der wackere Mann, der in Ofennähe saß, nahm sodann einen alten großen Rosenkranz vom Hals und begann mit gefalteten Händen sein Gebet ... welch ein großer Gegensatz! Die schwelgenden Soldaten, die den Wein in sich hineinschütteten und sich über ihn lustig machten, und Barbone – dem sie ein Glas vors Gesicht hielten, als wollten sie ihn leben lassen ...«

Als die Dunkelheit einbrach, führte man Andreas Hofer in ein über dem Saal liegendes Zimmer. Gegenüber der primitiven Schlafstatt rückten sich ein Offizier und ein Wachsoldat die Sessel zusammen, um die Nacht etwas bequemer zu verbringen. Weil sie aber froren, füllten sie ein Becken mit Holzkohle und entzündeten dieses. Als der Sandwirt eingeschlafen war, übermannte auch Offizier und Grenadier die Müdigkeit – der Rotwein dürfte sein übriges beigetragen haben.

Was nun geschah, ist uns nicht exakt überliefert. Die wahrscheinlichste Variante ist aber, daß dem Kohlenbecken giftige Gase entströmten, die den französischen Offizier und den Soldaten betäubten, wodurch letzterer zu Boden polterte. Hofer muß erwacht sein und begriffen haben, daß er jetzt ohne Schwierigkeiten fliehen konnte. Aber statt dessen weckte er die anderen Soldaten in den Nachbarzimmern und löschte mit ihnen gemeinsam das Kohlefeuer; ja, er beteiligte sich am Abtransport der noch immer betäubten Männer.

Warum floh Hofer nicht?

Begriff er nicht, daß damit die letzte Möglichkeit der Flucht auf Tiroler Boden vorbeigegangen war? Hier wäre er wohl sehr rasch im unwegsamen Gelände der verschneiten Berge links oder rechts des Etschtales entkommen. Die Bauern ringsum hätten ihm auch gerne weitergeholfen, ihm, dem Helden des Landes ...

Am kommenden Tag verließ der Karren mit dem angeketteten Sandwirt den Ort Ala – so wie er gekommen war. Die Soldaten verstanden Hofer wohl nicht ganz – aber sie mußten

Mantua 1810

jetzt weniger Sorge haben, daß ihnen ihr prominenter Gefangener entkommen würde. Führten sie einen Märtyrer mit sich, einen Mann, der wissentlich zum Opfer werden wollte? Wofür, weshalb? Bald lag Ala hinter dem bizarren Zug, der sich nach Süden bewegte.

Über der alten Festung am Mincio lag gleißendes Sonnenlicht, als Hofer und seine Eskorte am 5. Februar endlich über Peschiera und Vallegio Mantua erreichten und durch die Porta Molina einfuhren. Der Mincio bildet hier auf drei Seiten einen See. Halb und halb hatte damals das Eis eine dünne, glänzende Decke gebildet. Wie in einem Spiegel brach sich unwirklich das Licht, die hohen Festungsmauern schienen wie ein Märchenschloß in die Höhe zu ragen.

Vergil, der römische Dichter und ein Kind der Landschaft um Mantua, hatte einst die Sage verbreitet, daß Manto, die Tochter des hellenischen Sehers Teiresias, diese Stadt begründet und ihr den Namen gegeben haben soll. Es gab aber damals Sümpfe hier ringsum, ein Betreten des festen Terrains war schwierig. So wechselte die Stadt ihren Besitzer zumeist friedlich: Römer, Westgoten, Byzantiner, Langobarden, Franken – sie alle bauten, vergrößerten, zerstörten.

Erst im hohen Mittelalter fand Mantua zu sich selbst. Im 12. und 13. Jahrhundert wurde sie freie Stadt, bürgerlicher Sinn regulierte die Sümpfe – und ließ den See entstehen, der Mantua erst zur uneinnehmbaren Festung machte.

Berichte besagen, daß 1810 die italienischen Bewohner Mantuas Mitleid mit Andreas Hofer empfunden hätten; der italienische Graf Giovanni Arrivabene schilderte in einem Augenzeugenbericht die schmachvolle Einlieferung des »unglücklichen Tirolers«; anderen Berichten zufolge sollen sogar die Mantuaner 5000 Scudi als Lösegeld für die Befreiung des Sandwirts bereitgestellt haben.

Im sogenannten Al-Vaso-Turm am Mühlendamm befand sich eines der Gefängnisse der Festung. Dort empfing nun den Barbone ein Mann, der die Tiroler kannte: Pierre François Bisson. Neun Monate waren erst vergangen, seit dieser Generalleutnant der französischen Armee nach einer abenteuerlichen Durchquerung Tirols entlang von Etsch und Eisack vor den Toren der Landeshauptstadt Innsbruck die Waffen strecken mußte ... er war damals in die Gefangenschaft der Bauernrebellen gefallen; und der kaiserliche Adler Napoleons auf den Fahnen des stolzen Korps war von den betrunkenen Tiroler Landstürmern in den Schmutz getreten worden. Bisson war dabei der erste Franzose gewesen, der mit den Tirolern so unangenehme Erfahrungen gemacht hatte – und der nun mit der Schande nicht fertig wurde, die seine Soldatenehre befleckte.

Jetzt stand just dieser Pierre François Bisson Andreas Hofer gegenüber. Napoleon hatte ihn, den Versager von Innsbruck, zum Festungskommandanten Mantuas bestellt; oder degradiert? Hofer, so alt wie Bisson selbst, war diesem freilich unbekannt. Damals, im April 1809 vor Innsbruck, war der Sandwirt ja auch noch gar nicht Oberkommandant von Tirol gewesen, vielmehr weit weg in Südtirol als Passeier Schützenhauptmann im Einsatz gestanden. Aber viel hatte Bisson mittlerweile von diesem berühmtesten aller Insurgenten gehört. Wochenlang hatte man ja ganz Tirol nach dem Sandwirt abgesucht, bis man ihn auf einer verschneiten Alm aufgestöbert hatte.

Bisson war ein Mann des Anstands und der guten Sitten, ein charmanter Südfranzose aus der Provence. Einen so wichtigen Gefangenen, so nahm er sich vor, mußte man nicht nur gut verwahren, man mußte ihn auch ritterlich behandeln. Also überwand er seine Abneigung gegen den Rebellenführer jenes Volkes, das ihn so schwer gedemütigt hatte, und veranlaßte alles, um für Andreas Hofer im Gefängnis eine anständige Behandlung zu gewährleisten. Er wies ihm die Zelle Nr. 11 zu – eine angesichts der Umstände menschliche Bleibe. Mit Hofer wurde Kajetan Sweth, der Adjutant, untergebracht.

Die beiden merkten bald, daß sie nicht allein in der Festung waren: Wie ein Lauffeuer hatte sich die Ankunft des Sandwirts bei den anderen Gefangenen herumgesprochen. Es waren zahlreiche Tiroler darunter, die in den letzten Wochen des blutigen Kampfes in Gefangenschaft geraten waren. Hofer erfuhr erst jetzt von den Greueln in den Tälern, vor allem im Süden Tirols. Dort hatten die Franzosen jene Rebellen, die sie mit dem Stutzen in der Hand angetroffen hatten, zumeist sogleich erschossen; im Pustertal, rund um Brixen und in Osttirol hatten die Generäle Bertoletti, Severoli und Broussier besonders grausame Rache genommen; viele Schützen, und durchaus nicht nur die Anführer, waren standrechtlich füsiliert worden; in verkürzten Verfahren hatte man andere zu unterschiedlich hohen Haftstrafen verurteilt. Und jene, die Hofer in Mantua vorfand, waren der glücklichere Teil; die meisten anderen waren auf kleine, besonders unmenschliche Gefängnisse verteilt – oder, wie man hörte, bereits auf die Inseln Elba und Korsika deportiert worden.

Hofer hatte jetzt Zeit, seine Gedanken zu sammeln. Und hier, in der kalten Zelle, begriff er so nach und nach, daß man ihm und niemandem sonst die Schuld für die Aufstandsbewegung zumessen wollte. Zwar hing alles mit dem großen Krieg Österreichs gegen Frankreich – Kaiser Franz I. gegen Napoleon – zusammen: Aber er sollte wohl das sichtbare Opfer werden; der Schuldige; der Kriegsverbrecher. Nicht die großen Täter der Geschichte mußten büßen, sondern jene, die sich nicht mehr wehren konnten.

Und für sein eigenes Volk? War er auch für die Tiroler der Schuldige am unglückseligen Aufstand?

Heute wissen wir, daß es 1809/10 gut 2500 Gefallene bei den Tirolern gegeben haben dürfte – unter ihnen auch Frauen; mehr als doppelt so viele auf der gegnerischen Seite. Da waren die Soldaten Napoleons: Franzosen, Bayern, Sachsen und Rheinländer; diese zu den Waffen Gezwungenen waren irgendwo in einem der vielen Täler Tirols von Felsen und Baumstämmen erschlagen worden, hatten ihr Leben unter dem Kugelregen der Tiroler Schützen verloren oder waren mit den Schlag- und Stichwerkzeugen der Tiroler Landstürmer umgebracht worden. Viele andere hatten so schwere Verletzungen erlitten, daß sie für immer Krüppel bleiben mußten; noch waren ja die medizinischen Bedingungen katastrophal. Wieviel Schmerzen, wieviel Leid und wieviel materieller Schaden lagen in der Waagschale der himmlischen Gerechtigkeit?

Die Tage in Mantua zogen sich dahin. Eine Woche war vorbeigegangen. Bisson hatte sich erkundigt, ob sein prominenter Gefangener zufrieden war. Ein Priester hatte Hofer besucht und die Kommunion gespendet.

Wenn aber der Sandwirt in den kalten Nächten nicht so recht schlafen konnte, verfiel er oft in Melancholie. Immer schon hatte er darunter gelitten, daß sich trübe Gedanken in sein Hirn einschlichen ... dann war er selbst zu keiner überlegten Tat fähig und folgte blind den Menschen in seiner Umgebung – und die erwiesen sich nur allzuoft als unzuverlässig oder unglaubwürdig. Hatten sie nicht die düsteren Stunden voller Rotwein ausgenützt – seine Mitkämpfer, der Haspinger, der Kolb, der Speckbacher? Hatten sie ihn nicht immer wieder ins Abenteuer gestürzt, wenn er schwermütig war? Und verstanden sie es nicht geschickt, seine Gutmütigkeit in diesen Phasen auszunützen?

Was konnte es ihm freilich jetzt noch nützen, über die falschen Freunde von einst zu sinnieren? Hier, in Mantua? Wo waren sie jetzt bloß alle? Gefallen, gefangen wie er? Nach Österreich geflüchtet? Wahrscheinlich waren sie über alle Berge und in Sicherheit.

Was aber war, abgesehen vom persönlichen Versagen, seine konkrete, rechtlich faßbare Schuld?

Er war bayrischer Untertan gewesen, als der Aufstand im April 1809 ausgebrochen war; aber zu diesem Zeitpunkt war schon der Krieg im Gange gewesen – und Tirol war Kriegsgebiet; dann hatten die Österreicher mit Napoleon und damit auch mit Bayern einen Waffenstillstand geschlossen. Das war im Juli 1809. Da war es aber dann das gute Recht der Tiroler gewesen, sich gegen die Brandschatzung und Zerstörung zu wehren, mit der französische Marschälle und bayrische Generäle in Tirol zu wüten begannen. Erst im Oktober war dann der Friede zwischen Napoleon und Kaiser Franz abgeschlossen worden – der »Friede von Schönbrunn«, wie man ihn nannte. Aber von ihm wurde Hofer teils widersprüchlich, teils zu spät unterrichtet. Man konnte ihm und seinen Landsleuten doch nicht anlasten, daß sie wochenlang von Kaiser Franz nicht ausreichend verständigt worden waren! Und als sie endlich korrekte Nachrichten aus Österreich besaßen, war es nur zu verständlich gewesen, daß sie nicht wie die Lämmer auf ihren Schlächter warten wollten. Er, der Sandwirt, hatte selbst ja Frieden machen und in Verhandlungen das Beste für seine Landsleute erreichen wollen – nur hinderten ihn daran seine Mitkämpfer – vor allem jene Kommandanten, die ihm das ganze Jahr hindurch zur Seite gestanden waren. Sie waren es, die ihn mit der Waffe in der Hand zum Weiterkämpfen aufgefordert hatten – obwohl ihnen allen Amnestie zugesichert war.

Das war wohl sein *größter* Fehler ... er konnte in der entscheidenden Phase des Befreiungskampfes nicht »Nein« sagen. Vielmehr hatte er sich in sein Schicksal ergeben – und das gegen besseres Wissen. Dafür würde er nun bezahlen müssen, daß damals, im November, wieder auf die Franzosen und Bayern geschossen worden war, daß man den einrückenden Truppen den Weg versperrt und eingeschlossene Einheiten rücksichtslos niedergemetzelt hatte.

Über alle diese Umstände wußte der Kaiser Franz in Wien Bescheid – und vor allem der gute »Prinz Hansl«, der Bruder des Kaisers und heimliche Schutzpatron der Tiroler. Diesem Erzherzog Johann hatte Hofer noch knapp vor seiner Verhaftung geschrieben, daß die Tiroler schon im Frühjahr wieder zu den Waffen greifen würden, wenn Österreich es wünschte. Daraus, das war er sich sicher, würde man ja in Wien seine Treue erkennen – und alles zu seiner Rettung unternehmen.

Der 18. Februar 1810 war ein düsterer Morgen. Die Wachtposten der Porta Mulina rieben sich den Schlaf aus den Augen. Zwei Reiter in Husarenuniform und umgeschnallten Kuriertaschen sprengten heran. Sie verlangten, sofort zum Wohnhaus des Generals Bisson, des Kommandanten der Stadt, geführt zu werden; sie hätten eilige Post bei sich.

Bisson studierte die Ordre und erfuhr, daß der italienische Vizekönig Eugène Beauharnais, Napoleons Stiefsohn, einen Tag vorher nach Mailand zurückgekehrt war, direkt aus Paris – vom großen Kaiser. Und er hatte jenen Befehl mitgebracht, der Bissons prominentesten Gefangenen betraf. In der Abschrift des Auftrages, den der Kaiser am 11. Februar erteilt hatte, hieß es: »Da Hofer nun einmal in Mantua ist, geben Sie den Befehl, eine Kriegskommission zu seiner Verurteilung zu bilden und ihn an Ort und Stelle zu erschießen, und all das binnen 24 Stunden.«

Bisson schluckte einige Male. Und las die entscheidende Passage nochmals: »Qu'on forme une commission militaire pour le juger et qu'il soit fusillé ...«

Ein französischer General fragt und grübelt indes nicht lange. Er gehorcht. Und auch in diesem Fall erstickte die Disziplin jede Regung des Gewissens.

Zum ersten mußte Bisson daher sofort eine Kommission zusammenstellen und eine Anklage aufsetzen. Denn sein Kaiser wollte ja ein ordnungsgemäßes Verfahren. Sollte er aber die Offiziere des Kriegsgerichtes darüber informieren, daß das Ganze eine Farce sein müßte? Oder würde sich nicht ohnehin die Schuld Hofers logisch ergeben? Das Verhalten der Mitglieder des Kriegsgerichtes läßt den Schluß zu, sie hätten sehr wohl Bescheid gewußt, was Napoleon im fernen Paris wünschte – auch ohne Kenntnis aller Fakten.

Die 3. Militär-Division Mantua listete mittlerweile wunschgemäß die Vorwürfe auf, die Hofers Verhalten betrafen. Konkret bedeutete dies, daß die Anklage ihm das Verbrechen nach Artikel 3 der Proklamation des Vizekönigs von Italien vom 25. Oktober 1809, weiters das Verbrechen nach Art. 1 und 3 des Patentes vom 12. November 1809 – im Zusammenhang mit den Art. 1 und 4 des II. Teiles des Allgemeinen Französischen Militärgesetzbuches vom 6. Oktober 1791 vorwarf.

Grundlage der Anklage waren die Dokumente, die über Hofer vom Generalleutnant Louis Graf Baraguey d'Hilliers, der in Bozen kommandierte, gesammelt worden waren. Man hatte darin alles Wesentliche zusammengefaßt, was auf Hofers Umtriebe *nach* dem Friedensschluß von Schönbrunn und der Verkündigung des Friedens in Tirol selbst abzielte. Es ging also jetzt keinesfalls um die Aufwiegelung und Führung des Aufstandes zum Zeitpunkt des großen Krieges von 1809 – sondern *ausschließlich* um jene Zeit, in der Hofer vom Friedensvertrag *wußte*, aber dennoch seine Landsleute zu weiterem Kampf aufstachelte. Wesentlich war wohl auch die Frage, ob Hofer zum Zeitpunkt seiner Verhaftung bewaffnet war bzw. Widerstand leistete.

General Bisson unterschrieb selbst die Anklageschrift, ebenso der Militärstaatsanwalt, ein gewisser Hauptmann Brulon.

Jetzt galt es noch, einen Verteidiger ausfindig zu machen. Das Verfahren vor den französischen Militärkommissionen sah nämlich zwingend vor, daß dem Angeklagten ein Anwalt zugeteilt wurde.

Bisson besprach sich daher mit dem als Staatsanwalt fungierenden Hauptmann Brulon, und man vereinbarte, den in Mantua recht bekannten Advokaten Dottore Joachim Basevi heranzuziehen. Basevi galt den Franzosen als verläßlicher und politisch unauffälliger Anwalt, von dem keine besonderen Schwierigkeiten zu erwarten waren.

Und so erhielt der Dottore auch am Montag in aller Frühe einen Brief des Militäranklägers, in der die Bestellung ausgesprochen wurde, der Termin der Verhandlung angegeben war und er ersucht wurde, umgehend – also im Laufe des Vormittags – zwecks Kenntnis der Verhörprotokolle und der übrigen Akten in der Wohnung des Hauptmannes und Staatsanwaltes – im Gasthof »Zur Post« – vorzusprechen. In diesem Brief wurde behauptet, daß Hofer »auf das Recht, sich einen Verteidiger selbst zu wählen, verzichtet habe«. Das war eindeutig falsch, weil Hofer zu diesem Zeitpunkt noch gar nicht über das beabsichtigte Kriegsgerichtsverfahren unterrichtet war, geschweige denn die Frage eines Anwaltes hätte regeln können.

Basevi, auch er ein korrekter Mann, ging sofort in den Gasthof »Zur Post«. Brulon war nicht anwesend. Dafür aber ein Offiziersdiener, der den Anwalt in den Palazzo Arrivabene führte. Dort hatte man schon damit begonnen, den Saal für den Prozeß herzurichten. In einem kleinen Nebenraum konnte Basevi endlich die Anklageschrift gegen Andreas Hofer lesen, von dem er bislang nur aus den Zeitungsberichten unterrichtet war. Überdies gab man ihm die Aussagen französischer Militärs über die Aufstandsbewegung im November zu lesen, über die Kämpfe in Meran, Riffian und St. Leonhard. Und er las auch die Aussage des Tiroler Landwirtes Franz Raffl, auf dessen Angaben hin das Versteck ausgehoben worden war, in dem sich Hofer vor den Militärbehörden verborgen hielt. Vor allem fand sich bei den Papieren die Aussage jener Unteroffiziere, die ihn verhaftet hatten: Hofer wäre demnach *bewaffnet* gewesen und habe in seinem Versteck – einer Hütte auf der Pfandleralm im Passeiertal – Waffen verborgen gehabt.

Andreas Hofer war mittlerweile von einer Eskorte aus seiner Zelle im Al-Vaso-Turm abgeholt worden. Erst der Unteroffizier informierte ihn kurz, daß er dem Militärgericht vorgeführt werde. Ohne juristische Kenntnisse wußte Hofer natürlich nicht, welche Qualifikation, Funktion und Kompetenz dieses Gericht haben würde. Man hatte ihn ja bereits mehrere Male verhört, zuerst in Meran, dann in Bozen, schließlich kurz auch nach seiner Ankunft in Mantua. Immer wieder hatte er das gleiche gesagt – er würde es eben jetzt wieder so halten.

Erstaunt registrierte er nun freilich, daß man ihn fesselte und aus dem Festungsgeviert hinaus in die Stadt führte. Die Passanten in den engen Gassen wichen scheu zurück, als sie die Grenadiere mit dem gefesselten schwarzen Riesen bemerkten; und die Straßenhändler hielten einen Augenblick inne; man raunte sich nur zu, wer das war: der sagenumwobene Barbone aus den hohen Bergen im Norden.

Mantua 1810

Im Palazzo Arrivabene führte man Hofer durch einen Hof und auf einer Hintertreppe in das Obergeschoß. In einem kleinen Zimmer trat ihm der kleine Mann entgegen, der sich in leidlichem Deutsch als italienischer Anwalt vorstellte. Und erst jetzt wurde dem Sandwirt bewußt, daß für ihn offenbar die Entscheidung heranreifte. Man wollte ihm also hier und heute sein Urteil verkünden! Basevi redete nicht um den Brei herum: Ein Militärtribunal der französischen Armee pflege nicht lange zu verhandeln; vielleicht stehe das Urteil auch schon fest; ihm, als Pflichtverteidiger, habe man jedenfalls erst vor wenigen Minuten die Akten überlassen; es käme alles darauf an, so Basevi, was Hofer *nach* dem 25. Oktober getan habe.

Vorsitzender des Gerichtes war der Generaladjutant Caspare François de Forestier, Offizier der Ehrenlegion, 43 Jahre alt, aus Aix-Savoie; Beisitzer waren die Hauptleute Masson und Joubert, beide vom berittenen 4. Artillerieregiment, weiters die Leutnants Dubois und Guillot, der eine vom 35., der andere vom 1. Linienregiment; weiters fungierten der Generalstabsoffizier de Tombe und der Unteroffizier Isnard als Schriftführer; Dolmetscher in dem in französischer Sprache abgewickelten Verfahren war ein Hauptmann Wander-Ballon.

Hofer trat vor. Man verlas seine Personalien: 5 Schuh, 8 Zoll groß, römisch-katholisch, verheiratet ... gewesener Wirt in Passegne (wie das Protokoll vermerkte), »von länglichem rundem Angesicht, rötlicher und befleckter Gesichtsfarbe, offener Stirn, schwarzen Augen und Augenbrauen sowie einem langen schwarzen Bart«. Und dann bezeichnete ihn der Vorsitzende als das, was man erst beweisen sollte: »Anführer der Tiroler Insurgenten.«

Man nimmt Hofer die Fesseln ab. Er reibt sich die Arme. In dieser Stunde wird er tatsächlich wieder zum Führer seiner

Tiroler. Aber: Insurgenten? Nein: Die Tiroler waren *Verteidiger* ihres Landes, wozu sie seit urdenklichen Zeiten das Recht hatten. Ein Vierteljahrtausend war es sogar her, daß ihnen Kaiser Maximilian das Recht eingeräumt hatte, Waffen zu tragen. Nein, es waren ja die fremden Offiziere jener Armee, die *widerrechtlich* in sein Land eingefallen waren. Und diese Landräuber wollen seinem Tirol das Recht zur Selbstverteidigung streitig machen?

Hofer will vortreten und den Vasallen dieses Napoleon die Wahrheit ins Gesicht sagen. Aber französische Gerichte – besonders Militärgerichte – pflegen sehr penibel auf korrekte Formen zu achten.

Auch ist ja der Dolmetsch da, der nach mehreren Sätzen Hofers Redeschwall unterbricht und dem Gericht übersetzt.

Dieser Hauptmann Wander-Ballon – ein Reserveoffizier aus dem Mincio-Departement – nimmt sich freilich wenig Mühe, Hofers Dialekt korrekt wiederzugeben. Basevi muß daher mehrmals unterbrechen und das Gericht auf Ungenauigkeiten aufmerksam machen.

Das schafft kein gutes Klima. Es kommt zwischen Anwalt und Vorsitzendem zu mehreren Wortgefechten, die Hofer stumm mitverfolgt. In seinem Kopf wird es immer klarer: Hier will man nicht erfahren, *ob* er schuldig ist – hier will man nur noch Beweise, *wodurch* er schuldig ist. So erhebt er bald kaum noch seine Stimme und verzichtet auf jedes überflüssige Wort. Am Ende wird er nicht einmal das ihm zustehende Schlußwort in Anspruch nehmen. Warum sagen ihm die Herren Offiziere nicht, daß sie ihn ohnehin schon verurteilt haben?

Jetzt erhebt sich der Schriftführer – der Unteroffizier Isnard – und beginnt mit der Verlesung der wesentlichen Inhalte der sogenannten Erhebungsberichte. Zu ihnen nimmt

Hofer nicht mehr Stellung, nur Basevi fragt von Zeit zu Zeit dazwischen.

Zwei Stunden sind schon vergangen, bis endlich das Beweisverfahren abgeschlossen wird. Die Anträge des Anwaltes zwecks Vernehmung der beiden Tiroler Bauern Johann Korber und Andreas Hauser werden abgelehnt – obwohl sie aussagen könnten, ob Hofers Mitkämpfer den Sandwirt wirklich gewaltsam gezwungen haben, im Spätherbst den Kampf weiterzuführen.

Schließlich erhebt sich der Ankläger. Der 39jährige Hauptmann Brulon war vor zehn Jahren einmal kurz in österreichische Gefangenschaft geraten; nicht zuletzt deshalb wohl war er Offizier der Ehrenlegion geworden. Aber er ist ein kalter Karriereoffizier; ein Generalstäbler ohne Skrupel. Er ist rechtskundig, einer, der es bald zu etwas bringen wird, weil er mit dem Hirn kämpft, nicht allein mit dem Degen. Und so ist sein Plädoyer auch eine logische und geschliffene Darstellung; nüchtern, kühl, ganz im Geist der aufklärerischen Rechtstradition Frankreichs. Napoleon, der Schöpfer des neuen und fortschrittlichen Strafrechts, hätte seine Freude an dem klugen Offizier. Und Brulon seziert auch gründlich die entscheidenden Fragen. Für ihn steht fest:

Andreas Hofer sei erwiesenermaßen der Führer der Tiroler Aufständischen« gewesen, aber der »gute Glaube« sei ihm zuzubilligen – notabene, wo ja die österreichische Regierung die Rebellion ermuntert hatte.

Freilich nur bis zu jenem Zeitpunkt, da dem Barbone der Friedensvertrag zwischen Frankreich und Österreich offiziell bekanntgeworden war.

Der neuerliche Aufstandsversuch war somit eine klare und auch dem Sandwirt erkennbare Verletzung des Friedens – wodurch Hofer das Recht auf Amnestie verwirkt habe.

Und schließlich wäre der Barbone in seinem Versteck zwar nicht mit der Waffe in der Hand angetroffen worden, aber eine Durchsuchung der Pfandleralm hätte unbestritten versteckte Waffen ans Tageslicht gefördert.

Brulon spielt den Großzügigen. Er ist bereit, dem Sandwirt zuzugestehen, daß dieser an eine »gerechte Sache« glaube. Aber schließlich und endlich charakterisiert er Hofer dann doch als das, was ihn in den Augen dieses Kriegsgerichtes denunziert: Als »Chef der Insurrektion, die sich gegen ihren rechtmäßigen Monarchen, den seit Dezember 1805 in Tirol regierenden bayrischen König Max Josef, und gegen dessen hohen Verbündeten, den Kaiser der Franzosen, auflehnte«.

Basevi hakt hier unbegreiflicherweise nicht ein. Und Hofer versteht nichts vom Völkerrecht und auch nichts von den Kompetenzkonflikten, auf die man jetzt eingehen müßte. Wenn nämlich Hofer ein rebellischer bayrischer Untertan ist – wieso steht er dann hier in Mantua vor einem *französischen* Kriegsgericht? Warum urteilen nicht bayrische Richter über ihn? Denn das ist keine Frage: Zum Zeitpunkt der Verhaftung Hofers war das Passeiertal nach wie vor bayrisch und der Sandwirt selbst ja nie etwas anderes als ein Untertan des Königs in München gewesen …

Statt dessen setzt der Verteidiger Basevi zu einem langatmigen, mitunter schwülstigen Plädoyer an. Er schwafelt vom »ehrenvollen und heiligen Amt des Anwaltes« und vom »erhebenden Gefühl in der Brust des Verteidigers, wenn er, dem die Majestät des Rechtes als Höchstes auf Erden gilt, mit der Überzeugung der Schuldlosigkeit seines Klienten den Gerichtssaal betritt«. Kein Wunder, daß der Vorsitzende Forestier den geschwätzigen Italiener unterbricht. Das Kriegsgericht sei nicht zu einem »Vortrag« zusammengetreten, sagt er; und Basevi möge gefälligst zu den entscheidenden Fakten Stellung nehmen.

Schließlich weist der Verteidiger auf die eigenartigen Umstände des Verfahrens hin: Er sei in »auffallender Hast« betraut worden; Entlastungszeugen wurden nicht gehört; er habe nur kurz mit seinem Klienten sprechen dürfen. Alles zusammen, so Basevi, ergibt, »daß das vorliegende Beweismaterial zu einem Schuldspruch nicht ausreicht«.

Voll Pathos ruft er dem Gerichtshof im nunmehr still gewordenen Palazzo zu: »Meine Herren Offiziere! Recht ist das Fundament des Staates, Gerechtigkeit das oberste Postulat der Justiz. Ich erwarte von Ihnen den Freispruch Andreas Hofers!«

Für einen Augenblick bleibt es noch still. Was denken sich die Richter? Geben sie sich allen Ernstes für den von ihnen geforderten Justizmord her? Kann es sich das französische Kaiserreich leisten, im wichtigsten Verfahren dieses ganzen Kriegszuges einen Schuldspruch zu fällen, ohne wirklich *alle* Beweise geprüft zu haben?

Andreas Hofer steht aufrecht in der Mitte des Saales. Sein Blick ist nicht mehr auf den Boden gerichtet. Er schaut seinen Richtern in die Augen. Einem nach dem andern. Und er sieht, wie sie seinem Blick nicht standhalten. Schämen sie sich, haben sie Mitleid oder denken sie nach?

Der Sandwirt ist kein Psychologe, er hat noch nie an einer Gerichtsverhandlung teilgenommen – es ist für ihn ein erstes und letztes Kennenlernen einer unbarmherzigen Maschinerie.

Er sehnt sich in dieser Minute mehr denn je nach Tirol zurück. Noch einmal will er über die Almen seines Passeiertales gehen, hinaufblicken zu den Ötztaler Alpen, hinabsehen nach St. Leonhard, wo er aufgewachsen war, getauft wurde, zur Schule ging und seinen Sandhof als biederer Wirt und

Bauer bestellte, bevor ihn die große Politik einholte und hinauszwang in den Kampf ... hinter ihm lag jetzt alles Elend – die Toten und Massakrierten, die um einen Schluck Wasser bettelnden Tiroler Schützen und die armen Teufel in den napoleonischen Uniformen ... die verbrannten Ortschaften und zerstörten Höfe – auch die vergewaltigten Frauen. Was war sein Tirol doch für ein Paradies gewesen, bevor die Kriegsfurie losbrach!

Und noch einen Ort würde er gerne nochmals besuchen: den Bergisel, jene zum Heldenberg gewordene bewaldete Höhe am Rande des Inntales. Dort, wo man unter sich die Stadt Innsbruck erblickt und den sich glänzend schlängelnden Inn, gegenüber aber die aufragende Nordkette, gleißend im Sonnenlicht – so wie er sie sah, als seine Landstürmer voll glühendem Patriotismus die fremden Soldaten den Berg hinabstießen und hinaustrieben aus der Hauptstadt Tirols. Noch einmal würde er auch gerne Innsbrucks Hofburg sehen, wo er als Regent des Kaisers amtierte – er, der Bauer im Schloß der alten Habsburger, wo er die Kette trug, die ihm der Kaiser Franz huldvoll geschenkt hatte, ihm, dem Sandwirt von St. Leonhard ...

Forestier unterbricht jetzt Hofers Erinnerungen. Er wiederholt: »Wünscht der Angeklagte das letzte Wort?«

Hofer schüttelt den Kopf. Nein, es ist nichts mehr zu disputieren. Das Urteil würde nicht öffentlich verkündet werden, hört er noch den Vorsitzenden sagen, als ihm die Soldaten die Fesseln anlegen.

Die Eskorte nimmt ihn wieder in die Mitte und führt ihn die Treppe abwärts, hinaus aus dem Palazzo Arrivabene, quer durch die nun bereits finsteren Straßen Mantuas, zurück in seinen Festungsturm, hinauf in die Zelle. Bald wissen seine Tiroler Mitgefangenen, daß Hofers entscheidende Verhandlung stattgefunden hat. Wird man ihn verurteilen – und wozu?

Im Palazzo Arrivabene sitzen die Militärrichter nicht lange beisammen. Jeder hat sich seine Meinung gebildet. Was sollen sie sich noch Gedanken machen über die Motive dieses Insurgenten, der für den Tod von Tausenden ihrer Kameraden die Verantwortung trug? Warum sollte ein gnadenloser – ja, gnadenloser – Rebell nicht seiner verdienten Strafe zugeführt werden? Hinter jedem Stein und Busch hatten sie gelauert, die Spießgesellen dieses Barbone! Und auch noch *nach* dem Friedensschluß, als man mit den Österreichern längst die Wiederherstellung von Ruhe und Ordnung vereinbart hatte. Sollen sich die Tiroler doch bei diesem Unruhestifter bedanken, daß das Land nach dem Frieden von Schönbrunn noch einmal in Feuer und Flammen aufging, daß man die Rebellen mit aller Strenge zur Ruhe zwingen mußte und daß so viele ihr Leben vor den Erschießungskommandos verloren hatten.

Und überdies: Warum soll man jetzt nicht das tun, was der große Kaiser in Paris an ihrer Stelle auch tun würde – ja von ihnen erwartete?

Einer nach dem anderen im Tribunal gibt seine Stimme ab, der junge Leutnant Guillot als erster: »Tod durch Erschießen.« Zuletzt stimmt der Vorsitzende Forestier. »Einstimmiges Urteil«, verkündet er.

Später auftauchende Vermutungen sind falsch – alle Militärrichter votierten gleich.

Der Schriftführer Isnard setzt sich, um das Urteil auszufertigen, das Forestier diktiert: »Im Namen Seiner Majestät Napoleon, Kaiser der Franzosen, König von Italien, Protektor des Rheinischen Bundes usw. usw. ...« Dann, nach einer Zitierung der Punkte in der Anklageschrift hinsichtlich der dem Barbone zur Last gelegten Taten, folgt der entscheidende Passus:

Mantua 1810

»Der Angeklagte Andreas Hofer wird gemäß Artikel 2 der Verordnung vom 12. November 1809 und gemäß Artikel 1 und 4 des 2. Teiles des Militärgesetzes (tit. 1) vom 6. Oktober 1791 *zum Tod durch Erschießen* verurteilt. Das Urteil ist rechtskräftig.«

In der folgenden Nacht – vom 19. zum 20. Februar 1810 – konnte Andreas Hofer nicht mehr schlafen. Sweth, sein Adjutant, mit dem er die Zelle teilte, machte Hofer jetzt vorsichtig auf die Wahrscheinlichkeit des Urteils aufmerksam – es gab keinen Anlaß für übertriebene Hoffnung; es war vielmehr klar, was Hofer zu erwarten hatte – die Frage wäre nur, *wann* das Urteil verkündet werden würde.

Und ob dazwischen noch eine Chance bestand, Hofers Begnadigung zu erwirken.

Der Kaiser Franz in Wien müßte doch noch etwas tun! Was Hofer in den letzten Wochen hörte, hatte er zwar anfänglich nicht geglaubt – aber jetzt könnte es ihn retten: Der Kaiser von Österreich und sein allmächtig gewordener Minister Metternich hätten sich ganz und gar mit dem Kaiser Napoleon versöhnt, Österreich wäre zum engsten Verbündeten Frankreichs aufgerückt – ja sogar eine Verbindung der beiden Dynastien durch eine Heirat wahrscheinlich geworden.

Kaiser Franz würde ihn, den treuen Sandwirt, in diesem Fall doch sicherlich zu retten versuchen. In Wien wußte man ja seit dem Spätherbst von seiner Flucht, und dem Bruder des Kaisers hatte er sogar aus seinem Versteck geschrieben. Längst würde man alle Hebel in Bewegung gesetzt haben, Hofers Leben zu retten, wo doch auch so viele seiner Tiroler Mitkämpfer jetzt in Wien lebten.

Es war noch stockdunkel, als an die Zellentür getrommelt wurde. Draußen standen – im Licht von Fackeln – der Hauptmann Brulon, der Ankläger, neben ihm der Gefängnisleiter und einige Wachen. Brulon murmelte etwas in französischer Sprache, dann gab er einem Soldaten das ausgefertigte Urteil, das dieser in die deutsche Sprache übersetzte. Hofer durchfuhr es heiß. Schon in wenigen Stunden – am Morgen – sollte er erschossen werden?

Er verbarg sein Gesicht in den breiten Händen, um die Soldaten nicht in seine Augen blicken zu lassen. Es gab also keine Hoffnung mehr?

Kajetan Sweth, der Hofer die Hand auf die Schulter gelegt hatte, wurde aufgefordert, die Zelle sofort zu verlassen. Die beiden Männer umarmten sich stumm. Was gab es noch zu sagen?

Hinter Sweth schloß sich die Zellentür. Hofer sank auf den Boden nieder, kramte in seiner Tasche nach dem Rosenkranz. Etwas später kamen von der nahen Pfarrei St. Michael der Pfarrer Alexander Borghi sowie der Propst von St. Barbara, Giovanni Manifesti.

Hofer richtete sich auf und hörte den beiden Priestern zu. Sie redeten beide italienisch mit ihm – eine Sprache, die der Sandwirt seit seiner Jugendzeit gut kannte und sprach, als er als Wirtsbursche durch den Südteil seiner Tiroler Heimat gezogen war. Jetzt betete ihm der Pfarrer das Ave Maria vor. Hofer beichtete und nahm die Kommunion kniend auf dem kalten Boden seines Kerkers. Tränen flossen auch den beiden Geistlichen über die Wangen, als sie den standhaft scheinenden Riesen in all seiner Schwäche und Lebensangst vor sich sahen. Er hatte ja nichts Böses tun wollen, sagte er; er glaubte, vor Gott immer nur das Beste für sein Land und die katholische Religion getan zu haben – und Gott sei ja auch lange bei der gerechten Sache seiner Tiroler gewesen …

Der Propst Manifesti mahnte ihn zur Verzeihung, zur Vergebung. Er solle in ein anderes Leben mit der Gewißheit hinübergehen, daß ihm der Herr gnädig sein würde, wenn er nun seine persönlichen Fehler und Leidenschaften bedauern würde. Hofer bekreuzigte sich.

Nachdem die beiden Priester die Zelle verlassen hatten, trat Hofer zu seinem wackeligen Tisch. Die Wachen hatten dort Feder und Papier zurückgelassen. Seiner Frau hatte Hofer zuletzt während seines Transports aus Neumarkt, unweit von Bozen, geschrieben; er hielt es jetzt nicht für nötig, der armen Sandwirtin nochmals das Herz schwer zu machen. Sie würde es künftig ohnehin nicht leicht haben.

Vielmehr schrieb er den letzten Brief an einen Freund, Josef von Pühler, einen vermögenden Gutsbesitzer in Neumarkt, der auch den seinerzeitigen Brief an die Sandwirtin zu befördern versprochen hatte. Pühler war Schützenmajor gewesen, hatte im Süden des Landes gekämpft und war zusammen mit anderen Kommandanten dafür eingetreten, sich rechtzeitig und geordnet den Franzosen zu ergeben. Pühler war also nicht der Mann des verwegenen Partisanenkrieges und nicht ein Kämpfer des letzten Aufgebots nach dem Friedensschluß gewesen. Dennoch hatte Hofer zu ihm sein besonderes Vertrauen nicht verloren, sondern gerade ihn zum Vollstrecker seines letzten Willens gemacht. Nun schrieb er mit der ihm eigenen krausen Schreibweise an den »Liebsten Herrn Prueder«:

»Der göttliche Wille ist es, daß ich hier in Mantua mein Zeitliches mit dem Ewigen vertauschen habe müssen. Aber Gott sei Dank und seiner göttlichen Gnade, mir ist es so leicht vorgekommen, als wenn ich zu etwas anderem hinausgeführt würde. Gott wird mir auch bis zum letzten Augenblick die Gnade verleihen, auf daß ich dahin kommen kann, wo sich meine Seele mit allen Auserwählten ewig freuen mag, wo ich auch für alle bei Gott bitten werde, besonders für jene, für

welche ich am meisten zu bitten schuldig bin. Auch alle hier noch lebenden guten Freunde sollen für mich bitten und mir aus den heißen Flammen helfen, wenn ich noch im Fegfeuer büßen muß ... In der Welt lebet alle wohl, bis wir im Himmel zusammenkommen und dort Gott loben ohne Ende. Alle Passeirer und Bekannte sollen meiner eingedenk sein im heiligen Gebet, und die Wirtin (meine Frau) soll sich nicht so bekümmern; ich werde bitten bei Gott für sie alle.
Ade, meine schnöde Welt, so leicht kommt mir das Sterben vor, daß mir nicht die Augen naß werden!
Geschrieben um 5 Uhr in der Früh, und um 9 Uhr reise ich mit der Hilfe aller Heiligen zu Gott.«

Über den Zinnen der Zitadelle von Mantua brach der volle Morgen des 20. Februar 1810 herein. Die Wache brachte Andreas Hofer ein Frühstück – es war besser als an den vorhergegangenen Tagen; und eine Flasche Rotwein. Aber er hatte wenig Appetit.

Hofer blickte starr durch das Zellenfenster; er betete, um sich abzulenken. Durch seine klobigen Bauernfinger rollten die Kugeln des Rosenkranzes.

Draußen wurde es lebendig. Kommandos, Schritte und Rufe von Soldaten – in französischer, italienischer Sprache.

Es war nach halb elf, als die Zellentür aufgesperrt wurde und neuerlich Propst Manifesti eintrat. Hofer übergab ihm ein Zettelchen für Sweth: »Lieber Kajetan, empfange das letzte Vermögen, das ich habe. Lebe wohl und bete für mich.«

Es waren sechs italienische Scudi, die Hofer noch mit sich führte.

Die Wachen nahmen Hofer in die Mitte. Er hielt ein Kreuz in den Händen, das ihm der Propst gegeben hatte. Von seiner Zelle ging es über den breiten Vorplatz, dem Festungswall entlang. Die Tiroler in den Zellen begannen zu singen. Es war ein Kirchenlied, in das bald auch die anderen Gefangenen einstimmten.

General Bisson wartete mit dem 13. Linienregiment vor der Bastei. Dort hatte sich auch Basevi eingefunden, der Verteidiger. Und mehrere französische Offiziere, darunter Mitglieder des Kriegsgerichtes, das Hofer am Tag vorher verurteilt hatte.

Die Soldaten umstellten den Richtplatz, zwölf Grenadiere traten vor. Man bot Hofer eine Binde für die Augen, er lehnte ab. Noch einmal blickte er langsam zu seinem Gefängnis zurück, in dem seine Kameraden jetzt zu beten begonnen hatten.

Wie in Trance befahl er selbst: »Feuer!«

Die Schüsse der Grenadiere krachten los. Hofer brach zusammen, langsam glitt sein Körper zur Erde.

Der Feldwebel Michael Eiffes trat heran. Hofers Augen hoben sich ein letztes Mal. Und wie in einem Blitz alles überdeutlich aufzuckt, sah sein innerer Blick nochmals das Passeiertal vor sich, die hohen Berge und den Sandhof, seine Heimat. Wo alles begonnen hatte, 42 Jahre vorher ...

Politik kommt ins Passeiertal

Um Mitternacht – am 22. November 1767, am Fest der Jungfrau und Märtyrerin Cäcilia – war es, als Marie Hofer, Frau des Gastwirts am Sandhof im Passeiertal, einem Sohn das Leben schenkte.

Ende November sind die Tage in Südtirol mitunter sehr schön, auf den Bergen liegt jedoch längst der Schnee, und in der Nacht wird es bitter kalt und klar. So ist es kein Wunder, daß die Hebamme, die Marie Hofer beistand, in ihrer bäuerischen Einfalt just in dieser Nacht des 22. November einen glänzenden Stern, ja sogar einen Kometen über dem Sandhof leuchten gesehen haben will.

Der Vater des Kindes, dem man später in der Taufe den Namen Andreas Nikolaus gab, war der Wirt Josef Hofer, zum Zeitpunkt der Geburt seines ersten Sohnes – drei Töchter waren schon geboren – 43 Jahre alt. Ein für die Zeit und die Umstände fast schon alter Mann. Inständig hatten sich Josef und seine Frau Marie einen Sohn und Erben gewünscht; jetzt endlich war er da.

Zu dieser Zeit lebten die Hofers schon gut hundert Jahre am Sandhof. 1664 war ein Johann Hofer aus dem hintersten Ende des Passeiertales abwärts gezogen; dorthin, wohin sich die Menschen, aber auch Flora und Fauna seit jeher orientierten – nach Meran. Und zwischen St. Leonhard und St. Martin erwarb dieser Johann Hofer den sogenannten Sandhof, der eine bewegte Geschichte als Einkehrgasthof hinter sich hatte. Man wechselte hier die Saumpferde, die den beschwerlichen Weg über den Jaufenpaß antraten; hier nahmen Reisende seit

Jahrhunderten einen letzten Imbiß, einen letzten Trunk ein, bevor es hinauf und hinüber zur Baumgrenze ging.

Oder umgekehrt: Hier kehrten viele ein, die endlich dem tyrannischen, launenhaften und oft genug unfreundlichen Gebirge entronnen waren – nun aber in die Helle und Wärme des Südens aufbrachen. Für sie war dieser Sandhof die erste sichere und behagliche Rast.

Der Sandhof war somit ein wichtiger, guter und Wohlstand versprechender Ort, gewissermaßen Mittelpunkt für vieles, was sich zwischen Nord und Süd seit jeher begab.

Ein anderer Hofer, des Andreas' Urgroßvater, war ein besonders frommer Mann gewesen. Er hatte oberhalb des Sandhofs eine kleine Kapelle errichten lassen. Die Reisenden sollten nach dem leiblichen Wohl auch noch an ihr seelisches denken, bevor sie sich auf die Reise nord- oder südwärts machten.

Der Glaube war hier ein fester Teil des Lebens. Die Kirche hatte ihren natürlichen Platz in der Welt der heranwachsenden Menschen. Und Priester waren auch dem »Anderl« die ersten Lehrer, die ersten Autoritäten; wie der Kooperator Andrä Kraft, der ihn getauft hatte. In der Pfarrkirche von St. Leonhard, einem spätgotischen Bau auf romanischen Fundamenten, hat das Kind wohl auch die Welt der Heiligen kennengelernt, eine barocke Welt voll von glühenden, leidenschaftlichen Kämpfern und Opfern des Glaubens, Schutzpatrone für alle Nöte und Beschwernisse.

Das kleine Tal war schon damals auch zum Zentrum einer Malerschule geworden. Kunst und die Freude am Schönen gehörten zu den festen Werten dieser kleinen Südtiroler Welt. Ein Josef Haller, ein Anton Sieß, vor allem aber ein Johannes Holzer legten den Grundstein für eine bunt-bäuerliche Barockmalerei, die weit über die Talschaft ausstrahlte.

Das Passeiertal ist eines von drei Tälern, die in das Meraner Becken münden. Die Passer, die der Talschaft den Namen gibt, entspringt an den Südhängen der Stubaier und Ötztaler Alpen. Über 3000 Meter hoch sind dort die höchsten Erhebungen, von denen das Schmelzwasser tosend ins Tal zischt. Aber das Erstaunliche in diesem Tal von nicht mehr als 30 Kilometer Länge ist wohl der Umstand, daß sich hier Klima und Vegetation auf engstem Raum entscheidend verändern.

Im sogenannten Hinterpasseier dominiert noch alpine Vegetation. Je höher es an den Talflanken hinaufgeht, desto rauher sind Wetter und Flora. Oben, am Timmelsjoch, sitzen die Nebel fest, und man kann auch im Hochsommer Schnee vorfinden.

Das alles ändert sich dort, wo Andreas Hofer geboren wurde und aufwuchs. St. Leonhard ist gewissermaßen die Scheide. Denn wo sich schließlich die Passer bei Meran in die Etsch ergießt, ist das Tal üppig und reich – die Sonne scheint bei jeder Wegbiegung an Kraft zu gewinnen und an Helligkeit zuzunehmen.

Seit alters her haben in diesem Tal die Menschen Früchte und Obst angebaut, Viehwirtschaft betrieben. Vor allem ist es aber die Edelkastanie, die der Kulturlandschaft einen besonderen Charakter verleiht.

Meran am Ende des Passeiertales war daher auch seit undenklichen Zeiten ein Zentrum. Zahlreiche Urzeitsiedlungen mit Wallburgen konnten nachgewiesen werden; die Spuren der Römer finden sich in Namen und Siedlungskernen. Und nach den Wirren der Völkerwanderungszeit haben sich hier friedlich romanische und germanische Elemente vermischt.

Das mag auch der Grund dafür gewesen sein, warum Tradition, geographische Lage und eine vitale Mischgesellschaft ein besonderes Handelszentrum entstehen ließen. »Grobwelsch«, Rätoromanisches, vermengte sich mit dem Deutschen, in Wesensart, Lebensform und Gewohnheit nicht klar abgrenzbar.

In der Mitte des 11. Jahrhunderts entstand rund um das Schloß Tirol bei Meran das Burggrafenamt. Von diesen Grafen von Tirol wurde der Kampf um die Einheit des ganzen Landes im Gebirge am erfolgreichsten geführt. In nur drei Generationen hatten sie sich im 13. Jahrhundert zu unbestrittenen Herren weiter Talschaften aufgeschwungen. Und sich bald auch große Teile Nordtirols botmäßig gemacht.

Von Meran aus wurde auch das Passeiertal verwaltet, im Burggrafenamt hatte es seine Gerichtsbindung. Dabei entstand hier eine ganz eigenartige Mischform zwischen Bauernschaft und Adel. Im Passeiertal findet man auch heute die sogenannten Schildhöfe, die trutzig vom Selbstbewußtsein ihrer ehemaligen Bewohner künden. Es waren Lehensleute besonderer Art, die dem Grafen von Tirol mit Pferd, Schild und Speer Dienste leisten mußten. Möglich, daß dann ehemalige Schildknappen geadelt wurden und besondere Lehen entlang der Passer erhielten; möglich auch, daß die Schildhöfe ursprünglich Adelssitze waren, deren Bewohner im Lauf der Zeit zu Bauern wurden und ihre Sonderstellungen verloren.

In diesem feudalen Kosmos wuchs der kleine Andreas Hofer auf. Er lernte die Natur kennen, den Ablauf der Jahreszeiten, die Wiesen zwischen Sandhof und Passer, die kleine Welt zwischen St. Leonhard und St. Martin. Er mag Freundschaft geschlossen haben mit den Haustieren, mit dem Hund seines Vaters, den Katzen, die den Sandhof umschlichen, den Forellen im Fluß.

Doch die Heiterkeit der Kindheit währte nicht lange. Andreas' Mutter starb, als er gerade drei Jahre alt geworden war, zwei Tage vor dem Weihnachtsfest 1770.

Er war zu klein, um diesen Verlust zu begreifen. Aber dieser stellte doch eine spürbare Zäsur dar. War Andreas doch jetzt ganz auf seine Schwestern angewiesen – und auf eine Stiefmutter, die ihm kaum viel Verständnis entgegenbrachte. Es war dies eine gewisse Anna Frick, die sein verwitweter Vater ehelichte und mit der dieser auch noch ein weiteres Kind zeugte, eine Tochter. Damit war allerdings klar, daß Andreas einmal der Erbe des Sandhofes sein würde.

1774, »Anderl« war sieben Jahre alt, wurde das Kind Vollwaise. Und die unfreundliche Stiefmutter übernahm, ahnungs- und wohl auch verständnislos, die Führung der Gastwirtschaft.

In Andreas muß damals ein Wandel vor sich gegangen sein. Er begriff, daß er auf sich selbst achten, sich durchsetzen und kämpfen mußte, um sein Recht zu wahren; er mag verstanden haben, daß ihm im Kampf mit Gleichaltrigen und Erwachsenen nichts von selbst zufiel, ja daß man sich alles ertrotzen mußte. Und gegenüber seinen vier Schwestern erstarkte wohl das Gefühl, später eine führende Rolle spielen zu können – die des Besitzers der Wirtschaft, Mittelpunkt allen Lebens der Hoferkinder.

Als Andreas erstmals zur Schule ging, erfuhr er bald, daß dort, wo die Wolken über die Berge zogen, die Welt nicht zu Ende war; daß sein Passeiertal Teil eines größeren Landes war, mit einer stolzen, ehrfurchtgebietenden Geschichte: Tirol. Und er erfuhr, daß dieses Tirol wieder Teil eines großen Reiches war, regiert von einer ehrwürdigen christlichen Familie – den Habsburgern.

Noch war alles unscharf, eher von Legenden als vom Wissen geprägt, aber doch stark genug, im Kind Gefühle zu wecken; und das Bewußtsein prägend, Teil einer miteinander und in sich verwobenen Welt zu sein, in der zahllose Abhängigkeiten und Beziehungen bestanden.

Er kann wohl in der Schule nicht allzuviel abstraktes Wissen oder formale Bildung erhalten haben, der kleine Andreas, inmitten seiner bäuerlichen Mitschüler aus St. Leonhard und Umgebung – denn zeit seines Lebens konnte er nur nach dem Selbstgesprochenen schreiben, nicht nach den Regeln der deutschen Sprache; aber die Schule hat doch ein wenig Regelhaftigkeit in das kindliche Verständnis gebracht und das Bewußtsein der Weltordnung vermittelt, in der es ein »Oben« und ein »Unten« gab.

Es war damals erst wenige Jahre her, daß auch im Passeiertal die Schule zur Verpflichtung wurde, Ergebnis der »Maria-Theresianischen Schulreform« – wenngleich auch nur ein Bruchteil der Kinder der ungeliebten Pflicht nachkam. Und so erfuhr Andreas Hofer hier auch von der Hohen Frau in einer fernen großen Stadt, in Wien, die Frau eines Kaisers war und zugleich den Titel einer gefürsteten Gräfin von Tirol trug.

Zwei Jahre bevor der kleine Andreas im Passeiertal zur Welt kam, war Maria Theresia just in der Hauptstadt Tirols, in Innsbruck, Witwe geworden. Franz Stephan, Kaiser des Heiligen Römischen Reiches, war mit seiner Familie von Wien nach Innsbruck gezogen, um dort die Vermählung seines zweitältesten Sohnes Leopold zu feiern. Aus der fröhlichen Hochzeitergesellschaft wurde eine Trauergemeinde. Nach einem Souper war dem Kaiser übel geworden; er starb in den Armen seines ältesten Sohnes, Josef.

Dieser Josef war es, der nun die Nachfolge seines Vaters im Deutschen Reich angetreten hatte und die unglückliche Mutter Maria Theresia trösten sollte.

Dafür fehlte Josef freilich jegliche Herzlichkeit. Kalt, durch ein unglückliches Geschick früh zum Witwer geworden, hatte er sich anstatt auf seine Mitmenschen auf den Staat konzentriert. Das Schicksal der Untertanen seiner Länder, ja der

»Menschheit« war ihm wichtiger als das Los seiner unmittelbaren Umgebung, seiner eigenen Familie.

Maria Theresia setzte diesen erst 24jährigen zum Mitregenten in den habsburgischen Kronländern ein, mußte aber erleben, wie zwischen ihr und ihrem Sohn immer mehr Konflikte wuchsen, bis schließlich aus dem Miteinander der Regentschaft ein Gegeneinander wurde.

Josef war ein Kind der Aufklärung – ein Vertreter jener Ideen und Vorstellungen, die damals längst ihren Weg von Frankreich aus auch nach Österreich – und in die Hirne der Gebildeten – gefunden hatten.

Die Auseinandersetzung ging von der kaiserlichen Hofburg in Wien hinaus in alle Teile der weiten habsburgischen Monarchie. Auch nach Tirol.

Eine ganze Generation war so in den Strudel der Gegensätze geraten, die sich vor dem Welthorizont abspielten, die Gesellschaft von Grund auf veränderten, Altes und Neues gegeneinander trieben, Revolution und Beharrung hervorbrachten.

Und Andreas Hofer? Im Jahr von Josefs *Allein*regierungsantritt war er 13 Jahre alt.

Der Tod der leiblichen Eltern bedeutete für ihn vorläufig die Beendigung eines entscheidenden Abschnitts seines Lebens – den Abschied von der Kindheit.

Seine älteste Schwester Anna fand sich rasch zur Heirat bereit, um wieder einen erwachsenen Mann ins Haus zu bringen. Es war dies Josef Griener, der sich zur Fortführung der Gastwirtschaft am Sandhof verpflichtete. Und die Stiefmutter bewirtschaftete die Landwirtschaft. Das konnte zu keinem guten Ende führen. Der Schwager des Buben wußte ja, daß er den Sandhof nur bis zur Volljährigkeit des Anderls, wie man den zukünftigen Erben rief, führen konnte; Gastwirtschaft und

Landwirtschaft aber sicherten nur *gemeinsam* eine rentable Bewirtschaftung. Getrennt war der Ertrag nicht hoch genug. Und bald waren auch 1700 Gulden Schulden aufgelaufen.

Verständlich, daß zwischen Stiefmutter und Schwager jetzt ständig Streit entstand. Die kleinen Hoferkinder waren hin- und hergerissen und empfanden die neue Großfamilie wohl als alles andere als einen Hort der Geborgenheit. Und so verwundert es wohl auch nicht, daß es den künftigen Erben Andreas vorerst einmal in die Fremde zog. Wahrscheinlich zeigten sich auch Zeichen von Widerspenstigkeit und Flegelhaftigkeit, die Schwager und Stiefmutter bewogen haben dürften, bei Bekannten anzufragen, ob der Bub nicht zeitweilig anderswo Arbeit finden könnte.

Es war in der damaligen Zeit durchaus üblich, daß sich junge Leute, Handwerksburschen und Bauernsöhne, die keine Arbeit zu Hause fanden, um Essen, Trinken und einen Schlafplatz verdingten. Und der Vater Hofers, der Sandwirt, stand jahrelang wohl mit anderen Wirten und Weinhändlern aus dem Süden in Geschäftsverbindung.

So ist naheliegend, daß nun der Sohn in Schenken und Wirtshäusern freundliche Aufnahme fand, in Stuben und Wirtschaften aushelfen und sich ein paar Kreuzer als Lohn verdienen konnte. Sicher ist, daß er mit einem befreundeten Weinhändler auf längere Reisen ging, was ihm später gute Kenntnisse des Landes vermittelte. Aber diese Fahrten führten ihn nicht nur quer durch das deutschsprachige Südtirol und das italienischsprachige Welschtirol, sondern wahrscheinlich sogar bis tief nach Oberitalien hinein. Jedenfalls hatte er sich dabei auch die Kenntnis der italienischen Sprache angeeignet.

Johann Wolfgang Goethe etwa gibt in seiner »Italienischen Reise« eine anschauliche Schilderung seiner Eindrücke, die er

– es war just in dieser Zeit – in Hofers Südtiroler Heimat gewann:

»Mit Tagesanbruch erblickte ich die ersten Rebhügel. Eine Frau mit Birnen und Pfirsichen begegnete mir, und so ging es auf Deutschen los, wo ich um sieben Uhr ankam und gleich weiterbefördert wurde. Nun erblickte ich endlich bei hohem Sonnenschein das Tal, worin Bozen liegt. Von steilen, bis auf eine ziemliche Höhe angebauten Bergen umgeben, ist es gegen Mittag offen, gegen Norden von den Tiroler Bergen gedeckt. Eine milde, sanfte Luft füllte die Gegend. Die Hügel am Fuße der Berge sind mit Wein bebaut. Über lange, niedrige Lauben sind Stücke gezogen, die blauen Trauben hängen gar zierlich von der Decke herunter und reifen an der Wärme des nahen Bodens ... Von Bozen auf Trient geht es neun Meilen weg in einem fruchtbaren und fruchtbareren Tal hin. Alles, was auf den höheren Gebirgen zu vegetieren versucht, hat hier schon mehr Kraft und Leben, die Sonne scheint heiß, und man glaubt wieder einmal an einen Gott ...«

Nach den Lehr- und Wanderjahren bei befreundeten Weinhändlern und Wirten kehrte Andreas Hofer gegen Ende der achtziger Jahre wieder ins Passeiertal zurück – und übernahm eine ganz und gar heruntergekommene Wirtschaft. Sein Schwager Griener hatte wenig Eignung bewiesen, den Sandhof zu führen. Schulden lagen auf dem Anwesen, die Geschwister waren nicht ausbezahlt.

Andreas Hofer hatte begriffen, daß die Führung der Gastwirtschaft allein auch nicht ausreichen konnte. Er hatte gesehen, daß der Handel erheblich einträglicher war. Warum sollte es nicht möglich sein, die Führung der Gastwirtschaft mit einem von ihm fleißig betriebenen Wein- und Branntweinhandel zu koppeln?

Die Lage des Sandhofes an der Straße über den Jaufenpaß eröffnete, so dachte er, wohl überdies eine wesentliche zusätzliche Chance. Hier mußten ja die Saumpferde gewechselt werden. Warum sollte er also nicht gleich auch einen Pferdehandel begründen? Diese Überlegungen beweisen, daß Hofer in geschäftlichen Dingen ein kluger Mann war. Und in der Folge sollte sich auch diese Kombination als durchaus sinnvoll und ertragreich erweisen. Sie hat freilich für die späteren politischen und militärischen Ereignisse eine nicht unerhebliche Bedeutung.

Hofers Schwager Griener räumte endgültig das Feld. Er verzog sich vom Sandhof in den Nachbarort St. Martin, wo er weiterhin als Wirt tätig war.

Andreas Hofer hingegen wurde volljährig erklärt, und es lag für ihn nahe, nun selbst eine Familie zu gründen. Wir wissen nicht, wie und wo der junge Sandwirt das Mädchen Anna Ladurner kennenlernte. Die jungen Leute fanden aber zumeist bei Kirchweihfesten und Schützentreffen zusammen, wo es nicht schwerfiel, einander kennen- und liebenzulernen. Anna war die Tochter des Besitzers des Plonerhofes, eines Bauern in Algund bei Meran.

Hofer war damals das, was man ein fesches Mannsbild nannte: mittelgroß, mit breiten Schultern und festen, zupackenden Händen. Er hatte schwarze Haare und dunkle, ja schwarze, blitzende Augen. Aber sie gaben seinem runden Kopf mit der breiten Nase nicht den Anschein von Leidenschaft, vielmehr einen Ausdruck der Verschmitztheit. Da war wohl damals noch nichts von jener Melancholie zu spüren, wie sie sich auf späteren Darstellungen im Gesicht des Sandwirts anzeigt. Vielmehr scheint Hofer ein munterer, zu jedem Scherz und Spaß aufgelegter Bursche gewesen zu sein. Sein schon früh auftretender Ansatz zur Leibesfülle verrät auch, daß ihm das Essen und vor allem das Trinken mundeten, was bei einem Wirt wohl auch nicht verwunderlich war. Und wäre sein breites, bajuwarisch anmutendes Gesicht nicht gewesen, hätte man ihn schon damals für einen welschen Klostervorsteher halten mögen.

Das wohl Markanteste an Hofer aber war sein schwarzer Bart. Er wuchs ihm nach der Natur, war also im Gesicht selbst kaum geschnitten. Über der Oberlippe nur ein Flaum, wurde er um die Backenknochen kräftig und vermittelte dem Gesicht einen Ausdruck von Monumentalität. Einer Erzählung zufolge soll sich Hofer seinen Bart aufgrund einer Wette wachsen gelassen haben; ein Pferdehändler hätte ihm nämlich einen höheren Preis für ein Tier versprochen, wenn er sich gegen seine Sippschaft durchsetzen und nicht rasieren lassen würde. So wurde er zum »Barbone«.

Zweifellos aber war es nicht so ungewöhnlich für Tiroler Bauern dieser Zeit, die Bartpracht offen zur Schau zu stellen. Es war eher ein Zeichen von städtischer Bürgerlichkeit, rasiert zu sein. Bauern und Wirte hatten weder Zeit noch Geduld, sich um ihr Äußeres besonders zu kümmern – ganz abgesehen davon, daß das »Barbieren« damals eine mittlere Malträtur darstellte: Das Seifen des Gesichtes war mangels hygienischer Voraussetzungen nicht eben einfach, das Schärfen von Rasiermessern eine mühsame Sache. Hofer mag, nachdem es seiner Anna nicht mißfiel, also eher aus praktischen als aus ästhetischen Gründen – oder wegen der Wette – beschlossen haben, mit einem Vollbart durchs Leben zu laufen. Ja, offensichtlich gefiel er seiner jungen Frau, so wie er war, die er da am Dienstag, dem 21. Juli 1789, aus ihrem Heimatort ins heimatliche Passeiertal heimführte; wo beide freilich erst so nach und nach die volle Tragweite der Probleme des heruntergekommenen Anwesens erkannten und vollauf damit beschäftigt waren, die neuen Erwerbszweige des Sandwirts zu organisieren.

Das alles ereignete sich nur wenige Tage, nachdem sich in Paris eine große Menschenmenge zusammengerottet hatte. Weit weg vom Passeiertal forderten im Juli 1789 aufgebrachte Bürger von Ludwig XVI. die Zurücknahme der Entlassung des Finanzministers Necker, der – zusammen mit Louis-Philippe von Orléans – für mehr Sparsamkeit des Königs und seines Hofes in Versailles eingetreten war. Spontane Redner aus der Menge griffen vor allem die Königin an: die Habsburgerin Marie-Antoinette, die man für die Zerrüttung der Finanzen, die allgemeine Wirtschaftsmisere nach einem Hungerwinter und eine nicht den Interessen Frankreichs dienende Außenpolitik mitverantwortlich machte. »Autrichienne« wurde in Frankreich zum Schimpfwort, mit dem man nationale Emotionen mit der Kritik am heimischen Königshaus verband.

Damals war die Bastille eine alte Festung mitten in Paris, in der jahrzehntelang Staatsgefangene eingesperrt gewesen waren und in der auch Waffen lagerten. Es war am 14. Juli 1789, als die Menschenmenge vom Kommandanten der großen Anlage, de Launay, die Öffnung der Tore forderte. Dieser zauderte und ließ schließlich die Besatzung das Feuer auf die Menge eröffnen. 98 Tote und Lynchjustiz an de Launay waren der Beginn einer der größten Umwälzungen der abendländischen Geschichte – der Französischen Revolution.

Andreas Hofer konnte damals freilich weder von diesen Ereignissen etwas wissen, die sich in Paris zugetragen hatten, noch hätte er auch ermessen können, welche Bedeutung sie für sein eigenes späteres Leben haben sollten.

Aber auch in der Residenz des Kaisers, in Wien, wurden die Berichte aus Paris nicht mit dem diesem Ereignis angemessenen Ernst verfolgt. Josef II. fand vielmehr bestätigt, was er von seinem Schwager Ludwig XVI. schon immer gehalten hatte – daß dieser ein Schwächling wäre, der selbst schuld daran sei, wenn ihm sein Volk Schwierigkeiten bereitet: »Meinem Schwager geschieht ganz recht«, soll er gesagt haben, »so muß es allen gehen, die ihre Minister regieren lassen. Ich habe es ihm oft gesagt, daß es so kommen würde. Er soll froh sein, daß sein Volk ihm die Gelegenheit genommen hat, noch mehr Dummheiten begehen zu können.«

Josef schmeichelte sich, in seinem Reich längst verwirklicht zu haben, was der »Dritte Stand« in der Französischen Nationalversammlung jetzt, nach dem Bastillesturm, forderte. Er, der habsburgische Asket, hatte ja durch seine fanatisch-bescheidene Hofhaltung keinen Anlaß dafür gegeben, daß ihn das Volk auspfiff; ganz im Gegenteil: Die Wiener waren angesichts des ihnen vorenthaltenen barocken Spektakels dem Kaiser bitterböse. Und Josef sah sich bei seiner Politik auch nicht aufgeklärten und »progressiven« Jakobinern gegenüber, sondern konservativen, stockreaktionären Vertretern des Adels und der Kirche, die dorthin zu steuern beabsichtigten, wohin das Ancien régime Ludwigs XVI. Frankreich geführt hatte.

Als in den österreichischen Niederlanden eine Aufstandsbewegung losbrach, richtete sich diese auch nicht etwa gegen das feudale Ausbeutungssystem und die Vorrechte von Adel und Kirche, sondern dagegen, daß der Monarch in Wien eine zu fortschrittliche Revolution der Bürger gegen die alten Gewalten »von oben« inszeniert hatte.

Josef II. litt schwer darunter, daß sein gutgemeintes Werk immer stärker am Beharrungsvermögen seiner Untertanen zu zerbrechen drohte. Er war nicht König von aufsässigen Franzosen, die ihm jetzt wohl zugejubelt hätten; er war nur Herr über ein Konglomerat von feudalen Herrschaften, wo die alten Privilegierten nichts von ihren vererbten Rechten abgeben wollten. Schon von einer schweren Lungenerkrankung gezeichnet, rief er resignierend aus: »Ich bin zu sehr gewohnt, überall nur Undank für meine Wohltaten zu ernten!«

Auf Josef stürmten aber nicht nur aus den Niederlanden, sondern auch aus den übrigen Teilen der Monarchie Meldungen über Aufruhr und Widersetzlichkeit ein. Seine Armee stand noch dazu seit 1788 gegen die Türken im Feld. In Wien tauchten anonyme Schriften auf: »Herr, befreie uns vor Krieg und Not – durch Josephs II. Tod!« Im ganzen Reich machten sich zudem Adel und Kleriker zunutze, daß die Zensur Angriffe auf den Monarchen nicht verfolgte. Auch in Tirol tauchten Flugzettel und -schriften auf: »Beweise, daß Joseph II. ein Protestant ist« war die bedeutendste – ein »Fürstenspiegel« mit viel persönlicher Kritik – und vor allem die Schrift: »Warum wird Kaiser Joseph von seinem Volke nicht geliebt?«

Es ist sehr wahrscheinlich, daß einige dieser Schriften auch ins Passeiertal, jedenfall aber nach Meran gelangten. Reisende führten sie mit sich, und in den Wirtshäusern waren sie wohl auch Tagesgespräch. Ein Mann wie der Sandwirt Hofer hat sicherlich an Diskussionen über die Politik Josefs teilgenommen. Keine Frage: Er war Tiroler und fromm – beides ein Grund, gegen den reformverrückten Zentralisten von Wien zu sein, der ein »Glaubensfeger« war – wie ihn ein Flugblatt denunzierte. Wollte Josef mit seiner Umgestaltung der Verwaltung und den neuen Steuern nicht die Freiheiten, die in Tirol seit den Tagen der Margarete Maultasch galten, zerstören? War Josef daher nicht ein Feind jedes Tiroler Patrioten? Und dann die kirchlichen Reformen? Mußte nicht auch er, der Sandwirt, in einer Kirche heiraten, die vorher von den fröhlichen Heiligenbildern gesäubert worden war? Hatte sich nicht Kaiser Josef, dieser »Ketzer« und Judenfreund, längst gegen die Traditionen der katholischen, allheiligen Kirche versündigt? War nicht all das, was man jetzt von der peinigenden Krankheit Josefs berichtete, eine Strafe des Himmels?

Begegnung mit der Revolution

Die Linie Verona-München war in der Zeit Andreas Hofers nicht nur als Handelsweg von eminenter Bedeutung, sondern bildete einen zentralen militärischen Strang. Was wohl auch dem österreichischen Generalstab in voller Tragweite zum Bewußtsein kam, als nun im Jahre 1792 der Krieg mit dem nunmehr revolutionären Frankreich unvermeidlich geworden war. In Wien kramte man die alten Pläne hervor, um sich wieder mit dem Alpenland zwischen Gardasee und Karwendel vertraut zu machen, und stellte fest, daß die fast neunzigjährige Friedensperiode nicht genützt worden war, um sich auf mögliche Auseinandersetzungen – etwa durch die Anlage massiver Befestigungen im Alpenland – vorzubereiten. Und dies, obwohl die italienischen Besitzungen Habsburgs längst zu einem festen Bestandteil des monarchischen Kosmos Österreichs geworden waren. Vielleicht hatte man auch darauf sein Vertrauen gesetzt, daß Habsburger und Bourbonen ohnehin seit der Jahrhundertmitte in einer Allianz verbunden waren.

Nun wurde im Wiener Hofkriegsrat einkalkuliert, daß Tirol Eindringlingen mit relativ geringen Kräften Widerstand leisten konnte. Die nördlichen Einfallslinien an Iller, Isar, Lech, Inn und Kössener Ache waren leicht zu sperren. Die Pässe ins Salzburgische waren unwegsam, der Arlberg Hochgebirgsterrain. Im Süden war die wehrgeographische Situation freilich nicht ganz so günstig. Aus dem Osten der Lombardei und Venetien führten zahlreiche Verbindungen ins tirolerische Gebirge; aber auch hier waren Sammelpunkte für

Begegnung mit der Revolution

größere Truppenmassierungen jeweils leicht auszumachen, weil sie durchwegs am Rand der Poebene gelegen sein mußten.

Bei der Sicht dieser Umstände war klar, daß es in der habsburgischen Monarchie viel größere Probleme für eine notwendige Landesverteidigung gab – ganz abgesehen davon, daß Österreich ja eminente Aufgaben im Deutschen Reich zu erfüllen hatte und die Verteidigung Österreichs eigentlich schon am Rhein und in Savoyen begann.

Im Jahr 1790 bestanden die österreichischen Streitkräfte aus ungefähr 300 000 Mann, die in 110 Regimentern und einer Reihe von Korps, Bataillonen und Artillerieeinheiten organisiert waren. Diese Armee wurde seit Josef II. sowohl durch Rekrutenaushebungen wie durch freie Anwerbung ergänzt. Die Truppen waren allerdings in der ganzen Monarchie weit verstreut. Die sogenannten Grenzregimenter lagen etwa an der Militärgrenze, die quer durch den halben Balkan verlief; Österreicher standen in Oberitalien, entlang dem Rhein – in auseinandergezogenen Festungen – bis zu den österreichischen Niederlanden, dem heutigen Belgien. Überdies waren die Truppenkörper nicht willkürlich von einem zentralen Armeekommando aus dirigierbar, sondern vielfach erst nach mühsamen politischen Verhandlungen mit den Ständen und Landtagen der Kronländer in Bewegung zu setzen.

Auch auf dem Innsbrucker Landtag 1790 hatte man des langen und breiten über Rechte und Pflichten Tirols in Militärdingen beraten. Am 16. Dezember 1791 hatte dann Josefs Nachfolger Leopold II. in einer Resolution das Konskriptions- und Rekrutierungswesen neu geordnet. Das in Tirol stationierte Regiment Neugebauer sollte demnach teils durch andere Regimenter aufgefüllt, vor allem aber von den Städten und Gerichten Tirols ergänzt werden. Am Prinzip gemäß dem traditionellen Landlibell wurde nichts verändert, weshalb auch die Schützeneinheiten in Tirol erhalten blieben.

Als der Krieg 1792 ausbrach, stand daher auch ein Tiroler Scharfschützenkorps mit rund 1000 Freiwilligen in den österreichischen Niederlanden. Man hatte die – hechtgrau uniformierte – Einheit auf mehrere Garnisonsorte verstreut, wobei der größte Teil der Soldaten in Courtrai stationiert war.

Und tatsächlich kam es auch unmittelbar nach der Kriegserklärung der Franzosen dort zu den ersten militärischen Auseinandersetzungen.

Bei Mons wurden Ende April Kampfhandlungen gesetzt, bei Tournai kam es zu einem ersten ernsten Gefecht. Und gleich fielen auch einige Angehörige des Tiroler Freikorps in französische Hand, die man nach Lille brachte und dort vom revolutionären Pöbel massakrieren ließ. So waren diese Nachrichten durchaus geeignet, schon bald die Heimat der Tiroler Schützen kräftig zu emotionalisieren. Kaiser Franz – Leopolds Nachfolger ab 1792 – konnte in Tirol mit Unterstützung der Bewohner rechnen, wenn er von einer moralischen *Pflicht* sprach, dem aggressiven französischen Revolutionsregime durch einen schnellen Krieg der europäischen Monarchien ein Ende zu machen.

Durch das Passeiertal zogen damals zahlreiche österreichische Einheiten. Viele haben auch beim Sandwirt Station gemacht; Hofer wird wohl für Quartier und Verpflegung der Herren Offiziere gesorgt haben. Dabei mußten zumeist die Gemeinden für die Proviantierung aufkommen, was nicht besondere Freude und Begeisterung auslöste. Dadurch lernten nun aber auch die Passeier Menschen kennen, von deren Existenz sie nur vom Hörensagen etwas wußten – und fühlten sich weniger denn je mit ihnen gemeinschaftlich verbunden. Was hatte doch der Kaiser in Wien alles unter seinen Fahnen!

Da kamen jetzt Kroaten und Varasdiner nach Tirol; Soldaten aus Gradisca; Ungarn vom Bataillon Gyulay, Erdödy-Husaren; Grenzer aus dem Siebenbürgischen; aber auch Böhmen, Niederösterreicher und ein »Fürstlich-salzburgisches Regiment«. Sogar ein serbisches Freikorps rückte an, und ein Augenzeuge berichtete, wie die Soldaten »mit türkischem Geschrei nach serbischer Art tanzten«, nachdem sie sich mit Brot, Wein und Käse gestärkt hatten.

Öfter kam es auch zu Diebstählen sowie zu offenen Gewalttaten und Mißhandlungen. Und Andreas Hofers Geschäft dürfte in diesen Monaten, da sich der Krieg an mehreren Schauplätzen hin- und herzog, bereits besonders gelitten haben. Denn die Truppen verlangten auch die Stellung von Pferden und Wagen für Vorspanndienste. Der Transport über den Jaufenpaß war nämlich für die durchmarschierenden Truppen ein erhebliches Problem, und man griff auf den Sandwirt zurück, der einen Pferdehandel betrieb. Man kann sich vorstellen, was die Überschreitung des Passes in einer Seehöhe von über 2000 Metern bedeutet. Möglicherweise ist auch so zu erklären, daß Hofer Anfang der neunziger Jahre noch an die zwanzig Pferde führte, sich die Zahl seiner Tiere in der Folge aber ständig verringerte. Am Ende des Jahrzehntes waren es nur noch sieben Tiere.

Zum Unwillen der Passeier, die Einquartierungen und Hilfsdienste zu ertragen hatten, kam noch die allgemeine Teuerung, die, je länger der Krieg dauerte, zunahm. Bald herrschte auch Mangel an Getreide, und die Behörden in Innsbruck berichteten nach Wien, daß in ganz Tirol »dem gemeinen Mann der nötigste Unterhalt fehlt«.

Dennoch kamen im Laufe des Jahres 1793 wieder ermutigendere Meldungen von den Kriegsschauplätzen bis nach St. Leonhard im Passeiertal.

Der französische General Dumouriez war mit einem Teil seiner Truppen zu den Österreichern übergetreten; die Preußen konnten die französischen Revolutionstruppen aus Speyer, Worms und Mainz vertreiben, und der österreichische General Wurmser stieß bis zu den sogenannten Weißenburger Linien im Elsaß vor.

Aber im Herbst wendete sich das Kriegsglück neuerlich. Und Frankreichs Soldaten griffen mit erneuerter Kraft an. Die Demagogen im Konvent verstanden es, nationale Begeisterung mit revolutionärer Emphase durch das Schüren von Angst zu erzeugen, Frankreich würde von den verhaßten Deutschen besetzt werden und seiner revolutionären Errungenschaften verlustig gehen. Ende 1794 hatte Frankreich über eine Million Mann unter Waffen.

Es war aber vor allem das Versagen der militärischen Führung und die Nonchalance der Offiziere auf der Seite der Alliierten, die für die nun einsetzenden Niederlagen die Verantwortung trugen. Nach jahrzehntelangem relativen Frieden in der zweiten Hälfte des 18. Jahrhunderts hatte sich das Offizierskorps sowohl in Preußen als auch in Österreich und in den kleineren Fürstentümern des Reiches zu einer arroganten und elitären Klasse verformt. Man verschloß sich entscheidenden Neuerungen, herrschte mit eiserner Disziplin über widerwillige Exerziersoldaten und entwickelte einen adeligen Kastengeist, der mit ausgeklügelten Ritualen zu einer Herausforderung des bürgerlichen Vernunftbewußtseins wurde.

Eine allgemeine Volksbewaffnung schien dieser feinen Gesellschaft undenkbar; denn angesichts der französischen Erfahrungen fürchtete man, daß die Läufe der Gewehre einmal nicht auf den Feind, sondern auf die eigenen Herren gerichtet werden könnten. Die nichtadeligen Beamten, Kaufleute und Intellektuellen empfanden aber dieses aus Angst geborene Gehabe des adeligen Offizierskorps wiederum als Anmaßung; und überdies mußte auch auf dem Land die herablassende Rücksichtslosigkeit der Herren Offiziere bei Rekrutierung, Einquartierung und Konfiszierung permanent Widerstand herausfordern.

Das Jahr 1796 begann mit einem Waffenstillstand. Erst im Mal und Juni kam es wieder zu schweren Kämpfen im deutschen Rheintal. In Paris hatte man erkennen müssen, daß der Krieg in Deutschland aber auch dann nicht zu gewinnen war, wenn Preußen fehlte. Man mußte vielmehr von Oberitalien aus in den weichen »Unterleib« Österreichs vorstoßen.

Der Mann, der diese Idee immer und immer wieder dem Direktorium vorgetragen hatte, war ein junger General aus Korsika, Bonaparte. Mit dem Makel seiner halbitalianisierten Heimat belastet, hatte er sich zu diesem Zeitpunkt bereits zum »Überfranzosen« stilisiert. Verhielt er sich zuerst neutral zur Revolution, war er durch die Befreiung der Stadt Toulon von einer englischen Besatzung berühmt geworden und hatte sich der Protektion von Robespierres jüngerem Bruder versichert. Schon 1794 war der erste Plan zum Angriff gegen das österreichische Oberitalien von ihm verfaßt und den führenden Revolutionsmilitärs vorgelegt worden. Dabei ging es ihm, dem 25jährigen, um einen Einkreisungsversuch: »Das Haus Österreich würde gezwungen werden, seine Besitzungen in Italien zu verteidigen, und das entspräche dem Ziel unseres Krieges ... wenn wir Erfolg erzielen, dann könnten wir in den weiteren Feldzügen von der Lombardei, dem Tessin und Tirol aus Deutschland angreifen, während unsere Rheinarmeen ins Herz Deutschlands vorstoßen würden.«

Was hier als »große Strategie« festgehalten ist, bleibt 20 Jahre lang auch Bonapartes stets gleichbleibendes Motiv: Gegen Wien vom Westen und vom Süden her gleichzeitig vorzurücken ... und dazwischen – über Tirol – eine Verbindung herzustellen.

Diese Planung wurde geradezu zur fixen Idee. Bonaparte hielt mit manischer Konsequenz immer und immer wieder daran fest. Und es ist unerklärbar, daß sich Österreich immer und immer wieder durch diese Strategie irritieren ließ, seine Kräfte zwischen Nord und Süd falsch aufteilte und nie in der Lage war, zu einem massiven Entlastungsangriff – etwa über die Schweiz ins Herz Frankreichs – anzutreten.

Als in Paris nach Robespierres Tod Unruhen ausbrachen, konnte sich Bonaparte durch deren rasche Niederwerfung die Gunst der neuen Machthaber im Direktorium sichern. Jetzt regelte er auch sein Privatleben und heiratete die Witwe eines guillotinierten Adeligen – Josephine de Beauharnais. Es war diese Frau, die ihm noch mehr Einfluß verschaffte. Bonaparte wurde ein enger Mitarbeiter Carnots, des Leiters des Direktoriums. Und dieser übernahm nun auch Bonapartes Vorschlag eines Großangriffs gegen Österreich über Oberitalien. Der kleine, junge Korse wurde, allen Widerständen zum Trotz, mit der Führung der französischen Italienarmee betraut. Zwar waren, als er seine Truppen bei Nizza zusammenzog, diese in miserablem Zustand; aber sie hatten, so berichtete er nach Paris, einen »guten Geist«. 70 000 Österreicher und Sardinier gingen mittlerweile auf der anderen Seite des Meeralpenbogens in Stellung.

Bonaparte verfügte nur über halb so viele Soldaten wie seine Gegner. Er griff im April an und trennte zuerst einmal die beiden Verbündeten voneinander. In der Nähe von Pavia, südlich von Mailand, kam es dann zur ersten Berührung mit den Österreichern. Statt einer energischen Verteidigung zogen sich diese aber kampflos bis zur Adda zurück. Und erst am 10. Mai kam es dort zur Entscheidungsschlacht. Es war der Kampf an der Brücke von Lodi, in der der junge Korse zum Heros seiner Soldaten wurde, sich selbst aber geschickt zur Heldengestalt glorifizierte. »Nach Lodi«, sagte er später, »sah ich in mir nicht mehr einfach den General, sondern den Führer, der das Schicksal seines Volkes beeinflussen kann.«

Bonaparte besetzte Mailand, das für die Italiener mehr war als bloß das Zentrum der Lombardei. Unzufriedene und liberale Elemente erwarteten in Bonaparte den Vertreter der antifeudalen Revolution; und aus einem nationalen Kampf wurde so in Italien – deutlicher als sonstwo – auch ein ideologischer. Österreich stand auch hier für die alte, müde gewordene Adelsgewalt – Bonaparte für Freiheit, Gleichheit, Brüderlichkeit – für die Volkssouveränität.

Das mag für Bonaparte bereits damals gar kein besonderes Anliegen gewesen sein – aber er spielte den nationalen Befreier Italiens souverän weiter, ohne zugleich alle Kraft auf den noch nicht gewonnenen Krieg zu konzentrieren. Nach Paris schrieb er optimistisch, daß er sich der ganzen Lombardei bemächtigen werde und in einem Monat hoffe, »auf den Bergen Tirols zu sein, der Rheinarmee zu begegnen und mit ihr den Krieg nach Bayern zu tragen«.

Das war jedoch gar nicht nach dem Geschmack des Pariser Direktoriums. Man wollte nämlich die Revolution in Italien ausbreiten und nach Süden marschieren lassen, um dort zuerst die schwachen, kleinen Fürstentümer der Halbinsel zu zerstören.

Briefe brauchten damals natürlich eine lange Zeit, um an den Bestimmungsort zu gelangen, und so hielt sich der korsische General für berechtigt, auf eigene Faust zu handeln. Er bedrohte die wichtige österreichische Festung Mantua und beschwor neuerlich Paris, seiner Idee zu folgen – nämlich nach Norden, nach Tirol, vorstoßen zu dürfen.

Jetzt erschrak man in Wien – und in Innsbruck. Man hatte sich zuerst nicht vorstellen können, daß der Feind so rasch näherrücken könnte, und praktisch so gut wie keine Vorbereitungen getroffen. Zwar gab es da einen Tiroler Archivar, Martin Strobel, der einen »Entwurf« der Verteidigung Tirols vorbereitet hatte – aber es war nichts geschehen, was auf eine sofortige Stärkung und Verbesserung der Ausrüstung der Landwehr oder auf die Anlage von Befestigungen hinausgelaufen wäre.

Erst Mitte Mai kam es zu einer ersten Konferenz der Tiroler Landesverwaltung. Wozu? Um einen Gebetsaufruf zu erlassen und vor Spionen zu warnen ... nur Landeshauptmann Paris Graf Wolkenstein forderte die Schützen auf, sich zur Landesverteidigung bereit zu halten. Johann Ludwig Alexander von Laudon, der Neffe des großen Feldherrn Maria Theresias, wurde seinerseits von Wien beauftragt, mit kaiserlichen Truppen Verteidigungsstellungen in Tirol zu errichten.

Bonaparte griff – halb und halb befehlsgemäß – vorläufig Tirol aber nicht an. Er konzentrierte sich vielmehr auf die Belagerung der von den Österreichern gehaltenen Festung Mantua, die schwer genug zu nehmen war. Seine Vorposten standen schon am Monte Baldo – knapp vor dem Eingang ins Gebirge östlich des Gardasees.

Tirols Behörden beriefen schließlich – schon in höchster Not – eine Konferenz nach Bozen ein, um die Verteidigung des Landes mit den Schützenkommandanten zu besprechen. War die Volksbewaffnung, die man am Wiener Kaiserhof gar nicht gerne sah, jetzt die letzte Hoffnung?

Der Ruf der jammernden Landesverwaltung erreichte auch Andreas Hofer. Er hatte mit seinen Schützen im Passeiertal zwar regelmäßige Übungen abgehalten, aber der Einsatz seiner Leute gegen reguläre Truppen schien ihm – wie auch den anderen im Lande – als mittleres Himmelfahrtskommando. Hofer, 29jährig, fuhr also nach Bozen und erfuhr im Detail von der so unmittelbaren Gefahr. Auf dem Weg dorthin begegneten ihm auch bereits die ersten österreichischen Truppeneinheiten aus dem oberitalienischen Süden, die zurückfluteten: dezimierte, schlecht ausgerüstete, ermüdete Regimenter mit vielen Blessierten.

Andreas Hofer dürfte daher Ende Mai mit einer der Meraner Schützenkompanien, die etwa 120 Mann umfaßte, auf den Tonalepaß gezogen sein; diese wichtige Wegverbindung liegt zwischen Ortler und Presanellagruppe. Von Süden aus konnten feindliche Einheiten durch das Val Camonica gut nach Südtirol einsickern, was von den Verteidigern auch befürchtet wurde. Hier las Hofer wohl jenen Aufruf, den General Bonaparte erlassen hatte: »Ich werde in Euer Gebiet einmarschieren, wackere Tiroler, um den Wiener Hof zu dem für Europa und seine Untertanen notwendigen Frieden zu zwingen ... Die französische Armee achtet und liebt alle Völker und besonders die einfachen und tugendhaften Gebirgsbewohner; Eure Religion, Eure Bräuche werden überall geachtet werden! Unsere Truppen werden eine strenge Disziplin wahren, und nichts wird Eurem Land genommen werden ... Laßt Euch nicht durch österreichische Agenten in die Irre führen! Schützt Euer Vaterland vor dem Unglück, daß ich es mit Leid erfüllen müßte.« Und dann, ganz und gar bereits selbstbewußter Eroberer: »Ein paar Feinde mehr können die Sieger über die Alpen und Italien nicht schrecken.«

Mit solchen sah sich der General freilich schon bald konfrontiert. Erzherzog Karl hatte in Deutschland schweren Herzens dem kaiserlichen General Wurmser den Befehl erteilt, so rasch wie möglich an den oberitalienischen Kriegsschauplatz zu ziehen. Mitte Juli waren auch gut 50 000 Mann im Gebiet von Trient zusammengezogen. Wurmser griff die Franzosen zwischen Gardasee und Verona vorsichtig an; er wollte nach Mantua vorstoßen und die dort eingeschlossene österreichische Besatzung befreien. Aber unterdessen warf sich Bonaparte energisch auf die vor allem aus kroatischen Grenzern des Feldmarschalleutnants Quosdanovich bestehenden österreichischen Einheiten und trieb sie seinerseits vom Südufer des Gardasees zurück. So war der Entsatz Mantuas zuerst einmal kläglich danebengegangen. In der Folge gelang es Bonaparte sogar, Wurmser und den kaiserlichen General Alvinczy abzudrängen, in den Sümpfen von Arcole zu schlagen und die zum Entsatz Mantuas ausgesandte Armee schließlich in der Festungsstadt einzuschließen.

Dennoch war für Bonaparte an einen sofortigen Angriff gegen Tirol nicht zu denken. Hatte doch Erzherzog Karl in der zweiten Jahreshälfte 1796 in Deutschland eine ganze Reihe spektakulärer Erfolge gegen die französischen Generäle Jourdan, Marceau und Moreau errungen; wodurch Tirol zuerst einmal eine Atempause erhielt, sich aber im Land das Bewußtsein verstärkte, daß man nun zwischen den Fronten lag.

Andreas Hofer ist uns in diesen Wochen nicht nur als Angehöriger der Meraner Schützenkompanie bekannt. Im Juli war er auch mit zwei Saumpferden nach Innsbruck aufgebrochen, um Proviant für seine Einheit zu besorgen. Ein Passierschein des Kreisamtes Bozen gestattete ihm, unbelästigt von den k. k. Wagen-Mautsämtern »weggelds- und brückengeldfrei hin und her zu passieren«. Er muß also schon damals als wegkundiger Schützenkorporal bekannt gewesen sein. Ihm dürfte auch bereits wenig an der Führung des Sandhofes gelegen haben; denn wir können wohl annehmen, daß seine Frau schon damals immer mehr Aufgaben im Gasthof und in der Landwirtschaft übernahm. Hofer ist ergo zwischen dem Tonalepaß, wo die Meraner Schützen die ganze Zeit über standen, seinem heimatlichen Passeiertal und Innsbruck mehrmals hin- und hergeritten. Und im September finden wir ihn neuerlich – zusammen mit dem Stroblwirt Johann Holzknecht – in der Hauptstadt, wo er offensichtlich über die Ausrüstung seiner Kompanien verhandelte. Auf einem Gesuch unterschrieb sich Hofer dort als »debudierter«.

Zu diesem Zeitpunkt hatten die »Pseirer«, die Passeier, bereits durchgesetzt, daß ihre Talschaft eine eigene Schützeneinheit bilden konnte und die Bewohner des Tales aus den Meraner Kompanien herausgelöst wurden. Es war aber eine »unauslöschliche Schande« – von der der Passeier Schützenmeister Johann Holzknecht sprach –, daß nicht alle Schützen zum befohlenen Appell erschienen.

Dennoch waren es rund 2500 Mann, die sich im März 1787 aus dem Burggrafenamt, aus dem Vintschgau und aus Hofers Passeiertal versammelt hatten. Und die 2000 Mann, über die der österreichische General Laudon noch verfügte, waren wohl fürs erste genug, die Franzosen aufzuhalten. Der Hauptmann Andreas Hofer war, daran dürfte kein Zweifel sein, bei jener Einheit mit dabei, die über die Höhen östlich des Etschtales vorstieß. Er kommandierte die erste der fünf Passeier Kompanien und hatte 129 Mann unter sich. Hier fanden die Männer aber kaum Franzosen vor.

Österreichisches Militär ging mittlerweile im Tal gegen Bozen vor. Und dort waren die Franzosen noch keineswegs darauf vorbereitet, von Bauernhaufen und österreichischen Kolonnen gleichzeitig angegriffen zu werden. Sie hatten vielmehr damit gerechnet, daß sich die Österreicher freiwillig nach Norden zurückziehen würden.

Der Ort Jenesien oberhalb von Bozen gab der Schlacht den Namen, und sicherlich hat Andreas Hofer dort mitgekämpft.

Es war überhaupt die erste größere Schlacht, die zwischen Schützen, Tiroler Landsturm und den gut gedrillten und geführten Soldaten Bonapartes geführt wurde. Und sie hatte insofern große psychologische Bedeutung, als dort der Mythos der heimattreuen Schützen geboren wurde. Dabei ging der Kampf keineswegs eindeutig zugunsten der Tiroler aus – und die Franzosen waren angesichts ihrer Artillerie sehr wohl in der Lage, die Angreifer auf den umliegenden Höhen bei Bozen in Schach zu halten. Der Sandwirt jedenfalls, so weiß die Heimatdichtung zu berichten, soll sich den bereits fliehenden Landsleuten entgegengestellt haben – mit »ausgespannten Armen« –, weil die Lage zeitweilig für die Tiroler gar nicht rosig aussah.

Schließlich aber gelang, woran Laudon nicht mehr geglaubt und Andreas Hofer wohl auch gezweifelt hatte – der Abzug der irritierten Franzosen aus Bozen. Still verließen sie in der Nacht die Stadt und zogen durch das Eisacktal nach Brixen. Laudon aber rückte – wahrscheinlich mit ihm auch der junge Sandwirt und die Passeier – am 4. April wieder in das befreite Bozen ein.

Auch im Süden war es gelungen, die Verbindungslinien der Franzosen zu kappen. General Joubert und seine Armee kämpften, abgeschnitten und erheblich verunsichert, in den ihnen unheimlich werdenden Tälern weiter. Sie hatten nur mehr die Chance, der Falle zu entgehen, wenn sie das taten, was ihnen Bonaparte ohnedies befohlen hatte: sich durch das Pustertal nach Kärnten durchzukämpfen, damit aber Tirol ganz aufzugeben, an dessen Besetzung nicht mehr gedacht werden konnte. Jedenfalls bestand auch aus französischer Sicht keine Möglichkeit, über den Brenner vorzustoßen und via Inntal den Kontakt mit Süddeutschland herzustellen.

Es mag auch zur Verunsicherung der Franzosen beigetragen haben, daß sich die Tiroler ihren Gefangenen gegenüber nicht sonderlich ritterlich verhielten – waren diese doch für die bäuerlichen Schützen freche Eindringlinge. In den Chroniken ist von systematischen Grausamkeiten, ja Massakern unter verwundeten Franzosen die Rede; wenngleich in den geistlichen Spitälern das Allerschlimmste verhindert worden sein dürfte; aber es besteht wohl wenig Zweifel, daß man nicht zögerte, »manchen Bein für Bein entzwei zu schlagen, bis er ausgeisterte« (wie es in einem zeitgenössischen Bericht heißt).

Und dann zögerten die Bauern auch nicht, den von *ihnen* errungenen Sieg den Bozner Bürgern drastisch ins Bewußtsein zu bringen. Es fanden wüste Plündereien in Bürgerhäusern und Einbrüche in Weinkeller statt. Sie sollten wohl ausdrücken, daß man Adel und Bürgerschaft zum Vorwurf machte, sich vor den Franzosen mit allzuviel Bücklingen bewegt zu haben; die reichen Herren hätten zu früh vor den »fränkischen Neuheiden« kapituliert und während der Kämpfe die in die Stadt Bozen eindringenden Bauern nicht ausreichend unterstützt – behauptete man jedenfalls.

Wie dem auch sei – die Franzosen zogen sich jetzt eilig nach Nordosten zurück. Dort hatte sich zu diesem Zeitpunkt bereits etwas zugetragen, was in die Annalen der Tiroler Heldengeschichte einzugehen Anlaß und Berechtigung hat.

Der (Nordtiroler) Landsturm fand sich bei Sterzing mit den vor allem aus Kroaten bestehenden regulären österreichischen Truppen zusammen. Man beschloß, die bei Mittenwald stehenden Franzosen durch ein Manöver zu umgehen, und erkletterte nach Einbruch der Dunkelheit die Höhen des Tales. Es schneite in dieser Nacht, und die Schützen kamen nur langsam vorwärts. In den Morgenstunden des 2. April 1797 hatten die unter dem Kommando des Schützenmajors Philipp Wörndle stehenden Männer das sogenannte Valser Joch erreicht. Und von dort drangen nun rund 4600 Mann ins Tal herab und griffen die Franzosen beim kleinen Ort Spinges an.

Unter der pathetischen Losung »Gott mit uns!« entspann sich ein heftiger Kugelwechsel, bis die Munition der Schützen aufgebraucht war; reihenweise fielen die französischen Kolonnen. »Zuschlagen, zuschlagen!« rief Wörndle seinen Bauern zu; und diese brachen auch aus den geschützten Wäldern hervor, mit den Kolben der Stutzen auf die Gegner einschlagend. In der Tat muß es den strapaz- und kampfgewohnten Grenadieren Frankreichs bizarr erschienen sein, was da auf sie zustürmte. So viele Tagmärsche hatten sie sich aus ihrer Heimat bis in die bedrohlichen Berge durchgekämpft, um hier mit einem neuen Phänomen konfrontiert zu werden: mit fanatischen, gnadenlosen Bauern, die für und um ihre Heimat kämpften. Und diese waren keine zu den Waffen gepreßten Söldlinge barocker Monarchen, die widerwillig und desertionsbereit von ihren Offizieren angetrieben wurden – wie die Kinder der Revolution Frankreichs das bisher bei den Kaiserlichen gesehen hatten. Das hier, in Tirol, waren freie und freiwillig kämpfende Männer, »citoyens«, die wußten, wofür sie ihr Leben einsetzten. Erstmals in dem nun schon ein halbes Jahrzehnt dauernden Krieg erkannten die Franzosen, daß sie einem *neuen* Feind gegenüberstanden – einem Gegner, der nicht nur nicht vom Joch des Feudalismus »befreit« werden wollte, sondern vielmehr sie, die Gleichheit, Freiheit und Brüderlichkeit verbreiten sollten, als Todfeinde ansah.

So wandelte sich in den Bergen Tirols erstmals der Krieg des republikanischen Frankreichs gegen das monarchische

Österreich aus einer Auseinandersetzung zwischen Revolution und Feudalismus in einen nationalen Krieg. Soldaten der »Nation Française« kämpften gegen die auf ihre nationale Eigenart und heimatliche Integrität bedachten Bewohner eines Alpenlandes.

Es ist also nicht verwunderlich, daß sich rund um diesen blutigen Kampf oberhalb von Brixen Legenden ranken; denn große Ideen brauchen Geschichten, die dem Außergewöhnlichen ein konkretes Eigenleben vermitteln. Wohl nur so ist auch die Mär vom »Mädchen von Spinges« zu sehen, die Generationen von Tiroler Schulkindern weitergegeben wurde: Während rund um den Friedhof des Ortes ein besonders blutiges Gemetzel tobte, soll sich das Bauernmädchen Katharina Lanz mit zusammengebundenem Unterkleid und fliegenden Haaren auf die Friedhofsmauer geschwungen haben, um von dort auf die anstürmenden Kolonnen der Franzosen mit einer Mistgabel hinabzustoßen. Eine »tirolerische Jeanne d'Arc« also – mögen sich die verwunderten Chasseurs da gedacht haben ...

Fazit: General Joubert beschloß, sofort abzuziehen; Berichte besagen sogar, der Überfall der Bauern habe ihm so sehr zugesetzt, daß er sogar an Kapitulation dachte. Dann aber räumte er unverzüglich Brixen und zog ins Pustertal ab. Die von Bozen heranrückenden französischen Einheiten schlossen sich dem Zug an, der nach Kärnten auswich. Nun wäre zwar denkbar gewesen, die Franzosen neuerlich im Pustertal anzugreifen; aber die Führer des Landsturms mögen wohl mit Recht eingesehen haben, daß der Marsch nach Osten für die Franzosen die einzige Fluchtmöglichkeit aus dem für sie bizarren Bergland darstellte – und daß damit der Feind endgültig Tirol verlassen würde. Warum sollte man also den Abzug der Franzosen aus Tirol noch verzögern? Die kaiserlichen Truppen ihrerseits rückten Joubert und seiner Armee auf dem Fuße nach, waren aber gleichfalls klug genug, sich nicht allein in größere Scharmützel zu stürzen. Am 9. April hatten die Franzosen jedenfalls Lienz in Osttirol erreicht, nahmen noch Geiseln aus der Bevölkerung, um Geldkontributionen zu erpressen, zogen aber schließlich über das obere Drautal nach Kärnten ab.

Zu diesem Zeitpunkt war zwischen Österreich und Frankreich bereits ein Waffenstillstand vereinbart worden. Erinnern wir uns: Bonaparte war ja aus Friaul über Kärnten in die völlig wehrlose Steiermark eingerückt. Und in Leoben im Murtal wurde ein Vorfriede unterzeichnet, der schließlich im Frieden von Campo Formido festgeschrieben wurde.

Zwischen Bayern und dem Po: Tirol

Der Friede von Campo Formido erwies sich für die Österreicher als weniger hart, als es zuerst den Anschein hatte – Bonaparte zeigte einen Hang zur Versöhnlichkeit, der Europa in Erstaunen versetzte: Das ferne Belgien hatte Österreich ja schon unter Josef II. de facto eingebüßt, jetzt mußte es den letzten Rest des von den spanischen Habsburgern übernommenen Erbes abtreten; die Lombardei war ohnedies völlig in der Hand Bonapartes; um so erstaunlicher, daß dieser jetzt Venedig an die Österreicher verschenkte. Die alte Serenissima war zwar verkommen und verlottert und nur noch ein romantischer Abglanz vergangener Größe, aber noch immer war sie im Besitz des halben östlichen Oberitaliens bis zur Etsch. Das alles fiel jetzt an Österreich und ersparte auch Tirol, eine allzu lange Grenze zum Ausland bilden zu müssen.

Die eigentlichen Verlierer im Handel zwischen dem jungen General aus Korsika und dem jungen Kaiser in Wien waren die Deutschen. Denn Franz stimmte zu, daß sich Frankreich das deutsche Gebiet bis zum linken Rheinufer endgültig einverleibte. Jetzt rächte es sich, daß Preußen Österreich so schmählich im Stich gelassen hatte – und auch die Deutschen am Rhein wieder allein ließ. »Wir werden keinen Vorteil ziehen aus der Perfidie unserer Grundsätze, denn die Charakterlosigkeit unseres Benehmens macht uns zum Gegenstand allgemeiner Verachtung und allgemeinen Abscheus«, meinte der Freiherr vom Stein damals; erst viel später sollte dieser zum großen patriotischen Reformer Preußens aufsteigen.

Frankreich und Österreich hatten in Campo Formido auch beschlossen, die geistlichen Herrschaften der Erzbischöfe, Bischöfe und Klöster im Deutschen Reich aufzuheben und sie jenen weltlichen Fürsten zu übergeben, die links des Rheins Gebietsverluste erlitten hatten. Es war ein Handel übler Art, den da der »defensor fidei«, der fromme Verteidiger des Glaubens, in der habsburgischen Hofburg zu Wien mit dem General der französischen Republik abschloß – aber gewissermaßen ein Nachvollzug der Reformation und des Josefinismus. Bischöfe als Reichsfürsten waren ja in den Augen der Zeitgenossen schlechthin fragwürdig geworden; die Kirche als weltliche Macht konnte bestenfalls noch historische Berechtigung für sich in Anspruch nehmen – die Vernunft nicht mehr.

Mit dem Abkommen hatte man in Campo Formido auch dem Deutschen Reich den Todesstoß versetzt; der letzte Kaiser des Heiligen Römischen Imperiums hatte einen Teil seines Reiches verhandelt und verkauft – weil seine eigenen Erblande in Gefahr geraten waren. Wenige Jahre später wird dann Franz II., Deutscher Kaiser, auch seine alte karolingische Krone niederlegen – und ein schlichter Kaiser Franz I. von Österreich werden.

Bonaparte hatte den gewichtigen Handel weitgehend selbständig geführt. Im Direktorium in Paris war man daher gar nicht einverstanden mit dem schnellen Eifer des kleinen Korsen; weshalb dieser um seinen Abschied vom Italienkommando bat – aber noch ganz Frankreich vom »schrecklichen Zeichen des Undanks« wissen ließ, den ihm die Republik antat. In Wirklichkeit freilich wollte er wieder ins innenpolitische Spiel eingreifen.

Bald zeigte sich auch für die Partner von Campo Formido, daß durch einen Vertrag mit Revolutionären keinesfalls ein verläßlicher Friede gesichert war. Das revolutionäre Pathos der Franzosen rückte nämlich gegenüber dem nationalen immer mehr in den Hintergrund: Die Revolution nach Europa tragen hieß, Europa Frankreich untertan machen. Und wer auch immer außerhalb Frankreichs Sympathien für Freiheit, Gleichheit und Brüderlichkeit gehabt hatte, mißbilligte nun zunehmend den simplen Anspruch Frankreichs auf Länderbesitz; da bestand wenig Unterschied zu den hungrigen Königen der Vergangenheit. Und bei den Verhandlungen über den Besitzausgleich in Deutschland waren die Franzosen schier unersättlich und hatten ein intrigantes, wahres Gesicht gezeigt.

Das übrige, altgebliebene Europa bröckelte mittlerweile Stück für Stück ab. In Oberitalien war eine »Cisalpine« und »Ligurische« Republik entstanden, die ehrwürdige Stadt Rom wurde zur Römischen Republik, in der Schweiz hatte man eine »Helvetische« Republik errichtet – Satelliten Frankreichs, ferngesteuert von Paris aus, überall durch französische Hilfstruppen befriedet, die in Wahrheit Besatzer waren. Geld und Kunstwerke wanderten als Kontribution nach Frankreich.

In Österreich mehrten sich die Stimmen, die die Wiederaufnahme des Kampfes forderten. Konnte man zusehen, wie Frankreich ganz Europa in Stücke riß? Würden die hungrigen Jakobiner nicht ohnehin auch bald wieder voll Begehrlichkeit auf Österreich sehen, das sie zu ihrem Hauptfeind auf dem Kontinent erklärt hatten? War der letzte Krieg nicht nur deshalb verlorengegangen, weil bloß die eigenen Herren Generäle unfähig waren und weil man von Preußen so schändlich im Stich gelassen wurde?

Dort war im November 1797 König Friedrich Wilhelm II. gestorben. Ihm folgte sein Sohn auf den Thron. Großgewachsen und stattlich im Äußeren, erwies er sich innerlich als noch steifer und zurückhaltender als sein Vater. »Man mische sich nie in fremde Händel, die einen nichts angehen«, schrieb er in seinen Gedanken über die Regierungskunst nieder. Berlin wurde für kurze Zeit, mitten in dieser rauhen, kriegerischen Zeit, geradezu zum Idyll. Denn Friedrich Wilhelms III. junge Frau, die Königin Luise, war eine ganz und gar romantische Erscheinung – gewissermaßen das ideale Frauenbild der Zeit verkörpernd –, nicht preußisch-steif, vielmehr lebenslustig und warmherzig, eine klassische Schönheit mit einem gewissen Hang zur Extravaganz. Goethe hielt die Exzeptionelle, die sich gern griechisch-römisch wie eine Vestalin kleidete, geradezu für eine »himmlische Erscheinung«. Und in der Tat übernahm Luise bald auch das innere Kommando am preußischen Hof, was ihr bei ihrem willenlosen und schwachen Mann keine Schwierigkeiten bereitete.

Welches Jammerbild bildeten doch in diesen entscheidenden Tagen, in denen man den durch die blutige Schule der Französischen Revolution gehärteten Revolutionären entgegentreten mußte, diese Monarchen der alten Dynastien!

Franz II. in Wien war zwar nicht die Marionette seiner Frau, dafür aber seiner Umgebung – vor allem seiner devotschmeichlerischen Minister; allen voran des Freiherrn Johann Amadeus Thugut, der als echter Reaktionär nicht allein für die fragwürdige Außenpolitik Österreichs, sondern auch für die repressive Innenpolitik die Hauptverantwortung trug.

Franz glich äußerlich stark seinen habsburgischen Vorfahren und Verwandten. Sein Gesicht trug einen Zug der Vergeistigung, ja Intellektualität. So gesehen hätte er durchaus einen passablen Wiener Hofrat abgeben können, der insgeheim Epigramme und Schauspiele schrieb. Auch sein persönlich bescheidener, ja spartanischer Lebenswandel stach von der Philosophie seiner Herrschaft völlig ab. Er hatte sich zur Maxime gemacht, an die Politik seiner barocken habsburgischen Vorfahren anzuknüpfen, nicht aber an jene seines Vaters und Onkels. Der letztere, Josef II., war es wohl, der in Franz einen unauslöschlichen Stachel hinterlassen hatte. Und wie Söhne gegen Väter schon aus der psychologischen Zwanghaftigkeit revoltieren müssen, so protestierte auch Franz gegen die Aufklärer Josef und Leopold mit betulicher Konservativität. »Er scheint mir faul«, hatte Josef über seinen Neffen einst gesagt. Was aufs erste gesehen falsch schien, traf dennoch den wahren Kern dieses jungen Habsburgers – dann nämlich, wenn man nicht die äußere Hektik als Maßstab nimmt, sondern die innere Kraft. Es war eine »übertriebene gezwungene Gleichgültigkeit«, die auch der Erzieher von Franz, der Obersthofmeister Franz Graf Colloredo, an ihm entdeckte. Dazu kam aber vor allem eine eigenartige Mischung aus anti-intellektuellem Unterlegenheitsgefühl und Verlangen nach äußerer Ehrerbietung. Franz mißtraute allen offenen Geistern und liebte nicht das direkte Wort, die klare, nüchterne Wahrheit. Josef hatte wohl recht, wenn er dem »Kaiserlehrling« Franz vorwarf, daß sich dieser »eine bloß eingebildete Vollkommenheit« zugemessen habe; man ihm daher »bei allen Gelegenheiten die Wahrheit« sagen sollte. Der Kosmos von Franz bestand ein Leben lang aus »Oben« und »Unten« – nachdem er mit 18 Jahren auf die Spitze der Pyramide gesetzt worden war; und er war ängstlich und penibel darauf bedacht, daß die alten überkommenen Traditionen der feudalen Welt auch eingehalten werden.

Dabei bildete sich eine aus Angst und Eitelkeit gepaarte Sucht – vor allem gegen seine Brüder – heraus, man könnte ihm, dem Erstgeborenen, irgendeinen Rang ablaufen oder – auf seine Resignation hoffend – ihn beerben. War es zuerst der beliebte und erfolgreiche Schlachtenheld Erzherzog Karl, der sich als besserer Heerführer erwies als die Berufsmilitärs der kaiserlichen Armee – oder später Erzherzog Johann, der durch seine einnehmende Liebenswürdigkeit die Sympathien fast aller Zeitgenossen gewann: Gegen beide Brüder, die sich aus der großen Geschwisterschar durch besondere Fähigkeiten heraushoben und auch erheblichen politischen »Instinkt« bewiesen, hat Franz ein Leben lang Ressentiments genährt, sie herabgesetzt, gekränkt und schließlich auch ins politische Abseits gedrängt.

Ängste nährten in Franz aber nicht nur seine Brüder. Vielmehr ließ er sich gern und ausgiebig von Komplotten und Umtrieben der Josefiner, jakobiner, Freimaurer und der sonstigen Gebildeten erzählen, die allesamt zwecks Änderung der guten alten Ordnung angetreten wären. Der intrigante Minister Thugut erfand überdies eine »Achse« zwischen diesen einheimischen Elementen und dem äußeren Feind. Was nur insofern richtig war, als sich eine gewisse Sympathie vieler österreichischer Gebildeter für die demokratischen Ideale der Französischen Revolution herausgebildet hatte. Freilich: In Wahrheit trauerte man in Österreich sehr den Zeiten Josefs II. nach, je weiter der Tod des großen Aufklärers zurücklag – und wünschte sich eine Fortsetzung der sozialen, gesellschaftlichen und kulturellen Reformen. Statt dessen wurden die alten Herrschaftsansprüche des Adels und der Kirche und die Steuerprivilegien unter Franz und Thugut wieder weitgehend hergestellt und sogar neue Abgabenvorrechte eingeführt. Der Adelsbrief war in der großen habsburgischen Monarchie wieder wichtiger als Bildung und Wissen: für den Aufstieg in der Armee, für politische Funktionen, für die Diplomatie. Nur in einem hatte Franz seinem Vorgänger Josef nachgeeifert: in der Verstärkung und Heraushebung der

Beamtenschaft. Die als Stütze des Monarchen bei der Durchführung von Reformen ins Leben gerufene Bürokratie wurde jetzt zum brauchbaren Arm für Repression, Überwachung und Kontrolle; und bildete bald ein Bündnis mit jenem Teil des Adels und der hohen Geistlichkeit, der in Kaiser Franz den nützlichen Garanten für Ruhe und Ordnung gegen die Wirren der Zeit sah.

Aber konnte Österreich wirklich dem französischen Revolutionsregime neuerlich entgegentreten, ohne Hoffnung auf Reformen im Innern zu erwecken? Da waren ja das abseits stehende Bürgertum, die heimlichen Sympathisanten der Jakobiner; dann die Bauern, die an allem desinteressiert waren, was sie nicht unmittelbar selbst betraf; und schließlich ein Adel, der unter sich bleiben wollte. Mußte man nicht endlich wenigstens das Steuersystem so weit neu ordnen, daß der Staat zumindest zu ständigen Einnahmen für die gefräßige Armee kam? Sollte man nicht Handel und Gewerbe ankurbeln, um den Volkswohlstand zu beschleunigen – immerhin bot ja England bereits ein Beispiel, wie sehr durch freien Wettbewerb und technische Neuerungen Reichtum zu gewinnen war. Auch wäre wohl die Armee zu reformieren gewesen, damit tüchtigen Offizieren eine Chance eröffnet werden könnte – und nicht nur jenen, die einer hochwohlgeborenen Familie angehörten.

Und dann: Franz hätte sich wohl irgendwann einmal selbst an die Spitze seiner Truppen setzen und so ein Beispiel des persönlichen Mutes geben müssen, das die Einmütigkeit und Entschlossenheit Österreichs zum Widerstand auch manifestiert hätte ...

Aber statt dessen finassierte Thugut und dilettierte die kaiserliche Kamarilla. Bald war klar, daß Preußen zu keinem neuen Waffengang gegen Frankreich zu gewinnen war.

Und auch die noch unabhängigen deutschen Fürsten hielten sich zurück; England war zwar zu Hilfszahlungen bereit, wollte sich aber auf dem Kontinent nicht mit Truppen binden.

Blieb Rußland. Und tatsächlich gelang es, den jungen Zaren Paul I. zu einem neuen Kriegszug gegen Frankreich zu bewegen. Erzherzog Karl sollte wieder in Süddeutschland den Oberbefehl übernehmen, der russische General Suwarow in Oberitalien. Also schlug man neuerlich los: der Zweite Koalitionskrieg begann.

Im Laufe des Jahres 1799 gelang es den Verbündeten, den Franzosen einige beachtliche Schlappen beizubringen. Am Rhein erlitten die Generäle der Revolution mehrere Niederlagen, und in der oberitalienischen Poebene hatten Zar und Kaiser Grund zum Jubel.

Nun wurde auch die Schweiz Kriegsgebiet. Hatten sich die katholischen eidgenössischen Kantone beim ersten Einmarsch der Franzosen bereits in einer den Tirolern verwandten Form gewehrt, kam es jetzt sogar zu einer unterstützenden Erhebung von Schweizer Bauern, als die Österreicher und Russen versuchten, die Franzosen aus der Schweiz zu verjagen. In Uri und Schwyz griffen die Eidgenossen aus dem Hinterhalt erfolgreich Frankreichs Grenadiere an; und in dem Tirol benachbarten Graubünden gab es dabei auch konkrete Unterstützung über die Grenze hinweg. Das war wohl auch der Grund, warum die Franzosen in einem überraschenden Gegenstoß über das Engadin in den äußersten Westen Tirols einfielen, die schwachen österreichischen Stellungen blitzschnell überrannten und auch von eilig zusammengerufenen Tiroler Schützenkompanien nicht vertrieben werden konnten. Tiroler Ortschaften wie Taufers, Nauders und Martinsbruck wurden verheert.

Gut 6000 Gefallene, Verwundete und Gefangene waren auf österreichischer Seite angeblich zu beklagen und bewiesen, daß eine ständige Verteidigungsbereitschaft zweckmäßig gewesen wäre. So war es letztlich ein Glück, daß die Franzosen mit den mittlerweile im Bodenseeraum vorrückenden Österreichern alle Hände voll zu tun hatten und sich rasch wieder aus dem Tirolerischen zurückzogen. General Masséna, ein geschickter Stratege, hatte dabei mit rücksichtsloser Härte auch gegen die bäuerlichen Schweizer Aufständischen durchgegriffen und gezeigt, wie französische Bürger unter Waffen über andere Bürger unter Waffen dachten, die nichts als das Recht auf Eigenbestimmung in Anspruch nehmen wollten ...

Masséna mußte sich in der Folge bis Zürich zurückziehen, räumte aber auch die Limmatstadt, nachdem sich ein österreichisches Heer vom St. Gotthard näherte.

Statt den Schwung dieser Offensive aber voll wirksam werden zu lassen und über die Schweiz den Krieg nach Frankreich zu tragen, beschloß man in Wien und Petersburg eine »Umgruppierung«.

Der russische General Suwarow sollte, so der Plan, zuerst die Schweiz vollständig erobern, während die Österreicher gegen den Mittelrhein ziehen sollten. Ein Unsinn – und eine Maßnahme, die die Verbündeten sehr rasch um einen größeren Erfolg brachte und auch Erzherzog Karl verärgerte, ja das Verhältnis zwischen Kaiser Franz und seinem jüngeren Bruder neuerlich vergiftete. So entschied sich schon in Zürich der Feldzug. Österreicher und Russen zerstritten sich nämlich im Angesicht des Feindes, weshalb der Zar seine Truppen abberief – und die Österreicher wieder einmal allein den Franzosen gegenüberstanden.

Dafür hatten die Schweizer neuerlich bewiesen, daß – ähnlich wie die Tiroler zwei Jahre vorher – Gebirgsvölker angesichts des Terrains in der Lage waren, überlegenen und gut geführten Heeren wirksamen Widerstand zu leisten.

Eine Welle der Sympathie mit den Schweizern ging quer durch Europa. Emigranten aus der Eidgenossenschaft hatten sich ja überall, auch in Österreich, niedergelassen. Erzherzog Johann, der Bruder von Kaiser Franz, war so bewegt, daß er sich in jugendlichem Überschwang an die Spitze einer Befreiungsbewegung setzen wollte: »Ich wünsche nichts anderes, als mich für mein Vaterland zu schlagen. Aber ganz besonders für die tapferen Schweizer.«

Selbst der junge Erzherzog erkannte aber damals schon, was seinem Bruder Karl längst bewußt war, daß mit »abgelebten Generälen« und mit »beschränkten Menschen« in der Umgebung des Kaisers kein weiterer Krieg mehr zu gewinnen war. Erzherzog Johann schrieb später in seinen Erinnerungen auch: »Es war nicht das erste und nicht das letzte Mal, daß man sich in Österreich Täuschungen hingab, teils aus Eigendünkel des Besserwissens, teils aus Eigensinn, schroff sich an die alten Gepflogenheiten zu halten oder aus Geringschätzung dessen, was ins Augen zu fassen war, aus Trägheit nicht wollend oder es nicht verstehend ...«

Am 9. Februar 1801 wurde zwischen Frankreich und Österreich neuerlich ein Friedensvertrag abgeschlossen – in der kleinen lothringischen Stadt Lunéville. Bonaparte war wiederum aus Klugheit zurückhaltend – er hatte es gar nicht auf eine Demütigung der Österreicher abgesehen und hoffte eher auf die künftige Neutralität Österreichs, wohl weil er sich seiner eigenen Machtfestigung in Frankreich sowie den Reformen im Mutterland zuwenden wollte. Überdies lag ihm viel an einer Isolierung Englands.

Jetzt war aber die Stunde gekommen, dem alten Deutschen Reich endgültig auch formell den Todesstoß zu versetzen. Die

Habsburger sollten und konnten nicht mehr länger in diesem morschen Staatsgebäude den Ton angeben; und was dem Korsen vorschwebte, war eine dauerhafte Zerstückelung Deutschlands durch die Schaffung willfähriger Kleinstaaten östlich des Rheins.

Deshalb wohl war er auch bereit, weitergehende Ansprüche an Österreich selbst zurückzustellen. Weshalb in Lunéville auch Tirol unversehrt den Österreichern zurückgegeben wurde; freilich: Mantua fiel an die sogenannte »Italienische« Republik – wodurch Österreichs Vormacht in Italien weitgehend gebrochen schien; und Bonaparte schrieb mit Recht, daß er zufrieden sei – »und die Nation ist es auch«.

Kaiser Franz hatte sich wieder einmal – noch einmal – einigermaßen glimpflich aus der Affäre ziehen können. Den Tiroler Deputierten ließ er ausrichten, »daß er sich nie bewogen finden könnte, von seinem in vorzüglicher Treue und Anhänglichkeit so rühmlich bewährten Tirol je einen Teil sich entziehen zu lassen«. Ein Wort, das ihm offenbar leicht von der Zunge ging, über dessen Tragweite für die Zukunft er sich allerdings damals keinerlei Gedanken machte. Die Klugen im Land hätten allerdings spätestens angesichts des Hin und Her beim Waffenstillstand von Steyr erkennen müssen, daß Tirol immer ein wichtiges Objekt der Mächte sein würde. Man hätte begreifen können, daß die strategische Lage Tirols so entscheidend war, daß jeder Gegner immer wieder versuchen würde, das Land in seinen Besitz zu bekommen. Was sollte die Anhänglichkeit der Tiroler an den Habsburger in Wien – wenn das dynamische Frankreich den Schwächling in der Hofburg einmal *endgültig* besiegt haben würde? Wie konnte man sich wirklich auf das Wort jenes Mannes verlassen, der schon Belgien und die Lombardei, das linksrheinische Deutschland und die Schweiz in die Gewalt Frankreichs entlassen mußte? Würde, müßte er nicht auch zusehen, wie Tirol und andere Stammlande besetzt, aufgeteilt, verhandelt werden würden?

Nun, 1801 war das Aufatmen und die Freude über die überstandene Gefahr noch so groß, daß den meisten Tirolern diese Gedanken nicht kamen. Auch war man jetzt mit Unmittelbarem beschäftigt. Die Tiroler Landeskasse war leer, eine Teuerungswelle traf besonders die ärmeren Bauern. Jetzt machten sich auch deutliche Spannungen zwischen Adel und Bürgerschaft bemerkbar. Die Last des Krieges hatten Adel und Kirche geschickt auf die einfachen Leute abgewälzt, ja die ihnen auferlegte Stellung von Soldaten nach dem sogenannten Landesdefensionsplan nicht erfüllt und auch die Anteile an der Militär- und Schützenverpflegung nicht getragen. Immerhin: Wenigstens die reichen Bistümer Brixen und Trient wurden nun völlig dem Land Tirol einverleibt und verloren damit ihre jahrhundertealten Sonderrechte.

Andreas Hofer, im Jahr des Friedensschlusses von Lunéville 34 Jahre alt, hatte sich entschieden: Er stand auf der Seite der *alten* Mächte, in der heilen Welt der Kaiser und Bischöfe, die er als gerechte und gottgewollte Autoritäten empfand; er stand dabei in voller Übereinstimmung mit seiner Umgebung – den Bauern, Wirten, Pfarrern und Verwaltern im Burggrafenamt: Sie alle empfanden Bonaparte nicht als Befreier, sondern hatten seine Grenadiere als Eindringlinge kennengelernt; sie hatten auch kein Verständnis für die »neuen Ideen«, die das republikanische Frankreich verbreitete; diese waren vielmehr in ihren Augen Abirrungen des Geistes, gefährliche Experimente und falsche Vernünfteleien, die zu nichts Nützlichem taugten.

Das Gewohnte und Erprobte entsprach ja durchaus dem bäuerlichen Denken, das im Auf und Ab des Jahres und der Natur Vorbild und Struktur der Gemeinschaft erkennt – im Rhythmus von Anbau und Ernte den eigentlichen Gleichklang, das »immer wieder« und das letztlich Unwandelbare.

Und es gab auch noch die Bindungen an das Land, in dem Andreas Hofer groß geworden war. Tirol war seine Welt, zu der er einen natürlichen Patriotismus entwickelte. Es war zwar eine kärgliche Umwelt, und die Menschen, die den gleichen Dialekt sprachen, hatten vielerlei Sorgen – aber sie alle waren von der Notwendigkeit der Erhaltung ihrer Traditionen, Gewohnheiten, Bräuche überzeugt.

Irgendwann in diesen Jahren wurde so aus dem Bauernführer Hofer ein Patriot; einer, der in sich die Verpflichtung fühlte, für sein Land und dessen Menschen mehr zu tun als die nackte Pflicht; und er begann, die von ihm als Gegner seiner Heimat erkannten Mächte zu *bekämpfen*.

Das alles geschah in diesen Jahren nicht auf sehr spektakuläre Art und Weise. Wir dürfen aber annehmen, daß der Sandwirt endgültig zum Wortführer geworden war, wenn die Diskussion hochbrandete, wenn man in der Wirtsstube von Politik zu reden begann; dann war der Sandwirt wohl derjenige, der seine Freunde und Nachbarn am glaubhaftesten informieren und beeindrucken konnte – kam er doch am meisten von allen in der Welt herum und kehrten auch immer wieder Fremde bei ihm ein, die er aushorchte. Mehr wissend als die anderen war Andreas Hofer auf natürliche Art und Weise auch stärker in der Gemeinschaft engagiert: Er spielte in der Schützenbewegung eine immer bedeutender werdende Rolle; er hatte auch schon als Jüngling am legendären Landtag in Innsbruck teilgenommen und sich bei den Kämpfen von 1797 hervorgetan; und er war entschieden eloquenter als die meisten anderen, beredsam im Sinn der *Vermittlung von Über-*

zeugungen. Kein Zweifel: Er führte im Passeiertal bereits das gewichtigste Wort.

Seine wuchtig gewordene Figur unterstützte die Kraft seiner Worte, wenn er den Bauern die »große Welt« erklärte; er war breitschultrig geworden, seine großen Hände hatten etwas Zupackendes, und sein Körper verschwieg nicht seinen Hang zum guten Leben; ein Mannsbild als Wirt, ganz nach dem Geschmack seiner Gäste, die er so gut verköstigte, wie er selbst jetzt dem Wein weniger denn je abhold war. Sein Gesicht gewann in diesen Jahren den Ausdruck von Entschlossenheit. Der dicht und rund gewordene pechschwarze Vollbart und die dunklen Augen kontrastierten zur Offenheit des breiten und flächigen Gesichtes. Vor uns steht ein durch und durch selbstbewußter und gefestigter Mensch; nichts Fragendes, Unbestimmtes ist in seinem Blick, kein Suchen oder Grübeln – vielmehr wird darin ganz und gar die Spiegelung eines sicheren Charakters erkennbar, der sich selbst und seine Umgebung nicht in Frage stellt.

Der Weinhandel begann sich in den Jahren nach 1800 wieder stärker zu entwickeln. Der Sandwirt war jetzt auch wieder öfter unterwegs. Der Verlust der oberitalienischen Gebiete hatte die Tiroler von der lästigen Konkurrenz aus dem Süden befreit. Südtiroler Wein und Branntwein waren ein begehrter Handelsartikel geworden, wenngleich der Transport infolge mangelnder Konservierungsmethoden mengenmäßig immer bescheiden blieb. Aber in Nordtirol, im Kärntnerischen, in den österreichischen Voralpen wuchsen so gut wie keine Trauben, was die Nachfrage gesichert scheinen ließ. Auch hatten jetzt die vielen stehenden und übenden Truppen der Monarchie einen beachtlichen Durst – und Wein war nicht nur ein belebendes Getränk, sondern auch so etwas wie Medizin. Der Genuß von Wasser war durchaus nicht überall zu empfehlen und die Verbreitung des sogenannten Faulfiebers im letzten und vorletzten Krieg durch das Trinken verseuchten Wassers entstanden.

Andreas Hofer hatte besonders in den Jahren nach 1800 bei seinen erfolgreichen Handelsfahrten viele Wirte und Händler kennengelernt und war somit auch zu einem bekannten Botschafter für Informationen aller Art geworden; man schätzte überdies seine joviale, heimatverbundene Art, seinen Humor; und bewunderte an ihm wohl auch den überzeugten Patrioten, der auf recht einfache und schlüssige Weise den Menschen die Zusammenhänge zu erklären verstand – was immer wieder in dem Credo mündete: Das Tirolervolk müsse gegen die Stürme der Zeit zusammenstehen, die das Land von seinem angestammten Herrn trennen wollen, was alle alten Traditionen und Werte zerstören würde. Konnte man nicht am Schicksal der Schweiz, diesem dem Land Tirol so verwandten Gebirgsland, ersehen, wohin der Verlust der Freiheit und die Umwandlung alles Bestehenden führte?

In der Tat: Die Schweiz war endgültig zum Spielball der Mächte geworden – und zum Aufmarschgebiet des Konsuls aus Paris. Wie überall in Europa standen sich auch in der Helvetischen Republik die Konservativen und die Reformer gegenüber. Die einen wollten die alte föderative Kantonsstruktur der Schweiz erhalten, die anderen einen republikanischen Einheitsstaat nach französischem Vorbild schaffen. Geschickt trieb Bonaparte einen Keil zwischen die beiden Parteien und hetzte Schweizer gegen Schweizer auf. In Malmaison diktierte er den Helvetiern zuerst einen Verfassungsentwurf, der einen Bundesstaat vorsah – mit dem Sinn, nur ja die Instabilität aufrechtzuerhalten und die Schweiz jederzeit als willfährige Durchmarschzone benützen zu können–, dann kappte er das Wallis von der Helvetischen Republik ab und sah zu, wie sich die Föderalisten mit den Unitariern die Köpfe einschlugen. Französische Truppen rückten ein und ab, die konservativen katholischen Kantone erhoben sich gegen die freisinnigen, der helvetische General Joseph Leon Andermatt ließ sogar Zürich mit glühenden Kugeln bombardieren. Schließlich dekretierte Bonaparte den nach Paris zitierten Schweizer Abgeordneten eine neue Verfassung, die sogenannte Mediationsakte. In den ungeheizten Tuilerien ließ der Konsul die Artikel verlesen, die die Schweiz in einen von 19 Kantonen gebildeten Staatenbund umwandelten. Eine Militärkapitulation gab Bonaparte das Recht, auch Soldaten in der Schweiz anzuwerben, die für ihn auf den Schlachtfeldern Europas verbluten durften.

In Tirol war die benachbarte Schweiz so für Jahre wirklich zum mahnenden Fanal geworden. Ein gleiches Geschick wollte, mußte man mit allen Mitteln verhindern. Hatten die Franzosen nicht auch bereits bei den Waffenstillstandsverhandlungen mit Erzherzog Karl in Steyr versucht, das Land zu zerteilen, Demarkationslinien zu ziehen und damit eine Trennung – nach helvetischem Vorbild – einzuleiten?

Emigranten aus der Schweiz, sicherlich auch zahlreiche Reisende und Flüchtlinge berichteten den benachbarten Tirolern drastisch und übertreibend, welche Zustände in dem verwandten und befreundeten Alpenland eingerissen waren. Und immer mehr patriotische Schweizer flüchteten unter die Fittiche von Kaiser Franz, der keine Gelegenheit vorbeigehen ließ, das strategisch wichtige Land zwischen Nord und Süd an seine habsburgische Brust zu nehmen und die Schweizer seines allerhöchsten Wohlwollens zu versichern.

In Wien gab es mittlerweile eine »Kriegspartei«, die unter dem starken Einfluß des Außenministers Graf Cobenzl und des Feldmarschalleutnants Freiherrn von Mack stand. Man hielt einen neuerlichen Zusammenstoß mit dem Konsul in Paris für unvermeidlich und bemühte sich, die anderen konservativen Mächte zu einer neuen Allianz zu gewinnen. Und das gelang bald bei den Russen, die gegen Bonaparte immer mehr Front machten. Ja, der Petersburger Gesandte in Wien, Fürst Dolgoruki, wurde zeitweilig sogar zum Mittelpunkt der »Kriegspartei«. Dazu kamen vor allem Emigranten aus halb Europa, die in Wien durch ihren gesellschaftlichen Einfluß und über die Publizistik versuchten, Stimmung für einen neuen Waffengang zu machen. Der deutsche Literat Friedrich von Gentz war wohl der eifrigste Schreiber. Er träumte von einer Koalition Österreichs mit Preußen und fand bald Verbündete in Deutschland, die mit dem von Bonaparte aufgezwungenen System keine Freude hatten.

Denn Frankreichs Politik zielte nun endgültig darauf ab, das alte Heilige Römische Reich, dessen Krone der Habsburger in Wien trug, zu zerschlagen. Die Kleinstaaten zwischen Preußen im Norden und Österreich im Süden sollten zu Satrapen Frankreichs degradiert werden. In der Tat gelang es Bonaparte geschickt, die alten Ressentiments der kleinen Mittelstaaten sowohl gegen Preußen wie gegen Österreich auszunützen und durch eine Neuverteilung der Landkarte dankbare Satellitenregimes einzurichten. Damals verschwanden zahlreiche Reichsstände, die im Zuge des sogenannten Reichsdeputationshauptschlusses neu verteilt wurden. Reiche Abteien und Bistümer wurden den willfährigen Fürstentümern durch Bonapartes Gnade zugeschlagen, ja selbst das protestantische Preußen erhielt einige Brocken, Salzburg wurde dem Großherzog von Toskana übergeben.

So war es nur logisch, daß Franz II. jetzt im Rahmen eines »Zweistufenplans« für sich und seine Nachfolger den Titel und die Würde eines Kaisers von Österreich annahm. Die alten Kronen und Herrschaftsrechte der Habsburger wurden in eine neue Form gegossen, ohne daß freilich die alten Rechte und Privilegien der Kronländer abgeschafft worden wären. 1806 sollte Kaiser Franz schließlich die römische Kaiserkrone endgültig zurücklegen und damit auch das Ende des wahrhaft tausendjährigen Reiches herbeiführen.

Die Kaiserspiele erreichten freilich in Paris ihren Höhepunkt, denn Bonaparte hatte die Republik, die ihm durch seinen Staatsstreich 1799 untertan geworden war, mit einem Federstrich ausradiert und durch ein für Frankreich neues Kaiserreich ersetzt. Wo blieben die Ideale, für die sich die Jakobiner die Kehlen heiser geredet hatten, wofür ein König aufs Blutgerüst mußte und wofür Frankreichs republikanische Söhne auf so vielen Schlachtfeldern gegen die alten Monarchien bluten mußten? War alles umsonst gewesen – nur damit Frankreichs Bürger jetzt neuerlich *Untertanen* werden sollten – unter einem Mann, der sich eine Krone in und auf den Kopf setzte?

Der systemimmanente Untergang des Korsen begann daher in Wahrheit in jenem Augenblick, als er seine bisherige Mission in Frankreich und Europa vergaß und sich vom äußeren monarchischen Glanz blenden ließ. Was sollten auch die vielen Intellektuellen außerhalb Frankreichs denken, die zuerst in ihm den Mann des Fortschritts und dann immerhin den tüchtigen Reformer gesehen hatten? Von Ludwig van Beethoven ist die Episode überliefert, daß er ursprünglich die »Eroica« Bonaparte widmen wollte, angesichts der Nachricht von der Kaiserkrönung aber das Widmungsblatt wütend zerriß ...

Tatsächlich: Das Spektakel in Notre Dame bedeutete eine frivole Herausforderung aller fortschrittlichen Geister in Europa; da setzte sich wie in einem schlechten Theaterstück der republikanische Abenteurer aus Korsika selbst eine

Krone aufs Haupt, nachdem er den Papst zu einem beschämenden Canossagang nach Paris gezwungen hatte, um ihn dann dort zum Zuschauer einer Selbstkrönung zu degradieren; und da drückte der neue Napoleon I. auch seiner Frau einen Reif ins Haar, jener Josephine, die sich durch die Betten der Offiziere der Armee ihres Mannes durchgeliebt hatte; und da schwänzelten nun Schwestern und Schwäger Bonapartes nebst Günstlingen und Glücksrittern in Samt und Seide durch die ehrwürdige Kathedrale ... eine Herausforderung für ganz Europa, eine bizarre Anmaßung, eine parvenühafte Maskerade.

Über Nacht hatte sich der zum Kaiser Napoleon I. verwandelte General Bonaparte also sehr isoliert und bewirkt, daß nun die Rolle des Kaisers Franz in Wien in neuem Licht erschien: Dieser Hofrat in seiner Amtsstube war wenigstens nicht ein so herausfordernder und anmaßender Geck, der sich mit dem Flitter eines neu kreierten imperialen Stils umgab, im Grunde aber ein plumper Nachahmer war, der seine Untertanen auf die Knie zwang. Jetzt entdeckte man die Herrschaft Habsburgs als mildes Regiment, als vertraute und zurückhaltende Gewalt mit menschlichen Zügen. Bei Franz I. wußte man, woran man war – und wie es bleiben sollte; an Napoleon war alles fragwürdig, übertrieben, blasphemisch. Und selbst im frankreichfreundlichen »Dritten« Deutschland machte sich Skepsis gegen die arroganten Besatzer und Berater aus Frankreich breit.

In Wien beflügelten selbstverständlich die Ereignisse die Umtriebe der »Kriegspartei«. Man nahm an, daß Napoleons Prestige durch das Krönungsspektakel ausreichend befriedigt worden sei und er an weiteren Abenteuern nicht interessiert wäre. Aufkeimender Patriotismus ließ bewußt werden, wie tief Deutschland durch die Zerschlagung des alten Deutschen Reiches bereits gesunken war. Eine hochherzige romantische Dichtung brachte immer öfter die Herzen zum Schlagen in dem Bewußtsein, die Niederlagen der Vergangenheit könnten durch einen raschen und ruhmvollen Waffengang vergessen werden.

Selbst Erzherzog Johann wechselte ins Lager der »Kriegspartei« über und ließ sich von der allgemeinen patriotischen Welle anstecken. Mittlerweile hatte Johann auch mehrmals Tirol besucht und dort zahlreiche Kontakte geknüpft.

Der Erzherzog war von Kaiser Franz aber auch zum Leiter der Akademie für Militäringenieurwesen ernannt worden, die die Heranbildung von österreichischen Pionier- und technischen Offizieren zur Aufgabe hatte. Als Generalgeniedirektor war er damit oberster Verantwortlicher für Fragen des Festungsbaues, der Anlage von Fortifikationen, technischer Sperren und Brücken. Und wenn man sich nach 1800 die politische und strategische Landkarte Europas ansah, wußte man, daß Österreich dem »Alpenkäfig« besonderes Augenmerk zuwenden mußte, wollte es in den nächsten militärischen Auseinandersetzungen bestehen – gleichgültig, ob es sich um einen Angriffs- oder Verteidigungskrieg handeln würde.

Die Verbindungslinien über Tirol standen also wieder im Vordergrund. Und deshalb hatte Johann seit 1801 mehrere überaus mühsame Inspektionsreisen unternommen, die er nicht mit dem Wagen, sondern vor allem zu Pferd, mit Saumtieren und zu Fuß absolvierte. Mit kleiner Gefolgschaft kam er dabei wiederholt sowohl nach Nord- und Südtirol. Die Ergebnisse der Reisen legte er in Denkschriften nieder, und seine Geniedirektion arbeitete Pläne für die notwendigen Befestigungsanlagen aus, die vor allem entlang der Etsch im Süden und an den Paßstraßen im Westen und Norden Tirols notwendig schienen.

Damals war es dem jungen Erzherzog bereits klar, daß in Tirol nur durch eine enge Zusammenarbeit der lokalen Landesverteidigung mit den Militärbehörden Ziele erfolgversprechend realisiert werden würden. Sehr früh tauchte in seinen Denkschriften daher auch die Idee auf, durch eine *umfassende Volksbewaffnung* nicht nur in Tirol, sondern überall in der Monarchie – eine allgemeine und totale Landesverteidigung zu schaffen; die Bewohner der einzelnen Länder sollten selbst für die Errichtung und Erhaltung der lokalen Fortifikationen und Verteidigungsanlagen sorgen, sich ihre lokalen Terrainkenntnisse zunutze machen und einem einrückenden Feind einen *totalen Kampf* um jede Quadratmeile Boden liefern. Immer wieder verwies Johann dabei auf die Erfolge, die die Tiroler 1797 beispielhaft errungen und damit bewiesen hatten, daß das vom Kaiser nicht allzusehr geschätzte »Volk« sehr wohl in der Lage war, bei ausreichender Bewaffnung und in Zusammenarbeit mit dem regulären Militär einem überlegenen Feind erfolgreich Widerstand zu leisten.

In Innsbruck traf Johann mit einem Schützenhauptmann zusammen, der sich als belesener Historiker auswies; hatte der Mann durch diese Tatsache die Sympathie des geschichtsbewußten Habsburgers geweckt, so kam noch hinzu, daß Johann entdeckte, am gleichen Tag wie dieser Josef von Hormayr geboren worden zu sein (20. Jänner 1782).

Diese eigenartige, mystisch anmutende Tatsache machte starken Eindruck auf die beiden artverwandten Männer, und Johann entwickelte ab diesem Zeitpunkt eine besondere Sympathie für den Tiroler. Er vermittelte ihm eine Stelle im Staatsarchiv in Wien und verwendete ihn als Berater in allen Tirol betreffenden Fragen – aber auch als Freund, den er als Verbindungsmann zu den führenden Persönlichkeiten Tirols einsetzen konnte. Hormayr sollte nach 1805 eine wichtige Rolle im Zuge der Aufstandsvorbereitungen und im Befreiungskampf selbst spielen.

Bei einer seiner Inspektionsreisen kam Erzherzog Johann im Sommer 1804 auch ins Passeiertal. Und in seinen späteren Erinnerungen vermerkte er: »Als ich von St. Martin im Passeiertale bei dem Wirtshaus am Sandhof vorbeiritt, fiel mir eine große starke Gestalt mit einem schwarzen Bart auf, welche mir die Gesundheit ausbrachte. Dies war das erste Mal, daß ich Hofer sah. Damals dachte niemand an die Schicksale, welche diesen Mann treffen würden.«

Noch war Andreas Hofer allerdings keine außergewöhnliche Persönlichkeit, die mit dem Erzherzog etwa ein Gespräch führen hätte können oder ihm zumindest vorgestellt worden wäre. Aber die Erinnerung Johanns macht doch deutlich, daß die eigenwillige Erscheinung des Sandwirts auf ihn und seine Umgebung einen Eindruck hinterlassen hatte.

Hofer hatte sich damals vor allem um die wirtschaftlichen Probleme seiner Passeier angenommen; genauso wie sich Erzherzog Johann in Wien zunehmend als Anwalt ganz Tirols fühlte. Möglicherweise ging auf Johann zurück, daß ein Dekret der Hofkanzlei aus dem Jahr 1799 über die Abgabenbefreiung aller Nahrungsmittel im Falle der Einfuhr nach Tirol oder Vorarlberg einige Male verlängert wurde. Auf diese Weise hoffte man, der stets drückenden Lebensmittelknappheit in den Alpenländern Herr zu werden und Preissteigerungen im Interesse der sozial Schwächeren zu dämpfen. Getreide, Schmalz, Speck und Schlachtvieh konnten so aus dem Osten der Monarchie, vor allem aus Ungarn, steuerbegünstigt in den Westen gebracht werden. Das ermöglichte aber auch die Anlage von Depots seitens der Tiroler Behörden, die ja wieder an die Möglichkeit kriegerischer Auseinandersetzungen denken mußten.

Auch versuchte man, die Stadt Bozen verstärkt als Umschlagplatz für den Nord-Süd-Handel zu beleben. Die Messen in der alten Südtiroler Stadt wurden wieder zu einem wichtigen Treffpunkt, und Bozens Bürgerschaft begann, Hoffnung zu schöpfen. Hier war ja auch das Element des aufgeklärten, aber patriotischen Bürgertums relativ stark ausgeformt – und später haben die gebildeten Bozner Bürger eine wichtige Rolle bei der Organisation des Widerstandskampfes gespielt. Über die Größenordnungen des Nord-Süd-Handels darf man sich aber dennoch keine Illusionen machen. Nach 1800 gingen jährlich 2000 Lastfahrzeuge mit durchschnittlich 36 Meterzentnern über den Brennerpaß; umgelegt auf die Geldmenge ergibt sich ungefähr eine Million Gulden.

Wirtschaftlich keinesfalls belebend wirkte sich hingegen der knapp vor Weihnachten 1801 eingeführte Aufschlag auf das sogenannte Bier- und Weinumgeld aus. Und Andreas Hofer war als Wirt selbstverständlich unmittelbar davon besonders betroffen worden, weil sich die Maßnahmen auch auf den Umfang seines Geschäftes negativ ausgewirkt haben müssen. Es zeigt sich also, daß nicht erst in späteren Jahren die Bayern bei der Einführung solcher Abgaben erfinderisch waren, sondern bereits die Österreicher. Was wiederum bedeutsam für die Frage ist, ob und wie stark wirtschaftliche Gründe eine Rolle dafür gespielt haben, daß just die Wirte später die Führer der Widerstandsbewegung in Tirol werden sollten. Jedenfalls wurde seit 1801 von jedem Metzen Malz ein Betrag von 12 Kreuzern und von jedem kleinweise ausgeschenkten Eimer Wein 20 Kreuzer als »Umgelderhöhung« eingehoben – eine Art Umsatzsteuer also. Daß diese Maßnahme auch bei den trinkfreudigen Bauern auf keine besondere Gegenliebe stieß, ist verständlich. Und das ungeachtet der Tatsache, daß die Wein- und Biersteuer für die Landesverteidigungskosten zweckgewidmet war.

Immerhin machte die Reform der Militärverfassung jetzt doch Fortschritte. 1801 hatte der Kaiser die Errichtung eines Tiroler Jägerregiments angeordnet und sich einen Plan zur Verbesserung der Miliz vorlegen lassen. Feldmarschalleutnant Johann Gabriel Marquis de Chasteler wurde nach Tirol entsandt und stieß dort auf beträchtliches Mißtrauen, weil man eher auf die eigenen Schützeneinheiten als auf die landfremden kaiserlichen Landesverteidiger vertraute – auch wenn bei der Bestellung der Offiziere des Jägerregimentes (Sollstand rund 2500 Mann) Tiroler bevorzugt werden sollten.

Ein »Landschaftskongreß« beschloß 1802 eine Reihe von Reformen, die die Tiroler Landwehr auf der Grundlage des alten Landlibells des 16. Jahrhunderts betrafen. Bis maximal 20 000 Mann sollten im Fall der Kriegsgefahr aufgeboten werden und bereits vorher namentlich in Rollen verzeichnet sein, rund 10 000 Mann ständig in Waffen stehen und auch regelmäßig Übungen abhalten. Die Zugehörigkeit zu einer Kompanie sollte acht Jahre dauern, was die beachtliche persönliche Leistung unterstreicht, die die Bauern zu erbringen hatten. Das Entscheidende aber war wohl, daß die Bestellung der Chargen weiterhin durch eine demokratische *Wahl* erfolgen sollte; ein im Bereich der Landesverteidigung sonst überall in der weiten Monarchie undenkbarer Vorgang. Nur hinsichtlich der Bestellung der Kommandanten wurden andere Vereinbarungen fixiert – und vom Kaiser bestätigt.

In der Wiener Hofburg nahm man aber an, daß Napoleon eine Invasion Englands plane und deshalb für einen raschen Marsch nach Mitteleuropa nicht vorbereitet sein werde; zum anderen beabsichtigte man, den Hauptschlag gegen Frankreich in Oberitalien zu führen und dort das »Königreich« von Napoleons Gnaden zu beseitigen; Erzherzog Karl, der fähigste Militär der Monarchie, wurde daher auch logischerweise Oberbefehlshaber in Italien; nach Süddeutschland hingegen wollte man General Mack schicken, einen Sturschädel ohne besonderes Talent – weil man annahm, daß es dort zu keiner unmittelbaren Begegnung mit Napoleon selbst kommen würde.

Die Ereignisse freilich überstürzten sich: In Eilmärschen zog der Kaiser der Franzosen nicht nach Italien, sondern nach Deutschland, schloß die Österreicher bei Ulm ein und zwang Mack zur Kapitulation – gewissermaßen lediglich durch die außergewöhnlichen Marschleistungen seiner Armee. Die mittlerweile auch in Bewegung gesetzten Russen erreichten den süddeutschen Kriegsschauplatz zu spät und zogen sich über das Donautal und Niederösterreich nach Mähren zurück.

»Ihr seid Bayern«

Dabei hatte auch in Tirol alles voller Euphorie begonnen: Bereits im Frühjahr 1805 hatte Kaiser Franz seinen jungen Bruder Johann nach Tirol geschickt. Und ihn, den ja die Tiroler ebenso mochten wie er sie, dem Oberkommandanten der Österreicher in Oberitalien, Erzherzog Karl, formell unterstellt.

Johann war am 12. September 1805 nach Innsbruck gekommen und freundlich akklamiert worden. Denn der zum kaiserlichen General der Kavallerie Beförderte hatte sich in der Frage des umstrittenen Einsatzes der Schützen sogleich auf die Seite der Tiroler gestellt. Er hatte die Militärverwaltung und die österreichischen Offiziere getadelt, die die reguläre Armee in ihren Planungen konsequent bevorzugten. Die Herren Offiziere waren nach wie vor vom Dünkel erfüllt, den man ihnen in den Kadettenanstalten eingetrichtert hatte, wonach sich der Wert einer kämpfenden Truppe an der Disziplin und dem Grad des Gehorsams der Soldaten messe; in ihre Schädel ging die Vorstellung vom freiwillig kämpfenden Bauern nicht hinein, der unter Ausnützung des ihm bekannten Terrains, der Mithilfe der Bevölkerung und des vertrauten Umgangs mit seinem Stutzen im Kampf gegen den Feind gleichwertig sein könnte.

Johann hatte auch konsequent die Aufstellung und Bewaffnung der Landesmiliz vorangetrieben; er sorgte sogar dafür, daß die Männer uniformiert wurden und eine verbesserte Ausrüstung erhielten. In Wien ersuchte er um die Lieferung von 8000 Gewehren und die Befugnis, Kommandanten ernennen zu dürfen. Die Generäle der regulären österreichischen Streitkräfte in Tirol standen einander nach Johanns Auffassung jedenfalls im Weg: »»Und jeder denkt an sich, keiner an die gemeinsame Sache.««

Ende Oktober 1805 verfügte Johann über 40 Bataillone und 39 Eskadronen, die ungefähr 11 000 Mann umfaßten. Das Truppenkommando hielt Feldmarschalleutnant St. Julien, das Landesverteidigungskommando Feldmarschalleutnant Chasteler.

Als die Kunde von der katastrophalen Niederlage der Österreicher bei Ulm in Tirol eingetroffen war, hatte Johann umgehend die Besetzung aller wichtigen Paß- und Straßenverbindungen angeordnet, um ein Einrücken des Gegners zu verhindern. Noch wußte man ja nicht, wohin sich der Hauptstoß Napoleons richten würde. Durchaus war auch denkbar, daß er sich von Bayern nach Süden gegen Tirol wenden und Erzherzog Karl und dessen Armee in Oberitalien isolieren hätte können.

Ende Oktober gab Johann den Österreichern in Vorarlberg, die ihm ebenfalls unterstanden, den Befehl zur Räumung des Landes. Alles sollte in Tirol konzentriert werden. Und als Erzherzog Karl in Oberitalien – bei Caldiero – einen überlegenen Sieg erfocht, schien sich vorübergehend auch die Lage zu stabilisieren.

Aber Napoleons Vorstoß durch das Donautal gegen Wien änderte die Situation schlagartig.

Jetzt ordnete Kaiser Franz an, *alle* verfügbaren Truppen zum Schutz der Residenzstadt einzusetzen sowie die im Raum von Niederösterreich und Mähren kämpfenden Truppen – die sich mit den Russen zusammengeschlossen hatten – zu verstärken. So erging an Erzherzog Karl der Befehl, sofort mit seiner Italienarmee in Eilmärschen über Kärnten und die Steiermark nach Nordosten zu marschieren. Karl seinerseits befahl daher Erzherzog Johann, auch die in Tirol stehenden regulären Armee-Einheiten abzuziehen und gleichfalls nach Osten zu marschieren. Die Tiroler Miliz sollte *allein*, ohne österreichische Hilfe, versuchen, so gut es ging, zurechtzukommen.

Napoleon hatte mittlerweile die mißliche Lage der Österreicher voll erkannt. Er schickte das Korps Augereau nach Vorarlberg, das Korps Ney nach Tirol und General Bernadotte nach Salzburg. Gemeinsames Ziel: die Vertreibung der Österreicher aus den Bergtälern und den Schulterschluß mit der in Oberitalien aufrückenden Armee unter General Masséna. Bald gab es daher für die noch immer in den weitverzweigten Tiroler Alpen stehenden Österreicher nur mehr eine Fluchtmöglichkeit – Richtung Osten nach Kärnten. Und an den Pässen in Nordtirol standen die Tiroler bald allein.

Als Franzosen und Bayern Anfang November versuchten, die Verbindung zwischen Tirol und Salzburg, den Paß Strub, zu nehmen, kam es dort zum harten, blutigen Widerstand der Tiroler Landwehr. Die noch verbliebenen wenigen Österreicher unter Graf St. Julien machten kehrt, und es gelang ihnen, eine weit überlegene Streitmacht der Gegner zu binden; wie sehr die Kenntnis des Terrains den Verteidigern entgegenkam und Widerstand sinnvoll erscheinen ließ, läßt sich auch daran ermessen, daß es auf Tiroler und österreichischer Seite 170, auf französischer und bayrischer aber 1200 Gefallene gab.

Bald aber sahen sich die Verteidiger umgangen und vollständig eingeschlossen. Sie mußten ihren Widerstand aufgeben.

Erzherzog Johann machte sich seinerseits in Eilmärschen auf den Weg nach Süden, andere reguläre österreichische Einheiten schlugen sich durch kleinere Täler über den Alpenhauptkamm ins Innerösterreichische zurück.

In Südtirol hingegen zogen die Schützenverbände gegen die südlichen Einfallstore des Landes. Auch die Passeier unter dem zum Kompaniekommandanten aufgerückten Sandwirt Andreas Hofer marschierten über Bozen die Etsch flußabwärts. Man konnte annehmen, daß die Franzosen dort unter Masséna bald einrücken würden, hatte Erzherzog Karl doch bereits seine Truppen weit zurückgenommen. Dessen Hoffnung: zusammen mit Johanns Einheiten noch zurechtzukommen, um rund um Wien eine Entscheidungsschlacht beeinflussen zu können.

Johann seinerseits verabschiedete sich in rührenden Worten von den Tirolern und versprach etwas, was zu einem politischen Programm geriet – für vier Jahre: »Es wird in kurzem die Zeit kommen, wo es mir erlaubt sein wird, mich wieder unter meinen treuen Tirolern einzufinden.« Später schrieb er in seinen Aufzeichnungen pathetisch, aber glaubwürdig: »Es war ein hartes Scheiden, welches sich täglich bis an die Landesgrenze wiederholte. Was hätte ich nicht gegeben, um meinen, mir von meinen Vorgesetzten nicht zugestandenen Plan ausführen zu dürfen?« Er war bereit, sein eigenes Schicksal gerne mit jenem Tirols zu verknüpfen.

In seinen letzten Aufrufen gebot Johann das Ende eines weiteren Widerstandes, den er für nutzlos ansah, sowie Ruhe und Ordnung. Die Bevölkerung Tirols sollte sich kampflos in das Unvermeidliche fügen. Dennoch fanden sich auch danach einige versprengte österreichische Einheiten, die zusammen mit den Landmilizverbänden von Westtirol die wichtige Festung Scharnitz gegen die einrückenden Franzosen verteidigten. Erst nach dreimaligem Sturm fiel dort die bewehrte Anlage zwischen Wetterstein- und Karwendelgebirge.

Marschall Ney fand so den Weg nach Innsbruck offen. Mit den mittlerweile über das untere Inntal einrückenden Verbänden war die Voraussetzung dafür gegeben, jeden weiteren Widerstand zu brechen und den über den Brenner südwärts abziehenden Österreichern zu folgen. Erzherzog Johann hatte auch mit dem Gros der Österreicher via Pustertal bald Tirol ganz verlassen. Am 13. November stand er in Lienz.

Dorthin hatte er freilich noch rasch die wichtigsten politischen Repräsentanten Tirols – vor allem aus dem Süden – zusammengerufen. Und so mußte auch Andreas Hofer seine Schützenkompanie, die zwischen Bozen und Trient Quartier bezogen hatte, verlassen und über Brixen den abrückenden Österreichern nachreiten. In Lienz kam es nun zu einer denkwürdigen Absprache zwischen Erzherzog Johann und den Vertretern des Landes. Der Erzherzog versprach, in Wien als Botschafter und Sprecher für die Tiroler Anliegen zu fungieren; der Kaiser sollte dahingehend beeinflußt werden, nach der Abwehr der Gefahren von Wien die rasche Wiedereroberung Tirols zu garantieren und in einem möglichen Abkommen *unter gar keinen Umständen auf Tirol zu verzichten;* vielmehr so rasch wie möglich den Tiroler Patrioten auch finanzielle und Waffenhilfe gewähren. Umgekehrt erklärten sich die Tiroler bereit, Widerstand vorerst einmal zwar nicht mit Waffen – weil wahrscheinlich aussichtslos –, dafür aber um so energischer auf friedliche Art zu leisten, mit Wien und Erzherzog Johann in engem Kontakt zu bleiben und die Voraussetzungen für einen *allgemeinen Aufstand* zu schaffen, der im geeigneten Augenblick losbrechen sollte.

Dem Sandwirt dürfte bei dieser entscheidenden Besprechung die Rolle zugefallen sein, für die Organisation des Widerstandes im Vintschgau, Burggrafenamt und Passeiertal die Verantwortung zu übernehmen und überdies den Kontakt zu den anderen Vertrauensleuten im übrigen Land herzustellen. Spätestens damals lernte der Sandwirt daher auch jene

Männer kennen, die in den folgenden Jahren die wesentlichen Stützen des Widerstandes darstellen und mit dem Kaiserbruder in Wien Kontakt halten sollten. Er selbst machte wohl den Erzherzog durch seine entschiedene Bereitschaft auf sich aufmerksam – und wahrscheinlich durch seinen martialischen Bart, der ihm ein besonders entschlossenes Äußeres verliehen hatte.

Während Erzherzog Johann nun mit seinen Truppen nach Kärnten abzog und sich der österreichischen Südarmee anschloß, ritt Hofer zu seiner Schützeneinheit zurück. Am 11. November nahmen die vom Gardasee nach Norden vorstoßenden Franzosen die alte Bischofsstadt Trient ein und trieben jene Schützen, die im Etschtal Aufstellung genommen hatten, auf die Höhen zurück.

Marschall Ney hingegen war vom Brenner den abziehenden Österreichern nachgerückt und über das Eisacktal immer weiter nach Süden vorgestoßen. Am 24. November war Bozen in französischer Hand. Viele desperate Schützen in den Bergen verließen, trotz allem Patriotismus, ihre Einheiten. Ein Kampf wie anno 1797 war sinnlos geworden, nachdem bald auch alle Verbindungslinien Tirols nach Österreich gekappt worden waren.

Den entscheidenden Ausschlag für allgemeine Desperation muß aber die Hiobsbotschaft gegeben haben, derzufolge die Russen und Österreicher am 2. Dezember bei Austerlitz eine vernichtende Niederlage erlitten hatten; Erzherzog Karl und Johann waren zu spät gekommen. Napoleon hatte erkannt, daß er noch *vor* dem Eintreffen der österreichischen Südarmee und deren Vereinigung mit den in Niederösterreich und Südmähren stehenden Russen die Entscheidung herbeiführen mußte. Zum Zeitpunkt der Schlacht von Austerlitz stand Karl noch rund hundert Kilometer südlich der Donau.

»Ihr seid Bayern«

Vom vernichteten Österreich, das seine größte Demütigung zu erwarten hatte, war für Tirol also keine Hilfe mehr zu erhoffen. Die Franzosen hatten überall gesiegt, Napoleons Stern glänzte heller denn je. Also hielt man sich auch daran, was Erzherzog Johann in seiner letzten Proklamation den Tirolern geraten hatte – sich in das Schicksal zu fügen und sinnlosen Widerstand aufzugeben. Sie versteckten die Waffen in Scheunen und Kellern und kehrten auf die Höfe zurück.

Man tröstete sich vorläufig damit, daß offenbar die Bayern die neuen Herren Tirols werden sollten. Denn wo immer die Franzosen abzogen, rückten Bayern ein. Bald mußte es sich herumgesprochen haben, daß zwischen dem Kurfürsten von Bayern und Napoleon eine Übereinkunft bestand, Tirol bayrisch zu machen.

Und am Tag nach Austerlitz verkündete auch der bayrische General Siebein, daß Napoleon ihm die Besetzung Tirols überlassen habe; er versprach, falls Ruhe und Ordnung eingehalten werden würden, eine anständige Behandlung der Bevölkerung: Religion, Person und Eigentum der Tiroler sollten voll gewahrt bleiben. Siebein selbst imponierte bald den Vertretern von Adel und Kirche durch sein bescheidenes und gemäßigtes Verhalten, seine Soldaten durch besondere Frömmigkeit. Die bayrischen Soldaten sprachen deutsch, viele sogar in einer den Tirolern durchaus vertrauten Dialektfärbung. Und daher war es wohl nur naheliegend, daß man glaubte, sich mit den neuen Herren ganz gut verstehen und geradezu gemeinsame Front gegen die viel härter und rücksichtsloser durchgreifenden Franzosen machen zu können. Auch mag die Erinnerung an die Österreicher gar nicht so angenehm gewesen sein – hatten die abziehenden Einheiten Erzherzog Johanns doch auch das eine oder andere mitgehen lassen. Und kleinlich waren die Weißröcke bei Requirierungen und beim Proviantfassen nie gewesen; zu einem kroatischen oder ungarischen Österreicher hatten überdies die Tiroler Bauern weit weniger Bezug herstellen können als jetzt zu einem bayrischen Grenadier, der wie sie aus einem Gebirgsland kam und ihre Probleme verstehen konnte.

Was zwischenmenschlich möglich war, war auch politisch denkbar: jedenfalls hob sich rasch die Stimmung, selbst bei den Ständen Tirols, weil man fest darauf vertraute, daß Tirol zunächst ein *Ganzes* bleiben würde. Sogar Überlegungen – wie die der Bildung eines Freistaates unter Zuschlagung von Salzburg und Vorarlberg – wurden geäußert; und einige kluge Köpfe meinten, Tirol sollte sich der benachbarten Helvetischen Republik anschließen.

Diese Spekulationen durchbrach der Befehl, demzufolge Tirol eine Kontribution von neun Millionen Franken aufbringen müßte – eine unvorstellbar hohe Summe, die die meisten für uneintreibbar betrachteten. Die Franzosen freilich zeigten sich wenig beeindruckt vom Entsetzen der Beamten, des Adels und der Kirche und begannen sofort, öffentliche Kassen zu beschlagnahmen und Vorräte zu konfiszieren.

Weshalb nun, Mitte Dezember, die noch immer amtierende Regierung in Innsbruck aufgeregt den Polizeidirektor Carneri und den Ständevertreter Tschiderer nach München sandte, wo sich zu diesem Zeitpunkt Napoleon aufhielt. Und die beiden Gesandten Tirols erhielten prompt Gelegenheit, bei ihm vorgelassen zu werden. Aber der Kaiser machte es kurz: »Vous êtes Bavarois.« (»Ihr seid Bayern.«)

Die Tiroler als Bayern?

Das mußte in einer Zeit nichts Aufregendes sein, in der man in der Früh aufwachte und seinen Landesherrn gewechselt fand. Im ganzen Deutschen Reich änderten damals Territorien die Besitzer. Und Österreich war nun einmal der Verlierer in diesem Krieg gewesen, den es selbst begonnen hatte.

Freilich: Bayern hatte Tirol seit dem Hochmittelalter nie besessen. Damals waren die Wittelsbacher und die Habsburger direkte Konkurrenten im Kampf um den Besitz des Alpenlandes gewesen. Im 14. Jahrhundert hatte die Erbin der Herrschaft Tirol und Görz, Margarete Maultasch, einen Wittelsbacher geheiratet. Aus dieser Zeit stammte auch der »Große Freiheitsbrief« der Tiroler, auf den man sich noch im 19. Jahrhundert berufen sollte. Die Maultasch freilich hatte 1363, nachdem sie Witwe geworden war, ein Abkommen mit den Habsburgern geschlossen, das Land an Herzog Rudolf IV. übergeben und schließlich sogar Tirol verlassen.

Die Wittelsbacher waren zu spät gekommen, sie hatten eine wichtige Runde im Kampf um die mitteleuropäische Vorherrschaft verloren. Und obwohl sie im 15. Jahrhundert wiederholt die Wiedergewinnung Tirols versucht hatten, blieb Tirol habsburgisch und damit ein wichtiges Glied in der Expansionsstrategie der Casa d'Austria. Als die Habsburger schließlich endgültig die deutsche Kaiserkrone erringen konnten, sahen sich die Wittelsbacher an die zweite Stelle gerückt. Ja noch mehr: Die Habsburger hatten eine Politik der systematischen Einkreisung Bayerns betrieben: Österreich im Osten, Tirol mit Vorarlberg im Süden, »Vorderösterreich« und Burgund im Westen und das Königreich Böhmen im Nordosten Bayerns – das machte verständlich, warum in München drei Jahrhunderte hindurch Habsburg als gefährlicher und stets gefräßiger Konkurrent gefürchtet werden mußte. Die Idee der »Abrundung«, der man in Wien stets nachhing, mußte das Ende einer selbständigen bayrischen Politik und des Hauses Wittelsbach sein.

Verständlich, daß antiösterreichische Emotionen auch am kurfürstlichen Hof hochgingen. Dem Wittelsbacher und seinem aufgeklärten Minister Maximilian Freiherr von Montgelas war bald klar, daß *nur* Frankreich auf Dauer Bayern eine wirksame Chance auf Stabilisierung bieten könnte; und den frankophilen Bürgern der Städte war vieles an der Französischen Revolution durchaus sympathisch – während die bayrischen Bauern die österreicheichischen Heere zu hassen begonnen hatten.

1800 ergab sich dennoch trotz der Niederlagen der Österreicher noch keine Chance zum Absprung. Bayern wurde Aufmarschgebiet, Hohenlinden bei München zum blutigen Schlachtfeld. Und Kurfürst Max Josef mußte froh sein, daß im anschließenden Frieden von Lunéville Bonaparte seine Zustimmung zu dem Vorschlag Österreichs verweigerte, sich Bayern als Ersatz für Gebietsverluste einverleiben zu dürfen. Immerhin machten die Franzosen schon kluge Unterschiede. Die bei Hohenlinden gefangenen bayrischen Offiziere wurden im Vergleich zu den Österreichern bevorzugt und höflich behandelt. Man hatte in Paris klar erkannt, daß Bayern ein wichtiger Partner werden könnte. Über das Donautal führt ja der Weg schnurgerade nach Wien. Besaß Frankreich Bayern oder war es mit dem Kurfürstentum verbunden, bedrohte es Österreich auf geradezu tödliche Weise.

So stand alles an der Kippe, als es 1805 neuerlich zum Krieg kam. Wie würde sich der bayrische Kurfürst entscheiden?

Es war der französische Botschafter Louis Guillaume Otto, der einen Geheimvertrag mit Minister Montgelas zuwege gebracht hatte, demzufolge Bayern Napoleon seine Unterstützung zusagte. Otto berichtete nach Paris: »Ich gestehe, daß der Kurfürst eine Art von Mut beweist, indem er sich nicht nur gegen einen so gefährlichen Gegner wie den Kaiser von Österreich, sondern auch gegen seinen Schwager, den

»*Ihr seid Bayern*«

Kaiser von Rußland, wendet.« Alles mußte natürlich verborgen und im geheimen ausgehandelt werden.

Und das als Allianzvertrag von Bogenhausen in die Geschichte eingegangene Abkommen bildet somit Hintergrund und tiefere Ursache der schweren Niederlage der Österreicher im Jahre 1805 – sowie aller folgenden Ereignisse. Denn erst das Umschwenken Bayerns von Österreichs Seite zu Napoleon machte einerseits den raschen Vormarsch der Franzosen und schließlich ihre rasche Wendung gegen die österreichischen Stammlande möglich.

Den Österreichern wurde in der Tat erst so nach und nach klar, was *wirklich* in Bayern gespielt worden war. Die Versuche, die zu ihren Truppen gerufenen Urlauber der bayrischen Armee festzunehmen, mißlangen. Und bayrische Einheiten weigerten sich, sich von den Österreichern entwaffnen zu lassen. Grausamkeiten waren an der Tagesordnung. Die Österreicher benahmen sich so, als würden sie in Feindesland stehen.

So hatte der Kurfürst auch vor sich selbst eine Rechtfertigung: Er schrieb an die französischen Generäle Bernadotte und Marmont, ihre Truppen so rasch wie möglich in Marsch zu setzen und Bayern zu Hilfe zu kommen. Bayerns General Deroy erließ einen Aufruf an seine Soldaten: »Der große Kaiser der Franzosen steht Euch mit aller seiner Macht bei.«

Die Würfel waren also gefallen. Der Kurfürst beklagte sich, daß die Österreicher die Bayern so behandelten, als hätte er 10 000 Mann umbringen lassen: »Bayern schreit nach Rache«; und sein Sohn empörte sich über die »infame Art« Österreichs. Der bayrische General Wrede wiederum erinnerte daran, daß die Österreicher ja stets die Bayern miserabel behandelt hätten – während man »weder vom Hochmut noch durch schlechte Behandlung durch die Franzosen zu leiden« gehabt hätte.

»Ihr seid Bayern«

So konnte auch nach dem Einmarsch Frankreichs und der Niederlage der Österreicher bei Ulm im Oktober Napoleon stolz verkünden, Bayern in 15 Tagen vom österreichischen Joch *befreit* zu haben. Die französischen Armeebulletins hoben die Tapferkeit der nun mit der Grande Armée vereinigten Bayern ausdrücklich hervor. Und die bayrische Bevölkerung begrüßte die Franzosen als Befreier, Freunde, Verbündete – bis sie bemerkte, daß Soldaten überall die einfachen Leute bedrückten.

Nach der Niederlage der Österreicher bei Austerlitz war schließlich endgültig klar geworden, daß Bayerns Schicksal ausschließlich in der Hand des großen Korsen lag. Aus einem Klienten Österreichs war Bayern zu einem Vasallen Frankreichs geworden, was so nach und nach allen bewußt wurde.

Nur langsam ging die Saat einer österreichischen Gegenpropaganda auf. Den Kurfürsten hatte man nach seinem Umschwenken zum Verräter, zum Meineidigen gestempelt, der seine Hände »mit deutschem Blut« befleckt habe; und obwohl von »Deutschland« ja längst keine Rede mehr – oder noch nicht – war, so machte sich doch eine Art nationalistisches Gefühl in Bayern bemerkbar, als die Franzosen nicht viel besser als die Österreicher im Land hausten. Der Kurfürst konnte allerdings zuerst einmal den Preis des Frontenwechsels ernten: durch den Erhalt der Königswürde, womit er sich und seinem Haus die alte Sehnsucht der Wittelsbacher nach einer feudalen Rangerhöhung verwirklichte. Der zweite Preis aber war Tirol, das Bayern einverleibt wurde, nachdem man Würzburg am Main nach Napoleons Diktat abtreten hatte müssen.

Die Folgen von Austerlitz

Im ungarischen Preßburg wurde also Ende Dezember 1805 niedergeschrieben, was bereits vorher zwischen Napoleon und Montgelas eine abgemachte Sache war: Tirol und Vorarlberg fielen an Bayern – und zwischen dem napoleonischen Oberitalien und dem frankreichtreuen Süddeutschland bestand nun eine bequeme Verbindung, wodurch die Gefahr künftiger Absperrungen im Alpenland ein für allemal beendet schien. Mit dem Friedensvertrag von Preßburg wurde das alte »Heilige Deutsche Reich« endgültig zerstört, Franz im Vertrag zum letzten Mal als »l'Empereur d'Allemagne et d'Autriche« bezeichnet.

Die Abtretung Tirols an Bayern wurde im Detail im Artikel VIII des Abkommens festgeschrieben. Dort hieß es, daß Se. Majestät, der König von Bayern, von Tirol »auf die gleiche Weise, mit den gleichen Titeln, Rechten und Prärogativen Besitz nehmen (solle), wie sie vorhin Se. Majestät, der Kaiser von Deutschland und Österreich oder die Prinzen seines Hauses besessen haben und nicht anders«.

Die letzten Worte – im Französischen »non autrement« – bilden nun bis heute den Angelpunkt, mit dem sich der Aufstand der Tiroler völkerrechtlich rechtfertigt – und die Andreas Hofer auch immer wieder als Grundlage seiner Legalität heranzog. Man meinte auf Tiroler und österreichischer Seite, daß im Vertrag ausdrücklich die Verpflichtung festgehalten war, auf der *Basis der bestehenden Rechte und Pflichten* und der *bislang gültigen Verfassung* in Tirol die Herrschaft auszuüben; das »nicht anders« konnte nur bedeuten, daß der bayrische König ausschließlich im Rahmen jener Rechte herrschen dürfte, die auch die Habsburger innehatten; die landständische Verfassung Tirols wäre demnach die Grundlage der alten wie neuen Herrschaft gewesen, eine Veränderung dieses Prinzips ergo einem Bruch der Preßburger Vereinbarungen gleichgekommen; und hätte Tirol selbst oder Österreich berechtigt, die alten Zustände und Rechtsverhältnisse wiederherzustellen – auch gewaltsam.

Man muß diese wichtige Frage freilich vor dem Hintergrund der Zeit sehen: Der Feudalismus verstand sich als ein gegenseitiges Verpflichtungsverhältnis von Herr und Knecht, Grundherr und Bauer, Fürst und Untertan. Was abgemacht wurde zwischen »oben« und »unten« – und auch nur durch das Gewohnheitsrecht –, war die bestimmende Grundlage des Zusammenlebens. Die Tiroler Landesverfassung basierte auf diesem System der »Abmachung« – und was 1805 eintrat, war zuerst nichts anderes als ein Tausch des Landesherrn, ein durchaus im Zuge der Jahrhunderte nicht unüblicher Vorgang. Der neue Landesfürst mußte nur die alten Rechte bestätigen, wollte er den Untertanen die gleichen Pflichten auferlegen. Das »nicht anders« im Vertrag bezog sich daher auf die gesamte Rechtsordnung, die das Verhältnis zwischen Tirolern und ihrem neuen Herrn, dem Wittelsbacher in München, regeln sollte.

Klar, daß sich hier der Konflikt anbahnen mußte, obwohl man weder in Preßburg noch unmittelbar nach dem Friedensschluß in München, Wien oder Innsbruck diese Frage in ihrer ganzen Tragweite erkannte. Vielmehr schien die Eingliederung Tirols in den bayrischen Verband zunächst völlig problemlos vor sich zu gehen: Bayern gewann auf einen Schlag 619 000 neue Untertanen hinzu und ein Gebiet, das sich auf über 443 Quadratmeilen erstreckte. Es wurde damit

Die Folgen von Austerlitz

um gut ein Drittel größer, und König Max Josef herrschte nun über ein Territorium, das sich vom Main bis zum Gardasee, vom Böhmerwald bis zum Bodensee erstreckte. Gut ein Drittel der neuen Untertanen sprach italienisch.

Träumte man in München von einem gefestigten Königreich, das in Deutschland neben Preußen eine neue, wichtige Rolle spielen sollte, so hatte Napoleon in Paris andere Absichten. Für ihn ging es darum, Bayern als stabiles Bollwerk gegen jeden weiteren Versuch Österreichs zu benützen, sich je wieder ins europäische Mächtespiel zu mischen; Bayern sollte auch ein Garant gegen jegliche Absicht von Kaiser Franz werden, sich die in Preßburg verlorengegangenen Territorien wiederzuholen. Aus französischer Sicht bestand ein Interesse daran, daß Bayern Tirol ganz und gar integrieren und schon aus Gründen des Eigennutzes nie zu einem Verbündeten Österreichs werden lassen durfte.

Überdies nahm Napoleon den König von Bayern jetzt durch den sogenannten Rheinbundvertrag ganz eng an seine kaiserliche Brust. Auch Deutschlands andere Fürsten und Herren fielen einer nach dem anderen in Frankreichs Botmäßigkeit. Dem König in München blieb nichts anderes übrig, als auch Bayerns Armee nun durch neue Abmachungen vollständig an die Grande Armée zu binden: So sollte der Frontenwechsel von 1805 kein Provisorium sein und kein Entkommen aus der Umarmung des »großen Bruders« gestatten.

Auf Tirol schlugen die neuen Machtverhältnisse sehr schnell durch. Denn die von den Franzosen den Tirolern noch zum Zeitpunkt der Kämpfe auferlegten Kontributionen sollten jetzt von den Bayern eingetrieben werden. Dabei hatten die Franzosen ohnehin alle Vorräte und Kassen beschlagnahmt. 20 000 Gulden lieferten noch die im Amt befindlichen kaiserlichen Beamten in Innsbruck ab. Aber wie sollte man die viel weitergehenden Forderungen befriedigen?

Eine Tiroler Deputation, die nach München aufbrach, hatte daher den Auftrag, alles zu unternehmen, weitere Zahlungen zu verhindern, zumindest aber zu verzögern. Und tatsächlich: Bald verbreitete sich in Tirol die frohe Kunde, Napoleon habe dem König von Bayern die Kontribution in Tirol »zur Disposition« gestellt. Den in München vorsprechenden ständischen Deputierten konnte König Max Josef daher auch herablassend und huldvoll bestätigen, daß er sich für eine Erlassung der Schuld einsetzen werde.

Und noch etwas sagte der neue König den Tirolern voreilig zu – was für diese eine Bestätigung der Preßburger Abmachungen zu bedeuten schien: Er werde, so Max Josef, »das Land bei seinen hergebrachten Gebräuchen verbleiben lassen und es mit derselben Liebe behandeln, als wenn Tirol schon von jeher eine zu Bayern gehörende Provinz gewesen wäre«.

Mit Karl Graf Arco kam auch ein bayrischer Vertreter ins Tiroler Land, mit dem die Tiroler vernünftig reden konnten. Arco stammte aus altem Welschtiroler Adel und war zum Vizepräsidenten des Obersten Justiztribunals in Bayern aufgestiegen. Der König hatte ihn zum Hofkommissär bestellt, und Arco nahm von der Innsbrucker Hofburg in jener Absicht Besitz, die auch in seinen Instruktionen stand: alles zu vermeiden, was zu Beschwerden Anlaß geben oder als Eingriff in bisherige Rechte mißdeutet werden könnte.

Der gute Max Josef, huldvoll allerseits, machte freilich die Rechnung über Tirol ohne den Wirt – sprich: ohne seine Minister. Die hatten mit dem Land im Gebirge etwas anderes vor. Aufgeklärt und gebildet, frankophil und weltgewandt, wollten sie aus dem neuen bayrischen Königreich eines machen: ein *einheitliches* Gebilde nach französischem Vorbild, einen

Die Folgen von Austerlitz

Staat mit moderner Verwaltung, der keine Sonderrechte duldete; man wollte die Bildung heben und die Wirtschaft, ein gerechtes und vernünftiges Steuersystem einführen und alle jene Reformen verwirklichen, die sich im revolutionär-konsularischen und jetzt kaiserlichen Frankreich bereits glänzend bewährt hatten.

Und bald wurde auch klar, daß Arco nur ein Vollzugsorgan war. Man war in München entschlossen, unter den Augen des gutmütig-labilen Königs eine ganz andere Politik zu machen. Ihr Erfinder: Maximilian Karl Josef Freiherr von Montgelas.

Die Familie dieses außergewöhnlichen Mannes an einer Zeitenwende stammte aus dem Uradel Savoyens – aber schon der Vater Maximilians war in bayrische Dienste getreten. Der junge Montgelas studierte in Nancy und Straßburg und fühlte sich daher schon sehr früh den überzeugenden Ideen der Aufklärung verpflichtet. Als Anhänger der freidenkerischen Toleranz glaubte er sich ganz auf der Höhe der aufgeklärten Zeit, als er als Privatsekretär in den Dienst jenes Wittelsbachers trat, der als Maximilian IV. Josef 1799 den Herzogsstuhl bestiegen hatte. Als »Mephisto« von seinen Gegnern denunziert, als Grandseigneur ganz und gar ein Weltbürger, sah Montgelas sehr früh für Bayern in der – geographisch verständlichen – Anlehnung an Frankreich die einzige Möglichkeit, sich dauerhaft vom österreichischen Druck zu befreien. Souverän richtete er daher die Außenpolitik seines Herrn auch konsequent auf ein Bündnis mit Frankreich aus; und konzipierte eine Innenpolitik, die einerseits auf die Unifizierung der vielen unterschiedlichen Gebilde, die Bayern bildeten, abgestellt war – andererseits aber durch moderne Reformen die alten und veralteten Strukturen auflösen sollte.

Es erscheint nun nicht verwunderlich, daß viele Zeitgenossen diesen aufgeklärten und hochgebildeten Reformer weder verstanden noch seine Politik vollziehen konnten. Bayern, jahrhundertelang dem Katholischen religiös verhaftet, bäuerlich strukturiert und traditionell regiert, war zu Beginn des 19. Jahrhunderts nämlich keinesfalls reif für die aufgeklärten Reformvorstellungen eines Montgelas; und schon gar nicht waren es jene Länder, die Bayern nun zusätzlich erworben hatte: allen voran das konservative, auf uralte Rechte pochende und mühsam zu verwaltende Tirol – eine von München auch geographisch schwer zu überblickende Ansammlung mehr oder weniger einschichtiger Täler und unsicherer Handelsplätze.

Montgelas, »Erster« bayrischer Minister und seit 1805 auch noch verantwortlich für das Innenministerium und die Finanzen des Königreiches, verstand es freilich, seinem Herrn und König immer stärker und allen Widerständen zum Trotz klarzumachen, daß auch Tirol dem aufgeklärten neuen bayrischen Staat, den er schaffen wollte, das Opfer der alten Vorrechte und Privilegien bringen müßte. Das Wohl aller Untertanen einerseits und die Notwendigkeit, für alle Zeiten Tirol von Österreich zu trennen, machten nämlich – so Montgelas – eine Politik nötig, die mit dem Alten und Hergebrachten möglichst bald brach und das Land zwischen Gardasee und Kufstein ein für allemal mit dem ohnehin artverwandten bayrischen Kernland völlig und unwiderruflich verschmelzen würde.

Andreas Hofer hat Maximilian Freiherrn von Montgelas im fernen München nie zu Gesicht bekommen. Der feingliedrige Chevalier mit dem schmalen Gesicht war vielmehr das krasse Gegenteil des derbgesichtigen Bauernsprosses aus dem Tiroler Süden.

Kaum gibt es zwei Figuren, die markantere Gegenspieler werden konnten: Der eine belesen und veränderungsbesessen, der andere ohne höhere Bildung und konservativ; der eine ein selbstgefälliger Höfling, der andere ein jovialer Wirt; der eine von skeptischer Aufklärung und Freimaurerei geprägt, der andere ein tiefgläubiger und frommer Sohn der römischen Kirche; der eine kränklich und schwächlich, der andere voll von strotzender Gesundheit und saftiger Kraft; Montgelas, der hochgeborene Diener eines Königs von Napoleons Gnaden, Andreas Hofer ein Schütze und Bauernvertreter aus dem einfachen Volk.

Dennoch war Hofer nach dem Anschluß von Tirol an Bayern zuerst – wie alle seine Standesgenossen – ein durchaus loyaler Untertan. Auch er erwartete, daß sich die Bayern nicht viel anders als die Österreicher benehmen würden – und daß sich Handel und Geschäfte wiederbeleben würden. Was sonst sollte für ihn wichtig sein?

Bald aber zeigte sich, daß doch eine neue Situation – gerade in wirtschaftlicher Beziehung – eingetreten war. Montgelas ordnete an, daß die im Umlauf befindlichen österreichischen Banco-Zettel, die »Papiergulden«, um 37 Prozent abgewertet wurden – wodurch vor allem Besitzer kleiner Barschaften besonders hart getroffen werden mußten. Der verschuldete bäuerliche Grundbesitz hingegen hatte davon keine Vorteile.

Zu diesen geldpolitischen Maßnahmen kamen fiskalische. Bayern benötigte vor allem Geld. Einerseits hatten Montgelas und sein Ministerium den Ehrgeiz, aus dem nunmehr so groß gewordenen Königreich einen blühenden Staat zu machen; andererseits zwang Napoleon die Rheinbundstaaten und Bayern als seine Verbündeten zu großen militärischen Hilfsmaßnahmen. Das bayrische Heer, das an der Seite der Grande Armee in die Napoleonischen Kriege ziehen mußte, kostete immens viel Geld.

Die Folgen von Austerlitz

Graf Arco in Innsbruck, vom Hof- zum Generalkommissär ernannt, hatte den Auftrag, das Land nicht nur der bayrischen Verwaltung unterzuordnen, sondern auch für die Steuereintreibung die notwendigen Voraussetzungen zu schaffen: Grund für viele Mißverständnisse und Reibereien. Der erste Schritt bestand darin, bereits bestehende Gebühren und Taxen zu erhöhen – ein psychologisch unkluger Schritt. So begannen die Tiroler sehr schnell, an die »gute, alte« österreichische Zeit zurückzudenken. Und hatte man in vielen Landtagsbeschlüssen früher sichergestellt, daß die diversen Salz-, Post- und Mautgebühren im Land verbleiben mußten, ging das Geld nunmehr direkt an das hungrige München. Vor allem aber führte die Einführung einer Kopfsteuer – die wohl ungerechteste Steuerform schlechthin – zur mittleren Empörung: wurde dieses Kopfgeld doch zur Stationierung der im Land stehenden bayrischen Truppen verwendet. Die »Besetzten« sollten also, obwohl längst wieder Frieden herrschte und der bayrische König eine Gleichbehandlung von Bayern und Tirolern zugesagt hatte, die Kosten der »Besatzer« zahlen ...

Dazu kam, daß alle Tiroler, auch die aufgeklärten städtischen Bürger, 1805 die Hoffnung hegten, daß Bayern ein gutes Absatzgebiet für Waren aus Tirol werden würde und daß sich überdies der Handel zwischen dem französischen Italien und dem mit Frankreich verbündeten Süd- und Westdeutschland deutlich heben würde; zum Vorteil der Tiroler Handelswege. Die Bayern hatten auch systematisch alle Binnenzölle abgeschafft. Statt dessen traf die sogenannte Kontinentalsperre Napoleons aber nun jede Art von Handel auf dem Kontinent schwer. Die Vorstellung des Korsen – »Ich will das Meer mit einer Landmacht erobern« – widersprach nicht nur der Physik, sondern auch der Ökonomie. Er brachte damit zwar England zeitweise in arge wirtschaftliche Schwierigkeiten, weil das Inselreich keinen Absatz für seine Waren auf dem europäischen Festland fand, lähmte damit aber auch den Warenverkehr *innerhalb* Europas, das längst miteinander so sehr verflochten war, daß eine Kappung zu schweren Störungen führen mußte.

Bald geriet Holland an den Rand des Ruins; italienische Häfen mußten ihren Warenumschlag praktisch stillegen; und auch der von Oberitalien in die Mitte des Kontinents führende Handel kam zum Erliegen. Der Brenner war nun nicht mehr ein Weg für Waren, die vom Süden aus nach Norden gingen – oder umgekehrt –, sondern ein Paß, über den vor allem Truppen das ganze Jahr über marschieren konnten. Und über den bloß Kontributionen aus Südtirol für das hungrige Königreich Bayern gingen – wie die Einheimischen es sahen.

Dazu kam, daß die Regierung den Export von Tiroler Vieh nach Altbayern verbot. Ein Handelsvertrag zwischen Bayern und Italien, der dem Zwischenhandel über Tirol Erleichterungen gebracht hätte, lag zwar vor, wurde aber von Napoleon nicht ratifiziert und in Kraft gesetzt. Gegen die Wanderarbeiterbewegung, wie sie vor allem zwischen dem italienischsprachigen Süden Tirols und Oberitalien bestand, hatten aber die Bayern Einwände. Zeitweilig sollen es Zehntausende gewesen sein, die sich als saisonale Aushilfskräfte verdingten, aber bald auf energische Verbote der Behörden stießen.

Die Bemühungen der Bayern, durch Straßenbau und die Erweiterung des Postwesens die Infrastruktur zu verbessern, fanden hingegen kaum die notwendige Unterstützung in der Bevölkerung. Dafür empfand man in Tirol den Verlust der Handelsmöglichkeiten mit Österreich, in Jahrhunderten aufgebaut, doppelt schwer. Über Kärnten und Salzburg hatte ja ein reges innerösterreichisches Handelsnetz existiert, das in seiner Bedeutung der Nord-Süd-Verbindung ebenbürtig geworden war.

Vor allem waren es das Südtiroler Obst und der Südtiroler Wein gewesen, die nach Österreich gehandelt wurden.

Und daraus hatte Andreas Hofer, der Sandwirt, zusammen mit anderen Händlern Nutzen gezogen. Vor allem die an Tirol angrenzenden österreichischen Gebirgsländer konnten selbst ja nur wenig oder gar keinen Wein anbauen, waren also auf den Handel angewiesen. Abgesehen davon galt der Konsum von Wein dem österreichischen Wesen gemäß und als »feinere« Art des Trinkens; Josef II. hatte etwa durch ein Verbot des Weinimports aus dem Ausland seinerzeit den inländischen österreichischen Anbau und Handel stark gefördert.

Alles das drohte jetzt, im wahrsten Sinne des Wortes, auszutrocknen. Der Vertrieb Südtiroler Weines in Bayern war schwierig – waren die Bayern doch das bierfreundlichste Volk Europas –, und es bestand daher naturgemäß wenig Interesse für Wein. Der freiere Binnenhandel führte hingegen sogar im deutschen Teil Tirols zu einer Weinschwemme aus dem klimatisch begünstigten Trentino. Österreich hatte seinerzeit an der Brücke von Lavis Zoll für die Produkte aus Trient und aus dem italienischsprachigen Etschland verlangt. Die Bayern verboten dies nun.

Keine Frage: Andreas Hofer dürfte daher unter den materiellen Zuständen arg gelitten haben. Im Verlauf des Jahres 1807 wurde seine Lage ganz besonders ernst. Die Zahl seiner Maultiere ging auf zwei zurück, es war nur mehr wenig über den Jaufenpaß zu transportieren. Überdies hatten die Bayern Steuern für Pferde und Maultiere eingeführt – jährlich 1 Gulden 12 Kreuzer. Seine Schuldner, unter ihnen Wirte im Nordtirolerischen, zahlten aber unter Hinweis auf die tristen wirtschaftlichen Umstände ebenfalls nicht mehr. In Sterzing, Hall und Schwaz waren Rückstände nicht mehr einzutreiben; wahrscheinlich auch nicht bei Hofers Freund, dem Kronenwirt von Hall, Josef Ignaz Straub. So mußte im Herbst 1807 Hofer in einem Brief an den Müllermeister Rößler in Bozen seine Zahlungsunfähigkeit eingestehen: »Wan mich die Leit nit zallen, so weiß ich freille nit ...«; er könne nicht Geld machen, obwohl er für die Sache gut stehe; daß er so geschädigt werde, falle ihm selbst schwer und die Gläubiger müßten ein Nachsehen haben, »daß ich sie nit khon zallen, wie ich versprochen habe«. Und dann geradezu verzweifelnd: »Ich wisset nit, was sagen oder tuen.«

Man kann sich vorstellen, wie sehr die Not dem Sandwirt die Feder geführt haben muß. Ein mannhafter Kerl bettelt da um Stundung, ja Erlaß der Schulden und ist nicht mehr in der Lage, seine Zusagen auch einzulösen. Dazu kommt, daß Hofers Nachkommenschaft mittlerweile auf fünf Kinder angewachsen war. Seine Frau hatte alle Hände voll zu tun, die Kinderschar und die verkleinerte Landwirtschaft – die lediglich für den Eigenbedarf produzierte – zu versorgen. 1808 findet sich Hofer auch nicht mehr auf der Liste jener Wirte des Passeiertales, die Einquartierungen hinnehmen mußten. Es kann daher durchaus sein, daß Hofer sogar den Gastwirtbetrieb ganz einstellte, besonders in jener Phase, in der er nicht zu Hause war. Seine Frau war offenbar zur Führung der Gastwirtschaft allein nicht in der Lage, oder der ganze Betrieb rentierte sich einfach nicht mehr. Handel und Geschäft müssen dem Sandwirt also zunehmend zusammengebrochen sein. Die Behörden hatten mittlerweile auch Verbrauchssteuern auf Fleisch eingeführt.

Die Folgen von Austerlitz

Hofer war mit seinen Schwierigkeiten aber nicht allein. Bozner Kaufleute fürchteten, auswandern zu müssen; der Patrizier Serafin Hepperger hielt die »Schwächung in das öffentliche Vertrauen« für den Grund, daß das Land »dem Elend preisgegeben« wurde. Spinnereien, Eisen-, Messingfabriken, Musselin- und Kattunmanufakturen, die es in Tirol gab, mußten Arbeiter entlassen. So entstand – erstaunlich für das beginnende 19. Jahrhundert auf dem Kontinent – zusammen mit bäuerlich Entwurzelten auch eine Art Proletariat. Dazu kamen jetzt die vielen »Konkursanten«, die nichts zu verlieren hatten. Einer bayrischen Zählung zufolge waren es gut acht Prozent aller Tiroler, die als »unterstützungsbedürftig« anzusehen waren, während der »Bettel« in Altbayern nicht einmal ein Prozent der Bevölkerung ausmachte.

Es ist aus diesem Grunde durchaus verständlich, daß sich Hofer und seine Schicksalsgenossen *hilflos* dem Unbill der Zeit ausgesetzt sahen. Und begreifbar, daß sie vor allem die neuen bayrischen Herren für die sich verschlechternden Zustände verantwortlich machten. Denn hatte man in Tirol mit den österreichischen Beamten zwar seinerzeit so manchen heftigen Streit ausgefochten und – insbesondere in Hofers näherer Umgebung, in Meran – mit offenem Widerstand gegen Behördenwillkür angekämpft, so sah man sich nun artverwandten »Dickschädeln« gegenüber. Die bayrische Verwaltung zeichnete sich, von München dazu angewiesen, durch besondere Genauigkeit, Rigorismus und Planmäßigkeit aus. Der kleine Staat war kleinlicher in manchem, die Mentalität der Beamten ebenso; und mit den Österreichern war stets eine ihrer Herrschaft adäquate Lässigkeit einhergegangen, eine Art gelassener Großzügigkeit und Elastizität angesichts der verschiedenartigen Rechte und Auflagen, die die Österreicher in Tirol auch zu respektieren hatten.

Immer und fast überall im weiten Kreis der habsburgischen Monarchie war ja auch die Lautlosigkeit und Flexibilität der Verwaltung eine ihrer besonderen Charakteristiken; man hatte viel Geduld mit schlampigen und mißmutigen Untertanen so vieler Zungen; und ließ rechtskonforme Beschwerden und Rekurse gemäß den Reformen Maria Theresias zu, zumeist bestand überdies eine Berufungsmöglichkeit gegen Bescheide der Administration.

Josef II. hatte freilich alle diese Tugenden schon als fragwürdige Nachlässigkeit und falsche Toleranz getadelt. Seine Reformen zielten zwar nicht auf einen Abbau der Rechtsstaatlichkeit ab, wohl aber auf eine Verdichtung der Kontrollen und auf Vereinheitlichung. Es ist bezeichnend, was nach 1805 ein bayrischer Lobredner in einem Flugblatt verbreitete: »Der unsterbliche Josef zu Wien hat dies (nämlich: Reformen in Tirol) niemals vermocht, doch der nicht weniger unsterbliche Max I. Josef zu München hat dies herbeigeführt, wofür sein Ruhm hierzulande nicht verblassen wird.«

Jetzt waren die Bayern die eifrigsten »Josefiner« schlechthin – während in der Erinnerung der Tiroler der Streit mit Josef II. vor mehr als 15 Jahren zur familiären Meinungsverschiedenheit reduziert wurde. Man hatte längst vergessen, daß man damals immerhin am Rande eines Aufstandes stand – und nicht viel gefehlt hätte, sich gegen die kaiserlichen Beamten im ganzen Land zu erheben. Auch Hofer wollte sich da wohl nicht erinnern, was im Landtag in Innsbruck 1790 alles beklagt worden war und welche Reformen der Glaubensfeger und Revolutionär von Gottes Gnaden eingeleitet hatte – ja, die Empörung gegen Josef II. löste jetzt nur noch sentimentale Besinnlichkeit aus. Hatte doch das Haus Habsburg nach 1790 fast alle josefinischen Verrücktheiten wieder so zurückgeschraubt, daß die Tiroler dies als Sieg ihres eingeborenen Selbstverwaltungswillens über den widerlichen Zentralismus auslegen konnten.

So verklärte sich die Erinnerung an das Haus Habsburg mehr und mehr. Man reduzierte die Schwierigkeiten mit den Österreichern im nachhinein zu einem »Bruderzwist« und erinnerte sich immer wieder an die verbalen Zeichen von Huld und Zuneigung des Hohen Hauses in Wien. Man glorifizierte jetzt über alles Maß die milde Herrschaft Kaiser Maximilians, der den Tirolern drei Jahrhunderte zuvor ihre Wehrverfassung geschenkt und Innsbruck zeitweilig zum Mittelpunkt seines Reiches gemacht hatte; und erinnerte sich an die gute Maria Theresia, die ihren Gatten in Innsbruck verloren hatte, worauf das ganze Land weinend mit ihr trauerte; schließlich auch an die arme, pockennarbige Tochter der Kaiserin, die Äbtissin Elisabeth, die eine Art Schutzmantelmadonna der Tiroler war, als ihr Bruder Josef II. seine überstürzten Reformen über das Land ausgoß. Selbst Kaiser Leopold, der freundliche Herr aus der Toskana, hatte viel verbale Sympathie für die Tiroler geäußert, wofür es noch unzählige Augen- und Ohrenzeugen gab. Und dann Kaiser Franz: schwächlich zwar, aber unerschütterlich in so vielen Niederlagen, gleichmütig wie ein antiker Stoiker sein Schicksal ertragend. Dieser Kaiser wurde jetzt plötzlich zu einer Art Heldengestalt. Legenden entstanden, liefen von Mund zu Mund; und an den Wirtshaustischen wurde von den Plänen getuschelt, die Franz für das »Heilige Land Tirol« vorbereiten ließ ...

Und es war auch von Erzherzog Johann die Rede – vom Bruder des Kaisers, »Prinz Hans«, der gewissermaßen ein halber Tiroler war und mehr war als nur ein Freund der Berge: ein Patron, ein Regent im Herzen der Patrioten, die sich nun immer öfter an die Abschiedsworte dieses liebenswürdigen Habsburgers erinnerten, als dieser 1805 das Land verlassen mußte: »Es wird in kurzem die Zeit kommen, wo es mir erlaubt sein wird, mich wieder unter meinen treuen Tirolern einzufinden.«

Tiroler im Widerstand

Am 1. Mai 1808 trat im bayrischen Königreich eine neue zentralistische Verfassung in Kraft, die Tirol völlig mit dem bayrischen Einheitsstaat verband. Die alte Einheit der gefürsteten Grafschaft, stets ein sakrosanktes Motiv in der Geschichte des Landes, wurde durch die neue bayrische Verwaltungseinteilung zerschlagen. Es wurden aus Tirol drei Kreise – nach den Hauptflüssen Inn, Eisack und Etsch benannt – geformt und damit der Name »Tirol« gewissermaßen ausgelöscht. Die drei Kreise hießen überdies zusammen »Südbayern«, wodurch im Bewußtsein der Tiroler jener Punkt erreicht war, der sich rationaler Bewertung versagte und emotionaler Empörung Luft machte. Das war es jetzt wohl vor allem, was den Funken im Gebirgsland auslöste und das völlige Mißverstehen seitens der Bayern als historische Schuld festschrieb.

Dazu kam, daß auch die alte ständische Verfassung Tirols außer Kraft trat. Der Landtag, der ohnehin nur ein Scheindasein geführt hatte, war nun nicht mehr oberstes Organ. Die den Habsburgern abgerungenen Privilegien – von der Wehrverfassung bis zum Recht auf eigene Beamte – wurden mit einem Schlag ausgelöscht; damit war aber, wie Spitzfindige bald herausfanden, auch der Preßburger Friedensvertrag verletzt. Hatte sich dort nicht der König von Bayern verpflichten müssen, die Titel und Rechte nur so auszuüben, *wie sie auch die Habsburger besessen hatten?*

Die zentralistische bayrische Kreisverfassung bedeutete somit auch die rechtliche Aufhebung der Existenz Tirols. Und ab diesem Zeitpunkt kreisten in Wien und auch zunehmend in Tirol die Diskussionen um den »Vertragsbruch«, den Bayern begangen hatte, indem es den Tirolern ihren Status nahm und sie vertragswidrig zu Bayern umformen wollte; zu »Südbayern«. Der Innsbrucker Chronist Stettner trug in seinem Schreibkalender 1808 ein: »Vom 1. Oktober an soll der Name Tirol aufhören. Gott erhöre unser allgemeines Gebet und schicke Verderben über Frankreich und seine Anhänger. Amen.«

Aus bayrischer Sicht sah die Sache natürlich ganz anders aus. Man hatte ein wirtschaftlich desolates Land nach dem Preßburger Frieden übernommen, in dem es unzählige eigenartige Privilegien gab, die ja schon die Vorgänger von Kaiser Franz beseitigen wollten; es war also gar nichts Neues, wenn sich – ungeachtet des Artikels VIII – der Souverän Tirols das Recht nahm, neue Vorschriften zu erlassen. Notabene wo Österreich der Eingliederung Tirols in Bayern zugestimmt hatte und keine Rede von einem Sonderstatus für das Gebirgsland in Preßburg gewesen war.

Ganz abgesehen davon mußte Bayern selbst in diesen Tagen große Opfer bringen. Man hatte Tirol gewonnen, aber das viel höher entwickelte und reichere Würzburg samt dem volkreichen Unterfranken verloren. Aber man war – dank Montgelas – mitten dabei, aus Bayern endlich einen einigermaßen modernen Staat zu machen: Es war ergo eine Chance, kein Nachteil für die Tiroler, bei dieser nachgeholten Aufklärung mit dabei sein zu dürfen. Schließlich war in München nicht einzusehen, warum die Tiroler gegenüber den Altbayern eine Sonderstellung haben sollten, waren doch diese in Sprache, Religion, Bildungsniveau und Bewußtsein keineswegs so unterschiedlich voneinander.

Wie grotesk auch der Widerstand gegen die »wohltätigen Reformen von oben« war, erwies sich aus der Weigerung der Tiroler gegenüber einer Landesbrandversicherung.

Später hat der Generalkommissär des Eisackkreises, Freiherr von Aretin, das Problem in einem treffenden Satz zusammengefaßt: »Wo Österreich alle veralteten Formen beibehielt, reformierte Bayern zu viel und zu schnell; wo Österreich zu wenig regierte, verfiel Bayern in den Fehler des Zuvielregierens.« In der Tat sind die Leistungen Bayerns in den rund drei Jahren aus heutiger Sicht außergewöhnlich positiv gewesen – nie vorher und nie später wurden in so kurzer Zeit so viele Reformen in Tirol realisiert.

Mittlerweile war Bayern aber in einen neuen Krieg verstrickt worden, der dem ganzen Land und seinen Einwohnern große Opfer auferlegte. In Tirol wurde für Rüstungszwecke eine Art Vermögenssteuer eingehoben. Preußen, das sich 1805 aus dem Krieg herausgehalten und dadurch nicht zu einem Sieg der Österreicher und Russen über Napoleon beigetragen hatte, glaubte ein Jahr später fähig zu sein, Frankreich *allein* anzufallen. Napoleon hielt die Mobilmachung in Preußen zuerst für einen dummen Scherz: »Der Gedanke, Preußen könnte sich allein mit mir einlassen, erscheint mir so lächerlich, daß es gar nicht in Betracht genommen zu werden verdient.«

Aber nein! Genau wie die Kriegspartei in Wien vor 1805 zu einem unseligen Krieg gehetzt hatte, ohne innerlich gekräftigt und außenpolitisch abgesichert zu sein, so fieberte jetzt Preußen in einem pubertären Traum, allein die Saat von 1789 auszurotten. Ein arrogantes Junkertum hielt sich noch immer für die Militärgroßmacht, die man unter Friedrich II. gewesen war – und ein jugendlicher Patriotismus durchfuhr die steifen Knochen des Königs Friedrich Wilhelm. Der General von Rüchel gab vor seinen Kameraden munter an: »Feldherren wie der Monsieur Bonaparte einer ist, hat die Armee seiner Majestät mehrere aufzuweisen.«

Preußen wollte allein den Retter Europas spielen; man forderte von Frankreich ultimativ die Räumung Deutschlands – und beabsichtigte, zuerst in Bayern, beim größten Verbündeten Frankreichs, einzufallen.

Napoleon reagierte schnell. Viel schneller, als die Generäle in Berlin annahmen. Viel klüger auch, als die Kriegspartei rund um die Königin Luise und der ihr beharrlich den Hof machende schöne Prinz Louis-Ferdinand glaubten.

Der Empereur fing nämlich die Preußen ab, noch ehe sie wirklich in Bayern einfallen konnten: In Jena und Auerstedt ereilte sie das gleiche Geschick wie ein Jahr vorher die Österreicher bei Ulm und Austerlitz. Ende Oktober zog Napoleon in Berlin ein, zwang die Preußen zu einer riesigen Geldzahlung und verordnete Gebietsveränderungen in Norddeutschland, die Preußen nachhaltig und entscheidend schwächen sollten.

Noch im darauffolgenden Winter wandte er sich sodann nach Osten – gegen die Russen. Bei Eylau in Ostpreußen kam es zu einem fürchterlichen Gemetzel – und zu keiner Entscheidung; aber bei Friedland hatte Napoleon über die Russen wieder die Oberhand: Sein militärisches Genie zwang die Generäle des Zaren in einer für sie strategisch ungünstigen Lage zur Schlacht. Tausende Russen ertranken im Fluß, in den sie der Kaiser und die Generäle Lannes, Mortier und Ney getrieben hatten.

Im Juni 1807 war auch dieser Kriegszug zu Ende. Auf einem Floß inmitten der Memel wurde der Vertrag von Tilsit abgeschlossen. Napoleon war unbestrittener Herr des Kontinentes.

Bei allen diesen Kriegszügen der Franzosen mußten bayrische Soldaten mitkämpfen; unter dem Kommando französischer Generäle zogen weiß-blaue Regimenter nach Norden und Osten, nachdem sich die französischen Truppen kräftig aus bayrischen Depots versorgt und fruchtbares bayrisches Land, das sich erst langsam von den Schäden des Feldzuges von 1805 erholte, verwüstet hatte. Zwar wurden bayrische Truppen in Jena und Auerstedt nicht unmittelbar eingesetzt, mußten aber in Preußen und Sachsen Besatzungsmacht spielen. Die Franzosen, erfolgsgewohnt und siegestrunken, ließen dabei die deutschen Offiziere deutlich spüren, daß sie nicht allzuviel von ihren Einheiten hielten und sie einerseits als Kanonenfutter, andererseits als bloße Hilfstruppe ansahen. Das führte zu zahlreichen Kränkungen, Beschwerden – und äußerte sich auch schlicht darin, daß sich die Franzosen stets besser zu versorgen verstanden und einen größeren Teil der Beute auf ihre Seite räumten. Bald kam es zu handgreiflichen Auseinandersetzungen unter den Verbündeten, die jetzt die Grande Armée bilden durften – und zu antifranzösischen Unmutsäußerungen der Bayern, Schwaben und Rheinländer. In Schlesien vergaß man einfach auf die Lieferung von Schuhen und Uniformen für die Bayern, in Polen verbot man ihnen – nicht aber den Franzosen – das Einheben von Kontributionen. Und in Armeeberichten, den legendären »Bulletins«, vergaß man gerne, den Einsatz der bayrischen Truppen überhaupt zu erwähnen. Dabei hatte Napoleon selbst anläßlich des Treffens von Deppen erklärt, daß »die bayrische Infanterie gut ist, die Kavallerie sogar die beste der Welt. Sie hat heute meine Kürassiere übertroffen.«

Am Ende des Krieges waren Bayerns Kassen leerer denn je. Die Lieferungen an die Armee, die nicht so schnell wiederherstellbaren Schäden angesichts des Durchzuges Zehntausender Soldaten, der Mangel an Männern, die statt bei der Ernte im Krieg standen – sowie schließlich die schwindende Begeisterung im Umgang mit den Franzosen: das alles schuf eine durchaus explosive Stimmung in Bayern. Montgelas konnte nur durch scharfe Zensur den Unmut eindämmen und mußte jetzt alles daransetzen, daß auch die neuen Teile des Königreiches – allen voran Tirol – ihren Beitrag zur Gesundung des Landes leisteten; und das in möglichst kurzer Zeit.

Die neue Verfassung gestattete es Montgelas aber auch, Tiroler zum Wehrdienst in der bayrischen Armee heranzuziehen. Dieser Schritt brachte nun das Blut der Tiroler endgültig zum Kochen. Hatte man schon während des Krieges gegen Preußen und Rußland aus Tirol alles Geld herausgepreßt, sollten die Tiroler in Hinkunft auch auf – weit von ihrer Heimat entfernten – Kriegsschauplätzen eingesetzt werden.

Die Bayern kümmerten sich neuerlich nicht um die Einwände der Tiroler, die auf ihr altes Landlibell hinwiesen. Hatte man 1807 noch Freiwillige für den Wehrdienst unter den weiß-blauen Fahnen in Tirol geworben, begann man 1808 mit systematischen Aushebungen. Bei Ausrücken des ersten Jägerbataillons über die Tiroler Grenzen lief bereits mehr als ein Drittel der Soldaten davon.

Es war bereits im November 1807 gewesen, daß wir vom ersten konspirativen Treffen wissen, an dem auch Andreas Hofer, der Sandwirt aus dem Passeiertal, teilnahm. Man traf beim Wirt an der Mahr bei Brixen, Peter Mayr, zu einem »Bauernkonvent« zusammen und beschloß, dem bayrischen König, der Tirol damals zu visitieren beabsichtigte, eine Denkschrift zu übermitteln, in der alle Beschwerden der Tiroler enthalten sein sollten. Aber die bayrischen Behörden erfuhren von dem Treffen und verhinderten die Abfassung und Übergabe der Schrift. Auch Andreas Hofer wurde streng verhört und verwarnt.

Wir wissen auch von einer anderen Bittschrift, die 29 Bauern im Burggrafenamt aufsetzten. Mag sein, daß Hofer angesichts des Mißlingens des »Bauernkonventes« an der Mahr diesen Meraner Protest inspirierte; damals setzte ihn jedenfalls die Polizei auf ihre schwarze Liste, und Hofer stand danach unter einer gewissen, wenngleich nicht gründlichen Beobachtung – unter »Surveillance«, wie es offiziell hieß. Er reiste nämlich berufsbedingt weiter im Land umher, berichtete, ließ sich berichten und überbrachte wohl auch Botschaften.

Hofer erkannte jedenfalls früher als andere, daß die Aufregung über die bayrische Verwaltung von Tag zu Tag wuchs – und sicherlich schürte er auch kräftig die allgemeine Unzufriedenheit mit. Ganz und gar hatte er sich bereits in dieser Zeit zu einem aktiven Handeln entschlossen, wenngleich er natürlich keine Ahnung von den Voraussetzungen und Notwendigkeiten einer konspirativen Tätigkeit hatte. Seine auffällige Erscheinung machte ihn überdies zu einer markanten Figur. Der vierschrötige Bauer mit dem wallenden, immer dichter werdenden schwarzen Bart, der grünen Tracht und dem breiten schwarzen Hut war dazu angetan, überall Interesse zu wecken. Seine breite Mundart, auch sein Witz erweckten bei den Tirolern instinktiv Vertrauen. Und seine Selbstsicherheit machte ihnen Mut, den bayrischen Eingriffen Widerstand zu leisten. Wenn er dann in den Gaststuben berichtete, wie es in den Tälern zuging, wie sich da und dort offener Protest artikulierte, dann vermischte sich Wahrheit mit Hoffnung, Realität mit Phantasie.

Es ist nicht bewiesen, aber denkbar, daß Andreas Hofer schon damals auch mit Erzherzog Johann in Wien in Verbindung stand, möglicherweise auch mit Hormayr, der ja im Auftrag des Erzherzogs Kontakt mit den österreichfreundlichen Vertretern Tirols halten sollte. Auch ist möglich, daß der Sekretär Erzherzog Johanns, Johann Gebhard, mit Hofer zusammentraf. Dieser Gebhard war ein gebürtiger Bayer und daher unverdächtig, wenn er sich im bayrischen Tirol und in Bayern selbst aufhielt. Offiziell sammelte Gebhard – ein etwas geschwätziger junger Mann aus Freising in der Nähe von München – für den österreichischen Erzherzog mineralogische Präparate und Alpenpflanzen. Er berichtete nach Wien, daß in Tirol die Stimmung wachse, derzufolge man »ja bald nichts mehr verlieren könne, da man (den Tirolern) ohnehin nichts mehr lassen will«. Erst spät kamen die bayrischen Behörden dahinter, was Gebhards wahrer Auftrag war – und Erzherzog Johann mußte seinen Mittelsmann zurückziehen.

Andreas Hofer dürfte andererseits mit Wien nicht unmittelbar korrespondiert haben. Vielmehr waren seine wichtigsten Kontaktleute im Land selbst wahrscheinlich die Bozner Kaufmannsfamilie Giovanelli, der gleichfalls aus Bozen stammende Kaffeesieder Franz Anton Nessing und der Wirt Peter Huber aus Bruneck. Für Hofer war es nach Bozen und Bruneck nicht allzu weit, und es ist erwiesen, daß er ab 1808 zwischen den sich bildenden Widerstandsgruppen hin- und herreiste. Er übernachtete damals zumeist bei befreundeten Wirten oder in Pfarrhöfen. Denn der Widerstand gegen Bayern hatte mittlerweile auch noch eine sich verschärfende Dimension erhalten: jene des Kirchenkampfes, der – wie bereits in der josefinischen Zeit – Tirol noch viel mehr als die politischen und wirtschaftlichen Auseinandersetzungen erschütterte.

Damit relativiert sich auch die *wirtschaftliche* Triebkraft der Aktionen des Wirtes Hofer auf das richtige Maß; es waren nämlich vor allem die *religiösen Gefühle*, die diesen biederen Mann, der nun schon um die vierzig Jahre alt war, motivierten. Sein Gottvertrauen war der barocken Naivität seiner Südtiroler Welt entsprungen, seine Achtung vor der Kirche und dem Klerus einem seit Kindheit anerzogenen Respekt. Priester und Bischöfe blieben im Grund immer jene Autoritäten, denen er am meisten vertraute und denen er auch kindlich gehorchte – mehr noch als dem idolhaft verklärten Kaiser in Wien, den Hofer und seine Freunde nun immer öfter als Befreier vom bayrischen Joch idealisierten und zum Verteidiger der Rechte der heiligen Kirche hochstilisierten.

Vergessen war, daß das aufgeklärte Österreich ein Vierteljahrhundert vorher ganz ähnliche Reformen in Tirol erzwingen wollte wie nun die Bayern: eine Unterstellung der Amtskirche unter den Staat, die Neuordnung des kirchlichen Besitzes und die Reform des Kultus. Vor allen dessen Auswüchse sah das Regime Montgelas als Abirrung von der wahren Frömmigkeit an und versuchte, diese Entartung als »Aberglauben« mit aufgeklärtem Eifer zu bekämpfen. Für die Tiroler wurde so der *Kampf gegen Bayern in Wahrheit zu einer Art »Kulturkampf«* – und der liebe Gott zu einem Verbündeten für die »gerechte Sache«. Der Streit für »Heimat und Glauben« war zur Einheit verschmolzen.

Es hatte mit dem Verbot der Mitternachtsmette zu Weihnachten 1806 begonnen. Ein diesbezügliches bayrisches Edikt war ebenso wirklichkeitsfremd wie obskur. Mitternachtsmetten waren im ganzen katholischen Kosmos, auch in Bayern, ein fester Bestandteil des Kirchenjahres. In den Bergen war überdies die Heilige Nacht mit einer ganzen Reihe von symbolischen und Brauchtumsakten verbunden.

So war dieses unsinnige Verbot der Messe zu Mitternacht ein offener Affront für die Bauern, die darin einen Eingriff in ihre ureigenste und privateste Beziehungswelt zu erkennen glaubten. Und weil die bayrischen Beamten statt mit Flexibilität mit grotesker Sturheit dem Verbot auch zum Durchbruch verhelfen wollten, schürten sie noch mehr Widerstand, als eine augenzwinkernde Schlamperei angerichtet hätte – die man in Tirol von den österreichischen Behörden gewohnt war. »Der Wolf kommt über Altar und Gemeinde« wurde zur Losung auf den Kanzeln und beim Gespräch nach dem Kirchgang.

Die Welt der Menschen im Gebirge war damals noch weitgehend vom Glauben an Hell und Dunkel, Gott und Teufel bestimmt. Neuheidnisches Gedankengut hatte sich mit christlichem verbunden. Böse und gute Geister, Hexen und Engel bestimmten die Kräfte der Natur. Das Wetter, die Fruchtbarkeit, Bergrutsche und Lawinen, Gewitter und Vermurungen wurden dem Wirken übernatürlicher Mächte zugeschrieben. Man band den Toten die Füße zusammen, um ihre Wiederkehr zu verhindern, Feldfrüchte wurden »besprochen«, um Schaden von ihnen abzuwenden, Tieren gab man Alkohol zur Stärkung, wie zeitgenössische Schilderungen berichten. Das Wetterläuten – das die bayrischen Behörden gleichfalls verboten – stellte in den Hirnen der Bauern ein Mittel zur Verhinderung des Bösen dar; der Wettersegen, den man jetzt untersagte, sollte die Hexen vertreiben. Die christliche Benediktion galt in allen Fällen als Mittel gegen Unbill aller Art und wurde eifrig angewendet – bis eben die bayrischen Aufklärer diese Medizin der Seelen einschränkten. Exorzismen waren in Tirol an der Tagesordnung und wurden nunmehr zu »Albernheiten« erklärt. Und schließlich hatte der ausufernde älplerische Heiligenkult den Zweck, bei den Anliegen des Alltages zu helfen. Konnte man dem aber nicht nachkommen, forderte man das Unheil geradezu heraus.

Die bayrischen Behörden wurden daher beschuldigt, das Volk schutzlos den »bösen Mächten« auszuliefern – und das konnte nur im Interesse des Teufels sein; deshalb auch mußten die neuen Herren wohl im Dienst des Bösen stehen, wie man sich von Ohr zu Ohr zuraunte.

Eine von Gottlosigkeit durchdrungene Regierung aus Freimaurern regiere in München, so flüsterte man, und vollziehe dort die Befehle, die ihr der »Gottseibeiuns« Napoleon diktiere: Das war die einfache Formel, auf die sich die Aufregung unter den einfachen Tiroler Bauern bringen ließ.

Wiederholt hört man auch banalen religiösen Antisemitismus heraus: Wurden doch religiöse Gerätschaften aus aufgelassenen Klöstern und Pfarren an die Juden verkauft – ein offensichtlich besonders frevelhafter Vorgang, den die Bayern gestattet hatten. Dabei bestand aller Grund, in Tirol die vielen Unzukömmlichkeiten in der Kirchenverwaltung abzustellen. Was schon Josef II. unternommen hatte, wurde bloß von den Bayern fortgesetzt – kaum mehr. Und konnte es von Belang sein, daß die zahlenmäßig schwache Tiroler Intelligenz diese Reformen wünschte – sogar im Sinne einer militanten Aufklärung? Die Trientiner Freimaurer schrieben jedenfalls bereits 1806 an ihren »lieben Logenbruder, Seine Majestät, den König von Bayern«, wobei sie ihn um »Aufhebung der hierorts herrschenden Geistesfinsternis« eindringlich ersuchten ...

Im Jahr 1805 hatte es in Tirol aber nicht weniger als 4024 Geistliche gegeben: Selbst in den geistlichen Kurfürstentümern Deutschlands war das Verhältnis zwischen Einwohnern und Priestern nicht größer gewesen. Dazu kam, daß sich in Tirol mehr Feiertage als anderswo erhalten hatten. Das religiöse Leben äußerte sich noch immer in einer Unzahl von Wallfahrten, die jedes Dorf irgendwann einmal gelobt hatte und Jahr für Jahr durchführte. Bittprozessionen waren ein Teil des Alltags geworden, wie sich überhaupt Volks- und kirchliches Leben ineinander verwoben hatten.

Jetzt griffen die Aufklärer gegen den – in ihren Augen – besonders nachteiligen Unfug durch, der die Bauern von der Arbeit abhielt und nur ein Grund für ständige Zusammenrottung war. Eine Reihe von Feiertagen wurde daher mit einem bayrischen Federstrich abgeschafft; Prozessionen, Bittgänge und Wallfahrten wurden sukzessive untersagt; das Läuten der Glocken wurde – wie schon 25 Jahre vorher – streng geregelt und reduziert, in den Kirchen mußten wieder gewisse Gegenstände des Kultus beseitigt werden, die man in der Staatskanzlei in München als »abergläubischen Firlefanz« ansah: Kerzengebrauch, die Verwendung von Öl beim Ewigen Licht, das Beten des Rosenkranzes – all das schien den vom Licht der Aufklärung so klug Erleuchteten Anlaß genug zu sein, sich in den Kirchen als Glaubensfeger zu engagieren.

Wieweit das ging, zeigt z. B. der Erlaß über die Gestaltung des Heiligen Grabes in der Karwoche in Tiroler Kirchen: »Alle Verzierungen und Statuen, alle Wasserkünste und Glaskugeln sind bei strenger Strafe verboten; erlaubt ist nur das Sanktissimum, mit weißem Flor bedeckt, auf einem schwarz behängten, hinreichend beleuchteten Seitenaltar zur Anbetung auszustellen.«

Dabei hatte die Kirche seit der Gegenreformation und der üppigen Barockzeit den Versuch unternommen, die Menschen in eine Staat und Kirche verschmelzende Totalität einzubetten. Jetzt wollte man binnen weniger Jahre das Gegenteil bewirken. Die Kirche wurde in den Dienst des modernen Staates gestellt, der »Vernunft« auch zur obersten Richtschnur bei der Glaubenausübung erklärte. Was aber ein Widerspruch in sich ist.

Die Bayern erließen Strafen für das Tragen von Sonntagskleidung an Wochentagen, stellten Wachen vor Kirchen auf, bestraften Kreuzträger und Vorbeter mit Arrest. Zwei Mädchen wurden in Oberhofen öffentlich geprügelt, weil sie die Glocken zu einer verbotenen Zeit geläutet hatten.

Als »Vernunft« versuchten die Bayern auch, ihre Pockenschutzimpfungen den Tirolern plausibel zu machen. In einem Land aber, in dem man lieber zu dem jeweils zuständigen Heiligen betete, als den Bader aufzusuchen, mußte die wohlmeinende Maßnahme nur Kopfschütteln auslösen. Vor allem wurde bekrittelt, daß die Namen der an den »Blattern« erkrankten Personen auch öffentlich bekanntgemacht wurden; das war eine Art »Diskriminierung« und löste Proteste aus. 1809 dürften jedenfalls nicht viel mehr als fünf Prozent der Tiroler geimpft gewesen sein. Wobei die Behörden Geldstrafen verhängten – und viele Tiroler sie nicht zahlten.

Dazu kam, daß die bayrischen Behörden auch die Kirchenorganisation änderten und die kirchlichen Vermögensverhältnisse neu ordnen wollten. Die Verleihung der Pfründen, die Vergabe der geistlichen Stellen, die Führung der Seminarien – alles das wurde den Bischöfen entzogen und den zivilen Behörden überantwortet. Die Bischöfe von Brixen und Trient gingen unter Protest wieder der Rechte verlustig, die sie sich nach Josefs II. Tod erobert hatten. Der in Meran residierende Bischof von Chur wurde in seiner Bewegungsfreiheit behindert und später sogar zwangsweise zusammen mit dem Bischof von Trient nach Bayern umgesiedelt. Den Priestern verbot man den Kontakt mit diesen aufsässigen Bischöfen, und unbotmäßige Pfarrer wurden entfernt, zumeist strafversetzt. Die Bischöfe jener Diözesen hingegen, zu denen Nordtirol gehörte – nämlich Salzburg, Augsburg und Freising –, machten den Bayern kaum Schwierigkeiten.

Um nun diese Eingriffe auch durchzusetzen, mußte von den Bayern geradezu eine Art Kirchenpolizei eingeführt werden. Ihr oblag schließlich auch, die Priester bei der Predigt zu überwachen. Wieder – wie schon unter Josef II. – wurden Klöster aufgehoben und ihr Vermögen eingezogen. Graf Arco begründete die Maßnahmen damit, daß »der Staat ein Recht zum Eingreifen hat, um den Kultus zu ordnen. Nur der Staat besitzt die Schwungkraft, um mit Zwang eine vom Aberglauben wieder gereinigte Religion sicherzustellen.« Man konnte einander aber natürlich nicht überzeugen, ja man sprach mit zwei verschiedenen Sprachen aneinander vorbei.

Lief man so nicht Gefahr, daß jetzt Tirol, wie ein bayrischer Beamter damals meinte, »zum schrecklichen Gefängnis« werden könnte? Gläubige, Priester und Ordensleute schlossen sich nämlich noch enger zusammen und bildeten eine geschlossene Front gegen die bayrischen Behörden. Im verborgenen wurden die religiösen Bräuche wie eh und je nach hergebrachten Regeln ausgeübt. Von den Kanzeln ermunterte man dafür bald offen den Widerstand und heiligte ihn damit, daß man Gottes Willen für sich und den alten Kultus reklamierte, die Behörden aber zu gottlosen und kirchenfeindlichen Glaubensfeinden stempelte.

Es war nicht verwunderlich, daß es bald sogar Priester und Mönche gab, die den gewaltsamen Widerstand des Volkes nicht nur entschuldigten, sondern ihn geradezu theologisch rechtfertigten und als gottgefällig adelten. Priester spielten schließlich auch bei Ausbruch der Feindseligkeiten eine wichtige Rolle – allen voran die Kapuziner.

Was nützte es, daß die vernünftigen unter den bayrischen Beamten den Tirolern erklärten, daß die Maßnahmen ja nicht eine Bestrafungsaktion gegenüber Tirol waren, sondern überall in Bayern ganz genau so durchgeführt wurden? Und wem half es noch, daß nach und nach in Tirol bekannt wurde, mit welchen Problemen die bayrische Regierung auch in Altbayern und in anderen 1805 neu erworbenen Gebieten kämpfte? Der Unwille steigerte sich zum Haß – zuerst gegen die neuen Beamten im Land und gegen die als »gottlos« angesehene Regierung Montgelas, dann aber auch gegen den bayrischen König und am Ende gegen alles, was weiß und blau war. Die Bayern wurden zum verhaßten Fremdregime, und die Sehnsucht nach Österreich verklärte sich, je weniger Bewohner Tirols sich noch an die durchaus gleichartigen Maßnahmen der Österreicher – eine Generation vorher – erinnern konnten.

Aber es wäre ein Irrtum, den Widerstand gegen die Bayern auf dem offenen Land, wo die religiösen Gefühle besonders erregt waren, mit der Stimmung in den großen Städten zu verwechseln. Natürlich hatte sich auch das aufgeklärte Bürgertum durch die Bayern eine Belebung von Handel und Wirtschaft erwartet – und war dabei enttäuscht worden; aber man sah dort eher ein, daß dies nicht die Schuld des Königs in München und seiner Minister war, sondern mit der allgemeinen Wirtschaftssituation im Zuge der Kontinentalsperre zusammenhing. Und überdies wußte man, daß es ja den Österreichern jenseits der schwarzgelben Schlagbäume nicht viel besser ging.

Viele aufgeklärte und gebildete Bürger in Innsbruck und Bozen begrüßten sogar die bayrischen Reformen, die sie als zeitgemäß und vernünftig ansahen – und die durchaus ihrem Verständnis von einer notwendigen Kirchenreform entsprachen. So ist es kein Wunder, daß Innsbrucks Bürger König Max Josef noch 1808 stürmisch begrüßten. Hatten die Bayern doch einen langgehegten Wunsch der Innsbrucker erfüllt und die Universität wieder eröffnet. Reibungslos war dort auch der Übergang von der österreichischen zur bayrischen Verwaltung vor sich gegangen. War man in den Amtsstuben der Städte vorher gut kaiserlich, so war man jetzt gut königlich – ein Umstand, der allerdings jene wenigen Tiroler Beamten irritierte, die 1805 nach Österreich geflüchtet waren – so vor allem den Tiroler Kontaktmann in Wien, Josef von Hormayr.

Hormayr war es auch, der längst mit einem der wichtigsten Männer in Tirol Kontakt aufgenommen hatte: dem bereits erwähnten Bischof von Chur, der aus seiner Schweizer Diözese nach Meran geflohen war – Karl Rudolf Freiherr von Buol-Schauenstein, Bruder eines der höchsten Diplomaten Österreichs. Dieser Kirchenfürst war im Jahre 1805 kurz bei Andreas Hofer eingekehrt und hatte im Sandwirt sofort einen brauchbaren Mitarbeiter erkannt. Seit damals riß auch die Verbindung zwischen Buol und Hofer nicht ab, und es ist anzunehmen, daß zwischen Meran und St. Leonhard eifrig konspiriert wurde. Mag sein, daß der Bischof Hormayr auch besonders auf den Sandwirt aufmerksam machte. Immer mehr wurde ja deutlich, daß dieser zum Führer der Anliegen des Passeiertales geworden war.

Bischof Buol seinerseits hatte sich geschickt der Unterstützung Roms in seinem Kampf gegen die Bayern versichert; und diese reagierten auf Buols Renitenz zuerst mit der Versetzung jener Geistlichen in Meran und Umgebung, die sich den kirchenpolitischen Anordnungen nicht fügten. Man übergab loyalen Priestern die Pfarren; der Burgkaplan von Dorf Tirol wurde sogar in einem Kloster zwangskonfiniert, ebenso der Pfarrverweser.

Aus den Landgerichten wurde den Behörden freilich bald berichtet, daß sich das Volk gegen die Zwangsbeglückung durch die neuen Priester mit Demonstrationen wehrte. Über Andreas Hofers Passeiertal wurde in einem bayrischen Rapport von »dumpfer Gärung« geschrieben; dort boykottierten die Bauern die Messen, nahmen keine Sakramente an und unterließen jegliche Spendentätigkeit. Die Bayern reagierten naiv – ja dümmlich: Die Behörden forderten Verstärkungen an. Und 1000 Mann wurden sogar von Ulm aus südwärts in Bewegung gesetzt. In den Julitagen 1808 kamen bayrische Truppen über den Jaufenpaß und das Passeiertal nach Meran, an der Brücke über die Passer brachte man Kanonen in Stellung. Aus dem Kulturkampf war ein Kirchenkampf geworden.

Die Funktion dieser Soldaten war grotesk. Die einen mußten als erste Aufgabe nämlich die aufsässigen Kapuziner aus Meran gewaltsam auf Stellwägen verladen und die schreienden Mönche auf andere Klöster verteilen; die anderen wiederum mußten die Zuseher, die dagegen protestierten, mit Gewehrkolben auseinandertreiben.

Unter diesen Kapuzinern befand sich auch ein junger Pater mit rotem Bart, der sich besonders heftig wehrte und den bayrischen Offizieren mit Beschimpfungen besonders arg zusetzte: Joachim Haspinger. 1776 geboren, war der Bauernsohn bereits 1797 in den Schützenverbänden aktiv gewesen, bevor er noch in den Kapuzinerorden eintrat. Er wurde Prediger in Schlauders im Vintschgau, wo er wahrscheinlich Andreas Hofer kennenlernte. 1808 war der 32jährige eine der populärsten Figuren des ganzen Burggrafenamtes und mit seinem roten Bart der fanatischste Reaktionär im Meraner Kirchenkampf.

Hatte aber die Aufregung in Meran noch durch den Militäreinsatz und die Entfernung Haspingers ein rasches Ende genommen, war die Erregung im Passeiertal nicht so leicht zu dämpfen.

In Andreas Hofers Nachbargemeinde St. Martin hatten die Behörden den bayrisch-loyalen Kooperator Matthias Hermeter zum Pfarrer eingesetzt. Der offenbar anständige Priester, der bloß keinen Grund sah, den Anordnungen zu widersprechen, wurde von den Bauern zum »Ausgestoßenen« gestempelt. Vor seinem Einzug in die Kirche hatte ein Tiroler Kapuziner noch rasch die Hostien »konsumiert«, um sie vor »Entweihung« zu schützen; und die Passeier ließen Hermeter bei der heiligen Messe allein oder verließen die Kirche, wenn er mit der Predigt begann. Der Pfarrer machte aber nun den Fehler, daß er sich mit Gewalt Respekt verschaffen wollte – und 20 Mann Militär vom Kommando in Meran anforderte. Nach einer Rauferei mit Bauern rückten die Soldaten in St. Martin ein und nahmen die Bauern Valentin Pfitscher und Thomas Schifer fest. Durch das Spalier des Dorfes wurden sie in Eisen nach Meran geführt: die ersten Märtyrer.

Hofer wußte von den Vorfällen in Meran und St. Martin natürlich genau Bescheid. Er war auch sicherlich dabei, als es um die Organisation des Widerstandes gegen den ungeliebten Pfarrer ging. Der Unterwirt von St. Martin, Josef Griener, war ja sein Schwager gewesen und hatte vor der Großjährigkeitserklärung von Andreas auch den Sandhof geführt. Hofer war auch mit dabei, als man nun mit jenen einheimischen Priestern, die bei der Bevölkerung weiterhin respektiert wurden, an geheimen Treffpunkten die Messe feierte und in versteckten Höfen oder Kellern die Sakramente empfing. Der zu diesem Zeitpunkt bereits zwangsverschickte Bischof Buol-Schauenstein hatte nämlich den ihm ergebenen Tiroler Priestern außerordentliche Vollmachten erteilt – wie etwa Messen mehrmals am Tag zu lesen, ohne geweihte Gefäße den Gottesdienst abzuhalten und diesen im Freien zu zelebrieren.

Wie schwer es hingegen die regierungsloyalen Geistlichen hatten, geht aus der Klage des Pfarrers Junker aus Schenna hervor, der gleichfalls vor leeren Kirchen predigte: »Wir haben beim Volk gar kein Vertrauen, das Volk glaubt nicht an die Gültigkeit einer einzigen unserer Handlungen. Beim besten Willen ernten wir nur Schande und Verachtung ... Mag auch die Regierung ihren festen Entschluß durch Exekutionstruppen ausgesprochen haben, das Volk bleibt doch bei seinen Grundsätzen – und wer zwingt die Herzen?«

Ausschlaggebend für die Erregung im Land war also durchaus nach wie vor *nicht* die Wirtschaftslage, vielmehr die Kulturkampfatmosphäre, die die naiven Bauern erheblich stärker reizte und deren Anheizung durch die Bayern wohl der schwerste Fehler war. Es ist nur zu signifikant, daß sich dort, wo der Kirchenkampf am heftigsten war – und das war zweifellos in Meran und im Passeiertal der Fall –, die Aufstandsbewegung später am schnellsten organisierte.

Erst später, als auch die Bayern Gewissenserforschung betrieben, hielt man in einem bayrischen Regierungsbericht fest: »In bezug auf die Religion hat das Landvolk zu tief eingewurzelte Vorurteile, um dieselben auf einmal auszurotten und infolgedessen rasche Maßregeln ergreifen zu können, ohne dadurch eine gefährliche Stimmung im Volk zu erwecken, das noch lieber erhöhte Abgaben an den Staat zu zahlen bereit ist, als sich in seiner Religion stören zu lassen, was ihm Herzenswunden schlägt.«

Nun kann keinesfalls die These aufrechterhalten werden – die auch zu einer unausrottbaren Legende geworden ist: daß nämlich der Aufstand in Tirol völlig unerwartet für die bayrischen Behörden und wie ein »Gewitter« über das Land gekommen wäre oder daß nur die Wiener Regierung durch Panikmache oder Hetze in Tirol ein kritisches Klima erzeugt hätte. Vielmehr ist heute erwiesen, daß man in München die Sturmzeichen aus Tirol sehr wohl erkannte; man begriff durchaus, daß man sich im Preßburger Frieden mit Tirol die unruhigste Provinz eingehandelt hatte, und selbst Minister Montgelas sah bald ein, daß sein Regime in Tirol allergrößte psychologische Fehler begangen hatte. Der Gesandte Napoleons am Münchner Hof, der Graf von Mosloy, Ludwig Wilhelm Otto, meldete *vor* 1809 nach Paris, daß die Stimmung in Tirol die »übelste« sei und dort ein Eingreifen Österreichs herbeigesehnt werde. Etwas später berichtete Otto ausdrücklich, daß Priester, Mönche und Wirte an der Spitze einer Verschwörung stünden und daß einer der Wirte in Wien gewesen sei und nach seiner Rückkehr nach Tirol größten Zulauf gehabt habe.

Der bayrische Minister Montgelas schrieb in seinen »Denkwürdigkeiten« später, daß er lange *vor* dem stürmischen Frühjahr 1809 durch seine Beamtenschaft Hinweise auf die Stimmung in der Bevölkerung hatte und wie sehr sich die Einwohner Tirols von den Bayern zurückzogen.

Aber der bayrische Generalleutnant Wrede beruhigte den Minister und auch den bayrischen König; er behauptete selbstbewußt, daß ein Aufstand in Tirol in wenigen Tagen von seinen Soldaten unterdrückt werden könnte.

Spätestens bei der Aushebung von Tiroler Rekruten mußten schließlich die bayrischen Militärbehörden entdecken, daß der Widerstand des Volkes konkrete und gewalttätige Formen annahm. Hatte Tirol den Habsburgern abgetrotzt, daß das jahrhundertealte Landlibell in Kraft blieb, demzufolge kein Tiroler außerhalb der Landesgrenzen Dienst machen *mußte,* so führten die Bayern dennoch laufend Musterungen durch. Als ein Militärergänzungsstatut des bayrischen Kriegsministers erging, stieß es in Tirol auf hellste Empörung. Tausend Mann sollten demnach in Tirol zur Komplettierung der bayrischen Regimenter mit sechsjähriger Dienstpflicht ausgehoben werden: Burschen im Alter von 19 bis 21 Jahren.

Einige Gemeindevertreter erklärten jetzt namens ihrer Mitglieder, daß im Friedensvertrag ausdrücklich von Bayern das Recht der Tiroler in bezug auf ihre Wehrverfassung garantiert war (was so nicht stimmte); in anderen Gemeinden und Gerichtsbezirken verzögerten sowohl einheimische wie selbst bayrische Beamte die Durchführung der Musterungen; und an den Grenzen ließen die Mautbeamten und Zöllner die Tiroler Burschen ins Ausland fliehen; vor allem ins österreichische. In Kärnten wurden bald eigene Werbekommandos für die kaiserliche Armee eingerichtet, die fahnenflüchtige Tiroler in Dienst nahm. Damit war der Kern einer »Fünften Kolonne« der Tiroler gebildet. In Salzburg sammelte man Flüchtlinge für den Dienst in der Armee von Franz I. geradezu ein. Bald war ein eigenes Jägerbataillon zusammengestellt und wurde zur Tiroler Grenze verlegt. Die Bewegung nahm solche Ausmaße an, daß der französische Gesandte in München direkt an Napoleon darüber schrieb, wie zahlreiche junge Tiroler der bayrischen Konskription entflohen und in die österreichische Armee eingetreten wären, weil »sie sich auf die Rückkehr der Österreicher freuen«.

Militärpatrouillen durchkämmten jetzt die Wirtshäuser nach Stellungspflichtigen – und vertrieben erst recht die jungen Burschen, obwohl ohnehin zahlreiche Befreiungen von den Behörden erteilt worden waren. Viele Fahnenflüchtige versteckten sich im Lande selbst – auf Bergbauernhöfen, in entlegenen Hütten und auf Almen. Kein Wunder also, daß die Geheimarmee von armen Teufeln wuchs, die für jedes Abenteuer bereit war, konnte man nur dem regulären Dienst in der verhaßten Armee der »Besatzer« entgehen.

Das spanische Modell

»Die Stärke«, sagte mittlerweile Napoleon, »ist das wichtigste Prinzip jeder Regierung. Schwäche führt zu Bürgerkriegen, die Macht erhält Ruhe und Wohlstand in den Staaten.« Und was er in bezug auf die Niederlande sagte, wurde überall in den Satellitenstaaten sein Prinzip: »Ich habe die Regierung Hollands nicht übernommen, um die Meinung der Bevölkerung von Amsterdam zu erfahren und das zu tun, was andere wollen.« Und gegenüber Italien: »Meine italienischen Völker kennen mich gut genug, um zu wissen, daß ich in meinem kleinen Finger mehr Wissen habe, als sie in allen ihren Köpfen zusammen.« So mischte sich Menschenverachtung mit Größenwahn. Der Kaiser Napoleon rückte von den Prinzipien des Generals Bonaparte ab – und wurde zum kalten Despoten, der in einen inneren Widerspruch zur äußeren Rechtfertigung seiner Herrschaft über halb Europa geriet.

Jetzt beging er auch immer mehr Fehler, die er allerdings nicht als solche erkennen konnte und die ihm auch erst später in ihrer vollen Tragweite bewußt wurden. Einer sollte sich dabei besonders rächen – als Tritt mit dem Stiefel in ein Hornissennest: in Spanien.

Nach zwei machtvollen Jahrhunderten unter den Habsburgern war Spanien Anfang des 18. Jahrhunderts an die Bourbonen gefallen. Ein Jahr vor der Französischen Revolution war Karl IV., ein schwächlich-gutmütiger Verwandter des letzten französischen Königs, auf den Thron gekommen. In Wirklichkeit regierten Marie-Luise von Parma, Karls Frau, sowie der Premierminister Manuel Godoy y Avarez de Faria das zum Armenhaus Europas heruntergekommene Königreich auf der Pyrenäenhalbinsel.

Godoy hatte nach der Revolution in Frankreich eine Annäherung an die Republik vorgenommen, obwohl der König schon aus dynastischen Gründen den Jakobinern reserviert gegenüberstehen mußte. Im Vertrag von St. Ildefonso war Spanien 1796 dann aber sogar zum formellen Verbündeten Frankreichs geworden; Portugal hingegen hatte sich ganz und gar nach England orientiert und bildete so einen Stachel in der Südwestflanke des Bündnisses. Bis zur Seeschlacht von Trafalgar mußte Spaniens Flotte zusammen mit der französischen gegen die Engländer kämpfen und schließlich auch an Frankreichs Seite gegen die Portugiesen, um eine Schließung der Häfen für die Engländer zu erwirken.

1806 hatte Napoleon kategorisch erklärt: »Ich rechne mit Spanien, wenn es darum geht, Portugal in mein System einzugliedern.«

Und am 30. November 1807 fiel Lissabon auch in französische Hände. Aber nun begann ein Verwirrspiel, in das sich Napoleon selbst bald persönlich verstrickte: Der intrigante Godoy geriet immer mehr in Widerspruch zu den spanischen Patrioten, vor allem auch zum Infanten Ferdinand, Prinz von Asturien. Der spanische König seinerseits unterrichtete Napoleon von einer »Verschwörung« seines Sohnes; und tatsächlich: Der »Aufstand von Aranjuez« fegte in kürzester Zeit Godoy aus seinem Amt und machte den Infanten zum Regenten. Über Nacht gab es zwei Könige – Vater Karl und Sohn Ferdinand.

Jetzt hatte Napoleon einen idealen Vorwand zur Intervention. Er befahl der bourbonischen Familie, sich in Bayonne zu versammeln, wo er sich im Streit zwischen Vater und Sohn zum Schiedsrichter aufschwang.

Das spanische Modell

In Spanien freilich erhob sich angesichts der »Einmischung« ein Sturm der Entrüstung. Der schlechte Eindruck, den Napoleon dabei hinterließ, wurde nur noch durch die Härte seines Schwagers Murat übertroffen, der mit den im Königreich stehenden Franzosen gegen den Aufruhr mit Erschießungen vorging.

Napoleon kümmerte sich zuerst nicht um die Berichte über spanische Proteste. Er meinte wohl, er könnte das Nationalgefühl der Spanier mit seinen Soldatenstiefeln ebenso niedertreten, wie er es in allen anderen besetzten Ländern gemacht hatte. Aber in Bayonne brach trotz seiner Anwesenheit der Gegensatz zwischen dem dümmlichen Vater Karl und dem naiven Sohn Ferdinand um die Thronrechte Spaniens voll aus. Schließlich bot – statt einer Entscheidung – der königliche Bourbone Karl »seinem Freunde, dem großen Napoleon«, die Krone Spaniens an; der sie seinerseits zuerst an seinen Bruder Louis und dann an seinen Bruder Joseph weiterreichte. Dieser mußte auf Neapel verzichten, wo er schon vorher als König eingesetzt worden war.

Das Verwirrspiel hatte fatale Folgen. Niemand glaubte dem Kaiser die so wohltätigen Absichten, mit denen er den Spaniern ihre »Größe« wiedergeben wollte. Und nachdem eine Junta aus Adeligen in Bayonne auch noch eine Verfassung verabschiedete, die von der französischen abgeschrieben erschien, war Spanien endgültig aus seiner Lethargie erwacht. Aber nicht so, wie Napoleon das meinte: »Diese Nation ist reif für große Veränderungen und verlangt sie mit aller Macht.«

Vielmehr organisierte sich der Widerstand auf dem offenen Land, bei den einfachen Menschen, den Bauern und Priestern. Drei Faktoren waren es, die – ganz ähnlich wie später in Tirol – dabei zusammentrafen: Spanien hatte unter der

Kontinentalsperre außerordentlich gelitten. Der Handel mit den überseeischen Kolonien war völlig zum Erliegen gekommen, das Land konnte seine wachsende Bevölkerung nicht mehr ernähren. Spanien war von fast allen traditionellen Handelswegen abgeschnitten und zu einem Lieferanten Frankreichs degradiert worden. Umstände, die auch die kleinen Leute am eigenen Leib und im leeren Magen zu spüren bekamen.

Die aufgezwungene neue Verfassung verletzte mit ihren laizistischen Bestimmungen die alten Rechte der Kirche, die in Spanien einen machtvollen, wenn nicht den machtvollsten Teil der Gesellschaft überhaupt darstellte. Enteignungen und Säkularisierungen von Kirchen- und Klösterbesitzungen trieben Bischöfe, Ordensleute und Priester zu energischem Widerstand an. Von den 20 000 Kanzeln predigte man gegen Frankreich.

Und schließlich waren da auch das spanische »Ehrgefühl«, das Bewußtsein historischer Größe sowie die Erinnerung an die wechselseitige Bindung zwischen König und Untertanen, die ein gewachsenes System der Rechte und Pflichten entstehen hatte lassen, das nun über Nacht zerbrochen worden war.

Als erste erhoben sich die Bewohner von Madrid. Zeitgenössische Berichte schilderten Europa die Greuel – der Maler Francisco Goya verewigte später in erschreckenden Bildern das Drama unsterblich: »Unter Trommelwirbel und Schüssegeknall warf sich das Volk, schnaubend vor Rachsucht, blindlings auf die französischen Soldaten, ohne ihre Zahl zu bedenken.«

Bald hatten sich auf der Iberischen Halbinsel gut 100 000 Mann bewaffnet. Entlassene Soldaten und rebellische Gebildete stießen zu Bauern und Priestern. Dennoch setzte sich niemand an die Spitze der Bewegung. Es fehlte der charismatische Führer, hinter dem sich die Aufständischen wirksam sammeln konnten – wohl deshalb, weil die Voraussetzungen in regionaler Hinsicht schlecht dafür waren. In weit auseinanderliegenden Provinzen Spaniens brach fast gleichzeitig die Rebellion aus, der es aber an Verbindung und Übereinkunft mangelte. Oviedo und Saragossa erhoben sich Ende Mai, Galizien und Katalonien Anfang Juni. Der neue König Joseph Bonaparte – Don José I., wie er sich nannte – mußte sich den Einzug in Madrid erst erkämpfen, das er Mitte Juli erreichte. »Das ist ein Feuer wie jenes von 1789«, schrieb er von dort an Napoleon. »Jedes Haus ist eine Festung, und ein Spanier steht für alle und alle für einen.« Kaum hatte der Bruder Napoleons aber das königliche Schloß bezogen, erreichte ihn bereits die Schreckensnachricht, daß eine ganze französische Armee unter General Dupont am Fuße der Sierra Nevada eingeschlossen worden war und kläglich kapitulieren mußte. Dazu kam die Meldung, daß die Engländer unter dem späteren Herzog von Wellington gelandet waren und 16 000 Mann auf der Halbinsel zusammengezogen hatten. General Junot unterlag in Vimeiro und mußte einen raschen Waffenstillstand schließen.

Erstmals hatten die Franzosen also Niederlagen hinnehmen müssen – aber nicht gegen reguläre Armeen, sondern gegen bewaffnete Bauernhaufen, die zu allem entschlossen waren. Ein Mythos entstand: Wahre und erfundene Heldentaten der Spanier machten auch jenseits der Pyrenäen die Runde. Und Napoleon schien plötzlich nicht mehr nur als unbezwingbarer Held.

Die Legende gewann Konturen, als auch noch König Joseph aus Madrid flüchten mußte und die Engländer mit Propagandaschriften den ganzen Kontinent überschwemmten. Der Ausspruch eines französischen Offiziers ging von

Mund zu Mund: »Wir sind Franzosen, wir atmen noch, aber wir sind nicht mehr die Sieger.«

Was nützte es nun Napoleon, wenn er sich nach dem Eintreffen der ersten schlechten Nachrichten selbst beruhigte, wonach es sich in Spanien keineswegs um Truppen seiner Grande Armée handelte? Tatsächlich mußten sich Junot und Dupont mit jungen Rekruten und mit den in die Armee eingegliederten Seeleuten ihrer Haut wehren. Die psychologische Wirkung war für den Kaiser dennoch durch die Ereignisse in Spanien katastrophal. Trotz allem behielt er seine guten Nerven. Er beschloß, selbst die Dinge jenseits der Pyrenäen in die Hand zu nehmen. Vorerst versuchte er freilich, in Mitteleuropa noch einige Dinge zu regeln.

In Erfurt wollte er von den deutschen Fürsten und vom russischen Zaren eine Übereinkunft, die ihm den Abzug eines Teils seiner Armeen ermöglichen würde; vor allem ging es ihm darum, von Rußland die Zusicherung zu erhalten, gegen Österreich zu marschieren, wenn Kaiser Franz gegen Frankreich losschlagen sollte. Aber der Zar weigerte sich. Und damit war für Napoleon klar, daß er wohl wieder allein den Österreichern gegenüberstehen würde, sollte sich die »Kriegspartei« in Wien durchsetzen und den Krieg gegen ihn eröffnen.

So blieb ihm vorerst nichts übrig, als zu hasardieren. Er glaubte an sein Genie – und an das Glück, das ihn bislang nie wirklich verlassen hatte.

Und so marschierte er gegen Spanien, die Schwächung seiner Truppen in Mitteleuropa bewußt in Kauf nehmend. Nur – das war ihm klar –, er mußte selbst schnell sein. Schneller als die Österreicher.

In den letzten Oktobertagen 1808 standen 160 000 Mann bereit, in Spanien einzufallen. Es waren gute, kampferprobte

Regimenter, auch die Garde, Napoleons Elitetruppe. Und die Creme der französischen Marschälle zog mit dem Kaiser südwärts.

Wenig Widerstand ließ Napoleon zuerst an einen raschen Feldzug glauben. Schon am 4. Dezember war Madrid in seiner Hand.

Aber Spanien ist groß. Und die getrennt marschierenden Armeeteile der Franzosen mußten durch teilweise fast menschenleere Regionen ziehen – während sich die spanischen Widerstandskämpfer durch ihre Terrainkenntnis den offenen Schlachten entzogen, aber auf die Unterstützung der Bevölkerung zählen konnten.

Dann begannen für die Franzosen die Schwierigkeiten. Die Marschälle Lefèbvre und Victor koordinierten ihre Einheiten nicht miteinander, Ney irrte in Zentralspanien umher (Lefèbvre wird später öfter die Tiroler mit den Spaniern vergleichen). Und als Napoleon selbst die Sierra de Guadarrama durchzog, weigerten sich, zwei Tage vor Weihnachten, seine Soldaten, weiterzuziehen. Der Kaiser mußte vom Pferd steigen und seiner Armee im Schnee vorangehen.

Mittlerweile verstärkten die Engländer ihre Landungstruppen. Trotz einiger Siege Napoleons in direkter Konfrontation wurden seine Soldaten nicht mit den spanischen Heckenschützen fertig. Enttäuscht und deprimiert zog der Kaiser selbst Wochen später wieder über die Pyrenäen zurück nach Frankreich. Seine Marschälle versuchten weiterhin, mit den renitenten Aufständischen und den Engländern fertig zu werden. So belagerten die Franzosen drei Monate lang Saragossa – ohne Erfolg; 40 000 Menschen sollen dabei umgekommen sein. Irrationaler Haß, religiöser Fanatismus, todesverachtende Leidenschaftlichkeit zeichneten dabei die grausamen Widerstand leistenden Aufständischen aus. Immer wieder überfielen sie zersprengte Abteilungen der Franzosen, Depots und Magazine, die Nachschubkolonnen, die aus Frankreich kamen – weil aus dem bitter armen Land kaum etwas zur Versorgung der Armee herauszuziehen war. In St. Helena bekannte der Kaiser jedenfalls später: »Dieser unglückliche Spanienkrieg war ein wirklicher Schaden, die erste Ursache des Mißgeschicks Frankreichs.«

Und dieses Mißgeschick bestand im Kern darin, daß Napoleon das *Prinzip des reaktionären Bewußtseins* nicht begriff. Das »Volk« war in seiner Vorstellung ja das von den feudalen Mächten – Adel und Kirche – ausgebeutete Kollektiv; lange Zeit hatte er, der General der Revolution, geglaubt, er müsse das »Volk« von seinen Blutsaugern befreien und damit automatisch zu seinem Verbündeten machen; weil er stets und überall vermeinte, die gesellschaftliche Situation vor sich zu haben, die für das Ancien régime in Frankreich typisch gewesen war.

Aber seit 1789 war viel Zeit vergangen. In den Augen der einfachen Menschen hatte sich die Französische Revolution mit ihrer blutigen Ernte längst diskreditiert; und die Macht der Kirche über die Seelen hatte sich als stärker als die Ideen des Monsieur Rousseau erwiesen; selbst in Frankreich, wo die Kirche ebenfalls systematisch wiedererstarkte.

Denn zwischen den Vertretern der Kirche und dem »Volk« bestand ja in weiten Teilen des Kontinents eine irrationale metaphysische Bindung – Argumente der diesseits bezogenen Vernunft konnten bei ungebildeten, einfachen Menschen nichts ausrichten, wo es um das »Seelenheil« ging – wo der Kampf gegen den »Antichrist« zugleich ein Krieg zur höheren Ehre Gottes war, der mit der Märtyrerkrone belohnt werden konnte.

Auch Spaniens Aufständische empfanden sich durchaus nicht als Reaktionäre gegen den Zeitgeist, sondern als Streiter für ihren Glauben – und für Spaniens nationale Ehre; ganz so, wie sich die Tiroler ein halbes Jahr später auch als *Avantgarde im Kampf gegen religiöse und nationale Unterdrückung* empfanden; Andreas Hofers Gottvertrauen, seine ständige Anrufung des Herrn, der Jungfrau Maria und der Heiligen, zeigte ja deutlich, wie sich auch der Sandwirt als Vollzugsorgan des Allerhöchsten fühlte und dabei die Habsburger als natürliche Verbündete ansah – ganz so, wie auch die spanischen Aufständischen für die Wiederherstellung der bourbonischen, »gerechten« Herrschaft kämpften – unabhängig davon, wie viel oder wenig Sympathie sie für die degenerierte Dynastie auch empfanden.

Nun hatten in Wien Erzherzog Johann und Graf Stadion neuerlich ein Argument zur Hand, dem österreichischen Kaiser eine österreichische »Landwehr« plausibel zu machen und um Verständnis dafür zu werben, jetzt die offizielle Aufwiegelung und Revolutionierung der Tiroler betreiben zu können. Kaiser Franz änderte seine Meinung und gab grünes Licht.

Nur Erzherzog Karl blieb ein Gegner des Landwehrgedankens, weil er aus der Sicht des Berufsoffiziers meinte, daß Napoleon nachhaltig und entscheidend nicht durch bewaffnete Bauernhaufen, sondern nur durch geübte und disziplinierte Armeen am Schlachtfeld zu besiegen war. Und Tirol? Das war und blieb für Karl ein Nebenkriegsschauplatz.

Zwischen den brüderlichen Erzherzögen bildete sich aber schließlich dennoch eine Art Kompromiß heraus. Johann anerkannte den Primat der regulären Armee, Karl stimmte der Aufstellung von Landwehreinheiten im innerösterreichischen Bergland zu, wo er sich zumindest einen hinhaltenden Widerstand gegen feindliche Angreifer vorstellen konnte. Und der Kaiser segnete schließlich im Mai 1808 – also gerade zum Zeitpunkt, da in Spanien der Sturm losgebrochen war –

den Beschluß einer Kommission in Wien ab, Landwehrverbände in Österreich auszuheben. Erzherzog Johann wurde Landwehrinspektor für Innerösterreich, die Brüder der Kaiserin übernahmen diese Aufgaben in anderen Teilen der Monarchie. Auch in Ungarn wurden die Grundsätze für die sogenannte »Insurrektion« beschlossen. Die Vorgabe war, daß man binnen eines Jahres über 200 000 Landwehrmänner zusammengefaßt haben wollte, die die 400 000 Mann starke Armee Österreichs ergänzen konnten. Erzherzog Johann sollte überdies den Widerstand in Tirol entfachen und die Tiroler Patrioten im Kampf gegen Bayern unterstützen.

Nun war das Entscheidende nicht allein die tatsächliche Aufstellung und Ausbildung bewaffneter Bauern und Handwerker, sondern die psychologische *Motivierung* dieser Menschen.

Die Tilgung der »Schande« der Niederlagen von Hohenlinden und Austerlitz wurde in Österreich jetzt zur patriotischen Pflicht erklärt, die Aufhebung der schändlichen Verträge von Lunéville und Preßburg gefordert. Die »Befreiung« der deutschen Völker, mit denen man jahrhundertelang im alten Reich verbunden war, wurde zur heiligen und nationalen Pflicht erhoben. Österreich müßte jetzt, so sagte man, nach Preußens Erniedrigung bei Auerstedt und Jena die Fahne des deutschen Widerstandes gegen die gallische Fremdherrschaft ergreifen und das »Joch« vom Rücken der Rheinländer, Schwaben – und Bayern – fortnehmen.

Auch Deutschland entdeckte die nationale Identität erst so richtig unter dem Eindruck der spanischen Ereignisse. Die besten und klügsten Köpfe appellierten jetzt an das nationale Selbstwertgefühl. Und blickten nach Österreich, von dem allein die »Rettung« Deutschlands ausgehen könnte. Deutscher Nationalismus und österreichischer Patriotismus bildeten eine erstaunliche Einheit, die sich nicht aus dynastischer Kontinuität, sondern aus den Wurzeln der Sprache, Kultureinheit und Tradition des Volkes nährte. *Deutscher* zu sein hieß, über Nacht für die Freiheit des deutschen Volkes zu kämpfen – für Haus und Herd und die große Idee des alten, längst verschwundenen Vater-Abend-Landes.

Fichte rief vom Berliner Katheder in den »Reden an die deutsche Nation« seinen Landsleuten zu: »Die Kraft des Gemüts ist es, welche Siege erkämpft!« Stein, Görres, Arndt pflichteten ihm bei. Karoline Pichler, aus einem Wiener Bürgerhaus stammend, charakterisierte wiederum treffend die Stimmung, die die Österreicher plötzlich ergriffen hatte: »Die großen Veränderungen, das gewaltsame Zerstören brachten eine ganz entgegengesetzte Wirkung hervor – und die Gemüter wendeten sich fester, liebender an das Altgewohnte ... väterlicher Glaube, Vaterland, vaterländische Sitte, vaterländische Geschichte fingen an, teure Ideen zu werden ...«

Deutsche Dichter und Denker wandten sich Österreich zu. In einer Wiener Zeitschrift, dem »Prometheus«, fanden sich die Worte eines Lesers aus Weimar: »Rechnen Sie auf Goethens, auf aller deutsch gesinnten hiesigen Männer Beistand, die fühlen, was sie als vereinzelte Zweige eines alten tausendjährigen Stammes dem Mittelpunkt deutscher Kultur und Gesetzgebung schuldig sind.«

Es war vor allem aber Friedrich Schlegel, ein Hannoveraner, der als Student und Hochschullehrer ganz Deutschland durchstreift hatte, ein Freund Goethes, Schleiermachers und Novalis'. Er war zum Katholizismus konvertiert und als letzten Schritt 1808 nach Wien übersiedelt. Und hier wurde er zum literarischen Herold dessen, was ihm Erzherzog Johann, Gentz, Stadion und der Tiroler Hormayr eingaben. *Er* war es dann, der die literarische Propaganda erfand und dessen Verse ein ganzes Volk mitrissen: »Dem Liede muß gelingen, sie wieder uns zu bringen – der Retter ist nicht weit.«

Von Schlegel wurde das Haus Habsburg mit dem alten deutschen Mythos verwoben: »Von dem heiligen Geschlecht, das so oft auch Blut geflossen, wieder brachte Fried und Recht ...«

Und immer wieder kehrten bei ihm die romantischen Vorstellungen zurück, daß man für die alten Werte der Tugend, Treue und Wahrheit als deutscher Patriot auch mit dem Blut einzustehen habe – unter den Fahnen Österreichs: »Es sei mein Herz und Blut geweiht, Dich Vaterland zu retten ...«

Da war auch Heinrich von Kleist, aus dem Uradel Pommerns stammend, ein dichtender Junker, den man 1807 als Spion verhaftet und nach Paris gebracht hatte. Dort war er nach dem Frieden von Tilsit entlassen worden und hatte sich nach Sachsen gewandt. Er wurde zum erbitterten Feind Napoleons und stellte sich literarisch voll und ganz in den Dienst Österreichs.

Freiherr vom Stein, der Reformer Preußens, hatte sich mittlerweile gleichfalls in den Dienst der österreichischen Propaganda gestellt. »Es ist eine Freude, die edlen und guten Gesinnungen, die Bereitwilligkeit zu sehen«, so schrieb er einem Freunde in Berlin, »die unter diesem braven Volk herrscht, alles zu dulden und aufzubieten, um sich vom Untergang zu retten.« Und – in einem anderen Brief: »Nie war Deutschland einiger als jetzt, einig in der Hoffnung auf Österreich.«

In der Tat wuchs sich freilich die nationale Propaganda bald zur massiven Kriegshetze aus. Die Besonnenen hatten kaum noch eine Chance, dem ins Euphorische abgeglittenen Optimismus die kühle Vernunft entgegenzusetzen.

Man hielt die österreichischen Truppen für fähig, Napoleon wieder in einem offenen Krieg entgegenzutreten; und die

Das spanische Modell

Landwehr für eine so großartige Einrichtung, daß man ihn damit – wie die Spanier – schnurstracks nach Frankreich zurückschlagen könnte. Ganz Deutschland würde sich ja, so die singenden und dichtenden Romantiker, gegen den Usurpator Napoleon erheben, sobald Österreich nur losschlagen würde.

Ludwig Uhland richtete an Kaiser Franz den Appell: »Auf, gewaltiges Österreich!« Moritz von Arndt appellierte an die Rheinbund-Deutschen: »Franz ist unser Kaiser, nicht Bonaparte ... denn wir wollen einen deutschen Herrn!«; und Max von Schenkendorf deklamierte pathetisch über eben diesen Franz: »Komm zu rächen, komm zu retten.«

Vor allem aber war es der Tiroler Josef Hormayr, der mit seinem »österreichischen Plutarch« die deutsche Aufgabe Habsburgs und dessen letzten Sproß verherrlichte.

Der so von allen Seiten akklamierte gute Kaiser hatte aber sich noch immer nicht entschieden. Er lamentierte hin und her, obwohl auch er vom Pathos längst angesteckt war. Karl hingegen, der die eigentlichen Kriegsvorbereitungen treffen sollte, zögerte, zauderte und versuchte, den Beginn der Auseinandersetzung immer wieder hinauszuschieben. Was war denn wirklich zu gewinnen? Was war überhaupt das Kriegsziel? In der Tat war fraglich, ob man Frankreich die oberitalienischen Besitzungen, die Österreich verloren hatte, wieder entreißen konnte; und ebenso war fraglich, ob man mit einem Angriff auf Frankreich das Königreich Preußen zum Eingreifen auf seiten der deutschen Patrioten bewegen könnte. Es zeigte sich später, daß Karl die diesbezügliche Bereitschaft Preußens richtig einschätzte – und daß die dichtenden Patrioten zwar ein literarisches Feuerwerk abzubrennen in der Lage waren, nicht aber das einfache Volk erreichten, das für eine allgemeine Aufstandsbewegung in Deutschland weder bereit noch vorbereitet war.

Blieb für Österreich Tirol als Kriegsziel – die Wiedererringung der traditionsreichen habsburgischen Grafschaft. Aber war das den hohen Einsatz eines neuen Krieges wert?

In Tirol hatte sich mittlerweile eine neue Situation ergeben. Dort empfand man das bayrische Regime jetzt so sehr als Gewaltherrschaft, daß ein Volksaufstand auch dann auszubrechen drohte, wenn Österreich nicht den Krieg eröffnen sollte. Dort waren auch die Bayern und ihre französischen Helfer in viel zu geringer Stärke aufgestellt, um sich einer – möglicherweise – konzentrierten Aktion aus Tiroler Aufständischen und österreichischen Truppen mit Erfolg entgegenzustellen. Das wußte auch Erzherzog Karl, der seinem Bruder Johann hinsichtlich der Vorbereitungen weitgehend freie Hand ließ, wenn er auch lange Zeit Vorbehalte gegen jede Art von »ungeregelten Militärverhältnissen« hatte.

Der eigentliche Motor war der erst 28jährige Josef Hormayr, der überaus ungestüm auf den Plan trat. Von ihm stammt die umfängliche »Sammlung der Aktenstücke über die Spanische Thronveränderung«, in der er die »Niedertracht« Napoleons bei der Erringung des spanischen Throns darstellte. Es waren dies Berichte eines Don Cevallo, der Augenzeuge der Ereignisse gewesen war, die Hormayr edierte. Und weil die Schrift in Tirol und beim dortigen Klerus auf besondere Beachtung stieß, schrieb Hormayr auch gleich ein Pamphlet über die widerrechtliche Besetzung des Kirchenstaates und über die Pressionen Napoleons, denen der Heilige Vater Pius VII. ausgesetzt worden war.

Die eindrucksvollste seiner Schriften aber trug den Titel: »Spanien und Tirol tragen keine Fesseln mehr« – eine Streitschrift, die deutlich machte, wie sehr das spanische Beispiel der eigentliche emotionale Ausgangspunkt der Erhebung in Tirol war und wie sehr auch alle Zeitgenossen dies so empfanden.

Tiroler Volksdichter dichteten hingegen auf ihre Weise:

> »Kommt dann nur unser Kaiser Franz,
> wir wollen ihm schon raten,
> daß er ja keinen Bayernschwanz,
> im Lande soll gestatten.«

Und noch gröbere Reimeschmiede schrieben:

> »Der Bayer hat das Land verheert,
> wie eine Sau die Flur zerstört.
> Franz! Leg dem Rüssel Ringe an,
> damit er nicht mehr wühlen kann!«

In just dieses aufgeregte Klima fiel nun der Besuch Andreas Hofers in Wien. Der Sandwirt betrat – erstmals – wirklich die *eigentliche* Bühne des Geschehens.

Alles war bisher nur Vorspiel gewesen: und Hofer selbst kein Akteur; er war ja lediglich ein biederer, wenngleich weithin durch seine Handelsfahrten informierter Mann; ein Patriot, der gern in den Wirtsstuben bramarbasierte, nörgelte und auch Öl ins antibayrische Feuer goß. Aber das taten bislang viele. Dem französischen Gesandten in München, Otto, war längst aufgefallen, daß »les aubergistes« die eigentlichen Aufwiegler der Tiroler Bauern wären, wie er dem französischen Außenminister nach Paris schrieb.

Hofer hatte sich nur ausreichendes Vertrauen bei jenen erworben, die seit 1805 mit Erzherzog Johann und Hormayr in Kontakt gestanden waren. Auch der Umstand, daß Hofer aus dem unruhigen Passeiertal und aus der Nähe des besonders aufsässigen Meran stammte, hatte wohl einige Bedeutung. Es waren besonders der Kaffeesieder Franz Anton Nessing aus Bozen und der Brunecker Wirt Wenzel von Kahl gewesen, die Andreas Hofer zuerst ins Vertrauen gezogen hatten. Für sie war er der Verbindungsmann zum Kreis der Nordtiroler Patrioten, weil Hofer, wie wir gesehen haben, wiederholt über den Brenner zog.

Nessings und Kahls Partner in Wien war nun lange Zeit neben Hormayr der Büchsenmacher Anton Steger gewesen, den man wiederholt als »Mittelglied« für konspirative Korrespondenzen benützte. Und dies war wieder deshalb möglich, weil ein Postverwalter Kugstatscher die bayrische Zensur geschickt ausgeschaltet hatte.

Jedenfalls schickte man zwischen Wien und Tirol eine Reihe von Briefen hin und her, die uns wegen ihrer bizarren Verschlüsselung heute einiges Lächeln abverlangen. Nessing nannte sich darin etwa »Caspar Larifari« oder »Der Maskenfreund« und gab als Ortsbezeichnung »überall« an. Vor allem bezog er sich auch auf die »spanischen Affären, welche den wahren schicklichen Zeitpunkt öffnen«: Gemeint war, daß angesichts der Ereignisse in Spanien ein Losschlagen in Tirol sinnvoll wäre.

In einem anderen Brief schrieb er, daß »das Land (Tirol) wartet – und jetzt ist ja der favorable Zeitpunkt der edlen spanischen Nation«. Es war auch vom Erzherzog Johann als »Bräutigam« die Rede, der seine »Braut«, das Land Tirol, demnächst »abholen« solle.

In einem zwei Tage vor dem Weihnachtsfest 1808 geschriebenen Brief wurde ein Treffen in Wien vereinbart – an dem Hofer gleichfalls teilnehmen sollte.

Wörtlich: »Der Bräutigam ersucht mich also, dem Vater der Braut sogleich zu schreiben und ihn samt seinen lieben Brüdern im Etschland, auch denen vom Inntal auf des Bräutigams Kosten nebst dem Bartigen so schleunigst als möglich hierher zu berufen.«

Der »Bartige«, Hofer, sollte also mit von der Partie sein, wenn man die genauen Pläne für den Aufstand in Wien besprach.

Das spanische Modell

Und so reiste der Sandwirt auch am 16. Jänner 1809 aus St. Leonhard ab. Sein Weg führte ihn über das Inntal nach Salzburg, von dort durch das Oberösterreichische nach Wien. Daß jeder Verschwörer allein reiste, hatte den Zweck, das Unternehmen nicht zu gefährden. Nessing etwa nahm sogar den langen Umweg über Triest in Kauf, weil es plausibel klang, daß er dort Kaffee einkaufen müsse. Der dritte nach Wien bestellte Verschwörer war Peter Kräuter, der uns noch begegnen wird. Hofer stieg in Wien im »Goldenen Kreuz« in der Vorstadt Mariahilf ab, das damals dem Tiroler Andreas Duschel gehörte.

Mehrmals traf Hofer mit Hormayr zusammen – und mindestens dreimal auch mit Erzherzog Johann, vermutlich in einem Seitentrakt der Hofburg. Man fürchtete selbst mitten in Wien die französische Spionage.

Sicherlich hatten Kräuter, Hofer und Nessing aber vor allem mit den in Wien ansässigen, weil 1805 und in der Folge geflüchteten Tirolern mehrere intensive Zusammenkünfte. Das Ergebnis dieser Besprechungen war ein Protokoll, das Erzherzog Johann seinerseits zu einem »Vortrag« zusammenstellte und Kaiser Franz vorlegte. In diesem waren die Vorstellungen der Tiroler und ihre Wünsche festgehalten sowie ein Konzept niedergelegt, das zur Grundlage der weiteren Politik Österreichs gegenüber Bayern und Tirol dienen, aber auch Grundlage der österreichischen Einmarschpläne bei Ausbruch des Krieges werden sollte.

Dadurch ist wohl unbestritten festgehalten, daß der Aufstand Tirols nicht etwas Isoliertes und Spontanes war, sondern das offizielle Österreich die wesentliche Urheberschaft für sich in Anspruch nehmen konnte. Nicht die Tiroler, sondern die Österreicher haben die entscheidenden Planungen vorgenommen. Es handelte sich um eine politisch-militärische Konzeption mit allem Drumherum, die wiederum Teil der Gesamtstrategie der Monarchie war. Allerdings waren zu diesem Zeitpunkt in Wien noch immer nicht endgültig die Würfel gefallen, wann gegen Frankreich losgeschlagen werden sollte. Erzherzog Karl war noch nicht bereit, der allgemeinen Euphorie nachzugeben.

Andererseits war es auch durchaus nicht so, daß Hofer und seine Mitverschwörer überall in Wien mit ihren Anliegen auf Verständnis gestoßen wären. Denn das arrogante Verhalten Hormayrs mag mit ein Grund dafür gewesen sein, daß den Tirolern in Wien nicht nur Sympathie entgegengebracht wurde. Selbst die Kaiserin Ludovica, eine feurige Patriotin, die für den Krieg mit Frankreich eintrat, hatte kein Verständnis für den Aufstand von Untertanen gegen ihren Monarchen – der nun einmal der bayrische König war. »Mit welchem Recht«, so schrieb sie empört an ihren Schwager Johann, »können wir die Tiroler aufmuntern zur Empörung, zur Untreue gegen ihren rechtmäßigen Gebieter?«

Ähnlich dachten wohl zahlreiche Mitglieder des Hochadels, die sich als Konservative nach dem Legitimitätsprinzip verstanden; und auch wichtige Vertreter der hohen Beamtenschaft – die mit Kaiser Franz einer Meinung waren, daß die Justitia das »fundamentum regnorum« darstellte – das Fundament der Herrschaft; sie alle hatten im Grunde wenig Freude mit den hergelaufenen Bauernrebellen. So wissen wir von einem Hofrat Josef von Hudelist, der die Versuche, die Tiroler aufzuwiegeln, als »böses Beispiel« bezeichnete; und zugleich Hormayr einen Narren nannte, den man totschlagen sollte, wodurch Österreich eine großen Plage los wäre ...

Aber dennoch dürften die Besprechungen in der Hofburg einen nachhaltigen Einfluß auf die Umgebung des Kaisers gemacht haben. Schließlich lohnte sich Johanns enthusiastisches Plädoyer für die Tiroler und ihre Anliegen.

Und prompt wurde die Aktion auch französischen Spionen bekannt, die den bayrischen Generalkommissär Aretin in Brixen verständigten, weil die Tiroler Verschwörer allesamt aus dessen Region stammten. Unter ihnen, so der französische Bericht – »sont des aubergistes qui jouissent d'une grand influence dans le pays«. Falsch am Spionagebericht war, daß Kaiser Franz und Erzherzog Karl die Tiroler empfangen hätten; man kann das, nach allen anderen Berichten, durchaus ausschließen.

Andreas Hofer fiel aber auch aus einem anderen Grund den Spitzeln auf: Obwohl ihn Hormayr als befreundeten ungarischen Viehhändler ausgab, zog der breitschultrige Mann mit dem schwarzen Vollbart sofort überall die Augen auf sich. Hormayr berichtete, daß Hofer damals sogar das Kärntnertortheater besucht hatte – was ihm wiederum einen Rüffel Stadions bescherte, der Hofer allerdings auch selbst nicht kannte: »Ihr Bartmann oder Buschmann oder Sandwirt sitzt drüben im Kärntnertortheater und zieht alle Augen auf sich.« Die bayrische Gesandtschaft in Wien meldete an Aretin sehr präzise, daß in Wien ein Tiroler mit langem Bart war, »dessen Äußeres die Frauen sehr interessierte«. Der Generalkommissär forschte nach und fand auch bald heraus, wer der nach Wien Gereiste war.

Während der sechs Tage in Wien konnte sich Andreas Hofer jedenfalls von der Ernsthaftigkeit des Wiener Interesses an Tirol überzeugen – wiewohl er offensichtlich nicht so recht begriff, wie das alles miteinander zusammenhing – Spanien, der allgemeine Krieg, Bayern, Tirol ...

Die Wiener Stellen, voran Erzherzog Johann und Hormayr, hätten sich allerdings schon damals klarwerden müssen, wen sie da vor sich hatten: einen begeisterungsfähigen, sicherlich schlauen, aber ungebildeten Kraftlackel – einen überaus gläubigen Mann mit ehrlichen, aber auch einfältigen Worten, die er nicht so recht zu Papier bringen konnte; jedenfalls aber doch keinen Anführer einer Aufstandsbewegung, die politische und höchst bedeutende strategische Ziele in einem Krieg mit einem Todfeind erreichen sollte. Hofer war ein Biedermann, kein Hus, kein Egmont, kein Rákóczi, schon gar kein Danton.

Und offensichtlich war ja Hofer auch keinesfalls als eigentlicher Führer des geplanten Unternehmens ausersehen, viel eher setzte man wohl auf Nessing, den auch die bayrische Polizei nach der Rückkehr sogleich verhaften wollte. Hofer blieb der patriotische Mann aus dem Volk – ein Werkzeug, dem man in Wien vertraute, weil man seine Kenntnis der Volksstimmung schätzte; aber niemand traute ihm echte Führungsqualitäten oder militärischen Sachverstand zu.

Dennoch ist wahrscheinlich, daß Erzherzog Johann in Andreas Hofer selbst ein Gefühl erweckt haben muß, als sei er, der Sandwirt, zur Führung der bewaffneten Bauern seitens Österreich *legitimiert.* Hofers »Selbstbestellung« zum »Ernannten Kommandanten« in den ersten Tagen des Aufstandes läßt vermuten, daß Johann und Hormayr ihm in Wien eine Art begrenzte Vollmacht übertragen haben mußten.

Die Bayern erkannten zu spät die besondere Rolle, die Hofer zugefallen war, nachdem sich nach der Rückkehr Nessing versteckt gehalten und die anderen Verschwörer nicht die Tatkraft des Sandwirts aufgebracht hatten – die vor allem eine Mischung aus Naivität und Gottvertrauen war. Generalkommissär Aretin wußte bald, daß Hofer in Wien gewesen war, und meldete dies auch nach München: »Der durch einen langen Bart ausgezeichnete Wirt von Passeier, ein vorzügliches Mitglied der Tiroler Deputation, ist seit einiger Zeit wieder zu Hause ... ich frage, ob ich denselben arretieren lassen und was dann weiter mit ihm vorgenommen werden soll.« Der bayrische König antwortete dem Brixener Generalkommissär höchstselbst: »Wenn Hofer Abgeordneter in Wien war und sträfliche Absichten hatte, wie versichert wird, wenn er zu diesem Zweck heimlich und ohne Paß abgereist ist und durch seine Äußerungen sich schon voraus verdächtig gezeigt hat, so soll er sogleich verhaftet und hierher gebracht werden. Über seine Gefangensetzung hätte nicht erst angefragt zu werden brauchen.« Die verärgerte Antwort des Königs beweist, daß die Bayern also die Chance gehabt hätten, den späteren Märtyrer Tirols im voraus aus dem Verkehr zu ziehen – und damit einen fanatisch-charismatischen Führer auszuschalten. Wer weiß, wie alles ausgegangen wäre, hätten sie schneller reagiert? Aber es geschah nichts. Hofer blieb in Freiheit.

Auf seiner Rückreise von Wien hatte Hofer die Gelegenheit benützt, in Nordtirol ein Netz von Vertrauensleuten aufzubauen, wie es in der österreichischen Residenzstadt verabredet worden war. In Kirchdorf – unweit der Salzburger Grenze – hatte Hofer im Wirt Rupert Wintersteller einen wichtigen Partner gefunden, der im östlichen Nordtirol besonders wirksam werden sollte; auch Bauern und Wirte in Fieberbrunn, Söll und Kirchdorf machten sich etwas später auf den Weg nach Wien, um hier gleichfalls über den erwünschten Einmarsch österreichischer Truppen Näheres zu erfahren.

Hofer zog weiter durch das Inntal und besuchte heimlich die ihm bekannten Wirte, um sie über die Planungen zum Aufstand und zum Eingreifen der Österreicher zu informieren. Er schlief auf Dachböden, in Scheunen und Pfarrhöfen. Von seinen Mitverschworenen gingen an die Bauern in der jeweiligen Umgebung von Hand zu Hand – oder besser von

Mund zu Mund – jene Informationen, die Weisungen für den Fall des Losschlagens enthielten.

Hofer war besonders erfolgreich in Hall, wo er mit Josef Ignaz Straub und Josef Speckbacher zusammentraf. In Innsbruck dürfte er sich gar nicht oder nicht lange aufgehalten haben, während er wiederum entlang der Brennerstraße zahlreiche Vertrauensleute mobilisierte.

Beim Wirt von Gasteig bei Sterzing hielt er, wie wir wissen, sogar eine »Konferenz« ab. Dort war man in der Planung schon so konkret, daß das Aufstellen von Alarmstangen besprochen wurde sowie das Problem, wie bei Ausbruch des Aufstands vor allem die Brücken gesichert werden sollten. Hofer befürchtete ganz offensichtlich, daß die Bayern im Fall ihres Zurückweichens Flußübergänge sprengen würden, um die heranrückenden Österreicher aufzuhalten – die man in Südtirol via Kärnten und das Pustertal erwartete.

Andrä Hofer –
»Ernannter Kommandant«

Den Bayern waren jedenfalls in den ersten Monaten des Jahres 1809 die Umtriebe Andreas Hofers bekannt, wenngleich sie deren Ausmaß noch nicht abschätzen und Hofer nicht fassen konnten; sie wußten auch über die Stimmung im Land Bescheid, und es mußte ihnen klar sein, daß namhafte Tiroler mit den Wiener Behörden zusammenspielten. Durch Berichte bayrischer und französischer Diplomaten war in München und Paris die Rolle Erzherzog Johanns ebenfalls nicht verborgen geblieben. Man wußte um seine Ambitionen und darüber Bescheid, welchen außergewöhnlichen Ruf er in Tirol beim einfachen Volk hatte. Schon am Anfang des Jahres 1809 waren dem bayrischen Minister Montgelas Informationen zugekommen, wie beim Ausbruch eines Krieges zwischen Österreich und Frankreich österreichische Truppen unter Erzherzog Johann in Südtirol einfallen und zusammen mit den Tiroler Aufständischen zur Vernichtung aller zwischen Gardasee und Kufstein stehenden bayrischen Truppen antreten würden. Auch bestand angesichts der Stimmung in Tirol kein Zweifel, daß man sich bei den bayrischen Zivilbeamten und ihren Familien das patriotische »Mütchen« zuerst kühlen würde.

Eine mehr als ernste Situation also ... und deshalb bleibt es bis heute unverständlich, warum Bayern im Grunde nicht reagierte und keine entscheidenden Maßnahmen ergriff, um das Unheil in letzter Minute abzuwenden.

Selbstverständlich begriff Montgelas auch, was auf ihn und das ihm anvertraute Königreich *im ganzen* zukam; jetzt rächte sich nämlich, daß man 1805 so bedingungslos Napoleons Ketten akzeptiert hatte und nun wieder einmal zum Puffer zwischen Frankreich und Österreich zu werden drohte.

In einem dramatischen Brief wandte sich Montgelas direkt an Kaiser Napoleon: Er schilderte bewegt die Gärung in Tirol, den unmittelbar bevorstehenden Einfall der Österreicher und die Flucht so vieler Tiroler nach Osten, wo man sie in österreichische Jägerbataillone steckte; und dann beschrieb Montgelas dem Korsen seinen Plan, Geiseln auszuheben und sie nach München zu schaffen, um damit den Tirolern die Lust am Widerstand zu nehmen. Man stelle sich das vor: Tirol wäre möglicherweise schon zu Beginn in einen schrecklichen Strudel aus Gewalt und Gegengewalt geraten. Wenn es auch zur Realisierung dieses barbarischen Planes nicht kam, so wußte sich Montgelas jedenfalls aufs erste keinen anderen Rat als die Bitte an Napoleon, die in Tirol stehenden bayrischen Truppen unter das Kommando eines französischen Generals stellen zu dürfen ...

Tatsächlich gab es bayrische Führungsprobleme: General Georg Kinkel war schon relativ alt, nämlich 68 Jahre. Und der 34jährige Oberst Karl von Ditfurth galt als zu unerfahren, um im Gebirgsland die Übersicht behalten zu können. Der bayrische Generalleutnant Karl Philipp von Wrede wiederum hatte dem König eingeredet, keine Verstärkungen nach Tirol zu entsenden, damit der bayrische Osten gegen einen Einfall der Österreicher geschützt bleibe. Dort würde, so Wrede, die wahre Entscheidung fallen.

Anfang Jänner 1809 kehrte Napoleon bekanntlich wütend aus Nordspanien nach Paris zurück. Sein Spionageapparat hatte ihn von der Kriegstreiberei in Wien natürlich informiert.

Zu diesem Zeitpunkt hatte der Kaiser schon die flehentlichen Briefe des bayrischen Ministers Montgelas und die seines eigenen Gesandten aus München in Händen, wodurch er über die Situation in Bayern gut informiert war. Österreich würde zuerst in Bayern einmarschieren – von Böhmen her – und an der Donau die Entscheidung suchen. Überdies würde das Habsburgerreich auch in Oberitalien einfallen.

Am 10. April verkündete Erzherzog Karl in einem vom Dichter Schlegel verfaßten Aufruf der »deutschen Nation«, daß Österreich kämpfen werde, »um Deutschland seine Unabhängigkeit und seine nationale Ehre zurückzugeben«.

Napoleon war nicht überrascht, wenngleich auch keineswegs völlig vorbereitet. Er hatte nicht daran geglaubt, daß Österreich schon so *frühzeitig* in diesem Frühjahr losschlagen würde.

Aber nun gewann er sehr rasch seine Entschlußfreude wieder. Spanien war über Nacht für ihn zweitrangig geworden. Er mußte alles gegen Österreich aufbringen, was er an Truppen besaß. Vor allem rheinbündische Hilfstruppen.

Und deshalb war es nur logisch, daß vor allem die Bayern, deren Land nun Kriegsschauplatz zu werden schien, als erste den österreichischen Vorstoß abfangen mußten. Jeder verfügbare Soldat unter einer weiß-blauen Fahne sollte, so lautete sein klarer Befehl, in Franken entlang der böhmischen Grenze und an der Donau eingesetzt werden – und nicht in Tirol. Was im Gebirge geschah, mußte für ihn, den europäischen Strategen, zweitrangig sein.

So erging an München der Auftrag, die bayrischen Truppen als Teil einer großen Donauarmee sofort in Marsch zu setzen. Das Kommando übernahm, auf Montgelas' Wunsch, der Marschall Lefèbvre, Herzog von Danzig. Napoleon selbst beabsichtigte, sich auf den bayrischen Kriegsschauplatz zu begeben, um – so schnell es nur irgendwie ging – alle verfügbaren Soldaten zusammenzuziehen.

Tirol wurde also in den Apriltagen 1809 von München *aufgegeben*. Niemand machte sich eine Illusion, daß der alte General Kinkel noch irgend etwas bewirken konnte; aber man gestattete ihm auch nicht den Abzug oder die Räumung Tirols, sondern befahl ihm und den verbleibenden Bayern, sich so lange wie möglich zu halten. Im Falle eines landesweiten Aufstandes sollte Kinkel versuchen, die bayrischen Einheiten in Innsbruck zusammenzuziehen. Insgesamt standen lediglich fünf Bataillone Infanterie und zwei Eskadronen Dragoner in Tirol. Der bayrische Kriegsminister Johann Graf Triva empfahl ihnen »Mut, Entschlossenheit und Standhaftigkeit«, weil es im Gebirge nicht auf die Zahl der Soldaten ankäme.

Napoleon, der von den Tirolern nur sehr schemenhafte Vorstellungen hatte, befahl den Bayern sogar die Aushebung der Landwehr. Er meinte in diesen Tagen, daß gegen aufsässige Bauern eine Einberufung zur bayrischen Armee nützlich wäre. Und was einen drohenden Vorstoß der österreichischen Südarmee nach Tirol betraf, so beabsichtigte er den in Oberitalien stehenden Vizekönig Eugène Beauharnais vorzuschicken, um in Kärnten einzufallen und die Verbindungswege nach Tirol zu kappen.

Das war aufs erste ein wenig abenteuerlich, zeigte aber die strategisch richtige Annahme Napoleons. Tirol konnte man gewissermaßen »einsperren«, als Festung aus Fels und Wald umgehen – indem man die Österreicher einerseits an der Donau so rasch wie möglich besiegte und dann auch nach Innerösterreich von Südwesten her vorstieß. Und er überlegte: Sollten die Österreicher wirklich bis Tirol durchbrechen, dann würden ihnen diese Truppen ja im Norden fehlen.

Und so schrieb er dem General Berthier auch in einer Instruktion: »Wird er (der österreichische Feind) zur selben

Zeit von Tirol aus in Tätigkeit treten, wenn er von Böhmen herausbricht? Er würde ohne Zweifel nach Innsbruck gelangen; aber die zehn oder zwölf Regimenter, die er in Innsbruck hätte, würden sich nicht in der Schlachtlinie bei den Pässen von Böhmen befinden und würden die Niederlage der böhmischen Armee durch die Ankunft der Franzosen in Salzburg erfahren.«

Napoleon wollte also die österreichische Nordarmee unter Erzherzog Karl, die von Böhmen aus nach Bayern hervorbrechen würde, südlich der Donau unterlaufen – indem er auf Wien zielte. Und Beauharnais sollte parallel dazu den Kampf aus Oberitalien nach Innerösterreich – Kärnten und Steiermark – tragen. Tirol war für den Kaiser uninteressant: »Laissons les Autrichiens faire ce qu'ils veulent le Tyrol« – »Lassen wir die Österreicher in Tirol machen, was sie wollen.« Und: »Ich will mich in keinen Gebirgskrieg einlassen.«

In Wien erkannte man die großräumige Disposition Napoleons nicht. Tirols Wiedergewinn bildete hingegen für die Österreicher ein vorrangiges strategisches Ziel. Ja, noch mehr: Von Tirol aus hoffte man einen Zangengriff unternehmen zu können.

In der Nacht vom 8. auf den 9. April 1809 überschritten die ersten österreichischen Einheiten bei Oberdrauburg die Tiroler Grenze. Es waren drei Bataillone vom Regiment Hohenlohe-Bartenstein, drei vom Regiment Lusignan, ein Jäger- und zwei Kärntner Landwehrbataillone; mit ihnen zogen drei Eskadronen von Hohenzollern-Chevaulegers.

Im Morgengrauen dieses Sonntags verkündeten die ersten Böller in Osttirol das österreichische Unternehmen. Und wenig später fielen auch schon die ersten bayrischen Soldaten in die Hände der von den Höfen auf den Flanken der Täler herabströmenden bewaffneten Bauern. Johann Kolb – eine mehr als merkwürdige Erscheinung, wie sich später zeigen sollte – war hier mit Bauern aus Innichen der erste Anführer, der die Tiroler Waffen auf die Bayern richtete.

Und noch am gleichen Tag erließ auch der Sandwirt Andreas Hofer einen Befehl, den er dem Feldpater Jakob Hofer in Stuls übersandte: »Die Österreicher haben die Grenzen wirklich betreten, ich habe darüber sichere Nachricht. Das Volk ist aufgerufen, daß es sich bis morgen drei Uhr einfindet, denn man hat die Absicht, die bayrischen Soldaten in Sterzing gefangenzunehmen und sich den Österreichern, welche durch das Pustertal kommen, anzuschließen ...« Unterschrieben war der Befehl von »Andrä Hofer als ernannter Kommandant«.

Wer hatte den Sandwirt »ernannt«? War es das kaiserliche Oberkommando gewesen, in Wien, zwei Monate vorher? Oder der eifrige Hormayr? Schriftliche Aufzeichnungen gibt es nicht. Wahrscheinlich ist vielmehr, daß sich Hofer diesen Titel zulegte, den ihm aufs erste niemand abstreiten konnte. In irgendeiner Funktion mußte er ja wohl auch den Landsleuten, die ihn als geheimen Emissär – ansonsten aber nur als Wirt und Schnapshändler – kannten, entgegentreten. Andreas Hofer wählte die Form des »Ernannten Kommandanten« wohl auch deshalb, weil ihm Erzherzog Johann eine Art »Vertrauensfunktion« zugeteilt haben dürfte. War er nicht, er, der einfache Sandwirt, zum ersten Mal in seinem Leben jetzt eine wichtige Figur geworden? Stolz, gepaart mit einer gewissen Eitelkeit, mag ihn beseelt haben, als er sich nun so – allerhöchst »erwählt« – vorstellte, was auch mehr sein sollte als eine von vielen Funktionen bei den Schützen. Aber nachdem seine unmittelbaren Nachbarn und die Bauern im Passeiertal nichts dabei fanden und auch die Geistlichen und Gebildeten, die für ihn Autorität schlechthin verkörperten, nicht widersprachen, ja sofort seine Tätigkeit besonders nachhaltig unterstützten, war es für ihn über Nacht zu einer Selbstverständlichkeit geworden, ans Befehlen zu gehen.

Hofer war in der ihm eigenen Art der optimistischen Einfalt und begeisterungsfähigen Gemüthaftigkeit aber zweifellos auch davon überzeugt, daß er dazu auserwählt war, *zur höheren Ehre Gottes* die gerechte Sache seines Volkes zu vertreten. Im Dienst Tirols hielt er sich auch von »oben« her berechtigt, Gewalt auszuüben. Er stolperte also keineswegs in ein Abenteuer, sondern hatte einen »allerhöchsten« Fürsprecher angerufen.

Zweifellos war Hofer aber intelligent genug, zu begreifen, daß er nun ein Rebell gegen seinen rechtmäßigen Herrn war, ein Meuterer gegen den König in München, ein Hochverräter. Noch war er ja bayrischer Untertan – und sein Aufruhr nichts anderes als die Begünstigung der Feinde seines Landesherrn. Aber was das in letzter Konsequenz bedeutete, begriff er wohl doch nicht ganz.

Niemand warnte Hofer bedauerlicherweise damals davor, daß das Abenteuer für ihn auch schlecht ausgehen könnte; weder seine Frau, die in Gottergebenheit seine bisherige politische Aktivität eher erduldet als unterstützt haben dürfte, noch auch irgendwer aus der Geistlichkeit, die jetzt zwar von den Kanzeln »Ruhe« predigte, in Wirklichkeit aber das Feuer schürte. In einer Kurrende des Bischofs von Brixen war sogar die Rede davon, daß man sich von den »alten Gefühlen« (gegenüber Österreich) nicht zur Verletzung »der neuen Pflichten« (gegenüber Bayern) verleiten lassen dürfte; aber der gute Bischof fürchtete wohl eher um sein Palais als darum, daß den verhaßten Bayern ein Haar gekrümmt werden könnte.

In diesen Apriltagen 1809, als der Schnee im Tal geschmolzen war, aber auf den Höhen noch drohend glänzte, war

Hofer jedenfalls der unbestrittene lokale Kommandant seiner Passeier Patrioten, die für sich und ihre Sache die Hilfe auf dem Weg wußten. Und tatsächlich: Auf den Höhen des Pustertales leuchteten auch schon die Feuer, als Hofer mit seinen Passeiern durch den tiefen Schnee am Jaufenpaß stapfte – dem Kampf um die Befreiung seines Landes entgegen.

Wahrscheinlich war den Passeiern, die da über den Jaufen stapften, auch bereits jener Aufruf bekannt, den Erzherzog Johann an sie gerichtet hatte: »Tiroler, ich bin da!« Er sprach von den alten Rechten Habsburgs an Tirol, von der »treu vereinigten Kraft«, davon, daß Tirol wieder alle alten Rechte und Freiheiten erhalten solle; aber auch vom »großen, heiligen Kampf«, in dem jetzt die Tiroler die »Hauptrolle« zu spielen hätten; und von der »Ehre«, die das eigene Heil der Tiroler erfordere.

Vor allem war in den Aufrufen aber auch die Rede von der *»unverbrüchlichen Waffenbrüderschaft«,* davon, daß Österreich Tirol *nie mehr aufgeben,* ja, daß man bis zum letzten Mann die Pässe verteidigen würde. Weit über jedes notwendige Ausmaß hinaus und ohne wirkliches Verantwortungsbewußtsein hatte hier der ehrgeizige Hormayr das ganze Geschick seiner demagogischen Eloquenz zu Papier gebracht. Er nämlich war der Verfasser dieses Aufrufes, der nur das eine Ziel hatte, die Tiroler zur Empörung zu reizen – ohne auch nur die Möglichkeit eines Fehlschlags überhaupt zu bedenken. Man machte vielmehr den einfachen, ja primitiven Bauern etwas vor, was weder Hormayr, ja nicht einmal Erzherzog Johann wirklich versprechen konnten: daß Österreich Tirol – geschweige denn bis zum letzten Mann – zu halten in der Lage sein würde.

Am 10. April hatte Österreichs General Chasteler erst einen Teil des Pustertales und Osttirol besetzt. Die schwachen bayrischen Verbände rückten zuerst nach Bruneck und dann später nach Brixen ab. Dort hatte General Wrede alle Truppen zusammengezogen und bereits beschlossen, nach Norden über den Brenner zu marschieren, um sich in Innsbruck mit der bayrischen Hauptmacht zu vereinigen. An diesem 10. April hatte auch die Vorhut einer französischen Einheit von ca. 1500 Mann unter General Bisson Brixen erreicht.

Es war also eine sehr respektable feindliche Macht, die jetzt nach Norden aufbrach. Aber Bayern und Franzosen waren nicht sonderlich gut aufeinander abgestimmt. Das ging so weit, daß die Franzosen ihren Marsch selbständig fortsetzten, während die Bayern ihrerseits allein aufbrachen.

Bevor sich die Straße vom Süden her auf den 1300 Meter hohen Brennerpaß hinaufzuschlingen beginnt, liegt das Städtchen Sterzing. Seit alters her ein wichtiger Handelsplatz mit einer vermögenden Bürgerschaft, mit schönen Laubenhöfen und zahlreichen Gastwirtschaften. Dort war Andreas Hofer mit seinen Passeier und Meraner Schützen in der Nacht vom 10. auf den 11. April eingetroffen. Man hatte in einem kleinen Dorf außerhalb von Sterzing übernachtet, von wo aus man das Tal und die Straße zum Brenner übersehen konnte. Hofer wußte, daß die Bayern und Franzosen hier bald vorbeikommen mußten; wobei man wohl unterdessen auch bereits davon erfahren haben dürfte, daß Bauern aus dem oberen Eisacktal die Bayern bereits an der sogenannten Ladritscher Brücke – 20 Kilometer südwärts – überfallen und am Abbruch des Übergangs gehindert hatten. Wrede setzte jedenfalls in der Nacht seinen Marsch nach Sterzing fort – ohne zu wissen, daß dort Hofer mit seinen etwa 500 Männern wartete.

Es war in der Morgendämmerung, als die Bauern, nur teilweise mit Gewehren bewaffnet, nun zwischen den ersten

Häusern der Stadt Sterzing die dort bereits befindlichen zwei Kompanien Bayern angriffen. Im Nordteil der Stadt hatte der bayrische Major Speicher eine Schützenkette aufgestellt. Heftiges Feuer sollte die Bauern vom Angriff abhalten. Aber die Kette brach auseinander, und die Soldaten zogen sich vor den wütenden Männern Hofers gegen den Zwölferturm, ins Sterzinger Stadtzentrum, zurück.

Für die Bayern war auf diese Art und Weise nur mehr der Weg nach Süden offen. Ein Major erteilte daher bald den Befehl zum geordneten Rückzug und ließ am Südeingang der Stadt eine Kanone auffahren. Jetzt mußten die Passeier Schützen wohl oder übel aufs freie Feld hinaus, wollten sie die Bayern ernsthaft attackieren. Das war für die Schützen eine schwierige Sache, weil sie zwar das Schießen aus dem Versteck beherrschten, nicht aber den offenen Angriff gegen die Drill-Soldaten, die in Reih und Glied aufmarschiert waren. Vor allem fürchteten die Bauern die auf sie gerichtete Kanone.

Zur Mittagszeit verfiel nun Andreas Hofer auf eine List: Drei Heuwagen wurden herangeschafft, und mehrere Schützen versteckten sich auf und hinter den vollgepackten Wagen. Angeblich sollen es junge Frauen aus Sterzing gewesen sein, die sich vor die Wagen spannten und diese langsam gegen die Kanone vorschoben. Die verdutzten Bayern berieten noch, wie sie sich den Weibsbildern gegenüber verhalten sollten, als auch schon die im und hinter dem Wagen verborgenen Schützen das Feuer auf sie eröffneten. Kein einziger der Kanoniere überlebte den Überfall, und die Tiroler konnten sich jetzt auf die im Karree aufgestellten bayrischen Soldaten stürzen. Ihr kommandierender Major brach verwundet zusammen, und neben ihm stürzten die Soldaten unter den gezielten Scharfschüssen der Schützen zu Boden.

Andrä Hofer – »Ernannter Kommandant«

Andreas Hofers Handschrift: Schreiben an Valentin Tschöll, 1809

Am Nachmittag war der Kampf entschieden. 22 Tiroler waren tot, auf bayrischer Seite betrugen die Verluste ein Vielfaches. Einige hundert Gewehre fielen in die Hand des Sandwirts, die bayrischen Überlebenden in seine Gefangenschaft.

Aber just in dieser Phase erreichten auch schon die ersten Vorhuten der französischen Einheiten unter General Bisson Sterzing. Und hinter ihm zog auch noch eine weitere bayrische Streitmacht heran. Der Sandwirt, dem seine Bauern schon siegestrunken davonzulaufen begannen, um sich in der reichen Handelsstadt plündernd bei Speis und vor allem Trank zu laben, machte daher das Klügste, was er tun konnte: Er zog sich zurück und nahm die Gefangenen mit sich.

Als General Bisson und später General Wrede in Sterzing eintrafen, fanden sie zwar die Gefallenen vor. Vom Sandwirt und den Landstürmern aus den Tälern rundum, die sich während des Kampfes angeschlossen hatten, war keine Spur mehr zu sehen.

Hofer hatte seinen ersten Erfolg erzielt. Er hatte sich selbst und seinen Leuten bewiesen, daß bäuerliche Schützen regulären Soldaten durchaus ebenbürtig, wenn nicht überlegen sein konnten. Das machte guten Mut und imponierte dem Sandwirt selbst am meisten. In einem Brief an den Kommandanten von Meran, Valentin Tschöll, ist auch unverhohlen der Stolz herauszulesen: Gewissermaßen in offenem Kampf waren ja die Gegner besiegt worden – und um Hofer begann sich sofort ein Mythos zu weben; notabene, wo die Geschichte mit den Mädchen und den Heuwagen auch ein recht romantisch-abenteuerliches Detail war.

Nun hätte Hofer, würde er strategisch gedacht haben, leicht erkennen können, was die Absicht der so eilends nach Norden ziehenden Franzosen und Bayern war: Sie waren als

Verstärkungen für die Landeshauptstadt Innsbruck geplant. Wollte man also den über das Pustertal einrückenden Österreichern *entscheidend* zu Hilfe kommen, wäre es dringend notwendig gewesen, die feindlichen Einheiten sogleich am Übergang über den Brenner zu hindern. Einmal im Inntal, müßten wohl die vereinigten Bayern und Franzosen eine so kompakte und starke Streitmacht darstellen, daß offener Kampf immer schwieriger werden würde. Ein kluger Taktiker hätte also alles darangesetzt, die Vereinigung im Inntal unter allen Umständen zu verhindern.

Und tatsächlich bereiteten auch Schützen aus der Sterzinger Gegend und dem Wipptal den jetzt mühsam den Brennerpaß hochziehenden Franzosen und Bayern einige Schwierigkeiten. Wer je das enge Tal durchfuhr, durch das heute auf kühnen Brücken die Autobahn verläuft, kann sich eine Vorstellung vom Gelände machen, das die Bauern entscheidend begünstigte. Aber es waren nur sehr wenige, die den Soldaten im Tal das Leben sauer machten – Andreas Hofer vor allem hatte nicht erkannt, worauf es in dieser Stunde angekommen wäre. Erst viel zu spät nach dem rotweinschwangeren Triumph von Sterzing machte er sich mit seinen Passeiern und Meranern auf den Weg über die Höhen. Und statt über den Brenner zu rücken und den Marsch Bissons und Wredes nach Innsbruck zu stören, gab er schon am 12. April in Gossensaß – südlich des Passes – das Unternehmen auf.

Rasch zog er sich mit seinen Leuten nach Sterzing zurück, wo die Österreicher bald auftauchen sollten. Und tatsächlich, am 14. April konnte der Sandwirt dem beeindruckten General Chasteler auch von den Erfolgen berichten, die er in Sterzing erfochten hatte. Die demoralisierten Gefangenen sprachen dabei für sich. Chasteler, der vorher nie viel von bewaffneten Bauern gehalten hatte, war desto mehr vom Sieg

Hofers über das bayrische Regiment beeindruckt. Auch war es für ihn der erste wirkliche Erfolg des Feldzuges.

So kam er wohl auch nicht auf den Gedanken, den Sandwirt zu fragen, warum dieser denn die Verfolgung Bissons eingestellt hatte; vielmehr lobte er den Bauernwirt über alle Maßen, speiste mit ihm und bezeichnete ihn schließlich als »Helden«; auch in einem Brief an Erzherzog Johann bezeugt der österreichische General aus wallonischem Geschlecht dem entstehenden Mythos bereits seine Referenz: »Le brave Sandwirt de Passeyer est un heros ...«

Hofer war in seinem hellen Glück; was man verstehen muß: hatte sich doch alles zum Guten gewendet. Ihn, den einfachen Wirt und Schnapshändler, hatte der hochgeehrte Herr General hochleben lassen! »Er läßt«, so schrieb er, »durch mich auf alle treuen Tiroler alles Schöne vermelden und ist auch aller Zufriedenheit mit uns. Ade herzallerliebste Brüder!«

Durch diese Auszeichnung des »Schatlé« – wie er Chasteler nannte – war Hofer auch offiziell und öffentlich als der entscheidende Vertrauensmann der Österreicher erkennbar geworden. Und weil er in Sterzing seinen Mann spektakulär gestellt hatte und als erster Bauernführer von Chasteler empfangen worden war – der überdies ja wußte, daß Hofer für Erzherzog Johann eine besondere Vertrauensperson darstellte –, wurde Hofer über Nacht *auch bereits zum geheimen Führer* – zum Anführer und Sprecher der bäuerlichen Patrioten.

Dabei hatte sich in Tirol zu diesem Zeitpunkt die eigentliche militärische Entscheidung ganz woanders abgespielt. Und andere Männer waren durch Tüchtigkeit und Übersicht die *eigentlichen* Helden der ersten Befreiung – Selbstbefreiung.

Erinnern wir uns:

Die Bayern hatten in den ersten Monaten des Schicksalsjahres 1809 unter Mißachtung der alten Tiroler Wehrverfassung mit der Aushebung von Rekruten begonnen.

In Axams bei Innsbruck war es am 10. April zum Überfall von Bauern auf eine bayrische Militärkolonne gekommen. Diese hatte die Aufgabe, renitente Rekruten zur Zwangseinziehung abzuholen. Der Axamer Wirt Georg Bucher rief rund hundert Bauern zusammen und versperrte den Grenadieren den Weg. Bald gab es einen Toten und mehrere Verletzte auf bayrischer Seite.

Bucher forderte nun die Schützen des Inntales und der Seitentäler auf, sich ihm anzuschließen. Und wirklich: Sein Aufruf hatte Erfolg. Überall überfielen die Tiroler bayrische Soldaten, Beamte und wirkliche wie vermeintliche Kollaborateure; wobei sich jetzt nicht nur die Wirte, sondern auch Priester als Anführer des Aufstandes auswiesen. In Nordtirol verlas man in den Kirchen die geheimen Aufrufe Erzherzog Johanns und läutete die Sturmglocken als Signal für die Zusammenrottungen. Zirl fiel im Laufe des 11. April in die Hände der Bauern; ein Zug bayrischer Grenadiere konnte der dortigen Besatzung nicht mehr zu Hilfe kommen. Der Priester Andreas Ennemoser hatte sich an die Spitze von rund 600 Mann gestellt, die sich der Stadt bemächtigten und zum Marsch nach Innsbruck aufriefen. (Zirl war insofern ein strategisch wichtiger Platz, weil über die Stadt der wichtigste Verbindungsweg der Bayern führte.)

Am gleichen Tag hatten auch in Hall, östlich von Innsbruck, der Kronenwirt Josef Ignaz Straub und der »Mann von Rinn«, Josef Speckbacher, die Bauern zusammengeläutet. Bei einer Kapelle außerhalb der Stadt kam es zum ersten Zusammenstoß mit den Bayern und zu den ersten Toten auf beiden Seiten. Die Militärstationen in Kitzbühel und St. Johann befanden sich gleichfalls am 11. abends in den Händen der Bauern; in Gries, Wörgl und Rotholz fielen Bayern in Gefangenschaft.

Die schlechten Nachrichten alarmierten den Generalkommissär in Innsbruck und die dortige bayrische Garnison. Man hatte alles in allem zwar wenig einsatzbereite Einheiten zur Verfügung, um einen massiven Vorstoß der Österreicher unter General Chasteler, die man noch auf über 10 000 Mann schätzte, zu parieren. Aber mit den Bauern der Umgebung, die offensichtlich Innsbruck belagern wollten, glaubte der bayrische General Kinkel leicht fertig zu werden. Montgelas hat später die Einstellung Kinkels in einer scharfen Kritik verurteilt: »Unsere in Innsbruck konzentrierten Truppen, welche sich dort auf die ungünstigste Weise in eine Stadt zusammengedrängt fanden, die auf allen Seiten von Höhen beherrscht wird, in deren Besitz der Feind gelangt war, hätten vielleicht gerettet werden können, wenn man nach Rattenberg zurückwich und sich dort zu befestigen suchte ... sicher ist, daß auf keine Weise ein verderblicherer Plan hätte befolgt werden können, als wirklich geschah.«

Wie auch immer – Kinkel postierte zwei Kompanien in Richtung Hötting, eine in Wilten, je eine sollte den Ost- und den Westteil der Stadt verteidigen. Aber es war nicht diese strategische Planung, die sich als falsch erwies – sondern die Unterschätzung der Tiroler in den Augen von Berufsmilitärs. Ganz abgesehen davon, daß die bayrischen Offiziere noch immer davon ausgingen, daß sie lediglich Rebellen, aufmuckende Untertanen, vor sich hätten. Eine Anordnung Kinkels an diesem Tag offenbart bestens die falsche Einschätzung: Er wollte einen Aufruf erlassen, wonach jeder Bauer, der mit einer Waffe in der Hand angetroffen werden würde, sogleich zu erschießen sei; aufständische Gemeinden sollten unverzüglich angezündet werden ...

Längst hätte er da viel zu tun gehabt. In der Nacht auf den 12. April hatten sich nämlich – die Schätzungen weichen stark voneinander ab – bereits zwischen 6000 und 10 000 bewaffnete Bauern auf den Höhen um Innsbruck versammelt. Und um fünf Uhr morgens kam es zwischen den gegen die Stadtränder vorstoßenden Haufen und den bayrischen Verteidigern zu ersten Schießereien.

Dabei entwickelten die Tiroler eine geradezu rasende Angriffswut, der die Bayern kaum etwas entgegensetzen konnten. Geschickt nutzten die Bauern auch im Bereich der Häuser – oder in der Nähe des sogenannten Ziegelofens, wo ein Holzdepot lag – jede mögliche Deckung aus. Hinter allen Ecken und zwischen Bäumen und Büschen blitzte es gefährlich hervor. Die bayrischen Grenadiere, die wie alle Soldaten der Napoleonischen Kriege für den Kampf auf offenem Feld gedrillt waren, verloren daher bald die Übersicht. Ihre Offiziere verteilten sie nicht im Gelände, sondern hielten die Truppen – nach der Tradition der Zeit – eng zusammen. Damit aber ermöglichten sie den Bauern erst recht, in die geschlossenen Haufen hineinzuschießen.

Schon kurze Zeit nach dem ersten Angriff ergab sich in der Nähe des Innrains eine ganze bayrische Kompanie, rund 300 Mann; ein bayrischer Oberstleutnant fiel im Kugelhagel.

Am linken Innufer, im Stadtteil Hötting, war es zu besonders schweren Kämpfen gekommen. Aber hier zogen die Bauern den kürzeren. Kanonen, die am Innufer postiert waren, ließen jegliches Überschreiten des Flusses nicht als ratsam erscheinen. In dieser Phase hielt es der Stadtrat von Innsbruck für sinnvoll, dem bayrischen General Kinkel eine Vermittlung vorzuschlagen. Eine Deputation sollte mit den Bauern verhandeln.

Während jedoch eine weiße Fahne aufgezogen wurde, gelang es einigen geschickten Bauernburschen, die die Innbrücke beherrschenden Kanonen der Bayern handstreichartig außer Gefecht zu setzen. Und jetzt stürmten die Bauernhaufen – ungeachtet der Kampfpause – über den intakten Übergang ins Stadtzentrum.

Mittlerweile hatten auch im Süden Innsbrucks die Kämpfe eingesetzt. Am Friedhof von Wilten, am Fuß des Bergisel, wogte der Kampf eine Weile hin und her. Angeblich wegen Munitionsmangel mußten sich die Bayern bald auch hier stadtwärts zurückziehen. Im Bereich der Maria-Theresien-Straße hatte Kinkel seine Reserve aufgestellt. Erst sie war es dann, die den Sturm der Bauern stoppte.

Das Schicksal der Verteidiger entschied sich schließlich im eigentlichen historischen Kern der Altstadt zwischen Goldenem Dachl und Laubengängen, die heute so friedlich von Touristen umlagert werden. Der bayrische Oberst Ditfurth, eine verwegene Natur, feuerte vom Pferd aus seine Bayern an. Plötzlich fegten ihn Salven aus den Gewehren der aus den Seitengassen herandrängenden Tiroler vom Pferd. Daraufhin flüchteten die Bayern, so gut es ging. In den engen Gassen kam es zu regelrechten Massakern und blutigen Verfolgungsjagden.

Um zehn Uhr vormittags war Innsbruck zur Gänze in der Hand der Tiroler. Hunderte, Tausende Bauern durchzogen johlend und siegestrunken die Straßen. Zuerst wurden die Gasthöfe gestürmt, bald genügte auch das nicht mehr. Viele Bauern waren ja überhaupt zum ersten Mal in der Hauptstadt; und im Zuge des Sturms hatte sich auch Gesindel aller Art den Kämpfenden angeschlossen.

Innsbruck erlebte daher in den folgenden Stunden schwere Plünderungen, üble Exzesse und arge Ausschreitungen. Die Bauern hielten wenig von den in ihren Augen verräterischen Bürgern und Beamten der Stadt – und machten zwischen den ansässigen Einwohnern und den zugewanderten Bayern wenig Unterschiede.

General Kinkel überreichte in der Hauptwache dem Wiltener Schützenhauptmann Patsch seinen Säbel. Wie unbegreifbar dem alten Haudegen die ganzen Ereignisse waren und welchen Grad der Ignoranz er nach wie vor besaß, geht aus der Frage hervor, die er dem Schützenhauptmann stellte: Wer habe denn, so Kinkel, die »Insurrektion« angezettelt – so ohne alle Kriegserklärung mitten im Frieden ...?

Noch während des Gespräches drangen Bauern in den Raum, rissen dem General den Mantel vom Leib, zerschlugen die Einrichtung und räumten die gepackten Koffer der Offiziere aus. Ein anderer Bauernhaufen hatte die Hofburg gestürmt, beschädigte das dort angebrachte bayrische Wappen, konnte aber an der Plünderung der historischen Räume mit dem Argument gehindert werden, hier würde demnächst der Erzherzog Johann einziehen.

Dafür nahm man den bayrischen Generalkommissär Graf Lodron gefangen. Die Frauen seiner Familie wurden von den Bauern zum »Tanz« genötigt, seine Privaträume verwüstet. Der Inhalt der Schreibkommoden, Porzellan, Wäsche, die Bücherei wurden in alle Richtungen zerstreut, so daß schließlich besonnene Schützen gegen die eigenen Leute einschreiten mußten. Auch andere Beamte wurden arg mißhandelt; viele davon waren Tiroler, die 1805 in bayrische Dienste getreten waren.

Je weiter der Tag fortschritt, desto betrunkener wurden die neuen Herren der Stadt. Man belästigte Frauen, vor allem die Angehörigen von Bayern, vergriff sich an fremdem Eigentum und drangsalierte die aus den diversen Verstecken hervorkommenden Soldaten.

Die ärgsten Ausschreitungen freilich richteten sich gegen die Juden Innsbrucks. Bayrischen Darstellungen zufolge sollen vor allem katholische Geistliche den Judensturm angeführt haben; andere Beobachter sprechen hingegen davon, daß sich Priester der antisemitischen Empörung entgegenstellten. Dabei hatte Innsbruck gar keine große jüdische Gemeinde und die Juden hatten auch die Bayern nicht spektakulär unterstützt. Aber zweifellos mischte sich jetzt religiöser Antisemitismus mit historischen Ressentiments – verstärkt durch die Wut gegen Aufklärung und Freidenkerei, die man dem bayrischen Regime vor allem seitens des Tiroler Klerus vorwarf und der mit jüdischen Namen in Verbindung gebracht wurde. Auch hatten die Juden das aus aufgelassenen Klöstern stammende liturgische Gerät gekauft oder weiterveräußert, was eine starke Antipathie der heimischen Kirche verständlich machen würde.

Mittags rückten einige organisierte Schützenkompanien aus dem Oberinntal in Innsbruck ein. Diese Männer, die am Kampf nicht teilgenommen hatten, waren daher auch nicht betrunken. Mit ihnen kam in einer Kutsche Martin Teimer, jener Mann, der von Klagenfurt aus *vor* dem Aufstand den Kontakt zwischen den Tirolern und Erzherzog Johann hergestellt hatte.

Dieser 1778 in Schlanders geborene Schützenhauptmann hatte in Meran das Gymnasium besucht und zwei Jahre in Innsbruck Jus studiert. Er war also, anders als Hofer, gebildet und belesen, hatte aber seit den Märztagen mit dem Sandwirt ständigen und engen Kontakt gehabt. Teimers Aufgabe war es in dieser Phase gewesen, den Vintschgau und den nordwestlichen Teil Tirols zu den Waffen zu rufen, wo sich der kluge Organisator auch erfolgreich bewährte. Jetzt war er der erste Tiroler Führer, der in Innsbruck nach dem Rechten sehen konnte und dafür auch den notwendigen Überblick besaß.

Teimer begriff vor allem, daß dem betrunkenen und siegessicheren Haufen in der Stadt eine tödliche Gefahr drohte: Die Franzosen unter General Bisson und seine bayrischen Einheiten, die von Südtirol abgezogen waren, standen schon am Brenner. In Kürze würden sie zum Sturm auf die randalierenden Besatzer der Stadt antreten.

Wie konnte und sollte sich Teimer aber bei dem Bauernhaufen Respekt verschaffen? Nun, Teimer zog eine im Hause des Grafen Spaur gefundene alte österreichische Uniform an, setzte sich auf ein Pferd und sammelte bald aufgeregte Bauern um sich, denen er sich als Abgesandter des Erzherzogs Johann ausgab. Auf diese Autorität pochend, machte er so den Schützen bewußt, daß die Franzosen heranrückten.

In der Nacht ging das Toben des Pöbels in Innsbruck allerdings noch weiter. Nur die Besonnenen sammelten sich im Süden der Stadt. Kanonen wurden in Stellung gebracht, Studenten übernahmen deren Bedienung, nachdem sich die Bauern als unkundig erwiesen hatten. Die Triumphpforte Maria Theresias wurde zur wirksamen Barrikade ausgebaut, wodurch man den Zugang zur Stadt vom Süden her unterbinden wollte. Dennoch berichtete der Schütze Johann Jordan – der später Aufzeichnungen von den Ereignissen anfertigte –, daß sich kaum hundert einsatzfähige Männer auf den Straßen befunden hätten. Und wörtlich: »Wäre der General (Bisson) schneller vorgegangen, so wäre Innsbruck verloren gewesen.«

Statt dessen ließ sich der Franzose verunsichern. War ihm schon der Marsch durch Tirol unheimlich gewesen, so war es für ihn jetzt unglaublich, daß er in Innsbruck auf keine bayrische Besatzung mehr stoßen sollte. Der Wiltener Chorherr

Alois Röggl war es, der die ersten Franzosen über die Kämpfe des Vortages informierte – und wahrscheinlich absichtlich übertrieb, als er die Stärke der Bauern darstellte. Bisson schickte jedenfalls den bayrischen Leutnant Margreiter mit zwei Reitern zur Triumphpforte, um zu erfahren, was in der Stadt vorgefallen sei. Als sich der Leutnant näherte, schoß ihn der Imster Schütze Josef Zimmermann vom Pferd. Die beiden Begleiter sprengten zurück und überbrachten Bisson die schlechte Nachricht. Der gute General geriet in Panik. Anstatt den Angriff mit seinen überlegenen Grenadieren zu wagen, wollte er jetzt vom gefangenen bayrischen Kommandanten Innsbrucks eine bestätigende Nachricht erhalten. So gestatteten die Schützen einem bayrischen Oberstleutnant den Zugang zum gefangenen General Kinkel.

Zurückgekehrt, bestätigte dieser den französischen Offizieren die katastrophale Niederlage der Bayern am Vortag und die Gefangennahme Kinkels. Auch machte er ihnen wohl wenig Hoffnung für einen aussichtsreichen Kampf. Müde und deprimiert, den Feind vor sich und im Rücken – denn auf den Höhen um Wilten waren bereits Schützenketten aufmarschiert –, entschloß sich Bisson zu Verhandlungen. Aber er bestand darauf, mit keinem Bauernvertreter, keinem »Insurgenten«, zu reden – wohl aber mit einem österreichischen Offizier. Offenbar meinte er auch, daß die Österreicher schon in der Stadt wären. An einen alleinigen Erfolg der Bauern konnte er einfach nicht glauben.

So kam es, daß der in der geborgten österreichischen Majorsuniform steckende Teimer nach Wilten ritt. »Jetzt oder nie«, mag sich der ehemalige Student gedacht haben, dem die Uniform auch viel zu groß war, die er unbefugterweise angezogen hatte: Er gab sich gegenüber Bisson jedoch selbstbewußt als der mit »erzherzoglicher Ordre und allerhöchstem

Befehl« ausgestattete Vertreter Österreichs zu erkennen und forderte die bedingungslose Kapitulation der Franzosen samt der ihnen angeschlossenen Einheiten. Jede Form des Durchmarsches, auch nach Abgabe der Waffen, schloß er rigoros aus und verunsicherte gerade durch diese überspitzte Haltung die Franzosen vollends.

Um neun Uhr kapitulierte Bisson im Gasthof Oberrauch. Ein ganzes Korps Franzosen, dazu einige bayrische Regimenter legten in den folgenden Stunden unter demütigenden Bedingungen die Waffen nieder. Offiziere der Grande Armée ergaben sich einem Bauernhaufen ohne Führer – und einem Schwindler in geborgter Uniform: insgesamt zwei Generäle, 130 Offiziere, 5500 Mann mit zwei Adlern, drei Fahnen und 800 Pferden.

Jetzt erst recht begann aber neuerlich das Wüten der Sieger. Man stürmte auf die waffenlosen Franzosen ein, zog ihnen die Uniformen vom Leib und raubte ihnen die Tornister. Im Nu waren auch die Vorräte und der Train verschwunden, die Pferde wurden davongeführt. Dem General Bisson riß man die Orden von der Brust, die Adlerstandarten der französischen Armee und die Trikolore wurden im Triumphzug durch die Stadt getragen, bis sie irgendwo in der Gosse landeten.

Wäre ein berühmter Zeitgeist mit einem Bonmot zur Hand gewesen, hätte er – wie einst Goethe bei Valmy – wohl davon gesprochen, daß von diesem Augenblick an eine neue Epoche der Weltgeschichte begann. In der Tat stellen die Selbstbefreiung Tirols und die Aufgabe der Franzosen auf den Feldern vor Wilten einen ganz einschneidenden Akt dar: Ein Volk hatte sein Schicksal selbst in die Hand genommen; ohne Souverän, ja ohne hierarchisches System war einer Volksbefreiungsbewegung der Sieg geglückt.

Als Teile der österreichischen Armee in Innsbruck einzogen, waren die weiß-blauen Fahnen bereits überall herabgeholt worden. Von Salzburg kommend war nämlich der österreichische Oberstleutnant Paul Freiherr von Taxis über das Zillertal mit Infanterie und Landwehr in Tirol eingerückt. Überall ergaben sich die noch verbliebenen bayrischen Besatzungen kampflos. Am 13. April war Taxis bereits in Schwaz. Ebenso hatte ein Oberstleutnant Reissenfels im Nordosten Tirols keinerlei Schwierigkeiten.

Im Süden hatte sich gleichfalls die Lage geklärt. Ein zweites französisches Korps unter General Lemoine mit gut 2300 Franzosen drehte im Eisacktal um, nachdem sie auf die Österreicher des Generals Chasteler stießen; auch hat Lemoine wohl von der Kapitulation Bissons erfahren. Als auch Meldungen über die Besetzung der Höhen und Zufahrtswege nach Bozen durch rebellierende Bauern dem General zugingen, zog er sich schleunigst zurück.

Andreas Hofer war mittlerweile wieder in sein Passeiertal heimgekehrt. Jetzt unterschrieb er als »vom Haus Österreich erwählter Kommandant« einen Aufruf, daß man Dankandachten und Kreuzwege für den glücklichen Sieg abhalten solle.

Am 17. April traf Hofer mit Hormayr in Untermais bei Meran zusammen. Dieser war mit den Truppen Chastelers ins Land gekommen. In einer goldbesetzten kaiserlichen Beamtenuniform posierte Erzherzog Johanns Vertrauter mit seiner Aufgabe, die Verwaltung Tirols neu zu organisieren. Mit den verbliebenen bayrischen Beamten sprang er besonders rigoros um. Und Hormayr war es jetzt, der Hofer zu einer offiziellen militärischen Leitfigur machte: Hatte schon Chasteler den Sandwirt in Sterzing erkennbar ausgezeichnet, zeigte nun Hormayr öffentlich, daß Österreich auf den Sandwirt als den *wichtigsten* Bauernführer setzte. Teimer, der Held von Innsbruck, war bereits zweite Wahl, obwohl dessen Leistung diejenige Hofers bisher wohl weit in den Schatten stellte. Wie auch immer: Hormayr umarmte den Sandwirt in Meran unter dem Applaus des Volkes und ritt mit ihm gemeinsam zum Schloß Tirol – ein symbolischer Akt, der wohl so etwas wie die Besitzergreifung des Landes durch Österreich symbolisieren sollte ...

Einige Tage später zog Hofer mit 450 Passeiern in Bozen ein. Hormayr begrüßte ihn in Gries und machte auch in diesem Ort deutlich, daß Österreichs Vertrauen auf Hofer lag. »Für die großen Verdienste Hofers um die Rettung der vaterländischen Freiheit« müsse er dem Sandwirt danken, erklärte er. »Das Vaterland schuldet ihm einen wesentlichen Teil.«

Bald zeigte sich auch die Wirkung dieses Akts auf Hofers Mitbürger. Mit der imposanten Figur, dem vollen schwarzen Bart unter dem runden Hut, war der Sandwirt rasch eine Heldengestalt, zu der man dankbar aufblickte und die in den Augen des Volkes Willen und Kraft dieser ersten Selbstbefreiung des Landes spiegelte. Sehr bald gingen auch hinsichtlich des Sieges von Hofer in Sterzing Legenden von Mund zu Mund. So wurde der durch Glück und die Gunst der Stunde begünstigte Kommandant jener Mann, den das Volk sich wünschte: ein Führer. Im Brief eines Hauptmannes Johann Schasser vom 22. April wird Hofer auch bereits »Generalkommandant« genannt.

Ende April zog Hofer mit den Passeier Schützen schließlich weiter nach Süden. Chasteler, der bis zu diesem Zeitpunkt noch immer keine erwähnenswerte militärische Tat gesetzt hatte, hoffte jetzt, den österreichischen Fahnen wenigstens einen Sieg im südlichsten Zipfel Tirols zu verschaffen.

Er, der adelige Herr General, konnte ja nicht allen Ernstes den Ruhm der Befreiung Tirols ausschließlich Bauernführern wie Hofer und Teimer überlassen.

Also gestaltete er die entscheidende Feindberührung südlich von Trient äußerst couragiert: Beim Dorf Volao schickte er seine Kaiserlichen rücksichtslos ins französische Sperrfeuer, wodurch bald über 300 Gefallene zu beklagen waren – mehr als bei irgendeiner anderen bisherigen militärischen Auseinandersetzung.

Die Franzosen zogen sich aber immerhin über Rovereto noch weiter nach Süden zurück, wo die hitzigen Kaiserlichen – in der Nähe von Pilcante unweit des Gardasees – neuerlich in Schwierigkeiten gerieten. Hier soll es angeblich Andreas Hofer gewesen sein, der durch einen Angriff seiner Schützen in letzter Minute den kaiserlichen General Leiningen vor dem Ärgsten bewahrte.

Aber noch war der Ruhm des Sandwirts kaum über seine unmittelbare Heimat hinausgedrungen.

Vielmehr zeigte sich, daß sich auch andere Schützenführer in den Vordergrund drängten. Von den Ereignissen in Nordtirol erfuhr etwa Kaiser Franz, der in diesen Tagen sein Hauptquartier in Schärding im oberösterreichischen Innviertel aufgeschlagen hatte, vom Kronenwirt in Hall, Josef Ignaz Straub. Dieser hatte einen Brief ins kaiserliche Hoflager geschickt, in dem er die Niederlage der Bayern und Franzosen in und um Innsbruck detailliert schilderte. Bei der Erwähnung der Namen der Führer der Bewegung fehlte sowohl jener des Sandwirts als auch jener des Helden von Innsbruck, Teimer. Vielmehr spielte sich Straub mißverständlich als eine Art Oberkommandierender auf, indem er dem Kaiser schrieb: »Wenn Tirol *nach meinem Kommando* eingerichtet werden dürfte, so mag Bonaparte mit seiner Räuberbande schon kommen, *ich* will ihm seine Siege auf seinen falschen Buckel klopfen. Ganz Tirol dankt Gott und der Mutter Gottes und allen Waffenbrüdern, daß wir den Sieg errungen ...«

Der Kaiser antwortete auch prompt auf den für ihn so erfreulichen Bericht, daß »dieser besonders hervorragende Kämpfer« sich eine Gnade ausbitten dürfe. Und flugs übernahmen auch viele andere die Mär, Straub wäre der Anführer der Tiroler gewesen. Die in Wien herausgegebene Zeitung »Der Wanderer« berichtete, daß ein »mannhafter Straub, Hauptmann der tirolerischen Landmiliz«, das Land befreit habe; und ein anderes Blatt meldete: »Die Tapferkeit eines Wirtes in Hall namens Straub verdient vorzüglich vermerkt zu werden ...«

Immerhin aber war wohl auch am kaiserlichen Hof allgemein bewußt geworden, daß nicht die österreichischen Truppen, sondern die Bauern ihre Befreiung selbst bewirkt hatten; eine Tatsache, die einerseits den Befürwortern der Volksbewaffnung Genugtuung verschaffte, andererseits in der Armee Eifersucht wecken mußte. Dieser Gegensatz spitzte sich in der Folge auch in Tirol zu und führte zu erheblichen Spannungen zwischen den kaiserlichen Offizieren und Bauernführern, die zunehmend selbstbewußter auftraten.

Ein Lied machte schnell die Runde, das den Sachverhalt, wem der Sieg gebührt, deutlich unterstrich:

> »O weh, o weh, o weh,
> Hier liegt die bayrische Armee.
> Sie wurd' von Bauern totgeschlagen,
> Mit Jubel in das Grab getragen ...
> Ihr Fürsten lernt aus diesem Grabe,
> Was Sklavendruck für Folgen habe.«

Mittlerweile waren die Pläne zur Übernahme der Verwaltung Tirols durch Österreich von Hormayr sehr umfänglich ausgearbeitet worden, sie erwiesen sich freilich in der Praxis als nicht sonderlich realitätsnah.

Hormayr hatte die These offiziell gemacht, Bayern hätte die Abmachungen des Friedens von Preßburg von 1805 dadurch gebrochen, daß die Bayern den Tirolern die alten Rechte und ihre Verfassung nicht zugestehen wollten. Jeder Tiroler, der also den Bayern als treuer Untertan gedient hatte, war gewissermaßen mitschuldig, weil er das Unrechtmäßige der bayrischen Herrschaft nicht erkannt hatte: eine gewagte These.

Dennoch ging Hormayr nach dieser Prämisse vor, die weder klug noch gerecht war. Er, der mit dem Titel eines Intendanten die Verwaltung ordnen sollte, sah seine erste und wichtigste Aufgabe vor allem in der *Bestrafung* bayrischer Beamter oder solcher Tiroler, die den Bayern gedient hatten und in seinen Augen daher Kollaborateure gewesen waren. Anders als die Armeevertreter war er nicht bereit, den bayrischen Beamten und ihren Familien die Erlaubnis zu erteilen, das Land zu verlassen, sondern ordnete rigoros die Inhaftierung und Deportation an. So wurden viele – auch anständige Männer, die bloß ihre Pflicht getan hatten – peinlichen Verhören und Erniedrigungen ausgesetzt, bis man sie nach Kärnten überführte, wo sie ins Innere Österreichs abtransportiert wurden. Das rücksichtslose Vorgehen Hormayrs, dem Zeitgenossen bereits damals eine Art von Größenwahn vorwarfen, bewirkte das Gegenteil dessen, was erreicht werden sollte. Die angeblich so »milde Herrschaft Österreichs« erwies sich als bösartig und launisch. Selbst Tiroler nahmen Bayern vor Hormayr in Schutz – vor allem jene, die sich in den vier Jahren nichts hatten zuschulden kommen lassen. So stellte der

Bozener Bürger Giovanelli, einer der entschiedensten Helfer der Patrioten vor dem Aprilaufstand, den Intendanten erregt zur Rede, als er einen Professor der Universität deportieren ließ, obwohl dessen Frau knapp vor der Entbindung ihres Kindes stand. Den bayrischen Polizeikommissär von Bozen, Donnersberg, ließ Hormayr verhaften und gefesselt durch die Stadt zum Gasthaus zur Post führen. Dort erklärte er vor versammelter Menge, Donnersberg sei ein Meuterer, an dem sofort die Todesstrafe zu vollziehen wäre. Schreckensbleich sank der arme Polizeikommissär zu Boden, so daß sich die Umstehenden seiner annehmen mußten. Großzügig erklärte sich Hormayr darauf zwar zur »Begnadigung« bereit, schickte aber den gebundenen Donnersberg umgehend nach Klagenfurt.

Einen von Donnersbergs Unterbeamten, einen gewissen Avelinus Frey, ließ Hormayr zuerst nach Norden ausreisen und holte ihn dann aus Innsbruck in Ketten wieder zurück.

Seine besondere Wut konzentrierte Hormayr aber auf den Generalkommissär des Etschkreises, Johann Graf Welsperg. In ihm sah Hormayr einen gefährlichen Scharfmacher, der ja tatsächlich durch strenges Vorgehen bei den Priesterverfolgungen die antibayrische Stimmung in Tirol besonders angeheizt hatte; jetzt zeigte ihm Hormayr den Herrn. Und Welsperg sackte auch sofort zusammen – ja versuchte, sich eine gute Behandlung durch die Preisgabe seines Wissens zu erkaufen. Vor der Deportation konnte er sich freilich nicht retten.

Untergeordnete Beamte der bayrischen Verwaltung zogen vielfach der Vertreibung die Flucht vor. Die Folge war, daß die zurückgelassenen Häuser der bayrischen Beamten geplündert wurden.

Bedauerlicherweise fand Hormayr am Wiener Hof für sein hartes Vorgehen Zustimmung; dort galt es nämlich nicht nur als Vergehen, zwischen 1805 und 1809 den Bayern Dienste geleistet zu haben – sondern dort wurde gleich eine Ideologie darangeschmiedet, die Kaiser Franz noch unterstützte. Als nämlich der Haller Wirt Straub vom Kaiser in Oberösterreich empfangen wurde, verlangte der Tiroler, daß Majestät doch alle Freimaurer, Jakobiner und bayrischen Beamten *in einem* aus Tirol abführen lasse ... Und der Kaiser bekräftigte noch die »löbliche Absicht«, bezeichnete sich als »Christen« und versprach, alle der Religion gefährlichen Leute, Bayern wie Tiroler – aber selbst solche, die beim Volk »nur in Verdacht stehen« –, aus dem Land zu entfernen. Zur Ehrenrettung des Kaisers muß angemerkt werden, daß er später ausdrücklich befahl, das Schicksal der deportierten bayrischen Beamten tunlichst zu lindern, wenngleich er sie – zwecks Repressalien – auch nicht freilassen wollte.

Korrekt, ja sogar mit einem Anflug von Sympathie behandelte hingegen General Chasteler die von ihm arretierten bayrischen Beamten und ihren Anhang; hier mag eine Rolle gespielt haben, daß der wallonische Chevalier vor allem in den bayrischen Edelleuten Standesgenossen sah. In Innsbruck erklärte er, daß diese »unter dem Schutz meiner Truppen ganz sicher sein werden« – während er freilich nichts dabei fand, sich Teile des requirierten Eigentums der Bayern *privat* anzueignen. In Innsbruck konnte der etwas kurzsichtige, aber überaus elegante General jedenfalls auch seinem liebsten Zeitvertreib nachkommen – den Abenteuern mit jungen Damen. Seine Soireen waren gut besucht, und bei diesen Gelegenheiten war es dem Marquis auch möglich, seine Heldenrolle voll und ganz zu spielen.

Dafür durfte die in Innsbruck eingesetzte provisorische

Regierung auf Chastelers Antrag in den Geldsack greifen und einige der Bauernführer belohnen; dabei machte Chasteler den Vorschlag, daß »auf den verdienten Andrä Hofer Bedacht genommen« werde; angeblich erhielt der Sandwirt auch ein Pferd mit Sattelzeug. Wenn man freilich weiß, daß Chasteler selbst der eifrigste Käufer bei einer Auktion war, bei der die Pferde der gefangenen Franzosen und Bayern versteigert wurden, und, zeitgenössischen Quellen zufolge, rund *fünfzig* (!) Pferde erwarb, dann mag die verquere Relation sichtbar werden.

Neben Andreas Hofer wurde dem eigentlichen Sieger von Innsbruck, Martin Teimer, gedankt und dieser gleich mit einer neuen Aufgabe losgeschickt. Zusammen mit dem Freiherrn von Taxis, der von Salzburg her den Osten Nordtirols befreit hatte, sollten Streifzüge nach Bayern unternommen werden. Diese Operationen würden, so sagte man, die in Bayern vorrückenden Truppen Erzherzog Karls unterstützen. Teimer sollte Taxis mit Tiroler Landwehrmännern begleiten und in Bayern Kontributionen eintreiben: Was aber nichts anderes als ein Freibrief für Plünderungen und Verwüstungen war. Teimer, der den Auftrag wirklich übernahm, beschmutzte auf diese Weise seinen guten Ruf, in Innsbruck so klug und geschickt agiert zu haben.

Die Tiroler Haufen brachen jedenfalls von Seefeld aus auf und zogen über Mittenwald nach Norden; während die regulären österreichischen Soldaten des Freiherrn von Taxis sogar einen Plan erwogen, die Stadt Augsburg anzugreifen und das dortige Hauptdepot der französischen und bayrischen Truppen auszuheben, marodierten Teimers Tiroler bis Memmingen und Benediktbeuern. Raub und Erpressung waren an der Tagesordnung, und ohne jede Disziplin ließen die Tiroler ihren antibayrischen Affekten freien Lauf. Sie glaubten an ein *Recht,* sich in Bayern das zu holen, was Tirol in den vier Jahren der Besetzung verloren hatte. Ein Beobachter berichtete der Tiroler Schutzdeputation nach Innsbruck, daß der »Nachklang der Bayern, daß dies Tiroler getan haben ... sehr nachteilig (ist) und der sonst guten Stimmung der bayrischen Untertanen schadet. Solche Dinge sollten künftig verhütet werden.«

Als sich Teimers wilde Haufen dann auch im Westen der Schweizer Grenze näherten, zogen die erschreckten Eidgenossen sofort einen Kordon.

Jetzt erkannte man aber vor allem, daß die finanzielle Lage Tirols nach der Selbstbefreiung katastrophal war. Die Bayern hatten das in den Kassen vorhandene Geld noch wegschaffen oder verstecken können. Chasteler hingegen hatte angenommen, daß er in Tirol selbst jene finanziellen Mittel vorfinden würde, um seine eigenen Truppen zu bezahlen. Nun erwies sich das als unmöglich. Und schon ganz und gar unmöglich war es, Geld für die Versorgung der Tiroler Schützenkompanien herbeizuschaffen. Die Verpflegung der für einen längeren Einsatz unvorbereiteten Einheiten erwies sich so gut wie illusionär, und so mußte man hilflos zusehen, wie sich der Landsturm sofort und die Schützenverbände nach und nach verliefen.

Kaiser Franz, in der Not angerufen, bewilligte zwar eine Geld-, Munitions- und Verpflegungshilfe; aber es verging eine geraume Zeit, bis diese auch in Tirol eintraf. Es war schließlich Andreas Hofer, der sich unter Umgehung Hormayrs direkt an Erzherzog Johann wandte, weil er den eifrig-schusseligen Intendanten für unfähig hielt, die Geldprobleme zu lösen. So sandte der Sandwirt drei angesehene Männer ins Hauptquartier Johanns nach Oberitalien – es waren dies sein Adjutant Jakob Dallaveccia, Johann von Lutterotti und Josef

rancesco Tomaselli, Andreas Hofer 1809

Johann David Schubert, Andreas Hofer vor der Hinrichtung in Mantua 1810

Kaiser Franz I. (II.) von Österreich (1768–1835)

Erzherzog Johann von Österreich (1782–1859)

Johann Gabriel Chasteler, Marquis de Courcelles (1763–1825),
österreichischer General

1805 Kaiser Franz I. und Napoleon I. nach der Schlacht von Austerlitz

König Maximilian I. von Bayern (1756–1825)

Maximilian Joseph Freiherr von Montgelas (1759–1838), bayrischer Minister

Josef Hormayr, Freiherr von und zu Hartenburg (1781–1848), österreichischer Intendant in Tirol

François Joseph Lefèbvre, Herzog von Danzig (1745–1820), französischer Marschall

Josef Speckbacher (1767–1820), Tiroler Schützenkommandant

Joachim Haspinger (1776–1858), Kapuzinerpater

Franz von Defregger, »Vor der Schlacht am Berg Isel«, 1809 (Ausschnitt)

Die Kapitulation französischer und bayrischer Einheiten am Bergisel

»Mörderisches Gefecht am Brenner, wo sich die Tyroler Insurgenten mit Felsenstücken und Baumstämmen vertheidigen«, 1809

Erzherzog Karl von Österreich (1771–1847)

Karl Philipp Fürst von Wrede (1767–1838), bayrischer Feldmarschall

Kronprinz Ludwig Karl August (1786–1868), ab 1825 König von Bayern

Hippolyte Bellange, »Napoleon I. grüßt gefangene und verwundete Österreicher nach der Schlacht von Wagram«, 1809 (Ausschnitt)

Der Kampf am Bergisel 1809

Josef A. Koch, »Der Tiroler Landsturm anno neun«

»Der Sandwirth Hofer hält Revue über die Insurgenten von Inspruck«, 1809

Karl von Mayerhauser, »Die Kapitulation von eintausendzweihundert Franzosen in St. Leonhard im Passeiertal«, 1810

Die Anführer der Tiroler: Andreas Hofer (Mitte rechts), Josef Speckbacher (Mitte links), Anton Steger (oben), Joachim Haspinger (unten)

Franz I. von Österreich, seine Tochter Marie-Louise und deren Ehemann Napoleon I., Kaiser der Franzosen, 1810

Die Gefangennahme von Andreas Hofer 1810

Johann N. Ender, »Andreas Hofer nimmt Abschied von seiner Familie«, 1810

Morandell –, um zumindest in Südtirol die Einsatzbereitschaft zu sichern. Auch sollten Hofers Schützen mehr Bewegungsfreiheit gegenüber dem kaiserlichen Militär erhalten. Für Hormayr war der Akt über seinen Kopf hinweg eine »Persiflage unserer Not« – aber sie brachte wenigstens Erfolg, weil Johann tatsächlich Hilfe organisierte.

Dem Erzherzog waren zu diesem Zeitpunkt einige Erfolge im Süden gelungen. Bei Sacile, unweit von Pordenone, hatte er am 17. April einen spektakulären Sieg über die Truppen des Vizekönigs Eugène Beauharnais davongetragen. Aber das weitere Vordringen der Österreicher erwies sich dann infolge von schweren Regenfällen als außerordentlich schwierig. Es war das gleiche Schlechtwetter, das auch den Tirolern arg zu schaffen gemacht hatte. In der Nähe von Treviso, von wo aus man die Türme Venedigs sehen kann, überschritt Johann die Piave. Sein Ziel war es, bis zum Gardasee vorzustoßen und auf diese Weise die Verbindung mit Südtirol wiederherzustellen.

Beauharnais hatte genau dies vorhergesehen und größere Truppenverbände in der östlichen Poebene zusammengezogen. Dennoch konnte er ein Vorrücken Johanns über Vicenza bis knapp vor Verona nicht verhindern. 56 000 Franzosen und Italiener lagen schließlich den rund 35 000 Österreichern gegenüber. Eine Entscheidung schien sich anzubahnen, und Johann war fest entschlossen, auch eine Schlacht zu wagen.

Doch nun erhielt er von seinem Bruder Franz jenen folgenschweren Brief, der den Feldzug entscheiden sollte: die Mitteilung nämlich, daß die Österreicher in Süddeutschland schwer geschlagen waren und sich auf dem Rückzug befänden.

Nach ersten Erfolgen hatte sich das Auftauchen Napoleons am süddeutschen Kriegsschauplatz verheerend ausgewirkt.

Die Österreicher zogen sich über Böhmen eilig zurück, und Napoleon marschierte auf das Donautal zu.

Auch Erzherzog Johann war klar, wohin Napoleon zielte: auf Wien. Sollte sich das Jahr 1805 mit der Einnahme der österreichischen Residenzstadt wiederholen?

Jedenfalls war die Information an Johann zuerst nicht sonderlich präzis. Kaiser Franz klagte dem jüngeren Bruder, daß eine »Katastrophe« eingetreten sei und nur »männliche Tatkraft weiterführt«. Was sollte Johanns Südarmee tun? Da erreichte Johann auch der *Befehl* Erzherzog Karls, er solle im Süden alles abbrechen und sich so rasch wie möglich über Kärnten und die Steiermark zurückziehen, um Wien schützen zu helfen.

Man stelle sich das vor: Rund 650 Kilometer liegen zwischen Verona und Wien, und die Preisgabe der so erfolgreich aufgebauten Stellungen in Oberitalien bedeutete ja, auch den Zugang nach Südtirol den Gegnern wieder zu öffnen.

Johann verharrte zuerst in tiefer Konsternation. Dann beschloß er, wenigstens Tirol zu halten und Chastelers Truppen, die ihm unterstanden, verstärken zu lassen. Die Verbindung zwischen Süddeutschland und Oberitalien sollte für die Feinde unterbunden werden.

Am 1. Mai 1809 begann Johann mit dem Rückzug. Am 6. Mai war er, heftig von der Armee Beauharnais' attackiert, wieder an der Plave. Und jetzt setzte etwas ein, was zu den beschämendsten Kapiteln der Geschichte der Befreiungskriege gehört: ein Befehlswirrwarr ohnegleichen, der die Niederlage Österreichs geradezu vorprogrammierte. Einerseits gab es die dem Erzherzog Johann übermittelten Befehle durch Karl – der militärischer Oberbefehlshaber war – und andererseits die Weisungen von Kaiser Franz.

Beide widersprachen sich laufend und entsprangen einer

Mischung aus Verzweiflung und Hoffnung, aber auch der simplen Unkenntnis von Geographie und Terrain: Einmal sollte Johann über die Tauernpässe ins Donautal vorstoßen, bald großräumig über Westungarn anmarschieren, einmal Tirol unter allen Umständen halten, dann wieder alles räumen und jeden verfügbaren Grenadier zur Entscheidung Richtung Wien dirigieren.

Napoleon hingegen nützte geschickt die österreichischen Verwirrspiele aus. Schon am 13. Mai erreichte er die österreichische Hauptstadt. Kaiser Franz und der Hof hatten sie geräumt und waren über die Donau in Richtung Böhmen geflohen. Dort zog Erzherzog Karl alle verfügbaren Truppen zusammen. Noch war er, so hoffte er, stark genug, Napoleon zum Entscheidungskampf zu stellen; wozu er freilich auch die Männer Johanns, die für seine Vorstellung viel zu langsam zurückmarschierten, gebraucht hätte.

Was aber sollte wiederum Johann tun, dem erst so nach und nach bewußt wurde, daß es um Sein und Nichtsein der Monarchie ging?

Der Erzherzog hatte jedenfalls die ehrliche Absicht, Tirol unter allen Umständen zu halten. Er hoffte, daß sich General Chasteler, von dem er auch ständig Erfolgsnachrichten erhielt, allein eine Weile werde halten können. Der österreichische Marquis schwärmte ihm ja sogar davon vor, Südbayern anzugreifen und die französischen Nachschubwege zu zerstören. »Voll Entwürfe, Märsche und Kontermärsche, überall seine Truppen verteilt, keine Kraft beisammen ... ohne imstande zu sein, einem kräftigen Feind eine Schlappe anzuhängen, voll Zuversicht, keine kalte Überlegung«, so charakterisierte Johann später die Strategie seines eitlen Untergebenen.

Dieser erkannte auch nicht, welche tödliche Gefahr ihm in

Wirklichkeit bereits drohte: Längst hatte Napoleon begriffen, daß zwischen der zurückgehenden österreichischen Südarmee und der Nordarmee in Böhmen der Kontakt nicht eben harmonisch verlief – und Tirol ungeschützt geworden war. Bayern hatte mittlerweile auch sechs Reservebataillone mobilisiert und ein Gebirgsschützenkorps aufgestellt.

Beauharnais erhielt von Napoleon die Order, von Süden her einen Teil seiner Truppen nach Tirol in Bewegung zu setzen. Und seinem ursprünglichen Plan widersprechend, stellte der Korse auch Truppen im Norden ab, um Tirol in die Zange zu nehmen. Er erregte sich bereits öffentlich über die frechen Bauern, die einen Teil seiner stolzen Armee entwaffnet und gefangengenommen hatten.

Also befahl er dem Marschall Lefèbvre, der im Salzburgischen stand, zusammen mit den bayrischen Divisionen Deroy und Wrede umgehend in Nordtirol einzurücken. »Die Insurrektion in Tirol wird sich bald beruhigt haben, und die österreichischen Truppen werden umzingelt und gefangengenommen werden, wenn sie nicht das Land räumen«, schrieb er. Seine Stimmung geht aber wohl am besten aus einer Äußerung hervor, die er einem Schweizer Beamten gegenüber am 25. April machte: »Eigentlich sollte ich Tirol verbrennen; sollte ich es aber in Ordnung bringen, ohne es zugrunde zu richten, so würde ich diesem Ausweg den Vorzug einräumen: Wie wäre es, wenn ich durch die Vereinigung Tirols mit der Schweiz Kraft und Konsistenz verleihen würde?«

Wenig später gab der Kaiser jedenfalls den Auftrag, gnadenlos mit den Tiroler Aufständischen umzugehen, zumindest die Dörfer der nachgewiesenen Empörer zu verbrennen und jeden, der bewaffnet angetroffen wurde, über die Klinge springen zu lassen. Es ging ihm darum, die Tiroler ordentlich einzuschüchtern, zu demoralisieren, ja zu terrorisieren: »Toutes ces insurrections se calmeront« – war seine Hoffnung. Und damit es gleich auch den regulären Österreichern kräftig in die Knochen fuhr, ächtete er General Chasteler und dessen Offiziere wegen Kriegsverbrechen, die diese angeblich an französischen und bayrischen Gefangenen begangen hätten; man sollte Chasteler binnen 24 Stunden erschießen, wenn man seiner habhaft werden würde, befahl er souverän.

Und Chasteler begann auch prompt Wirkung zu zeigen.

Am 12. Mai hatten die Truppen Lefèbvres Kufstein entsetzt und den Paß Strub – nach schweren Verlusten – erstürmt. Brutalität, Repressalien, Verwüstungen kennzeichneten die rücksichtslos geführten Kämpfe. Es wurden kaum Gefangene gemacht, Bauern dafür zusammengetrieben und aufgeknüpft. Bei Wörgl kam es zu einem unglücklichen Gefecht, das Chasteler dank seines strategischen Unvermögens verlor. Dabei wurde deutlich, daß zwischen den kaiserlichen Offizieren und den Tiroler Bauernkommandanten alles andere als ein harmonisches Einvernehmen bestand. Chasteler seinerseits behauptete später, die Landsturmmänner hätten bei Wörgl versagt; diese machten ihrerseits die Strategie des Generals für die Niederlage verantwortlich. Dabei ging Chasteler als Soldat ein ausgezeichneter Ruf voraus. In zahlreichen Kriegszügen war er vierzehnmal verwundet worden und hatte sich mehrmals erfolgreich bewährt. Er hatte sich im Türkenkrieg Josefs II. das Maria-Theresien-Kreuz erworben; er war der Held der Kämpfe in Belgien gewesen und nach dem Kampf an der Adda 1799 neuerlich dekoriert worden. Um so unverständlicher ist, daß sich jetzt der »General Radschuh«, wie ihn die Tiroler bezeichneten, als Mann ohne Fortune und ohne Instinkt für die Möglichkeiten des Gebirgskrieges erwies.

Wie auch immer: Die österreichischen Truppen gingen eilends bis Innsbruck zurück und zogen dort alle in Nordtirol stehenden Verbände zusammen. Lefèbvres Franzosen und Bayern hingegen rückten im Inntal westwärts vor und erledigten, was ihnen aufgetragen war, mit aller Gründlichkeit: Sie zerstörten und plünderten Rattenberg, Waidring und Rotholz, zündeten Schlitters, Schwaz, St. Margareten und Vomp an. Jetzt rächte sich, daß man beim Sturm auf Innsbruck so haßerfüllt gewesen war und anschließend auch Südbayern bei den Plünderungen nicht geschont hatte. In Waidring wurden 11 Häuser zerstört, in Kirchdorf 76, in Schlitters 55, in St. Margareten 53, in Vomp 80. Die Schätzung der Zerstörung in der Stadt Schwaz liegt zwischen 350 und 500 Häuser, wobei auch Spitäler und Kirchengebäude ein Raub der Flammen wurden.

Angeblich soll ein Schwazer Mädchen, Anna Jäger, die Schuld am Strafgericht über Schwaz getragen haben. Sie erschoß nämlich den sich der Stadt nähernden französischen Parlamentär, der zur Übergabe aufforderte; diese Tat mit weiblicher Hand hätte demnach die Brandschatzung als Repressalie und verständliche Gegenaktion herausgefordert. Es kann freilich durchaus sein, daß die Bayern *später* die Geschichte in die Welt setzten, um ihren barbarischen Akt verständlicher erscheinen zu lassen. Jedenfalls war das Feuer über dem Inntal sogar in München zu sehen. Bettina von Arnim schrieb an niemand Geringeren als Goethe, daß der Himmel über den Alpen glühe, »aber nicht vom Feuer der untergehenden Sonne, sondern vom Mordbrande«. Das war nicht übertrieben. Denn selbst bayrische Augenzeugen berichteten später, verbrannte Leichen, ja Greise »niedergeschossen oder zerhauen« gesehen zu haben. Ein anderer Berichterstatter fand, daß »die Grausamkeit unserer Leute jene der Franzosen in Spanien noch weit übertroffen« haben soll. General Wrede sah sich genötigt, einen demaskierenden

Aufruf an seine Truppen zu veröffentlichen: »Wer hat euch das Recht eingeräumt, selbst Unbewaffnete zu morden, die Häuser und Hütten zu plündern ...? Euer General ... spricht mit Tränen in den Augen zu euch und sagt euch, daß eure Gefühle von Menschlichkeit in Grausamkeit ausgeartet sind.«

Chasteler wirkte jetzt völlig zerstört. Anstatt Innsbruck zu verteidigen, wofür am 15. Mai 12 000 Mann zur Verfügung standen, beschloß er den Rückmarsch über den Brenner. An Erzherzog Johann sandte er einen jämmerlichen Bittbrief: »Alles ist verloren, auch die Truppen, wenn Euer k. Hoheit mir nicht mehr Infanterie, Kanonen und Kavallerie senden.«

Statt dieser Hilfe erreichte Chasteler ein Befehl des Erzherzogs, alle noch in Tirol stehenden regulären österreichischen Einheiten zu sammeln und sich mit ihnen in Kärnten zu vereinigen. Erzherzog Johann, der warme Freund Tirols, der die Aufstandsbewegung so sehr beflügelt hatte, kapitulierte also gleichfalls – mürbe gemacht von den widersprüchlichen Befehlen, die er von seinen Brüdern empfing, und wohl auch durch die ständigen Angriffe demoralisiert, denen sich seine von den Franzosen bedrängten und müden Truppen am Marsch Richtung Wien ausgesetzt sahen. Er ließ die Tiroler jedenfalls in der »Festung aus Fels« allein; wobei er offenbar insgeheim hoffte, daß sich diese eine Zeitlang allein gegen die einfallenden Gegner wehren könnten. Noch glaubte er ja auch, daß Napoleon bei Wien besiegt werden und der ganze Krieg dann doch noch für Österreich ein positives Ende nehmen würde.

Hingegen hatte die Innsbrucker Bürgerschaft alle Hoffnung aufgegeben.

Eine Deputation der Stadt trat den ausrückenden Franzosen und Bayern bei Vomp entgegen, nachdem sie vorher die aufgeregten Inntaler Bauern von der Sinnlosigkeit des Widerstandes überzeugen hatte müssen. Und angesichts der Übermacht Lefèbvres und Wredes verschwanden die bewaffneten Bauern auch bald aus dem Sichtfeld der Stadt. Die meisten in Richtung Brenner. Jedenfalls gelang es, Innsbruck das Schicksal der brennenden Stadt Schwaz zu ersparen.

Am 11. Mai zog Lefèbvre in der Hauptstadt ein. Unbehelligt und von einem Teil der Bürger mit einem Seufzer der Erleichterung begrüßt. Erstmals war ein französischer Marschall Herr der alten, stolzen Stadt am grünen Inn. Dabei war Lefèbvre nicht irgendwer, sondern einer der engsten Mitkämpfer Napoleons gewesen. Zu Beginn der Französischen Revolution war der Elsässer erst Sergeant und – weil er deutsch besser als französisch sprach – zu besonders fanatischem gallischen Nationalismus verpflichtet. Er hatte sich klug am Putsch Bonapartes beteiligt und war 1800 daher zum »Senator« ernannt worden. Zwar trug er bei der Kaiserkrönung in Notre Dame auf einem Polster Napoleons Szepter, doch blieb er dennoch immer der kleine Bauernbursche, der sich nicht scheute, mit seiner als »Madame Sans Gêne« in die Trivialliteratur eingegangenen Lebensgefährtin die Tuilerien unsicher zu machen. 14 uneheliche Kinder hatte er mit der Sans Gêne, recte Catherine Hübscher, einer Wäscherin, bevor er 1807 zum Herzog von Danzig erhoben wurde und sie heiratete.

Der mit dem schönen Titel geschmückte französische Marschall erwies sich auch in Innsbruck als treuer Diener seines Herrn. Er setzte die bayrische Verwaltung wieder ein, drohte mit Hinrichtungen im Falle weiterer Empörung und genoß aufs erste die Unterwürfigkeit der städtischen Bürgerschaft. Über den so heldenhaften Martin Teimer wurde bekannt, daß er sich um eine Pension bei den Bayern für den Fall bewarb, daß er die Tiroler Bauern außerhalb der Stadt zur

Ruhe zurückführen würde. War Teimer zum Verräter geworden?

Alles stand jedenfalls auf des Messers Schneide. Würde tatsächlich Tirol wieder in die Hände seines rechtmäßigen königlichen Herrn zu München übergehen und damit der Aprilaufstand eine Episode bleiben – oder nach dem Abmarsch der Österreicher zu einem blutigen »Spanien« werden?

Mai am Bergisel

In dieser entscheidenden Phase war es nun der Sandwirt, der den Gang der Dinge zu bestimmen begann. Er, der trotz Sterzing lediglich in Südtirol eine beschränkte Bedeutung gewonnen hatte, wuchs in diesen Stunden der Auseinandersetzungen unter den Tirolern selbst über sich hinaus – indem er seinen Optimismus und persönlichen Mut auf seine Umgebung zu übertragen verstand.

Hofer wurde so in einer Stunde der Entscheidung zum *wahren* Führer des Aufstandes – und das, obwohl die Österreicher dem Sandwirt zuerst sogar noch ausdrücklich das »Auseinandergehen« des Landsturmes, der zu diesem Zeitpunkt im südlichsten Tirol stand, empfohlen, ja angeordnet hatten.

Am 16. Mai, als aus dem Nordtiroler Inntal schon alarmierende Nachrichten kamen, organisierte Hofer in Kaltern die Aufstellung *weiterer* Schützenkompanien aus Südtirol. Sogenannte Laufzettel gingen von Hand zu Hand – sie sollten auch später zum wichtigsten Kommunikationsmittel Hofers werden. In ihnen übertrieb er aufs erste kräftig: »Auch haben wir vernommen, daß die Bayern alles verbrennen, sie schonen kein Kind.« Bald wurde der Ruf »Rache für Schwaz« zu einer Losung.

Dann zog Hofer mit seinen Schützen nach Norden. In Sterzing fand er keinen österreichischen Offizier mehr vor. Erst oben am Brenner traf er am 19. Mai mit General Buol von Bärenburg zusammen, den Chasteler als Nachhut zurückgelassen hatte, und erfuhr nun in voller Tragweite die Befehle, die von Erzherzog Johann stammten. Buol war allerdings aus anderem Holz als Chasteler: erst 1794 geadelt, war er kein phantasievoller Lebemann und Frauenheld, sondern ein Sturschädel, der nichts anderes als den Militärdienst kannte. Bei Marengo war er verwundet worden, 1805 verteidigte er das bayrische Memmingen, anschließend war er Brigadekommandant in Wien. Zwischen Hofer, seinen Begleitern, Buol und den österreichischen Offizieren kam es zu einem hitzigen Wortgefecht über die weitere Vorgangsweise, in dessen Verlauf es sogar Handgreiflichkeiten gegeben haben soll.

Jedenfalls: Hofer entschloß sich, den abrückenden Chasteler einzuholen, nachdem er Buols Österreicher zum Bleiben überredet hatte. Er machte sich sofort auf den Weg und ritt noch in der Nacht den Brenner südwärts, bis er in Bruneck den halb und halb verzweifelten Chasteler fand, der alles zum endgültigen Auszug aus Tirol bereitmachte. Hofer und mehrere Schützenführer redeten nun so vehement auf den General ein, daß sich dieser offenbar bei seiner Offizierseher gepackt fühlte. Die von ihm verschuldete Niederlage bei Wörgl und die sich daraus ergebenden Konsequenzen gingen ihm durch den Sinn. So änderte er wieder – zum wie vielten Mal? – seine Meinung und versprach, umzukehren und mit Hofer und gut 8000 Mann wieder nach Westen und dann Richtung Brenner zu ziehen.

Am Pfingstsamstag trennte sich Hofer vom General, um vorauszureiten und die mittlerweile in Sterzing zusammengeführten Schützenkompanien zu organisieren. Chasteler sollte nachrücken – und vom Brenner herab sollte sich schließlich die gemeinsame Heermacht aus Österreichern und heimischen Schützen auf Innsbruck stürzen.

Aber kaum war Hofer außer Sichtweite, verlor Chasteler wieder jede Courage. Er rief seine Offiziere zusammen, die über den Defaitismus des Maria-Theresien-Ritters entsetzt waren, und wollte ihren »Rat«, ob er nicht das Kommando besser zurücklegen sollte ... Ein einfacher Ausweg! Damit erreichte man aber nur den schäbigen und lächerlichen Höhepunkt der Farce, die darin bestand, daß sich Chasteler mit dem Gros seiner Truppen neuerlich durch das Pustertal absetzte und schließlich – und jetzt endgültig – Tirol verließ. Nur noch Buol stand am Brenner – aber auch nur deshalb, weil ihn der Befehl Chastelers zum *endgültigen* Abzug nicht mehr erreicht hatte. Die Bauern hatten diesen abgefangen und zerrissen.

Was sollte getan werden? Wer konnte, würde jetzt entscheiden?

Der österreichische General stritt sich vorerst einmal mit seinen Offizieren, ob man auch ohne Order abrücken sollte. Schließlich blieben die Österreicher aber doch am Brenner stehen. Buol freilich behielt das ihm wie seinen Standesgenossen eingepflanzte Mißtrauen gegenüber den bewaffneten Bauern bei. Für ihn blieben Hofers Leute, wie immer man die Dinge drehen und wenden wollte, grobe, ungebildete und im Grunde gefährliche Rebellen; Rebellen, ja – die der Feind mit Recht auch als solche ansah ... Sollte nämlich das Unternehmen schiefgehen, müßte wohl ein fürchterliches Blutbad die Folge sein. Buol wußte das und warnte Hofer auch, daß die Franzosen Lefèbvres sicher nicht mit ihren Drohungen spaßten; nach allem, was geschehen war, würde man keinen Pardon kennen und die Bauern – gemäß Napoleons Befehlen – gnadenlos als Aufständische behandeln. Für die Franzosen blieben die Tiroler bayrische Untertanen, die sich zum Widerstand gegen ihren rechtmäßigen König erhoben hatten. Anders als die österreichischen Soldaten unter Buol waren die Schützen nicht *militärische* Gegner, sondern Insurgenten,

Partisanen. Und gegen sie mit allen Mitteln vorzugehen, war nicht nur ein Gebot der Räson, sondern völkerrechtlich gedeckt.

Erst nach und nach dämmerte dieser Umstand dem Sandwirt und den Klügeren unter seinen Männern. Buol hatte es in den nun einsetzenden entscheidenden Besprechungen wohl auch klar gesagt.

Hofers Autorität wuchs in diesen Stunden gegenüber dem General vor allem aber durch den Umstand, daß seine Aufrufe und Laufzettel ihre Wirkung taten und tatsächlich immer mehr Schützen in Sterzing eintrafen. Bald glich das Quartier des Sandwirts einer Kommandozentrale, und seine Vorschläge wurden automatisch zu Befehlen. Angeblich soll in diesen Stunden sogar ein *Wahlakt* stattgefunden haben, wodurch Andreas Hofer nicht nur zum selbsternannten, sondern auch zum *formalen* Oberkommandierenden aller bäuerlichen Tiroler Einheiten bestellt worden wäre; der Kapuzinerpater Haspinger und der Inntaler Wirt Speckbacher sollen Hofer öffentlich als Oberkommandanten ausgerufen haben; der gleichen Augenzeugenquelle zufolge hätte der Sandwirt allerdings gezögert, die Funktion auch anzunehmen.

Was unwahrscheinlich ist, denn gleichzeitig schickte Hofer ja zahlreiche Briefe in alle Richtungen: Einer davon war an den Erzherzog Johann gerichtet, der mit Eilmärschen Wien zustrebte und den er um Geld und Munition bat; er beschwerte sich beim Erzherzog über General Chasteler und dessen feiges Versagen und ersuchte um die Bestellung des Generals Leiningen zum Oberkommandierenden der noch verbliebenen kaiserlich-österreichischen Truppen. Leiningen stand im Süden und sollte eigentlich die Franzosen des Vizekönigs Beauharnais aufhalten, kam aber – auch er durch Chasteler verwirrt – erst am 21. Mai in Sterzing an. Leiningen war zum

Unterschied von Buol bei den Schützen überaus beliebt und mit Hofer gut bekannt. Hatte der Sandwirt doch bei Trient mit Leiningen gut zusammengearbeitet.

Leiningen war nun zwar persönlich zur Übernahme des Kommandos bereit, hatte aber keine Bestellung seiner Vorgesetzten in Händen. Am 21. Mai schrieb Hofer an seine Frau, daß »ich heute schon wieder sehr fröhlich bin, obwohl ich gestern sehr traurig war. Denn mir ist mein Wunsch gelungen, und ich hoffe jetzt das Bessere, weil Herr Oberst von Leiningen Kommandant von Tirol geworden ist.« Eine voreilige Auffassung. Denn Hofer machte die Rechnung ohne Buol, der sich selbst nach Chastelers Abrücken als Kommandant der Österreicher in Tirol betrachtete, Leiningen auch zurückschickte und mit der Verteidigung des Eisacktales beauftragte – vernünftigerweise, um nicht Gefahr zu laufen, daß die Franzosen von Süden her den am Brenner stehenden Verbündeten in den Rücken fallen konnten.

Die ganze Affäre war jedenfalls nicht dazu angetan, das Vertrauensklima zwischen dem Sandwirt und General Buol zu sanieren.

Im Sterzinger Hauptquartier hatten sich jetzt fast alle Schützenführer um Hofer versammelt. Was sollte man tun? Es gab unter den Bauern wenig Zweifelnde. Man wollte die in Innsbruck stehenden Gegner so rasch wie möglich angreifen und versuchen, sie wieder aus dem Inntal zu verdrängen. Dabei gab es nur die eine strategische Vorstellung, es ähnlich zu machen wie sechs Wochen vorher – indem man nämlich die Landeshauptstadt von allen Seiten her angriff. Wichtig war, auch die Nordtiroler aufzurufen, sich am Kampf um die Hauptstadt aktiv zu beteiligen. Das war nun gar nicht so einfach, weil die Einschüchterung der Inntaler durch das brutale Vorgehen der Bayern und Franzosen wirksam gewesen war.

In Aufrufen versuchte Hofer seinen Nordtiroler Landsleuten wieder Mut zu machen: »Wir werden die bayrischen Mordbrenner schon kriegen ...«

Jetzt zeigte sich, auf wen sicherer Verlaß war, und so erwuchs in diesen heroischen Stunden Hofers »Garde« – die Kommandanten der Schützen aus den einzelnen Teilen Tirols, die in den dramatischen Stunden ihre Landsleute doch zusammenführten, unter Umgehung Innsbrucks zum Brenner brachten und ständig ermunterten. Da war Josef Speckbacher aus Hall, Jakob Margreiter aus der Wildschönau bei Wörgl, Jakob Sieberer aus dem Land um Brandenberg, Matthias Delama aus Innsbruck; von den Südtirolern waren Anton von Gasteiger aus Villanders und Joachim Haspinger die führenden Köpfe.

Über die Zahl der Schützen, die in den Kompanien erfaßt waren, gibt es nur Schätzungen. Bayrische Quellen sprechen von 380 Kompanien, doch hatten die einzelnen Einheiten zwischen 100 und 200 Kämpfer. Mehr als 12 000 Schützen dürften aber kaum verfügbar gewesen sein, wobei etwa gleich viele Landsturmmänner hinzukamen.

Mittlerweile meldete sich auch der unglückselige Intendant Hormayr wieder. Er hatte es ursprünglich übernommen, im Vintschgau den Widerstand zu organisieren und Schützen nach Sterzing zu schicken. Aber seine Beziehungen zu Chasteler machten ihn den Bauern jetzt zunehmend verdächtig. Aus Wut über das Abrücken des in ihren Augen feigen Generals schlug die Stimmung gegen Österreich insgesamt um. Die Tiroler ärgerten sich zunehmend über die Art und Weise, wie sie die österreichischen Militärs von oben herab behandelten. Überdies ist es wahrscheinlich, daß Hormayr auch die Nähe der Schweiz in diesen Stunden nützte, sich einen Paß zu verschaffen. Was an sich nicht so unverständlich und verwerflich gewesen wäre, wie eine Generation von Historikern später tadelnd vermerkte. Hormayr war nun einmal für Bayern und Franzosen der eigentliche böse Geist; er war der Aufwiegler aus Wien, überdies ein Mann mit hoher Intelligenz und gutem Organisationstalent – und somit Staatsfeind Nummer eins. Verständlich, daß sich Hormayr also Gedanken um seine Sicherheit machte und sich diesen ominösen Paß als »Kurier« zum österreichischen Gesandten in der Schweiz auch tatsächlich ausstellen ließ.

Jedenfalls war der Intendant nicht so hoffnungsfroh wie Hofer. Er fabulierte von einer Expedition in den Rücken der Feinde hinein in die Schweiz, nach Schwaben und Bayern, hielt aber nichts von den Chancen eines offenen Kampfes gegen eine reguläre Armee bei Innsbruck. Ungewiß ist, ob Andreas Hofer damals einen Haftbefehl gegen Hormayr ausgestellt hat – was eher unwahrscheinlich ist. Zweifellos mißtraute er aber Hormayr gehörig und schickte ihm auch keine präzisen Auskünfte über den Stand der Dinge. Einem Boten ließ er ausrichten, daß er bei seinem Freund Etschmann »in der Schupfen« sitze, seinen Fuchsen füttere, Brot abschneide »und auf Hormayrs Gesundheit trinke«.

Je stärker sich die Bauernführer in Sterzing auf ihren Plan konzentrierten, über den Brenner zu marschieren und Innsbruck vom Süden her anzugreifen, desto wichtiger wurde jetzt ein Einvernehmen mit dem am Brenner stehenden österreichischen General Buol. Hofers Adjutant Eisenstecken übernahm es, mit diesem einen gemeinsamen Angriffsplan zu entwerfen. Doch der General blieb stur. Noch immer steckte in ihm die Arroganz des Berufsoffiziers. Er wollte den Brenner halten; das war sein letzter Befehl gewesen, den man ihm gegeben hatte. Einen erfolgreichen Kampf um die Tiroler Hauptstadt gegen Marschall Lefèbvre hielt er – schlicht – für aussichtslos. Eisenstecken mußte ihm lange zusetzen, bis der Kommißkopf seinen Widerstand wenigstens teilweise aufgab und einwilligte, zumindest einen Teil der österreichischen Truppen, vor allem mit der für die Bauern besonders wichtigen Artillerie, zur Unterstützung des Kampfes um Innsbruck abzustellen.

Am 24. Mai brach Hofers Streitmacht von Sterzing aus auf. Man kam am Brennerpaß zügig voran und erreichte am nächsten Tag Matrei. Dort erhielt man nun die Bestätigung eines Gerüchtes, das für den Ausgang der Ereignisse entscheidend werden sollte – Lefèbvre hatte Innsbruck wieder mit einem Teil der Soldaten verlassen.

Napoleon hatte nämlich von Wien aus dem Marschall den Befehl geschickt, möglichst rasch aufzubrechen. Der Kaiser – es war noch vor der Schlacht bei Aspern – fühlte, daß die Entscheidung an der Donau heranreifte. Also benötigte er alle nur irgendwie verfügbaren Kräfte im Osten. Er wußte ja mittlerweile auch präzise, daß Erzherzog Johann mit der Südarmee zur Verstärkung der Österreicher über Kärnten und Steiermark zurückmarschierte. Wer würde rascher sein?

Lefèbvre erhielt daher den Auftrag, mit zwei seiner französisch-bayrischen Divisionen von Tirol loszumarschieren, ins Salzburgische einzubrechen, dort die Österreicher zu vertreiben und über das steirische Ennstal vorzustoßen. In der oberen Steiermark sollte Lefèbvre dem Erzherzog Johann den Weg abschneiden und erst dann nach Wien vorrücken. Ein kühner Plan und für den Marschall von Danzig kein leichtes Unternehmen.

Der erprobte Haudegen gehorchte sofort. Er hielt überdies Tirol für befriedet und konnte sich eine Empörung der Bauern nicht so recht vorstellen, obwohl ihm natürlich Meldungen über Zusammenrottungen zugekommen sein müssen.

Wieder einmal zeigte sich auch auf französischer Seite – und das ein Jahr nach den Ereignissen in Spanien – die mangelnde Vorstellungskraft, daß Bürger-Patrioten zur Befreiung ihres Landes erfolgreich reguläre Soldaten angreifen könnten.

Am 23. Mai – bei Morgengrauen – rückte Lefèbvre mit zwei Divisionen ab. Zurück ließ er den bayrischen General Deroy – mit rund 4000 Mann Infanterie, 400 Reitern und 12 Geschützen.

Deroy seinerseits glaubte lange, daß ihm nur Buol mit einigen österreichischen Kompanien am Brenner gegenüberstand. Was er erst später begriff, war die Sammlung von mehreren tausend Schützen, die sich der Stadt Innsbruck beständig näherten. Er ließ daher erst relativ spät die südlichen Höhen der Stadt und die angrenzenden Höhen von seinen Grenadieren besetzen. Was ein schwerer Fehler war: Denn wäre er in der Stadt geblieben, hätte er eine bessere Übersicht behalten können und die Bauern zum Kampf auf die Felder um Wilten gezwungen – zum Kampf in ebenem Terrain, das seine Soldaten, nicht aber die Schützen gewohnt waren.

Lefèbvres Abrücken bewirkte bei diesen überdies zweierlei: Erstens faßten jetzt auch die Unterinntaler Mut und strömten, vor allem unter Speckbachers Führung, der Brennerstraße zu; andererseits erkannte auch Österreichs General Buol, daß die bayrischen Verteidiger stark geschwächt waren, weshalb er nun eher zur Zusammenarbeit mit dem Sandwirt bereit wurde.

Am 25. Mai begann der Aufmarsch der Schützen oberhalb Innsbrucks. Das alles geschah freilich eher aus Intuition als aus überlegtem strategischem Kalkül. Augenzeugen berichten, wie Hofer an der Straßengabelung bei Ellbögen nördlich von Matrei stand und den einzelnen Schützenkompanien den

Weg wies. »Ihr geht's da hinaus«, wies er etwa den Einheiten Gasteigers nur vage die Richtung, und anderen sagte er, die Hände in seinen breiten ledernen Hosen vergraben: »Werft die Bayern den Berg hinunter.« Ein simpler Rat. Die Folge war auch, daß sich die Tiroler sehr locker auf mehreren Hügeln ausbreiteten und die spätere Bezeichnung der Schlacht – am Bergisel – nur unzureichend das Gelände umfaßt. Das Kampfgebiet zog sich vielmehr in einer Länge von rund 15 Kilometern hin, bestand aus mehreren Kuppen und war völlig unübersichtlich. Waldige Rücken sind hier von mehreren Bächen durchbrochen, die schluchtartig in Nord-Süd-Richtung die Höhen zerschneiden. Hier zu kämpfen, hieß Bäume und Büsche, Brücken und Gehöfte ins Kampfgeschehen mit einzubeziehen.

Das war nun ganz nach der Art der Schützen, die Deckung und Hinterhalt vorfanden. Allerdings waren jetzt *sie* die Angreifer und mußten erst die Bayern aus deren Stellungen verjagen. Andreas Hofer selbst zog sich ins sogenannte Schupfen-Wirtshaus zurück und versuchte – weitgehend erfolglos – einigermaßen Überblick zu behalten. Hormayr bezeichnete später die strategischen Fähigkeiten des Sandwirts als »mittelmäßig«; er sei in der Schlacht nur ein Spielball gewesen, eine Puppe, ein ideenarmer, tat- und tatenloser Figurant.

Ist das auch überzeichnet, so muß doch festgehalten werden, daß der Sandwirt natürlich keinerlei militärtheoretische Kenntnisse hatte. Er war in der Abschätzung von Einsatz und Reserve völliger Laie, er hatte kaum eine Ahnung von der Technik der Artillerie und erwies sich leider auch als schlechter Organisator bei der Verteilung von Nachschub und Munition. Was er aber konnte, war, seinen Mitkämpfern das Gefühl der Sinnhaftigkeit des Kampfes zu vermitteln, ihren Optimismus zu stärken – was er vor allem mit religiösem Pathos verband – und sie am vorzeitigen Aufgeben zu hindern. Eigenschaften, die ihn mit Recht zum Mittelpunkt des Kampfes um den Bergisel machten und damit zur historischen Legende, die alle sonstigen Mängel der Strategie vergessen läßt.

Zu bedenken ist wohl auch, daß der Kampf um die Höhen südlich von Innsbruck keine »große« Schlacht nach der Dimension der Kämpfe der Zeit war. Wenn man bedenkt, daß in Aspern rund 130 000 Mann gegeneinander kämpften, in Wagram etwas später rund 250 000 Mann, dann reduziert sich der Kampf um den Bergisel und das umliegende Gelände auf ein bescheidenes Gefecht. Auf bayrischer Seite standen am Höhepunkt rund 4500 Mann im Einsatz, auf österreichischer und Tiroler Seite werden es wohl insgesamt nicht mehr als 13 000 gewesen sein.

Der eigentliche Kampf begann an diesem schwülen Tag am rechten Flügel der Tiroler, wo Speckbachers Inntaler Aufstellung genommen hatten. Es gelang den Schützen, die Bayern zum Schloß Ambras zurückzudrängen – jenem mächtigen Bauwerk, das mit seinen Renaissanceanlagen und seinem großartigen Schloßgarten bis heute ein Juwel Nordtirols darstellt. Rund um das Schloß kam es zu harten Stellungskämpfen, wobei die Bayern, die im Besitz von Kanonen waren, eine Überlegenheit herauskämpfen konnten. Im Zentrum der Schlacht kam es in der Nähe des Gärberbaches zu heftigen Gefechten mit bayrischer Infanterie und Dragonern. Vor einem Bajonettangriff der kraftvoll und mutig vorgehenden Bayern konnten sich die Bauern nur durch eiliges Zurückweichen retten. Erst der Einsatz jener Tiroler, die aus Innsbruck zu Hofers Männern gestoßen waren, brachte die Sache wieder einigermaßen ins Lot.

Den linken Flügel jener Tiroler, die westlich der Brennerstraße bei Natters standen, kommandierte der rotbärtige Kapuziner Haspinger. Er hatte den größten Erfolg zu verzeichnen. Denn besonders dort wurde deutlich, daß das Gelände für die Bayern denkbar schlecht geeignet war. Die kleinen Wäldchen, Gehöfte und Hütten bildeten ideale Verstecke, aus denen die Schützen auf die weiß-blauen Grenadiere losfeuern konnten. Weit auseinandergezogen, traten die Bayern in jenem Augenblick den Rückzug an, in dem auch der Landsturm von Axams und Kematen – den beiden nächstgelegenen Orten – auftauchte. Vor der selbstbewußten Übermacht dieser bäuerlichen Angreifer, die zum Großteil nur mit Hacken, Sensen und Heugabeln bewaffnet waren, zog der bayrische Flügel eilig ab.

Damit war auch das Zentrum der Tiroler, das in der Höhe des Bergisel kämpfte, entlastet. Dort kam der Angriff der Tiroler allerdings zum Stehen, weil am Fuß des Berges – rund um die Kirche von Wilten und in den sogenannten Wiltener Feldern – der bayrische General Deroy das Hauptkontingent seiner Truppen bereithielt und Artillerie aufgefahren hatte. Aber statt zu warten und die Tiroler in die Tiefe zu locken – was die Schützen unweigerlich vor die Rohre der Geschütze geführt hätte –, ließ Deroy seine Infanterie bergaufwärts angreifen. Sie sollte den Bergisel im Sturm nehmen.

Nun handelt es sich hier um ein steiles und abrupt abfallendes Gelände, was jeder Besucher der heutigen Gedenkstätten, der selbst zu Fuß von Wilten aufwärts geht, leicht feststellen kann. Hier, im unwegsamen Terrain, das noch durch die nahe liegende Sillschlucht unübersichtlich ist, wurde bald Mann gegen Mann gekämpft. Es war mehr ein Handgemenge mit tödlichen Hieben und Stichen, das die irritierten bayrischen Grenadiere gegen wütende Bauern austragen mußten.

Mitten in der Rauferei brach ein gnädiger Regenguß los. Jetzt erst trennten sich die kämpfenden Einheiten entlang der ganzen Kampflinie. Am Abend sahen sich die Bauern im alleinigen Besitz des gesamten bewaldeten Höhenrückens zwischen dem Judenstein oberhalb von Hall und der Hochfläche von Natters – also in einer Länge von gut 15 Kilometern; während die Bayern auf Innsbruck zurückgedrängt waren, dort aber ihre festen Stellungen ausbauten.

Jetzt war es Deroy klargeworden, daß sein zu frühes Vorgehen ein Mißerfolg gewesen war. Das sollte ihm kein zweites Mal passieren! Sollten doch die Tiroler angreifen! Im offenen Terrain waren seine Karrees den Bauern nicht nur klar überlegen, sondern seine Artillerie konnte auch voll zur Wirkung kommen. Überdies erwartete Deroy in der nun einbrechenden Nacht Verstärkungen. Tatsächlich erschien aber eine Einheit von 1200 Mann mit sechs zusätzlichen Geschützen erst am 28. Mai.

Hofer war in der Nacht nach dem ersten Kampftag niedergeschlagen. An einen schnellen Sieg war jedenfalls nicht zu denken, man mußte wohl oder übel den Angriff in der Talebene wagen. Aber wie? Was man erhofft hatte – der Angriff des Landsturms, also der Oberinntaler Bauern nördlich des Inn auf die Hauptstadt –, war nicht erfolgt. Auch zeigte sich jetzt das Fehlen militärischer Strukturen. Hofer war nicht einmal in der Lage, seine Verwundeten menschenwürdig versorgen zu lassen. Mit primitiven Fuhren transportierte man diese ins Stubaital ab. Viele Landsturmmänner verließen in der Nacht auch wieder ihre Verbände – sie waren ja keine vereidigten Soldaten, sondern einfache Bauern, die sich wieder um Stall und Hof kümmern mußten.

Doch neuerlich zeigte sich Hofers überzeugendes Charisma. Er konnte seine Schützenführer davon überzeugen, daß man jetzt keineswegs schon aufgeben dürfe; ein kurzzeitig von ihm selbst erwogener Rückzug bis zum Brenner wurde wieder fallengelassen, vielmehr entschloß man sich zum neuerlichen Angriff. Wieder verschleierte jetzt gläubige Emotion die Entscheidung: Ein weißhaariger Greis soll Hofer in der nächtlichen Stunde erschienen sein und ihn unter Hinweis auf das Herz Jesu zum Kämpfen angefeuert haben ...

Damit aber die Oberinntaler mitkämpfen und eine Entlastung der Bauern im Süden am Bergisel herbeiführen könnten, sandte ihnen Hofer heiße Appelle und ärgerliche Mahnungen: Immer wieder flocht er ein, daß Gott, die Jungfrau und die guten Heiligen allesamt mit den Patrioten seien. »Wir wollen die Bayern mit Hilf der göttlichen Mutter fangen oder erschlagen«, schrieb er. »Wir haben uns zum liebsten Herzen Jesu verlobt.« Aber auch: »Wollt ihr aber gescheiter sein als die göttliche Fürsichtigkeit, so werden's wir ohne euch auch richten.«

Ansonsten aber ließ sich der Sandwirt auch jetzt nicht auf ein strategisches Konzept ein. *Er* hatte *keines* und war sichtlich auch nicht in der Lage, ein solches zu erstellen. Den Männern, die ihn um Anweisungen ersuchten, ließ er nur ausrichten, man solle »zusammenstehen, einander assistieren, avisieren, was vorfällt«. Und dann »zusammenfechten«. Die Bayern »angreifen« und den Berg »hinabwerfen«.

Anders ging Speckbacher am rechten Flügel vor. Er hatte exakte Vorstellungen, die er auch an die ihm unterstellten Schützenhauptleute weitergab.

So vergingen der 26. und 27. Mai, ohne daß sich eine der beiden Parteien endgültig zum Angriff entschlossen hätte. Aber immerhin wirkte sich die Kraft des Faktischen insofern für die Tiroler aus, als nun im ganzen Land die Entschlossenheit Hofers erkennbar wurde, nicht aufzugeben. So kamen viele Landstürmer wieder freiwillig zurück, die nach dem ersten Kampftag abgerückt waren. Auch aus Südtirol rückten neue Kompanien über den Brenner. Und vor allem erhielt General Buol vom endgültig abgezogenen Chasteler doch noch einiges an Proviant und Munition.

Buol selbst hatte seine Einstellung geändert. Er ließ jetzt seinen Offizieren freie Hand, mit den Bauern lokale Einsatzbesprechungen zu führen. Andererseits schwand das Mißtrauen der Tiroler gegenüber dem Kommandanten im weißen Rock. Man respektierte einander, und Buol mußte wohl vor den Bauern und ihrem Kampfgeist den Hut ziehen.

Entscheidend für den Stimmungsaufschwung der Österreicher und Tiroler aber war wohl die Siegesmeldung über die Schlacht von Aspern. Sie hatte zwar fast eine Woche gebraucht, um nach Tirol zu gelangen, und bot wenig Anhaltspunkte über die Beurteilung des Wertes des Sieges vor den Toren Wiens, vermittelte den Kämpfern auf den Höhen um Innsbruck aber nun den Eindruck, als ob Napoleon eine so schwere Niederlage hätte einstecken müssen, daß er *wohl oder übel umkehren müsse*. Es war also keine Zeit zu verlieren, mit ganzer Kraft auch in Tirol eine Entscheidung herbeizuführen. Bald würden ja, so Hofer in seinen Laufzetteln, »wir treues Militär bekommen und nicht allzeit die Angeführten sein wie vorher«.

Buol erkannte mit dem Blick des erfahrenen Haudegens, daß die Entscheidung in einer Schlacht am Bergisel, also im Zentrum, fallen müßte. Dorthin verlegte er nun auch die stärkste seiner Einheiten unter einem Oberstleutnant Ertel, der auch einige Geschütze mitführte. Man würde – ob man wollte oder nicht – die Bayern angreifen müssen.

Wie bereits am 25. Mai kam es aber nun, vier Tage später, wieder zuerst an den Flügeln zu ersten Kampfhandlungen.

Schon im Morgengrauen stürmten Speckbachers Schützen bei Volders die Innbrücke, und es gelang ihnen, die Bayern auf das linke Ufer zu zwingen. Bald glückte auch in Hall die Einnahme eines Innüberganges. Weiter westlich hatten die Schützen über den Paschberg angegriffen und waren bis zur Sill vorgedrungen. Aber im Gegenangriff der Bayern wichen die Tiroler erneut zurück. Zum Glück stand eine österreichische Einheit bei Lans, hinter der sich die Schützen sammeln konnten.

Ein Hauptmann Daubrawa war dort der Held des Angriffes: Er führte seine österreichischen Soldaten und die sich wieder formierenden Schützen nach vorn. An der Sillbrücke rechts vom Bergisel kam es zu besonders heftigem Kampf. Einige Bauern durchwateten den reißenden Bach und griffen die Bayern im Rücken an. Zu Mittag war die Verbindung der Tiroler mit dem Zentrum am Bergisel hergestellt.

Auch am linken Flügel stoppte zuerst der Vormarsch der Bauern, sobald sie in ebeneres Gelände kamen. Überdies hatten sich rund um den sogenannten Nockerbüchel die Bayern besonders verbissen festgefressen. Haspinger, der Kapuziner, kämpfte mit seiner weithin erkennbaren Kutte wie eine überirdische Erscheinung, konnte aber erst nach langen und heftigen Schießereien einige strategisch wichtige Gehöfte einnehmen. Österreichischem Militär unter dem Hauptmann Ammann gelang dann der Durchbruch und ein Schwenk nach Westen.

So hatte sich um die Mittagszeit alles auf den Bergisel konzentriert. Dort würde, ja *mußte* die Entscheidung fallen. Immerhin konnten die Österreicher auf dem Plateau des Berges einige Kanonen aufstellen, die nach Wilten hinunterschossen.

Deroy glaubt daher am Nachmittag, daß er nicht länger nur verteidigen dürfe. Er macht wieder den gleichen Fehler und befiehlt seinen Bayern den Sturmangriff auf den Berg. Und oben taucht nun auch, im heftigsten Kampf, Andreas Hofer auf. Es ist höchste Zeit. Kann er den Leuten mehr Standhaftigkeit geben? Die bayrische Artillerie nimmt die Baumgruppen unter Beschuß, und die Tiroler darunter ziehen sich zurück. Bayrische Infanterie stürmt mit gefälltem Bajonett aufwärts; es gibt keinen Pardon; Mann gegen Mann kämpft um jeden Quadratmeter des Berges.

Hier ist es der österreichische Oberstleutnant Ertel, der eine Eskadron Berittener als letzte Reserve einsetzt. Die Kavalleristen hauen auf die Bayern ein – und drängen sie systematisch zurück.

Aber auch jetzt haben die Tiroler und Österreicher noch immer keine Chance, die eigentlichen Stellungen der Bayern in und um das Kloster Wilten am Fuß des Bergisel zu nehmen. Dort sind alle Verhaue intakt, und die vom Berg herabflutenden Bayern verschanzen sich gleich wieder dahinter.

In dieser entscheidenden Phase der Schlacht wird aber am Horizont eine Staubwolke sichtbar. Jenseits des Inns, nordwestlich von Innsbruck, erscheinen die Oberinntaler – die der Sandwirt so nachhaltig immer wieder herbeizitiert hatte. Jetzt endlich erblickt sie Hofer auf seinem Beobachtungsposten am Bergisel. Kein Zweifel! Und wieder ist es Martin Teimer, der schon seinerzeit durch seine kühle Überlegung die Franzosen zur Kapitulation vor den Toren Innsbrucks gezwungen hatte – der nun die *psychologische* Entscheidung der Schlacht herbeiführt.

Dabei hatte es sehr lange gedauert und einige Pannen gegeben, bis Teimer im Westen Tirols genügend Bauern gefunden hatte, die sich zum Kampf um Innsbruck bereitgefunden hatten. Jetzt aber nehmen seine Männer den Vorort Hötting ohne besondere Gegenwehr – hatte doch Deroy fast seine gesamte

Streitmacht unterhalb des Bergisel aufgestellt; und steht jetzt zwischen zwei Fronten – so gut wie eingekesselt durch Hofers und Teimers Streitmacht.

Dennoch lehnt der bayrische General die Kapitulation ab, zu der ihn ein österreichischer Leutnant im Auftrag von Oberstleutnant Ertel auffordert. Eine zweistündige Feuerpause ist das Äußerste, zu der sich die Bayern verpflichten wollen. Deroy erkennt wohl die Aussichtslosigkeit seiner Lage, hält aber dennoch nichts von vorzeitiger Aufgabe. Fürchtet er das Urteil der Nachwelt und will er nicht wie General Kinkel oder General Bisson dastehen?

Sein Zögern erweist sich in der Tat als sinnvoll. Denn die Tiroler und Österreicher greifen am Abend nicht mehr an. So entschließt sich der schlaue General, in der Nacht mit seinen intakten Einheiten den Rückzug anzutreten. Man verbindet den Pferden die Hufe und umwickelt die Kanonen- und Wagenräder mit Tüchern.

Die Tiroler wiederum nehmen es ihrerseits nicht allzu gründlich mit dem Wachdienst, und so findet man in Innsbruck in den Morgenstunden des 30. Mai keinen einzigen gehfähigen bayrischen Soldaten mehr. Hofer hat kein Kundschafter- und Spähernetz aufgebaut. Nur eine Staubwolke östlich von Hall signalisiert, in welcher Richtung sich Deroy davongemacht hat.

Aber statt sofort an eine wirkungsvolle Verfolgung zu denken, betrinken sich die Bauern und feiern zusammen mit den mehr oder weniger glücklichen Innsbruckern die zweite Befreiung der Stadt.

Der österreichische General Buol, der jetzt von einer »vollständigen« Aufreibung der Bayern schwafelt, was natürlich nicht stimmt, schickt auch nur eine kleine Einheit den Bayern nach, die nicht südlich, sondern nördlich des Inns unter beachtlichen Strapazen, aber relativ langsam, in Richtung Kufstein ziehen. Es wäre nicht schwer, Deroys demoralisierte Männer wirklich aufzuhalten und anzugreifen – aber die Tiroler Schützen und auch die Österreicher müssen ja überall ihren Sieg feiern; und so ziehen die Bayern mehr oder weniger unbehelligt schließlich aus ganz Tirol ab.

Hofer und seine Garde kommen am Nachmittag des 30. Mai 1809 feierlich nach Innsbruck. Nun lernten die Bürger der Stadt den legendären Sandwirt kennen. Mit seinem schwarzen Bart hinterließ die massige Figur auf die wankelmütigen Städter einen nachhaltigen Eindruck. Der Bauernführer wirkte ja wahrhaftig wie eine Erscheinung aus der legendenumwobenen Geschichte des Landes, wie ein guter Riese, der aus seiner Höhle herabgestiegen war, um das Volk aus seiner Not zu erlösen. Und sehr bald verbreitete sich auch der Mythos, Andreas Hofer selbst wäre der eigentliche Held der Schlacht am Bergisel gewesen. Daß der Wirt aus dem Passeiertal erst ziemlich spät am Kampfplatz erschienen war, wurde ihm nicht nur nicht negativ ausgelegt, sondern viele meinten sogar, nur sein psychologisch-taktisches Geschick im Augenblick der höchsten Gefahr habe den Sieg erst möglich gemacht. Daß Hofer lange Zeit überhaupt keine Übersicht hatte und der Plan der Schlacht auch keinesfalls von ihm entworfen wurde, er überdies den Abzug Deroys übersehen hatte, vergaß man im allgemeinen Siegestaumel. Auch den entscheidenden Anteil des österreichischen Militärs, das sowohl bei Lans, in Natters und schließlich am Nachmittag am Bergisel in der kritischen Phase zugunsten der Tiroler entschieden hatte, wurde nur halbherzig gewürdigt. Verständlich: Dem Einsatz der Patrioten in den Schützenkompanien und im Landsturm war es ja dennoch einzig und allein zu danken, daß man gegen reguläre Einheiten der großen, mit Napoleon verbündeten Armee des Königreiches Bayern in einer offenen Schlacht den Sieg davongetragen hatte.

Jetzt, nach dem Sieg, war auch Hormayr wieder auf der Bühne erschienen und versuchte, das Gelingen der zweiten Befreiung Tirols auf seine Fahnen zu heften. Verständlich, wenn auch nicht eben der Wahrheit gemäß.

Hormayr war es schließlich auch, der sehr rasch mit Erzherzog Johann und dem Kaiser Kontakt aufnahm und für die Verbreitung jenes Briefes von Franz I. in Tirol verantwortlich war, der sich in der Zukunft als folgenschwer herausstellen sollte: dem Wolkersdorfer Handbillett.

Ein Kaiser verspricht

Der große Sieg am Bergisel hatte bei Andreas Hofer Genugtuung ausgelöst. Er hatte sich selbst bewiesen, daß er seine Tiroler Landesverteidiger richtig einsetzen konnte und für sie ein guter Führer war. Er schmeichelte sich wohl auch, kein schlechterer Kommandant zu sein als die österreichischen Herren Offiziere, die ihm ins Land geschickt worden waren. Das mußte für den Wirt wohl ein hohes Maß an Befriedigung bedeuten.

Hofers Wertschätzung der österreichischen Waffenhilfe nahm nach den Maiereignissen auch etwas ab; die Flucht Chastelers war für ihn zum Schlüsselerlebnis geworden. Tirol würde, das spürte er wohl, weitgehend allein und auf sich selbst gestellt bleiben. Zumindest eine gewisse Zeit. Um so unverständlicher ist angesichts der Erfahrungen mit den kaiserlichen Generälen daher das naive Vertrauen, das Hofer nach wie vor in den Kaiser und Erzherzog Johann setzte. Die geradezu kindliche Einfalt berührt, mit der der Sandwirt Kaiser Franz sogar vor seinen eigenen Schützenkommandanten in Schutz nahm: Es seien die Umgebung, das Offizierskorps, der Generalstab, die Beamten und auch der ehrgeizige Hormayr gewesen, die Franz I. schlecht beraten und dessen Gutwilligkeit gegenüber Tirol mißbraucht hätten. Hofer blieb felsenfest davon überzeugt, daß jedenfalls der Kaiser nur das Beste wollte und auf ein Wort des Kaisers daher auch absoluter Verlaß wäre. Und diese geradezu kultische Verehrung für den Herrn von Gottes Gnaden, den er nie selbst zu Gesicht bekommen hatte, hinderte ihn wohl an einer vorsichtig-abwägenden Sicht, die für ihn in anderen Fragen durchaus typisch war.

Franz war sein Fels in der Brandung der Zeit, der persönlich haftende Gesellschafter im ewigen Pakt der Tiroler mit ihrem gefürsteten Grafen im fernen Wien.

Und dann gab es noch eine stabile Säule, die der nunmehr glücklich-selbstsichere Sandwirt zur Abstützung seines Handelns aufrichtete: den lieben Gott. Jetzt war für ihn bewiesen, daß *Er* wohl auf seiten der gerechten Tiroler Sache stand ...

Die Verbindung der Anliegen des Freiheitskampfes mit jenen des Heiligsten Herzen Jesu entbehrt nicht eines gewissen Obskurantismus. Waren nicht auch die Bayern fromme Katholiken oder Tausende Soldaten der Armeen Napoleons? Schossen da nicht die Kinder der »Einen und Wahren Kirche« auf ihre Brüder in Christo?

Die ständige Anrufung Gottes empfand der Wirt aus dem Passeiertal aber dennoch nicht als Anmaßung; vielmehr war das sogar die eigentliche *Inspiration* des Befreiungskampfes: die Idee von der *Bewahrung* des »alten« Glaubens gegenüber der Herausforderung der Aufklärung.

Für Hofer und seine Getreuen war glaubhaft geworden: Am Bergisel hatte der Herr auf ihrer Seite mitgekämpft, weil Er den verfluchten Ideen der Zeit, den Modernismen und Rationalismen, der Freimaurerei und der Klosterstürmerei durch die Tiroler Waffen einen Schlag versetzen wollte ... In diesem »Kreuzzug« hatte Er durch ein Gottesurteil entschieden, daß die Vernünfteleien ebenso falsch waren wie die Ideen der Volkssouveränität, die Parolen der Französischen Revolution ebenso in die Irre führten wie der versuchte Sturz des Gottesgnadentums. Sein Tirol war heil geblieben.

Und so stand Hofer jetzt auch ganz im Bann einer religiösen Sinngebung der Siegesfeiern, die in einer Unzahl von

Gottesdiensten ihren Ausdruck fanden. Prozessionen, Wallfahrten schlossen sich an. Und als in Innsbruck ein kurzes Erdbeben zu spüren war, deutete man dies als klaren übernatürlichen Fingerzeig – das Signum der Heiligkeit und Gerechtigkeit der Ereignisse, deren Zeuge man werden durfte.

Bald feierte man überdies nicht nur den Sieg vor den Toren der Landeshauptstadt Tirols, sondern auch die gänzliche Befreiung des Landes vom Feind – wohl mit Ausnahme der Festung Kufstein und des äußersten Südens. Aber noch etwas war für Hofer Grund zu fast grenzenlosem Optimismus: der Sieg der Österreicher über Napoleon bei Aspern unweit von Wien in den Auen der Donau.

Hatte die erste, noch vage Meldung vom glücklichen Ausgang der Schlacht bei Wien während des Kampfes um den Bergisel eine große psychologische Bedeutung gehabt, so war – nachdem man Näheres erfahren hatte – die Zuversicht riesengroß. Napoleon hatte zum ersten Mal eine offene Schlacht verloren und war vom Kampfplatz über die Donau geflüchtet.

Aber dennoch wurde bald allen bewußt, daß der Kriegszug damit dennoch keinesfalls bereits entschieden war, ja die *eigentliche* Entscheidung erst folgen würde. Sowohl Erzherzog Johann als auch der Vizekönig Beauharnais näherten sich dem Marchfeld in Eilmärschen. Dort würde, ja mußte es zur Endentscheidung kommen.

Andreas Hofer brach in diesen Tagen zu einer Inspektion des Unterinntals auf. Dort kamen ihm angesichts der bayrischen Nähe wohl auch Fragen in den Sinn, wie es weitergehen sollte. Denn daß ein einziger Sieg über Napoleon zu einer Kehrtwendung der Politik der Franzosen führen würde, war eher unwahrscheinlich. Bewußt war dem Sandwirt wohl auch, welchen Ärger der große Korse darüber empfinden mußte, daß seine Verbündeten so schmählich aus dem rebellischen Land vertrieben worden waren. Er konnte es ja gar nicht auf sich sitzen lassen, die Tiroler nicht doch noch grausam zu bestrafen. Und so war es wohl für Hofer nun ein unmittelbarer Anschauungsunterricht, daß er durch die geschwärzten Ruinen der Unterinntaler Orte ritt, die Lefèbvre einige Wochen zuvor zerstört hatte. Fürchterlich würde wohl die Rache der Franzosen und Bayern sein, und keinen Pardon würden die Marschälle des Kaisers Napoleon geben, wenn sie nochmals wiederkommen würden!

Im Unterinntal organisierte Hofer eine Soforthilfe für die Geschädigten, später wurde in einigen Orten eine Art »Brandsteuer« eingeführt, wobei immerhin 30 000 Gulden, eine veritable Summe, zusammenkam.

Die Beamten, die auch so nach und nach in ihren Amtsstuben erschienen, machten nun wieder Dienst im Namen des Kaisers von Österreich. Und formal wurde auch wieder die Intendantschaft eingeführt.

Hofer dachte in diesen Tagen sehr wohl an die künftige Gestaltung des Verhältnisses zu Wien: Die Erfahrungen mit Chasteler und Hormayr waren nicht dazu angetan, solchen Männern allein die zivile Verwaltung zu überlassen.

In dieser Phase erhielt Andreas Hofer Denkhilfe von einem Mann, der zu den angesehensten des Landes gehörte: dem Landrichter Johann Michael Senn aus Nauders. Senn war schon einer der Vertreter am offenen Landtag von 1790 gewesen und galt als ausgezeichneter Jurist. In einem Brief wandte sich Senn an den Sandwirt, den er mit »Herr Oberkommandant« ansprach; darin schlug er vor, »miteinander gemeinschaftliche Sache zu machen, wechselseitig einander in die Hand zu arbeiten«.

Senn sah die Dinge realistisch und zugleich juristisch. Niemand in der Umgebung Hofers, die aus aufrechten Hauptleuten, Wirten und Geistlichen bestand, hatte sich je bereits über die künftige Gestaltung des Verhältnisses zu Österreich gründliche Gedanken gemacht. Und Senn sprach nun aus, was viele Tiroler Patrioten dachten – daß nämlich »alle Prinzen, alle Generäle und alle Truppen« Österreichs zuerst einmal die Tiroler im Stich gelassen hätten; wobei es einerlei war, ob es »befohlen oder nicht befolgt« wurde, was an Befehlen aus Wien und dem kaiserlichen Oberkommando kam. Sollte also Tirol wieder unter das Szepter Österreichs zurückkehren, dann müßte dies als ein *freiwilliger* Akt des *selbst*befreiten Landes anerkannt werden; man würde Tirol aber dann auch nicht den »alten Schlendrian« im »gelben Haus zu Innsbruck« – der Hofburg – antun dürfen und den Schwarm von landfremden Beamten wieder ins Land holen. Man müßte sich wohl mit dem Kaiser hart auseinandersetzen, was Verfassung, erworbenes Vor- und Gewohnheitsrecht betraf – und was als bloßes Privileg anzusehen wäre.

Senn schlug Hofer ein weiteres Treffen vor, um über die unmittelbare Bildung eines verfassunggebenden Ausschusses, dann eines sogenannten Inquisitionsausschusses zwecks Untersuchung von Vaterlandsverrat und schließlich eines Verteidigungsausschusses miteinander zu reden.

Senns Ideen machten sehr wahrscheinlich starken Eindruck auf den Sandwirt und beeinflußten die Stimmung der Bauernführer – hatten allerdings auf den Gang der weiteren Dinge keinen Einfluß.

Aber wie war die Stimmung im Volk, unter den Bauern, Bürgern und beim Adel? Wer sollte im befreiten Land künftighin die »Zeche« zahlen, wer die Entscheidungen beeinflussen?

Hofer – der sich, nachdem Hormayr wieder als Intendant die Verwaltungsangelegenheiten in die Hand genommen hatte, um die Verteidigung kümmerte – war überdies klar, daß auch eine neue Verteilung der Lasten im Land notwendig sein würde. Es waren ja fast ausschließlich die Bauern Tirols gewesen, die bisher die Mühen der Landesverteidigung getragen hatten; wobei es in der überwiegenden Zahl die hofbesitzenden Bauern oder ihre unmittelbaren Familienangehörigen – wie zumeist die Söhne – waren, die Dienst in den Schützenkompanien machten.

In dieser Phase des Befreiungskrieges hatte das, was man heute als »Landproletariat« bezeichnen würde, noch keinen Einfluß. Kämpften Knechte in den Bauernhaufen mit, dann Seite an Seite mit ihren Herren, gleichberechtigt und von diesen direkt in den Kampf geführt. Allerdings fand man unter den Bergisel-Kämpfern kaum Welschtiroler, Bewohner des italienischsprachigen Südens. Dort war die Schützenorganisation nicht gleichermaßen Bestandteil des bäuerlichen Selbstverständnisses gewesen.

Im Stich gelassen mußte sich Hofer aber mittlerweile auch vom hohen Klerus fühlen; die bischöflichen Kurien von Trient und Brixen standen dem Befreiungskampf eher reserviert gegenüber, sie machten sogar den einfachen Priestern und Ordensleuten Schwierigkeiten, am Kampf tellzunehmen. Just nach der Bergisel-Schlacht hatte auch der Innsbrucker Kapuzinerprovinzial den streitbaren Pater Haspinger in eine Zelle eingesperrt, bis Hofer offiziell und nachhaltig dagegen Protest einlegte.

Anders eingestellt als der hohe Klerus waren die einfachen Kapläne und Mönche, die ihre Gläubigen für die Sache der Patrioten aufriefen und Hofers Ruhm nun auch via Kanzel im ganzen Land verbreiteten; die vielen Kirchen des Landes waren es ja, die das Informationsnetz darstellten, über das bis in die entlegensten Talschaften die Botschaften des »Oberkommandanten« dringen konnten.

Und es gab auch noch den Adel. Sein Anteil am bisherigen Tiroler Befreiungskampf war unterschiedlich. Zahlreiche Landadelige waren Mitglieder von Schützenkompanien und hatten eifrig mitgekämpft; eine ganze Reihe – darunter Mitglieder alter und großer Namen – stand aber abseits und wollte mit dem gemeinen Volk nicht gemeinsame Front machen. Mehrere hatten, wie wir gesehen haben, auch mit den bayrischen Besetzern zwischen 1805 und 1809 eifrig zusammengearbeitet. Vor allem der Adel in den Städten war zum Anhänger der bayrischen Sache geworden und sah keinen Grund, für eine Herrschaft der Bauern die Hand zu rühren.

Und das war auch die Auffassung vieler Bürger in den Tiroler Kommunen. Insgeheim war das Gedankengut der Aufklärung ja besonders in den Städten – voran in Innsbruck und Bozen – verbreitet worden. Die Intelligenz und Beamtenschaft identifizierten sich aber nicht mit den frömmelnden und eifernden Wirten und Kapuzinern. Die »vernünftigen« Reformen der Bayern und des Ministers Montgelas waren durchaus in ihrem aufgeklärten Sinn gewesen. Ganz besonders deutlich wurde jetzt auch ein gewisser »nationaler« Gegensatz: Die Stadt Trient und ihre italienische Bürgerschaft hatten überhaupt kein wie immer geartetes Verständnis für Andreas Hofer und seine Patrioten, ihnen fehlte sowohl der emotionelle wie rationale Impetus. Hatte man in dieser Handelsstadt – ähnlich wie in Innsbruck und Bozen – doch mühsam genug den Handel mit Hilfe der Bayern belebt, als daß man Freude für die kriegerischen Ereignisse empfand; Geschäft und Gewerbe mußten sogar befürchten, bei Andauern der Auseinandersetzung vollends unter die Räder zu kommen.

In allen Städten fürchtete man jedenfalls die betrunkenen Bauern mehr als die bayrischen oder französischen Soldaten.

So bildete sich bei Hofer und seiner Garde umgekehrt auch ein Ressentiment gegen die Städter heraus; später griff er ja in das städtische Leben besonders stark ein und machte vor allem Front gegen Intelligenz, Professoren und Studenten: Sie hielt er im Grunde für seine weltanschaulichen Gegner, für Verächter seiner Bauernherrschaft und für wankelmütige Kollaborateure mit der aufklärerischen Sache.

Zugleich fand Hofer für die Jammerer in den Städten jetzt immer seltener freundliche Worte. Ein Beispiel: Einem Bittsteller, der sich über die Folgen des Kriegführens beklagte, antwortete er brüsk: »Es geht bisweilen halt a so« – während der schlaue Hormayr dem gleichen guten Mann Hoffnungen auf baldige Hilfe zugestand. Das unterschiedliche Verhalten von Hofer und Hormayr machte bald die Runde im Land.

Hormayrs entscheidender Schachzug gegen den Sandwirt erfolgte am 20. Juni. An diesem Tag erließ der Intendant nämlich ein Patent – das von General Buol mitunterzeichnet wurde –, in dem festgehalten war, daß künftighin sowohl die Schützenverbände wie der Landsturm *nur* von den österreichischen Generälen und vom Intendanten selbst aufgeboten werden durften; sogenannte Unterintendanten und Offiziere sollten in genau festgelegten Bereichen die *allein* Zuständigen sein. Den Bauernführern wurde nach diesem System nur mehr die Zuständigkeit für ihre unmittelbaren Sprengel zugestanden. So waren die Organisation der Kompanien, die Beschaffung von Munition und deren Versorgung Sache der lokalen Kommandanten. Selbst dafür aber waren sie jeweils der Intendantschaft und den kaiserlichen Generälen verantwortlich.

Der springende Punkt war: Man reduzierte Hofer und seine Führer solcherart auf reine *Ausführungs*organe und Befehls*empfänger*, obwohl bekanntlich sowohl der Landesintendant wie auch die Herren Offiziere im Mai ja kläglich versagt und die Schützen alleingelassen hatten. Jetzt, nachdem die Bauern die Kastanien aus dem Feuer geholt hatten, sollte wieder alles wie vorher sein? Was würde denn geschehen, wenn die Tiroler neuerlich allein bleiben und beim nächsten Angriff die kaiserlichen Herren endgültig das Land verlassen würden? Was mußte eintreten, wenn Buol und die Generäle Leiningen und Schmidt, die jetzt noch immer im Land standen, irgendwelchen Befehlen aus Wien Gehorsam leisten und sich der Herr Hormayr auch wieder absetzen würde, etwa in die Schweiz, was schon – landauf, landab bekannt – das letzte Mal seine Absicht gewesen war?

Als Hormayr sein Patent erließ, war Hofer aus Nordtirol in sein heimatliches Passeiertal zurückgekehrt. Auch auf ihn warteten der Hof und die Erledigung vieler Schreiben, die in der Zwischenzeit eingetroffen waren: Ersuchen, Anfragen und Vorschläge aus dem ganzen Land.

Schon abgesehen von der räumlichen Distanz war es ihm daher offenbar nicht sofort möglich, gegen das ihn diskriminierende Patent wirksam vorzugehen. Wie die Dinge lagen, war die Macht des Intendanten ohnedies eher papiern und die der kaiserlichen Generäle auf ihren unmittelbaren Stellungsbereich eingeschränkt. Hofer hingegen hatte die Autorität und die Macht des Faktischen auf seiner Seite. Die Schützenkommandanten hielten ausnahmslos nur mit ihm Kontakt. Wohl deshalb blieb Hofer auch beim bisherigen Usus: Er ermahnte die Schützen zur Wachsamkeit, befahl die Anlage von Depots, ordnete den Wachtdienst auf den Pässen und Höhen sowie die Organisation eines Kundschafter- und Meldedienstes an. Hofers Persönlichkeit reichte aus, daß man fast allen *seinen* Befehlen nachkam – und das trotz Sommer- und Erntezeit. Also mußten die österreichischen Militärs froh sein, daß es den Sandwirt gab. Und wohl deshalb ist es auch zu erklären, daß es zu keinen offenen Reibereien in zwei konkurrierenden Befehlshierarchien kam. In keinem der Erlässe Hofers ist freilich vom Intendanten Hormayr die Rede, was ein bezeichnendes Licht auf die Beziehung wirft, die zwischen den beiden Männern entstanden war. Man mißtraute einander. Auch dürfte es zu keinem Zusammentreffen des Sandwirts mit Hormayr nach Hofers Heimkehr ins Passeiertal gekommen sein.

Gab es in der Frage der militärischen Befehlsinstruktionen zunächst keinen offenen Konflikt, so war die Frage der Steuerpolitik Hormayrs hingegen sehr wohl ein Grund für einen sich immer mehr verschärfenden Gegensatz.

Hormayr kämpfte naturgemäß im Zuge des Aufbaues einer zivilen Verwaltung mit argen finanziellen Problemen. Von Österreich war keine Hilfe zu erwarten, in Nordtirol aber nach der Besetzung und Verwüstung rasche Hilfe bei der Beseitigung der allerärgsten Schäden notwendig; und die Kassen und vorhandenen Barschaften der Behörden hatte Lefèbvre bei seinem Raubzug durchs Inntal mitgehen lassen. Zuerst ergab der Verkauf von Salz und Messing etwas Geld, dann erbrachten auch Spendenaktionen einiges. In Hall begann Hormayr mit der Ausprägung von silbernen »Zwanzigern«. Dann wandte er sich an einige reiche Bürger mit der Bitte um »Darlehen« – freilich mit bescheidenem Erfolg –, um schließlich an die Stände um die Gewährung eines forcierten Vorschusses in der Höhe von 300 000 Gulden heranzutreten. In seiner Not erklärte der Intendant – ohne Kompetenz und auch Rücksprache –, daß Österreich für die Refundierung *geradestehen* würde. Ja, er verstieg sich zur »feierlichen Versicherung«, daß die österreichische Regierung »Garantin und Selbstzahlerin« des Vorschusses sein würde.

Nun handelte es sich natürlich nicht um ein freiwilliges Darlehen, sondern um eine Art Zwangsanleihe, weil genaue Bestimmungen darüber festgelegt wurden, welche Gemeinde wieviel zu entrichten hatte. Hormayr verteidigte später vehement die Maßnahme, die nicht unbedingt zur Beliebtheit des österreichischen Regimes beigetragen hatte. Hormayrs Gehabe war es überdies, das die Tiroler im Kontakt mit ihm störte. Obwohl Hormayr selbst gebürtiger Tiroler war, agierte er nie offen, sondern einerseits überschwenglich, voll Theatralik und Pose – andererseits aber rücksichtslos und hart. Auch sein Witz, sein Charme und seine unbestrittenen intellektuellen Fähigkeiten konnten den Gesamteindruck nicht verbessern, demzufolge Hormayr in den Augen Hofers und der anderen Bauernführer als »falsch«, ja »tückisch« anzusehen wäre.

Vor allem war es dann aber Hormayrs Patent über die Entrichtung von *ausstehenden* Steuern, das böses Blut machte; wobei jene Steuern *nicht* nachgefordert wurden, die die Bayern eingeführt hatten. Das bedeutete aber dennoch Entrüstung und Aufregung bei jenen Männern, die wochenlang im Feld gestanden waren und meinten, vorerst genug geleistet zu haben. Andererseits war steuertechnisch unklar, welche österreichischen Steuern eingeführt, welche aber als bayrisch abzuschaffen wären.

Insbesondere im Zusammenhang mit Zöllen und der Einhebung einer Wein-, Branntwein- und Essigsteuer kam es schließlich zu handfesten Auseinandersetzungen und Aufregungen – hatte doch Hormayr bei Nichtzahlung der Steuern mit Verhaftungen gedroht.

Ein Kaiser verspricht

Alle diese Vorfälle waren in diesem Vorsommer aber längst überschattet von den Berichten, die aus Österreich eintrafen.

Erinnern wir uns:

Mitte Mai 1809 hatte sich die Haupt- und Residenzstadt Wien den Franzosen ergeben. Kaiser Franz war über die Donau nordwärts geflohen. Dort sammelte auch der Oberbefehlshaber Erzherzog Karl seine verstreuten Truppen.

Zwischen dem 17. und 20. Mai setzte Napoleon mit seiner Armee über die Donau, was auf Booten und Brücken ein mühsames Unterfangen war. Am 21. Mai besetzten die Generäle Masséna und Lannes Aspern und Eßling, heute nordöstliche Vororte Wiens. Mehr noch als in der Gegenwart war dieses Gebiet von dichtem sumpfigen Auwald umgeben; die Soldaten kamen nur schlecht vorwärts; und kleine Teiche, Tümpel und Altarme der weitverzweigten Donau behinderten die Franzosen außerordentlich. Dazu kamen Myriaden von Stechmücken, die besonders in dieser Jahreszeit den Soldaten – beider Seiten – arg zugesetzt haben dürften.

Jedenfalls kam es – wie wir schon gehört haben – rund um Aspern und um die von den Franzosen errichtete Lobaubrücke am 21. Mai zu erbitterten und blutigen Gefechten. Die Österreicher waren, anders noch als 1805, von erstaunlichem Angriffsgeist erfüllt – die patriotische und nationale Propaganda der letzten Jahre hatte ihre Wirkung nicht verfehlt. Die Franzosen sahen sich einem gleichwertigen und zahlenmäßig überlegenen Gegner gegenüber, der dazu noch das Terrain kannte und optimal nützte.

Marschall Lannes wurde tödlich verwundet und die Brücke, die die Franzosen bei der Lobauinsel errichtet hatten, bald zerstört, was für Napoleon eine Verstärkung der um die Kirche von Aspern kämpfenden Einheiten der Grande Armée unmöglich machte. Der später heroisierenden österreichischen Propaganda zufolge hat Erzherzog Karl selbst in die entscheidende Phase der Schlacht eingegriffen und sich – die österreichische Fahne aufnehmend – an die Spitze der Österreicher gestellt. Damit soll er seine Soldaten zum entscheidenden Angriff angefeuert haben.

Der Sieg bei Aspern hatte jedenfalls vor allem eine psychologische Wirkung: Napoleon war zum ersten Mal in einer offenen Feldschlacht – wenn auch in ungewöhnlichem Terrain – besiegt worden; und Meldungen über eine angeblich katastrophale Niederlage der Franzosen durchliefen bald die ganze österreichische Monarchie. Man behauptete sogar, Napoleon selbst sei gefallen. Und zusammen mit den etwa gleichzeitig verbreiteten Berichten vom spektakulären Sieg der Tiroler am Bergisel entwickelte sich nun in Österreich selbst – und in den sympathisierenden Staaten – eine *Aufbruchstimmung,* die geradezu ins Euphorische umzuschlagen drohte. Die regulären österreichischen Einheiten waren, so meinte man überall, ebenso wie die Landstürmer durchaus in der Lage, dem als unbesiegbar geltenden Napoleon schwere Niederlagen zuzufügen. Spanien war, so sagte und schrieb man, keine Ausnahme gewesen. Volkskriege wären führbar und Soldaten bei entsprechender Motivation auch den französischen Grenadieren gleichwertig – wenn nicht überlegen.

Das Hochgefühl der Österreicher verstärkten Meldungen aus dem Ausland. Schon im April hatte ein Leutnant Katt im Handstreich versucht, die Stadt Magdeburg zu erobern – eine Stadt des Königreiches Westfalen, wo Napoleons Bruder regierte. Und nun griff sogar, völlig unerwartet, ein Abenteurer, der Major Schill, Westfalen an: ein geradezu groteskes Unternehmen. Aber diese und andere Vorfälle in Deutschland bewiesen, wie explosiv die Lage für die dort als Besatzer agierenden Franzosen über Nacht geworden war.

Auch der Sohn des Herzogs von Braunschweig streifte mit seiner »Schwarzen Legion« durch weite Teile Sachsens und verjagte die Franzosen, wo er sie zu Gesicht bekam. Im kriegsmüden Preußen berieten die Patrioten Scharnhorst und Gneisenau über die Zusammenstellung einer »Preußischen Legion«, die den Österreichern zu Hilfe kommen sollte.

Erfolgsmeldungen von den Gegnern Napoleons bewirkten nun eine jeweils *wechselweise* Bestärkung, weshalb auch der Sieg der Tiroler am Bergisel die deutschen Patrioten in eine zuversichtliche Hochstimmung versetzte. In den Rheinbundstaaten wurde man äußerst unruhig. War eine umfassende Aufstandsbewegung in ganz Deutschland möglich? Niemand anderer als der Freiherr vom Stein, den der preußische König als Minister hatte entlassen müssen, schlug vor, in jedem deutschen Dorf »durch Prozessionen, Predigten, Scheibenschießen, in jeder Schule durch gymnastische Übungen« den Volkskrieg vorzubereiten: »Ad modem der Spanier, der Österreicher ...«

Vor allem aber nützte in diesen Tagen England die Chance, gegen Napoleon mobil zu machen. Arthur Wellesley Wellington war bekanntlich mit einem englischen Expeditionskorps in Spanien gelandet und hatte sich dort mit den Insurgenten vereinigt; es war ihm gelungen, auch weiterhin die Kräfte der untereinander streitenden französischen Generäle aufzusplittern und den Nordwesten Spaniens zu befreien.

Jetzt kamen Meldungen bis Wien und zu Kaiser Franz, wonach England ein großes Landemanöver in Belgien an der Scheldemündung vorbereite und dort mit 40 000 Mann gegen Napoleon eine zweite Front eröffnen wolle; der französische Innenminister Fouché mußte seinerseits in Frankreich die

Nationalgarde einberufen, weil Angst und Unruhen selbst im Mutterland um sich griffen.

Man muß daher diese politische Großwetterlage sehen, wenn man die Gefühlswoge begreifen will, die Kaiser Franz in den späten Maitagen des Jahres 1809 erfaßt hatte.

Fast zwanzig Jahre lang kämpfte Österreich nun schon gegen Frankreich, fast eine ganze Generation war immer wieder zu den Waffen gerufen worden, Franz hatte seinen Ländern immer größere Opfer abverlangen müssen; immer wieder aber hatte es für Österreich Niederlagen gegeben, in demütigenden Friedensschlüssen war dem Kaiser Stück für Stück vom Erbe seiner Väter abgenommen worden – er selbst war zeitweilig zum Gespött von halb Europa herabgesunken.

Jetzt endlich schien für Franz I. der Umschwung gekommen zu sein, die sehnlichst erwartete Wende! Der Korse hatte sich offensichtlich übernommen und sein Schicksal leichtfertig herausgefordert.

In dieser Stimmung der Erwartung eines Endsieges – nach Aspern und dem Bergisel –, in jenen Tagen also, da Napoleons Armee in den Auwäldern entlang der Donau so gut wie eingeschlossen war, unterfertigte Franz I. in Wolkersdorf, einem kleinen niederösterreichischen Dorf rund zwanzig Kilometer nordöstlich von Wien, jene Dokumente, die sich später als katastrophal für das Schicksal Tirols erweisen sollten: weil sie Versprechungen enthielten, die der österreichische Kaiser nicht einhalten konnte, die aber andererseits Andreas Hofer und seine Getreuen für bare Münze nahmen.

Es handelt sich dabei um mehrere Schriftstücke: um das Handschreiben von Kaiser Franz an die Tiroler Stände, wahrscheinlich vom 26. Mai; sodann das eigentliche »Handbillett aus Wolkersdorf« vom 29. Mai; und weiters mehrere Schreiben des Kaisers an seine Brüder, in denen er Befehle hinsichtlich der Verwaltung Tirols und des Einsatzes der österreichischen Truppen in Tirol erteilte. Der gemeinsame Tenor aller dieser Dokumente war, daß Tirol *nie mehr von Österreich geräumt werden würde* und die Tiroler Verteidiger mit der *uneingeschränkten Unterstützung* Österreichs rechnen dürften; selbst im Falle eines Friedensschlusses würde es, so Franz, zu einer neuerlichen Preisgabe Tirols durch Österreich wie 1805 – unter welchem Titel auch immer – nicht mehr kommen.

Zusammen mit dem in Schärding im April erlassenen Aufruf bildeten die neuen Dokumente nun wirklich eine Rechtfertigung für die Tiroler, den Widerstand konsequent fortzusetzen, ja sich sogar an eine Verfolgung der Feinde über die Grenzen Tirols heranzuwagen, sollte dies notwendig sein. Ab diesem Zeitpunkt schwand auch der letzte Zweifel, daß man als Tiroler noch bayrischer Untertan war. Die Tiroler hielten sich mehr denn je für Österreicher und damit für *legitime Landesverteidiger.* Immer wieder wurde auch dieser Charakter des Widerstandes betont und nicht begriffen, daß die Insurrektion für Bayern und Franzosen völkerrechtlich nach wie vor als Heckenschützen- und Partisanentum anzusehen war.

»Ihr habt der Welt gezeigt«, so der Kaiser euphorisch über Andreas Hofers Tiroler, »was ein tapferes Volk vermag, wenn es für die Erhaltung seiner Religion und für seine Befreiung vom fremden Joche die gerechten Waffen ergreift. Die Vorsehung hat Eure Unternehmungen gesegnet, sie wird es ferner tun. Der Gedanke, daß die Zeit der Prüfung nur kurz sein wird, stähle Euren Mut und halte Euch aufrecht, damit Wir rühmlich den großen Kampf endigen, den Uns Ehre und Pflichten gegen die Nachwelt abgenötigt haben.«

In dem Schreiben vom 29. Mai hieß es:

»Die Armee und die Völker Österreichs sind von höherem Enthusiasmus als je beseelt; alles berechtigt zu großen Erwartungen. Im Vertrauen auf Gott und Meine gerechte Sache erkläre ich hiemit Meiner treuen Grafschaft Tirol, mit Einschluß des Vorarlbergs, daß sie *nie mehr* von dem Körper des österreichischen Kaiserstaates soll getrennt werden, und *daß Ich keinen anderen Frieden unterzeichnen werde* – als den – der dieses Land an Meine Monarchie unauflöslich knüpft.«

Dieses Schreiben sollte nun Erzherzog Johann, der zu diesem Zeitpunkt mit seinen Truppen in Westungarn stand und sich mit Erzherzog Karls Armee vereinigen sollte, nach Tirol bringen und verteilen lassen. Was durch Johann aber nicht erfolgte, weil dieser das Schriftstück eine geraume Weile zurückhielt.

In der Umgebung des Kaisers hatte man allerdings dafür gesorgt, daß Abschriften sehr wohl *direkt* nach Tirol gelangten und sofort im ganzen Land verbreitet werden konnten. Verantwortlich dafür waren wahrscheinlich die Günstlinge des Kaisers in diesen Tagen, Feldmarschalleutnant Bubna, der Staatsrat Baldacci und des Kaisers Adjutant Kutschera. Es dürfte als erwiesen anzusehen sein, daß die Hofkanzlei nichts vom Schreiben des Kaisers wußte und auch Graf Stadion, der Außenminister, nicht informiert worden war. Dennoch scheint dieser Gesichtspunkt unerheblich: In der Hochstimmung der Tage von Wolkersdorf, in denen die normalen bürokratischen Prozeduren nicht eingehalten werden konnten, hätten wahrscheinlich auch die Minister diese Erklärung des Kaisers an die Tiroler gutgeheißen.

Dennoch ist dadurch – wie die Dinge liegen – die *persönliche, subjektive* Verantwortung von Kaiser Franz für alle nachfolgenden Ereignisse als noch stärker anzusehen. Der Kaiser war ja kein unmündiges Kind – und Österreich damals keine

Demokratie mit parlamentarischen Spielregeln: Der absolutistisch regierende Kaiser hatte stets das Recht und die Macht, sich *einseitig zu erklären* und den Tirolern als ihr gefürsteter Graf – als der er sich fühlte – *eindeutige und souveräne* Versprechungen zu machen. Selbstverständlich mußte er selbst für die Einhaltung der Zusagen dann auch einstehen.

Damit gewinnt das Drama des Sandwirts die Dimension einer personalen Verquickung: Nicht die österreichische Regierung, nein, *der Kaiser selbst* hatte gegenüber dem »Oberkommandanten« sein Wort verpflichtet und dessen Widerstandskampf legitimiert, ja geradezu befohlen. Für Andreas Hofers Tod trägt sohin – aus heutiger Sicht – Kaiser Franz I. die *persönliche* Verantwortung. Alle nachträglichen Versuche, die Abfassung, Absendung und Verteilung des Wolkersdorfer Handbilletts als eine Serie von Eigenmächtigkeiten Unzuständiger hinzustellen, gehen am Kern vorbei. Kaiser Franz hatte die Proklamation unterzeichnet, die diesbezüglichen Briefe unterschrieben und möglicherweise sehr wohl auch die Weisungen zu ihrer propagandistischen Nutzung gegeben. Es besteht also kein Grund, ihn von der Verstrickung in die Schuld gegenüber dem Wirt von St. Leonhard und den anderen Opfern des Aufstandes freizusprechen.

Daran ändert auch der Umstand nichts, daß damals, im Mai 1809, in Wolkersdorf subjektiv die uneingeschränkte Bereitschaft vorhanden war, Tirol wirklich *nie* mehr aufzugeben. Das geht auch aus den militärischen Planungen hervor, die zur Fortsetzung des Krieges gebilligt wurden – und in denen dem Land Tirol eine wichtige strategische Ausgangsposition für die weiteren österreichischen Unternehmen zugeteilt war. Die wichtigtuerische Umgebung von Kaiser Franz und auch von Minister Stadion trat nämlich dafür ein, nach der Selbstbefreiung Tirols von dort nach Bayern durchzubrechen und

Napoleon einen möglichen Rückmarschweg zu versperren; Chasteler sollte mit diesem Unternehmen beauftragt werden – ohne daß man in Wolkersdorf noch wußte, daß der österreichische Marquis Tirol ja längst verlassen hatte und irgendwo in Innerösterreich stand. So miserabel war man im kaiserlichen Hauptquartier über die wirkliche Situation unterrichtet!

Darüber hinaus glaubte man nun am kaiserlichen Hof, auch in anderen besetzten Ländern nach Tiroler Vorbild den Volksaufstand schüren zu können: Man nahm an, daß dies vor allem in einigen deutschen Staaten möglich sein würde, darüber hinaus rechnete man mit Italien, mit der Lombardei und Venetien – hatte doch Napoleon den Kirchenstaat mittlerweile besetzen lassen und dadurch bei den frommen und papsttreuen Italienern viel Sympathie eingebüßt; in Österreich sollten sich Kärnten und Steiermark nach Tiroler Vorbild wehren.

Wir wissen wenig über Andreas Hofers damalige eigene Einschätzung der Lage. Sicher ist wohl, daß er das Wolkersdorfer Billett so nahm wie alle anderen Tiroler auch: als eine ehrliche, beglückende und glaubhafte Erklärung von Kaiser Franz; und sicherlich hoffte auch Hofer wie die anderen Patrioten, daß Napoleon nach Aspern auch noch eine entscheidende zweite Niederlage hinnehmen werde müssen.

Nur: Die Euphorie in Tirol deckte sich in keiner Weise mit den *tatsächlichen* militärischen Ereignissen.

Napoleon hatte sich nämlich zuerst in den Auen der Lobau eingegraben und darauf gewartet, daß ihm der Vizekönig Eugène Beauharnais die notwendigen Verstärkungen für die Endschlacht im Marchfeld – wohin er durchbrechen wollte – zuführen würde. Beauharnais rückte auch in Verfolgung der ehemaligen österreichischen Südarmee unter Erzherzog

Johann immer weiter vor. Mit Johanns Truppen kam es zu mehreren Scharmützeln und Kämpfen, bei denen der Erzherzog einen Teil seiner Einheiten einbüßte. Der österreichische Landsturm, den Johann mit sich führte, lief teilweise überhaupt auseinander. Der lange Marsch hatte von Kärnten über die Steiermark nach Westungarn geführt. Und immer wieder hatte Johann auf diesem Zug in sich widersprüchliche Befehle von Kaiser Franz und Erzherzog Karl erhalten. Immer wieder hatte es aber auch unterschiedliche Aufträge hinsichtlich der ihm unterstellten Truppen in Tirol unter Chasteler – die es praktisch ja auch gar nicht mehr gab – gegeben. Nur so ist das Wirrwarr zu erklären, in dem Johann ab einem gewissen Punkt nicht mehr den Instruktionen gehorchte, sondern weitgehend eigenmächtig handelte.

Am 14. Juni erlitt Johann bei Kis-Megyer in Westungarn eine arge Niederlage, nachdem ihn die angeschlossene ungarische Heimwehr praktisch im Stich gelassen hatte. Ein neuer Befehl Erzherzog Karls befahl ihm, so rasch wie möglich die Donau zu überschreiten und nach Preßburg zu ziehen.

Mittlerweile hatte sich Napoleon aus den Donauauen ins offene Marchfeld bewegt. Der ihn belauernde Erzherzog Karl mußte alles daransetzen, zu verhindern, daß sich die südlich der Donau stehenden Truppen Beauharnais' mit jenen des Korsen vereinigten, also die Donau überschritten. Andererseits brauchte er jeden Soldaten. Und so befahl er seinem Bruder Johann am 5. Juli, auch Preßburg zu verlassen und in Eilmärschen zu ihm zu stoßen. Das Ziel sollte der Ort Wagram, mitten in der Ebene des Marchfeldes, sein.

Napoleon erkannte instinktiv die Unklarheiten bei den Österreichern. Diese wiederum nahmen fälschlich an, daß er noch zuwarten würde. Er aber griff an. Ohne zu wissen, daß das österreichische Oberkommando durch einen in der vorangegangenen Nacht erfolgten epileptischen Anfall Erzherzog Karls praktisch handlungsunfähig war.

In einer der blutigsten Schlachten der gesamten Napoleonischen Kriege blieb die Grande Armée siegreich. Erzherzog Johann hatte es nicht mehr geschafft, rechtzeitig auf dem Schlachtfeld zu erscheinen. Er stieß nur mehr auf Tausende Tote und Verwundete und sah, daß sich die Österreicher geschlagen nach Norden zurückgezogen hatten. Aber nicht nur eine Schlacht war verloren – es war wohl der ganze Krieg.

Im Marchfeld, in den üppigen und fruchtbaren Kornfeldern vor den Toren Wiens, entschied sich damals, am 6. Juli 1809, somit auch das Schicksal der Tiroler. Sie, die, so weit entfernt, noch voll von Optimismus an ihre Selbstbehauptung glaubten, wurden in Wirklichkeit *mit*besiegt – von einem Feldherrn und Kaiser, der nun auf nichts mehr Rücksicht zu nehmen brauchte.

Tirol konnte nach Wagram keine Gnade erwarten. Zu bizarr und unvorstellbar waren wohl die Meldungen gewesen, die Napoleon gerade in den finstersten Stunden erreichten, da seine Armee in den Lobauauen lagerte, unfähig zu einer Offensive, aber geschockt von den vielen – wahren und unwahren – Meldungen über den Widerstand gegen sein Regime in halb Europa. »Sie warten alle darauf, sich an meinem Grab zu treffen«, hatte der Kaiser damals gewütet. »Aber ich werde sie enttäuschen.«

Jetzt, in der Stunde des Triumphes von Wagram, beschloß er, wie ein züchtigender und blutiger Racheengel den Geist jeglicher Rebellion auszulöschen.

Und von allen Rebellen waren die Tiroler in seinen Augen die übelsten und gefährlichsten: Partisanen, Hochverräter, Aufwiegler gegen ihren Herrn, den König von Bayern, Kriegsverbrecher und Schänder der Ehre seiner Armee.

»Marschall, seien Sie schrecklich!«

Als die Tiroler Bauern der Schützen- und Landsturmkompanien, die nach wie vor die bayrisch besetzte Festung Kufstein belagerten, am Morgen eines heißen Sommertages plötzlich hundert Kanonenschüsse durch das enge Inntal dröhnen hörten, wußten sie noch nicht, was geschehen war.

Wohl aber die Bayern und einige französische Offiziere, denen ein Bote die Nachricht überbracht hatte: Napoleon hatte bei Wagram die Österreicher geschlagen. Die Stunde des Triumphes war auch für sie gekommen.

Auf Tiroler Seite rächten sich nun die vielen falschen Meldungen, die wochenlang ins Land gesickert waren. Niemand wußte genau, wo die nächsten österreichischen Einheiten und wo die Franzosen standen – und wer wen besiegt hatte.

Aus Tiroler Sicht mußten die vielen Berichte den Eindruck erwecken, als hätten zwischen dem Kampf von Aspern und der Schlacht im Marchfeld eine ganze Reihe von Gefechten stattgefunden, bei denen durchwegs die Österreicher siegreich gewesen waren. Hormayr selbst sorgte insofern mit guter Absicht für die Verwirrung, als er durch die Erzeugung einer optimistischen Stimmung im Land verhindern wollte, daß die Tiroler – es war ja Hochsommer – von den Kompanien auf ihre Felder und Almen wegliefen. Es darf ihm außerdem zugebilligt werden, daß er selbst von Wien aus nicht auf dem laufenden gehalten wurde. Insbesondere Erzherzog Johann hat es als verantwortlicher Oberkommandierender für Tirol unterlassen, während seines Rückzuges wenigstens für eine umfassende Information in Tirol zu sorgen.

Noch am 20. Juli – also zwei Wochen nach der Schlacht von Wagram – verbreitete das Gericht Schlanders aufgrund von Informationen des Intendanten die Meldung, 31 französische Generäle seien gefallen oder verwundet, die Straße von Enzersdorf bis Wien »rot von Blut«, 60 000 verletzte Franzosen wären nach Wien zurückgeflüchtet, der Feind sei westwärts auf der Flucht und würde wohl auch Tirol als Rückzugslinie benützen wollen.

Erst in den folgenden Tagen wurde dann in Form eines Gerüchtes, ja einer unbestimmten »Sage« die Meldung von Mund zu Mund weitergegeben, es wäre ein Waffenstillstand getroffen worden.

Auch Andreas Hofer hatte kein klares Bild von den wahren Vorfällen. Er mußte annehmen, daß der Kaiser angesichts des Wolkersdorfer Billetts und in Anbetracht der positiven Meldungen vom Verlauf des Krieges sichergestellt hätte, daß Tirol bereits zur österreichischen Monarchie zurückgefallen sei – sollte ein Waffenstillstand wirklich abgeschlossen worden sein. Auch bestärkte ihn wohl die Tatsache, daß die Bayern ja auch entlang der langen Grenze zu Tirol von sich aus keine Versuche mehr unternahmen, wieder ins Land einzudringen. Man konnte also aufs erste beruhigt sein.

Eine Preisgabe Tirols war nicht zu befürchten, hieß es allgemein, die Österreicher würden vielmehr wieder mit Truppen ins Land einrücken und damit die Schützen ablösen, die selbstverständlich für einen längeren Waffendienst nicht eingerichtet waren und drängten, die Ernte daheim einzubringen.

Was aber hatte sich mittlerweile *wirklich* nördlich und östlich von Wien abgespielt?

Kaiser Franz war, trotz äußeren Gleichmutes, von der Niederlage bei Wagram zutiefst erschüttert. Zum drittenmal war der Versuch gescheitert, die Franzosen zu besiegen. Er begriff, daß es jetzt wohl um Sein und Nichtsein seiner ganzen Monarchie ging – um alles das, was *vor* Ausbruch des Krieges Österreich gewesen war. Und in seiner ersten Sorge wollte er auch den Fürsten Liechtenstein, der sich bei Aspern besondere Verdienste erworben hatte, direkt zu Napoleon schicken, um sofort um Frieden zu bitten – »sous la condition de l'intégrité parfaite de la monarchie«, also unter der Bedingung, daß die Verhältnisse wie *vor* dem Kriegsausbruch wiederhergestellt werden würden.

Es besteht also wenig Zweifel daran, daß Kaiser Franz bereits in *dieser* Phase nicht mehr daran dachte, für Tirol noch etwas zu tun. Daher war er auch unmittelbar nach Wagram so rasch bereit, das Gebirgsland wieder den Bayern zu übergeben. Die Macht des Faktischen hatte alle Pläne und Hoffnungen über den Haufen geworfen – aber auch alle Zusagen und Versprechungen widerrufen.

Es ist also keinesfalls so, daß es Erzherzog Karl war, der durch seinen ursprünglich nicht genehmigten Waffenstillstand die Preisgabe Tirols vollzog. Sie war in der Brust des Kaisers von der *ersten* Stunde nach der Schlacht bereits eine ausgemachte Sache; und die Versuche, Franz von seinem »Verrat« reinzuwaschen, sind vergeblich.

Von Wagram zieht sich bis zum endgültigen Friedensschluß eine rote Linie: markiert durch die *Vergeßlichkeit,* den Tirolern das Versprechen abgegeben zu haben, sie wieder in den kaiserlichen Staatsverband zurückzuholen. Wankelmütig, wie Kaiser Franz war, hat er dann zwar noch einige Male versucht, den endgültigen Verlust des Landes *hinauszuschieben* – aber die Bereitschaft, sein Wolkersdorfer Versprechen zu vergessen, war längst programmiert. Der »gute Kaiser«, wie ihn Andreas Hofer so oft nannte, glaubte sich im

Grunde frei von moralischen Bindungen an sein Volk; in Wirklichkeit hatte er – von Gottes Gnaden – die Vorstellung, daß jedem Monarchen das freie Verfügungsrecht über das Schicksal seiner Untertanen zustünde. Und Tirol war wie alle anderen Teile seiner großen Monarchie eben auch eine seinem Haus von der göttlichen Vorsehung übergebene Krone, über die er – *und nur er* – verfügen durfte.

Erzherzog Karl hatte sich vom Schlachtfeld von Wagram einigermaßen intakt mit dem Hauptteil der österreichischen Armee nordwestwärts zurückgezogen – dorthin, wo die Hügel und Wälder entlang der Pulkau und Thaya seinen Soldaten einen gewissen Schutz boten. Zu einer zweiten Schlacht wollte er sich nicht entschließen, obwohl die Verluste Napoleons an Truppen und Material bei Wagram diejenigen Österreichs sogar übertroffen haben dürften.

Nicht einmal eine Woche nach der Schlacht kam es im nahen Znaim zur Unterzeichnung eines Waffenstillstandes, den Karl ohne Rücksprache bei seinem kaiserlichen Bruder, der nach Ungarn geflohen war, mit Napoleon abschloß. Und in Artikel 4 dieses Waffenstillstandsvertrages wurde die *sofortige Räumung Tirols und Vorarlbergs* von österreichischen Truppen festgelegt.

Erzherzog Karl, der als Berufsmilitär bekanntlich nie besonderes Verständnis für die Landwehridee aufgebracht hatte, dachte auch einzig und allein an seine noch in Tirol stehenden Männer – nicht aber an die Tiroler Patrioten. Dem Kaiser schrieb er in einer Art Rechtfertigung seines Verzichtes auf Tirol und Vorarlberg, daß die 2000 regulären österreichischen Soldaten ja »von der Monarchie ganz abgeschnitten sind« und »früher oder später verloren gewesen sein würden«. Dennoch wies Karl auf eine »Hintertüre« hin; auf die Schwierigkeit der Räumung, weil Tirol ein Bergland mit schwieriger Kommunikation sei und die Truppen wahrscheinlich nicht so schnell abziehen könnten.

Kaiser Franz stellte sich vorerst einmal taub. Er monierte, daß Karl den Waffenstillstand ohne seine Zustimmung abgeschlossen habe, was den Oberbefehlshaber auch bald darauf zum Rücktritt veranlaßte. Aber gerade das erleichterte keineswegs die Lage. Vielmehr erweckte die kaiserliche Umgebung den Eindruck, als befürworte Franz nach wie vor eine Fortsetzung des Krieges gegen den verhaßten Usurpator, als sei er zum Äußersten entschlossen und erkenne die eigenmächtigen Abmachungen seines Bruders nicht an. Demnach hätten sich auch die Untertanen nicht an die Waffenstillstandsbedingungen zu halten. Eine fatale These auch für Tirol.

Kaiser Franz seinerseits verkannte die Sachlage. An seinen Bruder Karl schrieb er drei Tage nach dem Znaimer Abkommen: »Ich habe vorläufig allen Kommandierenden untersagt, einen Waffenstillstand, der nicht von mir eigenhändig unterzeichnet ist, anzunehmen, weil ich vermuten muß, daß dieser Waffenstillstand, den die feindlichen Generäle übrigens auf sehr verschiedene Art kundmachen, eine schon oft wiederholte Kriegslist ist.«

Vier Tage später, als das Durcheinander vollständig war, weil niemand in Österreich wußte, wer noch welche Befehle gab, erinnerte sich Kaiser Franz auch an seine Versprechungen gegenüber den Tirolern und Vorarlbergern; und begriff offensichtlich so nach und nach, was sein voreiliges Wolkersdorfer Billett für sein Prestige bedeuten konnte, nachdem es jetzt diesen fatalen Artikel 4 gab. Franz an Karl: »Das schmerzlichste ist die Kompromittierung meiner Ehre, da ich die wackeren Tiroler und Vorarlberger, die alles aufgeopfert haben, fast im nämlichen Augenblick ihrem Schicksal hingebe, als ich ihnen kaum die Zusicherungen meiner kräftigsten Unterstützung gab.«

Was dem Kaiser Peinlichkeit bereitete, kaschiert freilich nur den wahren psychologischen Hintergrund; diesen verraten nämlich die Wörtchen »kräftigste Unterstützung«. Nein, das versprach Kaiser Franz den Gebirglern nicht! Er versprach vielmehr, »daß Ich keinen anderen Frieden unterzeichnen werde als den, der dieses Land an Meine Monarchie unauflöslich knüpft«. Das war *viel mehr* als eine »Unterstützung« – das war ein feierliches Versprechen zu einem ganz bestimmten Verhalten gegenüber den Tirolern.

In einem anderen Schreiben an seinen Bruder Karl wurde der Kaiser auch offener. Es ging ihm nämlich lediglich darum, sein Gesicht zu wahren: »So muß man sich nun einzig damit beschäftigen, um uns in die bestmöglichste Verfassung wieder zu versetzen und *wie der geschehene Schritt gegen die nunmehr verlassenen Tiroler wenigstens einigermaßen gerechtfertigt werden könnte*.«

Hieß das jetzt vor allem, den Verrat an Tirol zu »rechtfertigen«, indem man die Tiroler über ihr wahres Schicksal vorerst einmal im Ungewissen ließ? Genau das war nämlich offensichtlich Franz' Absicht: Der Kaiser verstand seine »Rechtfertigung« so, daß er den Tirolern eingeben ließ, es sei *gar kein echter,* gültiger Vertrag mit Napoleon abgeschlossen worden – und militärischer Widerstand daher weiterhin legitim, rechtmäßig und Teil der österreichischen Kriegführung, weil man den Kampf gegen die im Land stehenden Feinde mit allen Mitteln weiterzuführen gedachte.

Vier Tage (!) nach Znaim – und nachdem er von Karl längst alle Details des Waffenstillstands erfahren hatte – log der Kaiser den noch immer formal für Tirol zuständigen Kommandanten Erzherzog Johann brüsk an: »Man erzählt von einem

»Marschall, seien Sie schrecklich!«

Waffenstillstand, den Unser Herr Bruder abgeschlossen haben soll ... Sie haben daher an diesen beschlossen sein sollenden Waffenstillstand und was Ihnen darüber von wem immer zukommen sollte, sich keineswegs ... zu kehren, indem ich Ihnen seinerzeit selbst, wenn es erforderlich wird, die Befehle, welche Stellung Sie zu nehmen haben werden, zukommen lassen werde.«

Jetzt nahm das Schicksal unerbittlich seinen Lauf.

Erzherzog Johann, der mittlerweile auch zum Sündenbock für Wagram gestempelt wurde, weil er angeblich zu spät mit seinen Männern auf dem Schlachtfeld eingetroffen war, leitete *blitzschnell* die kaiserliche Weisung weiter – obwohl auch er früher nie solche Eile gehabt hatte, die Tiroler und die in Tirol stehenden Truppen gründlich zu informieren. Dem in Tirol nach wie vor stehenden General Buol schrieb er: »Da es sein kann, daß ein feindlicher Parlamentär Ihnen Befehle bringt, Tirol infolge eines Waffenstillstandes zu räumen, so haben Sie diesem Befehl *nicht* nachzukommen, außer er wäre von mir unterfertigt.«

Buol hatte das Schreiben spätestens eine Woche später in Händen: Am 23. Juli ließ er es gedruckt vervielfältigen und in guter Absicht im ganzen Land verteilen. Er selbst setzte den Nachsatz hinzu: »Zur Berichtigung der auslaufenden falschen Gerüchte und zur Beruhigung der treuen und tapferen Tiroler.«

Bereits einen Tag vorher war aber Andreas Hofer wieder an die Spitze der Schützen getreten. In einem flammenden Aufruf – ein wenig zu flammend – hatte er erklärt:

»Da der allgemeine Feind der Throne, der Religion und des Wohlstandes der Völker mit der Kraft der Waffen nicht mehr das Auslangen findet, so hat er zur *List* seine Zuflucht genommen. Er streut aus, als ob vom Kaiser ein Waffenstillstand geschlossen worden wäre, dessen Folgen die vollständige Vernichtung der österreichischen Monarchie bedeuten würde. Da aber der Kaiser selbst *jüngst die ewige Vereinigung Tirols mit Österreich* sanktionierte, so weiß man, daß dieses Gerücht *nicht* wahr ist. Es ist unerhört! Der Feind kündet einen Vertrag an, von dem der Kaiser und Erzherzog Johann nichts wissen, sondern dagegen protestieren. Es müssen also dagegen alle Maßregeln ergriffen werden. Jeder muß zu den Waffen greifen. Ich mache es mir zum Vergnügen, euer Führer zu sein … Die Zeit ist kurz. Rettet den Kaiser, rettet euch selbst, rettet euer Hab und Gut. Wer der gerechten Sache entgegenarbeitet, ist nicht nur ein Feind des Vaterlandes, sondern soll der Wut des Volkes preisgegeben werden und aus dem Land verwiesen sein. Wer in Tirol wohnen will, muß es schützen. Wer es nicht schützt, wird im Land nicht geduldet.«

Andreas Hofer sah freilich die Dinge so, wie auch er sie sehen wollte. Sein Glaube an das Wort des Kaisers Franz war die Bestätigung seiner eigenen Ansichten. Er konnte sich in seiner schlichten Art aber gar nicht vorstellen, daß zwischen Kaiser Franz und seinem Bruder und Generalissimus Karl kein Einvernehmen hergestellt war – und schon gar nicht konnte er sich vorstellen, daß sein Schutzheiliger, der Erzherzog Johann, wirklich eine Weisung zur Räumung Tirols weitergegeben haben sollte. Selbst als daher die Wahrheit über den Ausgang der Schlacht von Wagram den Sandwirt erreichte, konnte er sich nicht ausdenken, daß Österreich nicht mehr weiterkämpfen würde. Seine Tiroler, so meinte er voll Stolz in Anspielung auf die Siege von Sterzing und am Bergisel, hätten ja auch nicht so rasch aufgegeben und weitergekämpft, obwohl sie immer wieder angegriffen wurden und selbst in nicht allzu aussichtsreicher Position waren. Also würde Österreich selbstverständlich auch weiterkämpfen – und die

Gerüchte über den Waffenstillstand wären allesamt eben nur *»welsche Arglist«*.

Als Soldat begriff Buol hingegen besser als Andreas Hofer die Tragweite des Vorgefallenen. Er hatte immerhin die Verantwortung für die rund 2000 Österreicher, die jetzt noch in Tirol unter seinem Kommando standen; sollte er sie wirklich – entgegen den Waffenstillstandsbedingungen – einem weit überlegen Feind opfern, sich also selbst zum Rebellen machen? Mit Dank vom Hause Österreich war wohl nicht zu rechnen. Dem allen machte jetzt Napoleon ein rasches Ende:

Nichts, keine Gnade, dürfe es für die Tiroler geben! Von allen Seiten würde er vielmehr nach Tirol und Vorarlberg marschieren lassen. Seine Marschälle müßten kurzen Prozeß machen und dieses aufrührerische Volk ein für allemal unter ihren Stiefeln zertreten.

Der Kaiser stand auch unter Zugzwang. Riesige Gebiete waren von seinen Soldaten besetzt, und viele waren zu groß, um nur durch friedliche Einsicht regiert werden zu können. Würden die Tiroler siegen und ihren Aufstand sogar mit Zugeständnissen belohnt finden, dann würden sich ja überall in den besetzten deutschen Ländern, aber auch in Italien und in Spanien neue Rebellionen bilden. Napoleon *mußte* also aus seiner Sicht gegen Tirol hart durchgreifen, wollte er nicht sein ganzes System zum Einsturz bringen. War doch auch – nach Aspern und trotz Wagram – sein militärischer Ruhm ein wenig angeknackst. Auch spürte er innerhalb seiner Armee, in der ja zahllose deutsche Regimenter standen, Widerstand – ganz anders, als das in früheren Kriegszügen der Fall gewesen war.

Ja, noch mehr: Die Tiroler waren für die Bayern, Sachsen und Württemberger so etwas wie Helden für Deutschlands Ehre. Die Geschichten und Legenden über die bärtigen Riesen, die vom Bergisel herabgestürmt waren, machten mittlerweile ja längst an den Lagerfeuern seiner großen Armee die Runde. Schon raunte man sich auch den Namen »Andreas Hofer« zu, jenes Mannes, der da Generälen getrotzt hatte und in seiner bäuerlichen Kraft einen neuen Führer verkörperte – ein Volksheld, der uneigennützig und freiwillig für die Freiheit seines Landes kämpfte. Wo hatte es das vorher irgendwo gegeben?

Gegen das ansteckende Fieber wußte Napoleon nur eine Medizin: Härte. Und nur so ist wohl auch die *verbrecherische* Brutalität zu erklären, die er in seine Befehle einbrachte: »Meine Absicht ist«, so befahl er dem Marschall Lefèbvre, »daß Sie bei Empfang des Gegenwärtigen in den Tiroler Bezirken 150 Geiseln fordern und wenigstens 6 große Dörfer sowie die Häuser der Führer plündern und niederbrennen lassen und daß Sie erklären, das Land würde in Blut und Eisen aufgehen, wenn nicht alle Gewehre, wenigstens 18 000, abgeliefert würden.«

Der Terrorbefehl findet kaum seinesgleichen in der Geschichte der Napoleonischen Kriege bis zum Jahre 1809. Immer hatte man sich ein zwar grausames, aber keinesfalls verbrecherisches Ritual zurechtgelegt. Napoleon hatte auch bisher geschickt verstanden, in den von ihm eroberten Ländern keine verbrannte Erde zurückzulassen – wollte er doch aus Gegnern stets und immer wieder Verbündete machen. Erst in Spanien verlor er die Maske des Biedermannes, der die Wohltaten der Freiheit, Gleichheit und Brüderlichkeit verteilte – auch dort hatten ja seine Marschälle bereits den Auftrag erhalten, jeden Widerstand blutig zu brechen.

Jetzt, Tirol vor Augen, war Napoleon nervöser – und brutaler – denn je. Schon erhielt er, der in Schönbrunn und in der Wiener Hofburg residierte, Berichte von wachsender Unruhe in Frankreich selbst. In Bordeaux meuterten die Dragoner des

17. Regiments, der Polizeiminister berichtete von Vorfällen bei der Rekrutierung. Und auch aus Italien drangen immer wieder Berichte über Widerstand an sein Ohr. Die katholische Kirche hetzte seit der Besetzung des Kirchenstaates von den Kanzeln systematisch gegen sein Regime.

Das alles bildete den Hintergrund der aufsehenerregenden Drohungen gegen das kleine Volk in den Alpen. Aber es macht allein die Härte noch nicht verständlich. »Sie haben die Macht in Händen«, stachelte der Kaiser seinen Marschall auf: »Seien Sie schrecklich.« Das klingt, kein Zweifel, doch so, als ob der Widerstand der Tiroler Napoleon auch emotionell stark berührt hätte. Hier ging es ihm offenbar um mehr als nur um die Frage von Untertanengehorsam. Hier hatten Bauern, rohe und dahergelaufene Amateure, seiner Militärmaschine erfolgreich getrotzt; ja mehr, sie hatten seine Marschälle gedemütigt, gefangengenommen und seine Verbündeten, die Bayern, zum allgemeinen Gespött gemacht. Hatten diese Kerle aus den Bergen nicht nach General Bissons Gefangennahme im April sogar die Trikolore und seinen kaiserlichen Adel in den Schmutz gezerrt? Dieses bigotte Volk, das unter der Führung von Wirten und Pfarrern stand, sollte den Mut haben, ihm auch weiterhin Widerstand zu leisten?

So ist es nicht verwunderlich, daß sich Napoleons Empörung, die am Anfang sogar mit bewundertem Erstaunen gemischt gewesen sein mag, in Haß und Wut verwandelte.

Und damit zeigt sich uns ein *anderer* Napoleon; allzuoft wird er von der landläufigen Geschichtsschreibung – bis heute – als aufgeklärter Wohltäter dargestellt. Nichts ist in diesem Zusammenhang von der europäischen Mission zu sehen, der sich der Kaiser verpflichtet fühlte, nichts auch von der sympathischen Menschlichkeit, die sich in so vielen Episoden und Legenden zu einem Kranz verflocht, wenig auch vom Heroismus des Mannes, der das harte Brot mit seinen Soldaten geteilt haben soll. Hier tritt uns auch nicht der kalte und überlegene Stratege entgegen – sondern das wilde Tier, das sich gefährdet sieht und keine Gnade kennt. Mag sein, daß damals im Fühlen dieses Mannes auch ein Bruch eingetreten war; denn nur so wird verständlich, was der Kaiser einem glaubhaften Zeugen wie dem Dichter Christoph Martin Wieland nach dem Besuch einer Aufführung des Dramas »La Mort de César« anvertraute: Cäsar wäre sein großes Vorbild, aber der große antike Feldherr und Politiker hatte einen unverzeihbaren Fehler gemacht – »er kannte die Menschen genau, die ihn ermorden wollten – er hätte natürlich sie zuerst ermorden lassen müssen ...«

Galt das jetzt auch für die Rebellen in den Alpen?

Napoleons Befehle für Tirol jedenfalls waren *Terror*befehle und widersprachen auch den damaligen Regeln des Kriegführens – selbst mangels Vorliegen feierlicher völkerrechtlicher Abmachungen. »Barmherzigkeit und Gnade sind nichts für sie«, tobte er. Keine Spur der Empörung dürfte in Tirol übrigbleiben, vielmehr müßten die Zerstörungen »ein *Denkmal der Rache* des Kaisers für die Bergbewohner« werden. Er sprach von dieser »Canaille«; und davon, daß sie »espèces de brigands« wären – also eine »Art von Räubern«. Lefèbvre habe das Recht zum Äußersten, und – so Napoleon – »ils ont autorisé les massacres«.

Noch wußte damals niemand in Tirol, wozu der Marschall beauftragt war. Aber man erfuhr, daß er in Salzburg seine Truppen zusammenzog. Der bayrische Kronprinz sollte – gegen seinen Willen – mitmachen.

Auch er wußte nichts von den Blutbefehlen und ermahnte den bayrischen General Klemens von Raglovich, »immer Milde statt Strenge« zu üben. Denn: »Das Benehmen der Bayern bei der letzten Einnahme Tirols beleidigte die Menschlichkeit und vermehrte den Haß. Herz und Staatsklugheit fordern das Gegenteil.«

In zwei Heeressäulen brachen sodann die Verbündeten nach Tirol auf, über Lofer und den Paß Strub sowie über den Gerlospaß und das Zillertal. Die Salzburger Bauern, die sich zuerst kampfentschlossen gezeigt hatten, zerstreuten sich, nachdem ihr Widerstand am Paß Lueg gebrochen worden war. Erst vor dem Gerlospaß kam es wieder zu Gefechten. Insgesamt waren es gut 20 000 Mann, die Lefèbvre unter seinem Kommando hatte: Bayern vor allem, die sächsisch-rheinländische Division Rouyer sowie französische Spezial-Detachements. Etwas später stießen 10 000 Mann – Bayern und Franzosen gemischt – unter General Beaumont zur Hauptmacht. Jedenfalls: Noch nie in der neueren Geschichte hatte eine solche Streitmacht den Auftrag übernommen, das Gebirgsland zwischen Inn und Gardasee zu erobern.

Lefèbvre nahm St. Johann kampflos ein und zog erneut, wie zwei Monate vorher, praktisch widerstandsfrei durch das Untere Inntal in Richtung Innsbruck. Bei Rattenberg hatte Speckbacher die Brücke über den Inn abgerissen; sein Glück war es, nicht in Gefangenschaft zu geraten, nachdem eine bayrische Kolonne auch über das Achental bis Jenbach vorgedrungen war.

Auch lösten sich die im Inntal versammelten Schützenkompanien rasch auf. Man beschloß desparat, dem übermächtigen und weit überlegenen Feind das Feld zu räumen. Ein Teil zog sich – wie schon im Mai – in Richtung Brenner zurück.

Hall ergab sich kampflos; bereits am Abend des 30. Juli zog Lefèbvre in Innsbruck ein. Und es wiederholte sich, was schon einmal geschehen war: Die Innsbrucker Beamtenschaft und die Bürger unterwarfen sich mit einem Seufzer der Erlösung den alten neuen Herren; man buckelte vor dem Marschall, der neuerlich in der Hofburg residierte. Andere dienten sich den bayrischen Offizieren an. Früher als die Bauern hatten die Städter erkannt, daß Österreich die Tiroler im Stich gelassen hatte.

Das eigentlich Erstaunliche aber war, daß Lefèbvre von der Erlaubnis zum harten Durchgreifen, zum »Massaker«, keinen Gebrauch machte – ja, im Gegenteil: daß er den Befehlen Napoleons in Wahrheit *nicht* gehorchte. Weder auf dem Vormarsch durch das Inntal noch in Innsbruck selbst kam es zu ärgeren Ausschreitungen. Vor allem die Bayern der Division des Kronprinzen dürften auf Ordnung bedacht gewesen sein. Im Ausspruch, den Lefèbvre getan haben soll, schwang wohl mehr Bewunderung als Haß durch: »Verflucht, dieses Land! Nicht einmal in Spanien habe ich so etwas gefunden!«

Lefèbvre war ja selbst ein Mann aus dem Volk. Er war Hauptfeldwebel gewesen und in den Wirren der Revolution Stufe für Stufe emporgestiegen. Der Kampf gegen Bauern und einfache Bürger war nicht seine Sache. Selbst in Preußen und Rußland, wo er seine größten Erfolge erzielt hatte, war er kein Mann der Grausamkeiten. Und sein rüder elsässischer Dialekt täuschte darüber hinweg, daß Lefèbvre im Grunde ein Genußmensch war.

In irgendeiner Form mußte er nun aber wohl doch dem kaiserlichen Auftrag gerecht werden. Und prompt kam es ihm gelegen, daß die Münchner Regierung nichts Eiligeres zu tun hatte, als – noch vor der Einnahme Innsbrucks – spezielle Gerichtshöfe zusammenzustellen, die »Staatsverrat« und »Aufwiegelung« aburteilen sollten. Also mußten sich die Bayern die Hände schmutzig machen! Lefèbvre erließ von Innsbruck aus ein Manifest, in dem er die unbedingte Unterwerfung der Tiroler forderte, die sofortige Ablieferung aller Waffen anordnete und die Vorlage der Standeslisten der Schützenkompanien verlangte.

Sodann sollten sich die Anführer des Aufstandes, die namentlich angeführt wurden, sofort der Gerichtsbarkeit stellen. Andernfalls würde man, so der Marschall, ihr jeweiliges Wohnhaus abreißen und die Familie ausweisen; die vermögenslosen Flüchtlinge sollten für vogelfrei gelten.

Nun ist interessant, daß sich die größte Aversion der Besatzer gegen Martin Teimer richtete, den man sofort von jeglicher Begnadigung ausschloß und der als *einziger* sofort zu füsilieren gewesen wäre, hätte man ihn irgendwo angetroffen. Andreas Hofer, der Sieger vom Bergisel, war hingegen namentlich nur in gleicher Reihe wie Straub, Morandell, Tschöll, Senn, Sieberer, Wintersteller und Kolb genannt. Haspinger stand nicht auf der Proskriptionsliste, ebenso nicht Speckbacher.

Lefèbvre, dem bei alledem offenbar nicht ganz wohl war, ließ jedenfalls die Bayern an die Sache heran. Die Spezialgerichte wurden einer bayrischen Hofkommission unterstellt, der auch bayerntreue Tiroler angehörten ... damit Tiroler über Tiroler urteilen würden.

Was folgte, war blinde bayrische Rachejustiz, die von München ferngesteuert wurde und sich im Land der plumpen Vernaderung bediente. Wiederholt kam es sogar zu verbalen Auseinandersetzungen der französischen Offiziere mit den bayrischen und bayrisch gesinnten Vollziehern der Vergeltungsstrategie, die Minister Montgelas höchstpersönlich angeordnet hatte.

Wütete Napoleon aus persönlichen Haßmotiven und – wie er zu vermeinen glaubte – aus höherer militärischer *Räson,* so wollten Montgelas sowie seine Berater und Vollstrecker die

Tiroler für ihren Ungehorsam *bestrafen*. Persönliche Rachemotive dürften vor allem bei jenen Beamten, die man erst vor wenigen Wochen so schmählich aus dem Land vertrieben hatte, der entscheidende Antrieb gewesen sein; und natürlich rächte es sich jetzt auch, wie Hormayr bei seinen Austrifizierungsversuchen mit den bayrischen Beamten umgesprungen war. Revanche war zu einem Element der Auseinandersetzung geworden.

Was aber war mit Andreas Hofer? Was hatte sein flammender Appell vom 22. Juli bewirkt? Sah er tatenlos zu? Er, der gerade erst den Tirolern erklärt hatte, daß er es sich zum Vergnügen machen wolle, ihr »Führer« zu sein?

Hofers Auftauchen im Pustertal und in Lienz beflügelte vorerst einmal den Widerstand im Osten Tirols. Der dortige Schützenführer Johann Kolb hatte Hofers Aufruf am 22. Juli mitverfaßt und sah sich überdies von der Vorsehung auserwählt, eine wichtige Rolle zu spielen. Dem über das obere Drautal eindringenden Feind wollte er sich sofort entgegenwerfen. Kolbs Aufrufe aus diesen Tagen sind bereits Dokumente von pathologischer Hysterie – denn zweifellos war Kolb geistig nicht gesund: »Wohlan denn Brüder und Nachbarn! Stehet auf, ergreift die Waffen wider den allgemeinen Feind Himmels und der Erde!«

Jetzt war es vor allem Kolb, der der Verteidigung Tirols den Anstrich eines Glaubenskrieges gab, eines *Kreuzzuges* gegen Ungläubige: »Die neuen Heiden sind die Urheber dieses so langwierigen und blutigen Krieges. Genaue Beobachtungen haben den Unterzeichneten davon untrüglich belehrt.«

Und über Napoleon: »Das grauslichste aus allen Menschen und allen gesetzmäßigen Monarchien so schädliche Tier muß getötet sein.« Den Tiervergleich bezog Kolb aus der Geheimen Offenbarung des Johannes, in der das »Tier« mit dem Antichristen gleichgesetzt ist.

Kolb hatte schon vorher an Rudolf von Habsburg einen Brief geschrieben – an jenen habsburgischen Stammvater, der 500 Jahre vorher gestorben war ... aber natürlich auch an Kaiser Franz sowie Erzherzog Johann. Letzterer bestätigte später gleichfalls, daß Kolb nicht normal und sein fanatisches Verrücktsein ansteckend wie Fieber war.

Kolbs Familie hatte 1752 das Prädikat »zu Kolbenthurn« erhalten; 1757 war Johann in Wilten zur Welt gekommen. Er wurde Steuereinnehmer, hatte dabei aber Abrechnungsschwierigkeiten, weshalb er mit seinesgleichen brach und sich ganz und gar als Bauer fühlte. Seine Exaltiertheit drückte sich auch in seinem Äußeren aus. Er trug Pelzmützen, umgürtete sich mit Pistolen und trug eine Ehrenkette, die ihm General Chasteler geschenkt hatte. Gebildeter als seine ihm unterstellten Schützen, bezeichnete er sich zeitlebens als »Jesuiten-Kandidat«.

Kolb versuchte aber neben seinen Bemühungen, Osttirol kampffähig zu machen, auch die bereits das Land verlassenden Österreicher aufzuhalten. Er war es, der den Waffenstillstand als *teuflischen Verwirrungsplan* des Feindes hinstellte und schließlich sogar mit Gewalt die abrückenden Truppen Buols und jener Kaiserlichen, die unter dem General Schmidt im südlichen Etschtal standen, zu behindern versuchte.

Dies war freilich kaum möglich. Hatten sich den abziehenden Österreichern doch auch eine ganze Reihe von Schützenhauptleuten angeschlossen – vor allem jene, die von Lefèbvre öffentlich zur Verhaftung ausgeschrieben waren. Buol hatte ihnen österreichische Uniformen angeboten, um sie unbehelligt durch die feindlichen Linien zu transferieren.

Bei diesen Flüchtlingen, die jetzt ins Pustertal kamen, befand sich auch Hormayr, der Intendant, der in aller Stille dem Land Lebewohl sagte. Seine Flucht erbitterte besonders Andreas Hofer; man muß allerdings begreifen, daß die Bayern den österreichischen Intendanten, wären sie seiner habhaft geworden, wohl als besondere »Kriegsbeute« angesehen hätten. Hormayr wäre wohl wie Teimer sehr rasch der Todesstrafe verfallen.

Letzterer war jedenfalls gleichfalls unter den Verkleideten, auf die der Sandwirt jetzt im Pustertal stieß. Jeden einzelnen wollte Hofer nochmals überreden; er versuchte zu überzeugen, Mut zu machen, er bat, die österreichischen Fouragewagen doch zu verlassen, die weiße Uniform wieder auszuziehen und ihm, dem Tiroler Oberkommandierenden, zu folgen. Und jedenfalls glaubte er nicht an eine wirkliche Überlegenheit Lefèbvres. Vielmehr war er überzeugt, seine Bauern trotz des Hochsommers neuerlich zu den Waffen rufen zu können. Mit dem ihm eigenen Charisma beschwor er seine ehemaligen Weggefährten, Tirol in dieser Stunde doch nicht so schmählich und ängstlich zu verlassen.

Ob Hofer in Osttirol noch mit Hormayr zusammentraf, ist nicht ganz klar. Hormayr schrieb jedenfalls später, er habe Hofer zugeredet, gleichfalls das Land zu verlassen, weil jeder weitere Widerstand sinnlos sei; und er habe auch darauf hingewiesen, daß der Sandwirt vom Kaiser ein Landgut zu erwarten habe.

Aber Hofer wollte nicht. Selbst durch den Hirtenbrief des Bischofs von Brixen ließ er sich nicht beirren. Der geistliche Herr hatte zu Ruhe und Gottergebenheit geraten und den Widerstandskampf gegen Franzosen und Bayern als sinnloses Blutvergießen im vorhinein diskreditiert.

Zu diesem Zeitpunkt waren aber schon Schüsse gefallen. Der französische General Rusca rückte durch das obere Drautal in Osttirol ein und hatte, nachdem vor Lienz auf seine

Truppen – die vor allem aus Italienern bestanden – geschossen wurde, die Stadt im Sturm genommen. Ein Teil von Lienz wurde geplündert und arg zugerichtet.

Kolb hingegen hatte an der sogenannten Lienzer Klause seine kampfwilligen Männer zusammengezogen. Man verbarrikadierte nach bewährtem Muster die Straße, die Rusca passieren mußte, wenn er ins Pustertal und von dort ins Südtirolerische einrücken wollte. Der General, dem ähnlich grausame Befehle wie Lefèbvre von Napoleon zugegangen waren, verbreitete aufs erste wirklich Angst und Schrecken. Alle Dörfer, die er passierte, gingen im Rauch und Flammen auf. Und bewaffnete Bauern, die Ruscas Leute aufgriffen, wurden sofort vor den Augen der Bevölkerung hingerichtet. In einem Aufruf kündigte der General an, »alles dem Erdboden gleichzumachen«, sollte der Widerstand nicht sofort aufhören.

Aber die Blutappelle bewirkten das Gegenteil. Statt sich einschüchtern zu lassen, glaubten die Tiroler dem Sandwirt und Kolb, daß man nichts mehr zu verlieren habe. Und sie kämpften desto fanatischer gegen die gleichfalls ermüdeten französischen Truppen, die den Waffenstillstand im Grunde ebenso nötig hatten wie ihre Gegner.

Kolbs Schützen hielten jedenfalls die Lienzer Klause mit wahrem Heldenmut. Hofer hatte recht behalten: Immer neue Kämpfer aus dem Sexten- und Pustertal schlossen sich den Verteidigern an. Und Rusca mußte sehr bald befürchten, vom Nachschub aus Kärnten abgeschnitten zu werden. Er hielt Verstärkungen für notwendig. Deshalb ging er auch schnurstracks auf dem gleichen Weg, den er soeben erst gekommen war, zurück. Die Schützen folgten ihm auf dem Fuß und besetzten die Höhen von Greifenburg im Kärntnerischen. Rusca wagte es daraufhin nicht mehr, die Tiroler anzugreifen.

Die Ächtung des Sandwirts

Andreas Hofer war in der Zwischenzeit über das Pustertal und Brixen nach Sterzing geritten. Immer noch kamen ihm versprengte österreichische Soldaten entgegen, die Buol nachzogen. In Mauls gelang es ihm, gut fünfzig Mann zu überzeugen, bei den Tirolern zu bleiben.

Nach Sterzing berief er wieder jene Getreuen, die das Land nicht verlassen hatten und wie er selbst die Sache nicht für verloren gaben. Es waren jetzt vor allem die Südtiroler Schützen, die sich zum weiteren Widerstand bereit fanden; allein das Passeiertal, Hofers Heimat, erklärte sich bereit, 16 Kompanien stellen zu wollen. Und wieder waren es die berühmten Laufzettel, auf denen Hofer in schlechtem Deutsch – aber gutem Tirolerisch – seine Landsleute zum Kampf aufforderte, dabei immer die Kraft des Himmels beschwörend. Es zeigte sich, daß Napoleons Terrorbefehle, die in den Proklamationen der Franzosen und Bayern Angst und Schrecken verbreiten sollten, das Gegenteil bewirkten. Die Tiroler waren nicht durch die Androhung von Tod und Brandschatzung unterzukriegen; immer mehr waren sogar entschlossen, der Ausführung der napoleonischen Aufträge mit der Waffe in der Hand durch entschlossenen Widerstand entgegenzuwirken.

Zu vermerken ist, daß Hofer in dieser Phase durchaus das Völkerrecht auf seiner Seite glaubte. Er hielt sich und seine Schützen nämlich für *reguläres Militär*, was sich wohl aus dem Verständnis des Tiroler Landlibells für ihn ergab. Kraft dieser alten Verfassungsbestimmung waren die Landesverteidiger Tirols ja aufgebotene »Soldaten«. Galt der Waffenstillstand von Znaim mit Stichtag vom 12. Juli, dann hatte zwar das österreichische Militär das Land zu verlassen, aber es blieb das Recht zur Landesverteidigung davon unberührt. Napoleon soll gegenüber Erzherzog Karl und später auch gegenüber den österreichischen Unterhändlern mündlich geäußert haben, daß er den Abzug der Österreicher aus Tirol als einen Akt der *Wiederherstellung des status quo* verstehe – das heißt als legitime Wiederinbesitznahme Tirols durch Bayern.

Interessant ist, daß die Frage des Status des Sandwirts noch 90 Jahre später in einem Zivilprozeß vor dem Wiener Landes- und Oberlandesgericht sowie dem Obersten Gerichtshof eine Rolle spielte. Hofers Enkelin Adele wollte nachweisen, daß der Sandwirt sowohl österreichischer Militär- wie Landesbeamter gewesen sei. Der k. u. k. Oberste Gerichtshof hingegen stellte sich auf den Standpunkt, daß Hofer durch *keinen* besonderen Berufs- und Ernennungsakt zum »Oberkommandierenden« befördert worden sei und daß er keinem bestimmten »Dienstverband« angehörte – daher wohl »die außerordentliche Natur« seiner Stellung »aus eigener Machtvollkommenheit« erkennbar wäre. Dies erhärtet auch durch den späteren »Rücktritt« Hofers, der für einen kaiserlichen Beamten oder Offizier gar nicht möglich gewesen wäre.

In bayrischen Augen war Tirol freilich immer bayrisch *geblieben* – und alle seit dem Ausbruch des Krieges gesetzten Handlungen seien ein kriegerischer Akt Österreichs gewesen. Die Tiroler als bayrische Untertanen hätten nie das Recht besessen, ihre Waffen gegen den Souverän zu erheben oder eine eigene Verwaltung einzusetzen. Sie waren vielmehr bayrische Untertanen und ihre neuerliche Rebellion als nichts anderes denn Insurgententum anzusehen. Das Einrücken der französisch-bayrischen Truppen *nach* dem Waffenstillstand von Znaim war für München ein rein innerbayrischer Akt, der die Vertragspartner von Znaim, die Österreicher, überhaupt nichts anging. Und auch nicht den Widerstand der Tiroler in irgendeiner Form nachträglich rechtmäßig werden ließ.

Es rächte sich erst jetzt, daß Erzherzog Karl in die Waffenstillstandsvereinbarungen keine präzisen Bestimmungen aufnehmen ließ, die die voraussehbaren Auslegungsprobleme ausgeschlossen und die Tiroler Position erleichtert hätten. Er hatte eben unter psychischem Streß rasch ein Abkommen unterzeichnet, das Napoleon einseitig für sich auslegen konnte und das die Tiroler, an die Erzherzog Karl wohl kaum gedacht haben dürfte, einem unbestimmten Schicksal überließ.

Es muß hier aber auch noch auf eine ganz eigenartige Episode verwiesen werden. Hormayr behauptete später, Hofer habe die Absicht gehabt, sich zum *Grafen von Tirol* ausrufen zu lassen. Das hätte ihm wohl nach dem Selbstverständnis der Zeit eine erhöhte Legitimität verschafft. Auch jener Mann, der aus unmittelbaren Quellen schöpfte und dessen Berichten ein hohes Maß an Glaubwürdigkeit zuzutrauen ist, der Finanzpraktikant Anton Knoflach, berichtet in seinen Tagebuchaufzeichnungen, daß Hofer neben seinem Titel als Oberkommandant von Tirol auch den Titel eines »Grafen von Tirol, solange es Gott gefällt« – also auf Zeit, solange die Habsburger diese Würde nicht ausüben konnten – annehmen wollte. Hier mag wohl eine Rolle gespielt haben, daß der Sandwirt einerseits seinen Landsleuten gegenüber an Autorität gewinnen und andererseits für die Franzosen als legitimer Repräsentant des Landes erscheinen wollte.

Hofer dürfte es in seiner gerechtigkeitsfanatischen Art aber lange nicht begriffen haben, daß er in den Augen seiner Gegner – und auch Freunde – immer nur ein Insurgent, Guerillakämpfer, ein Partisan war ... und so schrieb er in diesen Tagen auch dem General Lefèbvre ins Inntal einen naiven Brief, in dem er ihn zum Stillstehen aufforderte, weil das doch so im Waffenstillstand vereinbart worden wäre! Nach seiner, Hofers, Auffassung, wäre das *Einrücken* der Franzosen sogar als ein *Bruch* des Waffenstillstandes anzusehen – der den Widerstand der Tiroler rechtfertige.

Lefèbvre antwortete auf Hofers Brief mit der sofortigen Ächtung des Sandwirts. Jetzt wußte er wenigstens, wer der eigentliche Anführer der Tiroler war. Er bezeichnete Hofer in einem neuen Befehl als »Rebellenhauptmann« und forderte jedermann auf, den Aufwiegler zu verhaften und binnen 24 Stunden ohne Verfahren zu erschießen.

Ein fataler Akt freilich.

Denn Andreas Hofer sah sich nun endgültig auch persönlich in die Enge getrieben. Für ihn gab es jetzt nur noch eine Flucht nach vorne in den bewaffneten Kampf – in den ihm die Tiroler auch weiterhin folgten. Wieder genügte sein Charisma, daß unzählige Bauern seinen Aufrufen nachkamen. So beschloß er, so schnell wie möglich von Sterzing aus – wie schon zweimal im bisherigen Verlauf des Krieges – über den Brenner nach Norden vorzustoßen.

Da erreichte ihn die Meldung, daß Marschall Lefèbvre, der dies offenbar auch erwartet hatte, der Sammlung der Schützen zuvorkommen wollte. Der Marschall schickte General Rouyer mit bayrischer Kavallerie und sächsischen Einheiten über den Paß. Rouyer sollte Sterzing besetzen und dann über das Eisacktal südwärts vorgehen. Noch glaubte Lefèbvre ja auch daran, daß General Rusca durch das Pustertal vorgestoßen wäre und sich mit Rouyer irgendwo bei Brixen vereinigt hätte.

An eine Verteidigung der Stadt Sterzing war seitens der Tiroler vorerst nicht zu denken. Die bereits in der Stadt lagernden Schützenkompanien zogen sich eilends auf die Höhen zurück, wo sie einen guten Blick für die weiteren Truppenbewegungen gewannen. Andreas Hofer ging wieder über den Jaufen in seine Talheimat zurück, um neue Verstärkungen herbeizuholen.

Am Morgen des 4. August marschierte Rouyer plangemäß von Sterzing südwärts. Er wußte zwar, daß die Bauern auf den Höhen mitzogen, traute ihnen aber nicht zu, seine auch von leichter Artillerie begleiteten Einheiten – zusammen wohl einige tausend Mann – anzugreifen. Notabene waren Rouyers Männer Deutsche, die sich mit den Tirolern in ihrer Muttersprache verständigen konnten, was auch in der Stadt Sterzing friedliche Einquartierungen ermöglicht hatte.

Ein Bataillon aus Weimar als Vorhut stieß erst bei Mitterwald auf größere Verhaue und Steinhaufen, die die Tiroler von den Bergen ins Tal gerollt hatten. Das Eisacktal ist dort relativ schmal; die Berge links und rechts von Fluß und Straße sind Zweitausender, wobei zwischen Höhen und Talboden rund tausend Meter Differenz bestehen. Und auf den Bergflanken entdeckten nun die Vorhuten Rouyers immer mehr Schützen. Was der General seinerseits nicht wissen konnte, war der Umstand, daß von Brixen aus zahlreiche Bauernkompanien herangezogen waren, die sich Andreas Hofer in Sterzing anschließen wollten.

Jetzt fanden diese den Feind vor sich und die Gelegenheit geradezu einmalig: Bei der Brücke über die Eisack kam es zu den ersten schweren Schießereien. Überall stürzten Grenadiere tot oder verwundet nieder. Rouyer, irritiert, glaubte vorerst an das Gesetz der Einschüchterung. Vier gefangene Bauern, die seine Leute zufällig ergriffen hatten, ließ er vor den Augen der im engen Tal aufgestellten Tiroler füsilieren.

Solche Akte haben stets verhängnisvolle Folgen: So setzen auch jetzt die Bauern voller Wut die Brücke in Brand; und die Sappeure, die Rouyer vorschickt, um einen neuen Übergang zu bauen, werden von den Schützen hinter den Felsen und Bäumen systematisch abgeknallt. Nur ein Regenguß und die Nacht verhindern vorläufig eine Fortsetzung des Gemetzels.

Rouyer ist jetzt verunsichert. Was soll er tun? Mitten in der Nacht trifft er eine Entscheidung. Er führt die noch intakten Einheiten zurück nach Sterzing, seine bereits arg geschwächten sächsischen Regimenter aber läßt er mit den Verwundeten zurück; sie sollen die Stellung bei der sogenannten Peisserbrücke halten, bis er Verstärkungen herangeführt hat.

Am Morgen des 5. August finden die Tiroler die dezimierten Sachsen zwischen den Häusern und der Kirche von Oberau vor. Die Soldaten verteidigen sich – so gut es geht – gegen die von allen Seiten auf sie schießenden Schützen. Ihre Verwundeten liegen in notdürftigen Quartieren. Ein Oberst von Egloffstein, der hier das Kommando führt, ordnet am Nachmittag den Rückzug der noch Gehfähigen an. Mit verzweifelten Ausfällen gelingt es ihm, wenigstens einen Teil seiner Sachsen zu retten. Die anderen sehen sich am Nachmittag eingeschlossen.

Am Abend ergeben sich die drei noch bei ihren Truppen ausharrenden Majore den Schützen. Es sind fast nur mehr Sterbende oder Schwerverwundete, auf die die Bauern jetzt stoßen – rund tausend Mann. Verlassen von ihrem französischen General, im Stich gelassen von den meisten Offizieren, sind die einfachen Grenadiere jetzt der Gnade der wütenden Bauern ausgesetzt. Ein Bericht schildert die Greuel: »Wir nahmen den Sachsen die Gewehre ab, die Tornister ließen wir ihnen. Einige Klausener Lumpen schnitten ihnen mit Messern die Tornister weg und dabei in die Haut.« Wertgegenstände werden den Verwundeten geraubt – die Toten ausgeplündert.

Die Ächtung des Sandwirts

Keine Frage: Gewalt provoziert Haß, Haß den Terror und dieser gnadenlose Brutalität.

Erst nach und nach gelingt es den gemäßigten Schützenhauptleuten, ihre Leute wieder zur Räson zu bringen und zum Abmarsch aufzustellen. Die Sachsen werden bestattet; einige leichter Verwundete nach Neustift gebracht; gehfähige Gefangene nimmt man mit.

Die Stelle aber, an der im Eisacktal das Massaker stattfand, nannten die Bauern seither »Sachsenklemme«. So heißt die Enge auch heute noch, durch die sich mittlerweile die Autobahn zieht.

Lefèbvre in Innsbruck erhielt von Rouyer umgehend Nachricht. Er war wütend. Die Tiroler hatten ihm also nicht gedankt, daß er die Blutbefehle Napoleons bislang nicht wirklich ausgeführt hatte! Wie ein Racheengel würde er selbst, so gelobte er, mit 7000 Mann und einigen Geschützen über den Brenner ziehen. Seinem Aufbruch eilte schon das Edikt gegen Andreas Hofer voraus: Niemand, so hatte er formuliert, dürfe die Befehle dieses Rebellen befolgen; und niemand dürfe sich auch aus seinem Ortsbezirk fortbewegen! Wer bewaffnet angetroffen werde, müßte augenblicklich mit dem Tod rechnen; auch jedermann sonst, der diesem Befehl zuwiderhandelt, könnte nicht mit Pardon rechnen.

Der Sandwirt war bei der Sachsenklemme nicht mit dabei gewesen. Vielmehr hatte er sich zu diesem Zeitpunkt bekanntlich jenseits des Eisacktales aufgehalten. Warum? Nun, um für die Aufstellung neuer Kompanien zu sorgen. Aber ganz so spurlos geht die Ächtung doch auch nicht an ihm vorbei. Offenbar rechnet er ab nun auch damit, durch Verrat den Feinden in die Hände zu fallen. Er stellt jedenfalls aus seinen Passeier Schützen eine persönliche Leibgarde zusammen, die ihn ab diesem Zeitpunkt immer umgibt.

Die Ächtung des Sandwirts

Als er jetzt vom Aufbruch Lefèbvres aus Innsbruck hört, zieht er sofort über den Jaufenpaß. Er will dem Marschall und Herzog persönlich gegenübertreten.

In der Nacht vom 5. auf den 6. August ist der Sandwirt in Kalch, knapp oberhalb von Sterzing, von wo aus er einen idealen Blick in das Eisacktal hat. Speckbacher stößt hier zu ihm, und die beiden beschließen, die Schützenführer zu ermuntern, Lefèbvres Marsch sofort kräftig zu stören. Dieser hatte Sterzing schon passiert und sich dem Ort Mauls genähert. Am darauffolgenden Tag will er durch die berüchtigte Sachsenklemme nach Süden vorstoßen – dort, wo Rouyer gescheitert war. Er, der alte Haudegen und Vertraute Napoleons, will die Ehre Frankreichs wiederherstellen.

Am nächsten Tag versucht er einen Umgehungsversuch, scheitert aber im unwegsamen Bergwald; er schickt schließlich Pioniere vor, die die Straße von den vielen Barrikaden und Felsbrocken säubern sollen; aber auch das erweist sich praktisch als undurchführbar.

Der hier kommandierende Pater Haspinger, der Rotbart, hat mittlerweile seine Männer gut postiert. Es gibt für den Marschall kein Weiterkommen. Ein bayrischer Oberst schreibt an diesem Abend an seinen König, daß die Tiroler kein Zeichen zum Nachgeben erkennen lassen: »Aber ich glaube, ein solches Unglück wäre nicht eingetreten, wenn unsere Operationen durch Truppen aus Italien und Steiermark her unterstützt worden wären.« Der gute Oberst meint da wohl den General Rusca. Aber der hatte ja ein ähnliches Schicksal erlitten wie Rouyer und nun Lefèbvre. Sowohl die Lienzer Klause als auch die Sachsenklemme waren praktisch unüberwindbare Hindernisse für reguläre Truppen. Mit den traditionellen Methoden des Landkrieges war man hier im Gebirge hoffnungslos unterlegen. Der Marschall und Herzog

Lefèbvre begreift es jetzt langsam. Und ordnet den Rückzug an. Immerhin: Seinen Einheiten bleibt eine Katastrophe wie jene des Generals Rouyer erspart.

Am nächsten Abend ist Lefèbvre wieder in Sterzing; aber auch dieser Rückzug bringt ihm hohe Verluste. Der ganze linke Flügel gerät auf den Bergflanken ins Feuer der Bauern. Nur am Eingang ins Mareiter Tal – dort, wo auch der Aufstieg zum Jaufenpaß beginnt – hat eine bayrische Einheit größeren Erfolg.

Jedenfalls: Der Sandwirt, der noch immer auf den Höhen südlich von Sterzing steht, will am nächsten Tag zum allgemeinen Angriff aufrufen. Er hofft, daß die Gegner nicht mehr über den Brenner zurückfinden werden – und die Vernichtung im Kessel um Sterzing eine vollständige sein werde. Schon einmal hatte der Sandwirt ja hier im »Moos« gesiegt und sich dabei seinen legendären Ruf als Schützenführer erworben. Im Namen des Herrn will er auch jetzt die Feinde »nicht verschonen«, und »wer an das Christentum nicht denkt, der ist, hätte ich bald gesagt, besser hinweg«.

Doch dieser 9. August verstreicht ohne Entscheidung. Es zeigt sich, daß Hofers Instruktionen an die Schützenkommandanten viel zu vage sind, um eine konzentrierte Aktion gemeinsam durchzuführen. Er überläßt es jeweils dem Kommandanten, wann und wo dieser am besten »dreinschlagen« will. Die Folge ist, daß die Angriffe der Tiroler unterschiedlich intensiv und jeweils unabhängig voneinander erfolgen. So ist es für den versierten Lefèbvre nicht besonders schwierig, diesen unkoordinierten Aktionen seiner Gegner gekonnt auszuweichen. Das Terrain ist hier ja auch offener – und er hat den Rücken frei. Ein Angriff aus dem Mareiter Tal mißlingt den Tirolern, in Gasteig halten sie sich einigermaßen; der Ort Mauls südlich davon geht ihnen verloren.

Die Ächtung des Sandwirts

Aber immerhin: Lefèbvre, der zunehmende Probleme mit der Versorgung seiner Truppen bekommt, schickt nun einen Parlamentär zum Sandwirt. Doch Hofer ist »nicht da«. Dafür beschließen die am Fuße des Jaufen stehenden Kompaniekommandanten ihrerseits, drei Unterhändler zu Lefèbvre zu schicken. Einer von diesen, der Meraner Hauptmann Josef Auckenthaler, trägt eine österreichische Uniform und spricht französisch. Er führt auch die Gespräche mit dem Marschall und erfährt, daß eine französische Armee durch das Etschtal über Trient und Bozen nach Meran vorgestoßen sei und den Tirolern über den Jaufenpaß in den Rücken fallen werde: eine glatte Lüge – was die Unterhändler aber nicht wissen können. Man vereinbart aufs erste eine Waffenruhe, um sich auf Tiroler Seite beraten zu können. Auckenthaler bleibt in Sterzing und will sich um die Gefangenen kümmern – worauf ihn Lefèbvre gleichfalls für gefangen erklärt, weil geprüft werden müsse, wieso er eine österreichische Uniform trage.

Mittlerweile haben auch in Mauls Gespräche zwischen den dort stationierten Bayern und den Schützen stattgefunden. Auf Tiroler Seite ist der Priester Lantscher aus dem Weitental als Unterhändler dafür ausersehen. Seine Antwort auf die bayrischen Vorhaltungen, daß die Tiroler ja widerrechtlich zu den Waffen gegriffen hätten und chancenlos seien, macht bald die Runde: »Daß mit Österreich Friede ist, glauben wir nit. Daß die Inntaler sich entwaffnet haben, glauben wir auch nit. Daß Napoleon mit großer Macht vorrückt, kann möglich sein. Aber Tirol hat er noch nit.«

In Wirklichkeit entpuppen sich die Gespräche allesamt als Vorwand des französischen Marschalls, seinen Rückzug über den Brenner in Ruhe vorbereiten zu können. Die Entscheidung zu diesem Schritt hatte er wohl schon nach seinem eigenen Mißerfolg in der Sachsenklemme getroffen. Und daß weder Rusca über das Pustertal noch die legendäre Armee über Trient und Bozen heranrücken, dürfte er mittlerweile auch gewußt haben. Sein Kalkül ist, in Innsbruck auf weitere Verstärkungen zu warten. So leicht, wie sich Napoleon im fernen Wien und die Herren in der Münchner Residenz das vorstellen, ist der Spaziergang durch Tirol eben nicht.

Am 10. August brach Lefèbvre schließlich von Sterzing auf. Aber anders als im April zogen nun die Bauern auf den Höhen mit den Kolonnen des Marschalls mit. Man schoß Reiter von den Pferden, Kutscher von den Wagen, Grenadiere aus den Marschkolonnen. Steine, Baumstämme sperrten immer wieder die Straße. Erst in Matrei, schon nach gut zwei Dritteln des Weges nach Innsbruck, griffen die Tiroler mit Nachdruck an. Dort hatten sich auch Landstürmer aus den benachbarten Tälern eingefunden und die Brennerstraße vollends verbarrikadiert. Die Bauern hielten sich in den Häusern Matreis versteckt und feuerten aus allen Stutzen. Zwar vertrieb sie ein konzentrierter Sturmangriff aus dem Ortszentrum, Lefèbvre mußte sich aber – fast schon in Sichtweite von Innsbruck – mit seinen Truppen jetzt Schritt für Schritt vorankämpfen. Bei Schönberg am Eingang des Stubaitales kamen seine Kolonnen ganz zum Stillstand. Die Hoffnung des Marschalls, General Deroy könnte ihm aus dem nahen Innsbruck zu Hilfe kommen, erfüllte sich nicht. Der Weg in die Stadt wurde vielmehr zu einem wahren Spießrutenlaufen: Seine Marschkolonnen waren infolge der ständigen Angriffe der Tiroler weit auseinandergezogen und dementsprechend verwundbar; immer wieder griffen die Schützen vor allem seine Kavallerie an, die praktisch hilflos war; auch die Fuhrpferde für die Artillerie und die Zugtiere der Verpflegungskarren wurden aus den Geschirren geschossen. Die Verwirrung der Franzosen war bald so groß, daß sogar die Gefangenen entkommen konnten

– unter ihnen Auckenthaler, den Lefèbvre in Sterzing verhaften hatte lassen.

Der stolze Herzog von Danzig, der Held des Preußen- und Rußlandfeldzuges, begann das Unternehmen in dem unwirtlichen Gebirgsland immer mehr zu hassen; er mußte sich sogar in einen einfachen Dragonermantel wickeln, um nicht erkannt und das Opfer eines scharf gezielten Schusses zu werden. So entkam er nach Innsbruck.

Die letzten Kilometer vor der Stadt glichen für seine Soldaten einer regelrechten Flucht. Franzosen, Bayern und Sachsen stürzten mit allerletzter Kraft von den Höhen ins rettende Inntal hinab, nachdem viele ihre Waffen fortgeworfen hatten; die Geschütze konnte Lefèbvre nur noch teilweise retten; seine berittenen Einheiten waren praktisch aufgerieben. Besonders traurig war es um die vielen Maroden bestellt. Sie kamen, so sie das Morden überhaupt überlebten, völlig entkräftet in Innsbruck an: Der Feldzug einer Armee, die so stolz ausgezogen war, hatte in einem katastrophalen Desaster geendet.

Vor allem aber war es die psychologische Wirkung, die der Zug des Schreckens jetzt auf die in der Stadt stationierten Einheiten, vornehmlich bayrische Soldaten, machte; ganz abgesehen vom Eindruck auf die Innsbrucker, die wieder das Schlimmste für denkbar hielten – besonders jene, die seit dem 1. August eifrig mit den Bayern kollaboriert hatten.

Aber mittlerweile war noch eine weitere Schreckensnachricht in ihrer vollen Tragweite in Innsbruck bekanntgeworden: die Katastrophe für ein ganzes Regiment Bayern unter dem Kommando eines Obersts Burscheid an der legendären Pontlatzer Brücke, die schon im Spanischen Erbfolgekrieg, gut ein Jahrhundert vorher, den Bayern zum Verhängnis geworden war.

Dort fanden die Bayern die Straße mit Felsbrocken verlegt und hatten keine Möglichkeit zum Ausweichen. Während sich ein Teil der Soldaten bemühte, die Felsen wegzuschaffen, fielen neue Steinmassen auf sie herab; und trotz der einfallenden Dunkelheit schossen die links und rechts der Straße postierten Schützen in die Menschenknäuel, die sich auf der Straße hilflos abquälten. Bald war auch der Weg zurück versperrt, so daß an kein Weiterkommen für die Bayern zu denken war.

Erst in den Morgenstunden fand der Kampf für beide Seiten ein Ende. Burscheid kapitulierte und wurde mit den noch verbliebenen 800 Mann seines Regimentes Gefangener der Bauern. Man brachte ihn und seine Soldaten nach Meran ... so freilich hatte er sich den Zutritt in die Stadt, die er eigentlich erobern wollte, nicht vorgestellt.

Die in Landeck und Richtung Vorarlberg postierten bayrischen Truppen wurden nach dem Bekanntwerden der Katastrophe im Oberen Inntal zurückgezogen. In Zams, Imst und Telfs wurden die zurückflutenden Bayern aber gleichfalls von den Bauern angegriffen. Ein Major Büllingen, der das Kommando führte und ursprünglich 700 Mann unter sich hatte, kam mit lediglich 258 in Zirl an. Ganz Westtirol war vom Gegner befreit, der Sieg der Tiroler total.

Unter den bayrischen, aber auch sächsischen Offizieren vollzog sich jetzt ein massiver Stimmungsumschwung. War man des ständigen Kampfes an Frankreichs Seite ohnehin müde, ärgerte man sich nun über die schlechte Führung Lefèbvres und die ständige Geringschätzung der Deutschen durch die französische Generalität. Es mag darüber hinaus eine Rolle gespielt haben, daß auch solche Einheiten in Innsbruck und Umgebung aufgestellt waren, die dem bayrischen Kronprinzen Ludwig unterstanden, der sich selbst dem Zug nach Tirol *nicht* angeschlossen hatte. Aber das bayrische Offizierskorps wußte über die Meinung des Kronprinzen Bescheid: Heute lieber als morgen hätte dieser die Sache Napoleons verlassen und Bayern ins Lager der Gegner des Korsen geführt. Ludwig war ja auch immer wieder mit seinem Vater und Montgelas über die Behandlung Tirols in scharfen Gegensatz geraten. Das wieder hatte die Franzosen besonders geärgert.

Wie die Stimmungslage war, schildert der bayrische Kommissär Weinbach in einem bemerkenswerten Bericht: »General Drouet sagte mir gestern, an der Stelle des bayrischen Königs würde er den Kaiser um Austauschung dieses Landes ersuchen.« Generalstäbler rechneten aus, daß man nicht weniger als 80 000 Mann gebraucht hätte, um Tirol wirklich zu besiegen. Der bayrische General Deroy, jetzt Kommandant in Innsbruck, hielt gegenüber seiner Frau in einem offenherzigen Brief in diesen Stunden über Lefèbvre nicht hinter dem Berg: »Seine herzogliche Exzellenz kommt zurück, ohne in seinem Unternehmen auf Brixen Erfolg gehabt zu haben, worüber ich, unter uns gesagt, durchaus nicht böse bin ... Der Marschall ist über Tirol höchst aufgebracht und will darin durchaus nicht mehr bleiben – ich bin begierig, was in der Folge hierüber beschlossen wird.«

Jetzt kam alles darauf an, ob sich Hofers Führungsqualitäten bewährten. Würde es richtig sein, nochmals am Bergisel anzugreifen, würde die Hauptstadt wieder aus dem Süden aufzurollen sein? Das alles mußte diesmal jedoch *ohne* österreichische Militärhilfe erfolgen. Und überdies hatte man jetzt einen der erfolgreichsten Marschälle Frankreichs als Gegner.

Wieder kursierten Hofers Laufzettel: Einige zeigen ihn wütend wegen mangelnder Unterstützung, manche sind freundlich-väterlich, alle aber voll von Optimismus eines naiv-gläubigen Christen, weil ja Gott auf der Seite der Patrioten stehe ...

Am 11. August hatte sich der Sandwirt in einem Wirtshaus bei Schönberg an der Brennerstraße einquartiert; von dort aus ergingen die Befehle zur Sammlung der Schützen entlang der südlichen Höhe von Innsbruck. Aber er fand immerhin auch Zeit, sich um Nebensächliches zu kümmern. So schrieb er eigenhändig am Tag der Schlacht einen köstlichen Brief: »Liebste Wirte! Seid von der Güte, daß Ihr mir und den Leuten zu Wein verhelft und geschwind heraufschickt. Damit sie morgen was haben, sonst wollten sie den Feind nicht mehr (ein)holen. Die Verpflegung ist ausgegangen. Seid von der Güte und befolgt mir diese Gnade.« Und vom Wein gestärkt, ging Hofer schließlich ans Einteilen: Speckbacher sollte wieder den rechten Flügel übernehmen, Pater Haspinger den linken, in der Mitte der Wirt an der Mahr, Peter Mayr.

Dem Ganzen lag freilich wiederum kein Schlachtplan im eigentlichen Sinn zugrunde; Hofer erwies sich neuerlich als unfähig, über das Unmittelbare hinaus zu einem geschlossenen Konzept zu kommen. Nur die *Aufstellung,* nicht das weitere Vorgehen, wurde geregelt. Die Schützenkommandanten hatten praktisch freie Hand und nützten das dann auch im Kampf aus. Dabei orientierte man sich fast völlig an den Kämpfen im Mai und erwartete, daß sich auch die Feinde genauso verhalten würden. In Hofers mundartlichen Worten: »Daß ös' Euch nach Kreften weret und was weiter zu dun ist, das wird Euch die Lage schon zeigen.« Das hieß auf einen Nenner gebracht: Angriff in weit auseinandergezogener Front von den Höhen zwischen Judenstein und Natters – also auf gut zehn Kilometer – mit dem Bergisel als Zentrum; dazu kamen auch noch Tiroler Verbände nördlich und westlich von Innsbruck, nachdem sich dort Oberinntaler Kompanien aufgestellt hatten. Man geht nicht fehl, die Stärke der Tiroler mit rund 15 000 Mann anzugeben.

Ihnen standen – am Papier – rund 16 000 Franzosen, Bayern und Sachsen gegenüber – letztere allerdings in Hall. In der vordersten Linie, nämlich im Areal des Stiftes Wilten am Fuße des Bergisel, hatte General Deroy Aufstellung genommen. Lefèbvre hielt sich im Stadtzentrum auf.

Der 13. August war ein Sonntag. Andreas Hofer hatte ihn zum Tag des Angriffes bestimmt. Der Tag des Herrn war für ihn gerade würdig genug, die Sache Gottes – wie er es sah – auszufechten. Überall bei den Schützen hatte man im Morgengrauen die Messe gelesen, der Sandwirt selbst war in Schönberg zur Kommunion gegangen. Die Feldgeistlichen hatten den Schützen die Vergebung ihrer Sünden kollektiv gewährt – und Hofer hatte die Worte gesprochen, die zur Tiroler Legende werden sollten: »Seids beinand, Tiroler? Nacher gehn mer's an. Die Mess' habts g'hert, enkern Schnaps habt's trunken, also auf in Gottes Nam!«

Wieder war es das Element des »Glaubenskampfes«, das den Charakter der Auseinandersetzung bestimmte; es war die »Macht von oben«, die sich die Patrioten usurpierten. Und es stand nun in den Aufrufen nicht mehr der Kampf für den Kaiser, für die österreichische Sache oder die Wiedervereinigung mit Österreich an der Spitze: Dazu war die Enttäuschung über die Österreicher doch zu groß. Nein, ganz und gar wurde der Kampf für und um die »heiligste Religion« zur Inspiration und zum Motiv der Entscheidung. »Wegen Gott und Vaterland, Religion wollen wir kämpfen und streiten«, schrieb der Sandwirt in diesen Stunden.

Man muß auch bedenken, daß damals eine in den Augen der Tiroler unerhörte Tat allgemein bekannt geworden war, die Napoleon gesetzt hatte: Papst Pius VII. war in seinem Auftrag in Rom verhaftet und gewaltsam nach Savona gebracht worden. Dem waren die Besetzung des Kirchenstaates und die Exkommunikation des Kaisers vorausgegangen. Napoleon hatte sich darüber selbstbewußt ausgelassen: »Der Papst ist ein rasender Narr.« Aber er begriff nicht, was die Vorgänge in den Hirnen und Herzen der gläubigen Katholiken der Zeit auslösten: nämlich die Rechtfertigung eines Kampfes – mit allen himmlischen Gnaden – gegen einen Feind des Glaubens ...

Hofer legte jetzt überdies ein Gelübde ab – und es war, in den Augen der aufgeklärteren Zeitgenossen, eine besonders reaktionäre Tat. Er gelobte nämlich, daß bei einem guten Ausgang des Kampfes die *Jesuiten* wieder ins Land geholt werden sollten. Der umstrittene Orden war 1773 – noch unter Kaiserin Maria Theresia – in den Erblanden liquidiert worden, nachdem der Papst selbst die »Societas Jesu« aufgehoben hatte. Wahrscheinlich war es die geistliche Umgebung des Sandwirts, die ihm die Idee dieses Gelübdes eingegeben hatte, obwohl sich darunter gar kein Jesuit befand. Hofer selbst und seine bäuerlichen Mitkämpfer konnten auch keine unmittelbaren Beziehungen zum Orden mehr haben, weil ja seit mehr als einer Generation in Südtirol kein Kollegium der Jesuiten bestanden hatte. Wahrscheinlich waren es der Ruf und die Legenden, die die Brüder des heiligen Ignatius umgaben und die eine gewisse Rolle bei Hofers heiligem Eifer spielten.

Die Episode um das Gelübde des Sandwirts macht aber besonders den reaktionären Charakter deutlich, der nun immer stärker in den Vordergrund trat. Mit Recht sprachen Beobachter wieder von einer Art »Kreuzzug«, der einsetzte. Der Volkskampf, die sympathische Selbstbefreiung, brauchte offenbar eine »Heiligung«, um in den einfachen bäuerlichen

Gemütern noch einmal die Einsatzbereitschaft zu stärken – aber auf eine unserem zeitgenössischen Glaubensverständnis nicht eben nur angenehme Art und Weise. Daß die Priester in Hofers Umgebung ihm dabei noch zuredeten, machte die Sache um so fragwürdiger, weil man die rein weltlichen Ziele der Befreiung Tirols mit metaphysischen Heilsvorstellungen verquickte. Immerhin: Auch die Bayern und Franzosen waren ja keine Heiden, sondern Christen – ja Katholiken. Woher nahm man die Berechtigung, für den Kampf der Tiroler die himmlische Weihe in Anspruch zu nehmen, die Bayern aber zu verdammen, weil sie sich als rechtmäßige Verwalter Tirols empfanden?

Als der Kampf vorbei war, wollte sich Hofer auch nicht auf die Kraft und das Glück der Tiroler beziehen, sondern meinte – was zum geflügelten Wort wurde: »I nöt, ös a nöt, der da oben hats thon!« (»Ich nicht, ihr auch nicht, der oben hat's getan!«)

In der Nacht vom 12. auf den 13. August war über Innsbruck ein heftiges Gewitter niedergegangen; in den Morgenstunden wurde es wieder klar; ein heißer Hochsommertag kündigte sich an.

Bei Sonnenaufgang griffen im Zentrum zwischen dem Bergisel und dem Klosterberg die Männer Peter Mayrs an; bayrische Einheiten Deroys, die sich in den bewaldeten Höhen verschanzt hatten, traten ihnen entgegen. Speckbacher ging östlich der Sill zum Angriff über.

Die in der Ebene um Wilten aufgestellten Kanonen feuerten mit vollster Stärke gegen die herabstürmenden Tiroler; der sogenannte Sarnthein- und der Husslhof konnten von diesen aber noch besetzt werden. Freilich nicht lange. Als sich die erste Angriffswelle erschöpft hatte, fegten Dragoner die Bauern in den Wald zurück, und ein Bajonettangriff unter der persönlichen Führung Deroys bewirkte den Wiedergewinn der Höhen durch die Bayern.

Auch Speckbacher wurde zurückgeworfen. Die Bayern drangen bis zum Abhang des Patschberges vor. Der dort gelegene Lemmerhof wurde zum Mittelpunkt harter Kämpfe – Mann gegen Mann. Schloß und Dorf Ambras blieben in bayrischem Besitz.

Nach mehreren Stunden war nichts entschieden. Auf allen Höhen standen sich nach wie vor beide Seiten ohne wesentlichen Terraingewinn gegenüber.

Der Sandwirt befand sich unterdessen in Schönberg. Wieder griff er nicht unmittelbar in den Kampf ein, sondern sorgte vor allem um Nachschub; da und dort begann auch auf Tiroler Seite die Munition auszugehen. Zweifellos ist es jedoch ungerecht, Hofer persönliche Feigheit vorzuwerfen. Es fehlte ihm sicher nicht an Mut zur Teilnahme am Kampf. Wohl aber muß ihm angelastet werden, daß er so gut wie keine taktischen Anweisungen gab; es sei denn die, seinen allgemein geratenen Angriffsbefehl des »Hinunterstoßens« von den Höhen in ein »Halten« umzuwandeln.

In der Tat sah es bald für die Tiroler viel schlechter aus als in den Maikämpfen. Aus diesem Grund glaubte Hofer, daß schon die *Behauptung* der eingenommenen Stellungen gegen die vielfache Übermacht und ohne Hilfe österreichischer Truppen ein Erfolg wäre: »Ich habe es allweil gesagt, das Hinabstürmen hilft nichts, wir müssen den Berg halten, darauf ist unser Verlaß«, schrieb er jetzt dem Pater Haspinger am linken Flügel: »Grad nicht herauflassen!«

Um die Mittagszeit versorgen Frauen und Mädchen aus den umliegenden Dörfern die Schützen; Legenden um die gnädigen Marketenderinnen entstehen; Hofer bemüht sich wieder um die Munition: »Laßt die Leute die Munition nicht vergeblich verschießen, wenn sie sehen, daß sie den Feind damit nicht erreichen. Habt nur Geduld, Gott wird uns alle segnen.«

Jetzt greifen – Glück für die Kämpfer am Bergisel – endlich auch Schützenkompanien aus dem Oberinntal, die von Zirl anrücken, die Stadt Innsbruck von Westen und Norden her an. Marschall Lefèbvre muß sich darum sorgen, daß die sechs Oberinntaler und neun Obervintschgauer Kompanien seine Flanke aufreißen. Aber das flache Terrain begünstigt die Schützen nicht. Bayrische Reiterei sowie Grenadiere in geschlossener Schützenkette vertreiben in kürzester Zeit die Bauern aus dem offenen Feld um Kranebitten.

Jetzt muß auch an der Sill – östlich des Bergisel – Speckbacher zurückgehen; und der Pater Haspinger verliert die sogenannte Gallwiese. Dennoch können Bayern und Franzosen ihren Terraingewinn nicht nützen. Um wieder vorzudringen, müssen sie unweit des Husslhofes durch einen engen Waldweg. Und hier greifen Haspingers Leute ganz besonders vehement an; ein gnadenloses Abschlachten setzt ein. Lefèbvre, der ja perfekt deutsch spricht, führt nun am linken Flügel die Bayern selbst an, während dem General Drouet das Pferd unter dem Leib weggeschossen wird. Fluchend versuchen die Franzosen, die Bayern anzufeuern. Aber diese sehen sich jetzt erst richtig fanatisierten Bauern gegenüber, die Meter für Meter mit Hieb und Stich verteidigen.

Nicht anders geht es im Zentrum am Bergisel und in der Sillschlucht zu. Die Bayern kämpfen mit dem Bajonett, die Tiroler drehen ihre Stutzen um und benützen sie als Hiebwaffen. In dieser kritischen Phase der Schlacht gelingt es Hofer, jene Einheiten von Landstürmern, die er mit seinen Laufzetteln herangeholt hatte – vor allem aus dem Stubaital –, ins letzte Gefecht zu schicken. Ganz und gar ungeübte, alte und blutjunge Tiroler stürzen sich auf die immer mehr ermatteten Bayern und Franzosen; beim brennenden Lemmerhof gelingt Speckbachers Kompanien erstmals ein entscheidender Durchbruch. Und während jetzt die Sonne bereits hinter den Bergen verschwindet, kommen die ersten Bauern sogar bis in die Nähe der Abtei von Wilten.

Der Zirler Schützenhauptmann Anton Plattner schildert später pathetisch, aber realistisch diese Aktion: »Es wurde die wildeste Flucht, und schweißtriefend kehrten die Trümmer der napoleonischen Sturmbataillone zurück, ihren Rückzug mit Blutstreifen, Sterbenden und Leichnamen bezeichnend.«

Haspinger gelingt es gleichfalls, den linken Flügel neu zu ordnen – und seine Leute haben noch die Kraft, den erschöpften Bayern nachzusetzen.

Als die Sommernacht hereinbricht, ist zwar nichts entschieden. Die Bauern stehen etwa dort, wo sie am Beginn der Kämpfe gestanden waren – aber den Soldaten Lefèbvres ist auch kein Durchbruch geglückt. Sogar in der offenen Schlacht haben sich die Bauern bewährt.

Gut tausend Mann sind tot oder schwer verwundet; in Schuppen und Scheunen werden die Tiroler, im Stift Wilten die Bayern und Franzosen versorgt; Priester spenden auf beiden Seiten den letzten Trost.

In der Nacht stellt man sich auf beiden Seiten viele Fragen.

Wer wird neuerlich mit dem Kampf beginnen? Hofer in seinem Wirtshaus in Schönberg weiß bald, daß sein größtes Problem die fehlende Munition ist. Er sieht sich gezwungen, Weisung hinauszugeben, daß man am nächsten Tag *nicht* angreifen solle, »derweil wir uns mit Munition versorgen können«. Mittlerweile aber erfährt er auch, daß mehrere Einheiten von Bauern einfach in der Nacht das Lager verlassen haben. Der Sandwirt beschwört die Kommandanten, niemanden davonziehen zu lassen: »Mir zulieb könnt ihr diese wenigen Tage ausharren!«

Seine ganze Hoffnung richtet sich darauf, daß auch die Franzosen und Bayern ähnliche Probleme haben wie er selbst; Erschöpfung und Mangel an Munition und Versorgung müßten doch wohl ebenso das Hauptproblem Lefèbvres sein. Hofer schreibt: »Wir haben gestern nicht verloren, sondern mehr erobert. Nur das ist, daß wir sehr wenig Munition haben, und doch hoffe ich, der Feind werde sich in Kürze davon machen. Ich hoffe, es werde alles zum besten ausfallen, indem wir eine gute Beschützerin haben.«

Und tatsächlich überlegt Lefèbvre auch wirklich, sich durch einen geordneten Rückzug aus der prekär gewordenen Lage zu befreien. Er ist angesichts seiner subjektiven Erlebnisse im Eisacktal, bei Sterzing, während des Zuges über den Brenner und schließlich durch die Schlacht um den Bergisel so sehr irritiert, daß er sich nur noch durch massive Verstärkungen gegen diese »Teufel« einen Erfolg ausrechnen kann.

Zwei Dinge sind dafür offenbar ausschlaggebend:

Die Vorräte der noch kampffähigen Truppen in Innsbruck waren so gut wie aufgebraucht; die Munitiondepots waren stark zusammengeschmolzen. Im Stift Wilten unterhielten sich die bayrischen Offiziere offen darüber, daß so gut wie kein Nachschub mehr zu erwarten ist.

Zum anderen waren unterdessen die Bayern unter dem Oberst Arco auch im Unterinntal angegriffen worden, der Offizier selbst war gefallen und sein Korps zurückgedrängt worden. Als Lefèbvre diese Nachricht erhielt, mußte er sich wie eine Maus in der Falle gefühlt haben. Rund um die Stadt standen die wütenden Bauern, von denen man nicht abschätzen konnte, wie viele es denn eigentlich waren und wie lange sie noch ausharren würden – der einzige offene Abmarschweg aber schien versperrt. War es nicht naheliegend, daß er die jetzt noch vorhandenen Kräfte dafür aufsparen wollte, sich wenigstens den Rettungsmarsch durch das Inntal freizukämpfen?

Was Lefèbvre dachte, diskutierten auch seine Offiziere und Soldaten. Der Tod des Obersts Arco erzeugte größte Desparation. Und Lefèbvre rechtfertigte sich später auch damit: »Die sich verbreitenden Gerüchte, daß der Feind unsere rückwärtigen Verbindungen besetzt hätte, verursachten einen so starken Eindruck in der Armee, daß ich nicht Gefahr laufen wollte, sie gänzlich zu verlieren, was mir wohl begegnet wäre, wenn ich von neuem angegriffen hätte! Diese Erwägung hat mich, ebenso wie die Schwierigkeit der Lebensmittelbeschaffung, bestimmt, eine rückwärtige Bewegung anzutreten.«

Metternich

In der Tat war es einmalig in der Geschichte der großen Napoleonischen Kriege, daß ein französischer Marschall, der von seinem Kaiser so vielfältig ausgezeichnet worden war, einen so schmählichen Rückzug antreten mußte wie Lefèbvre. Mit der Ankündigung von Sühne und Vergeltung war er ins Land gekommen, einem strafenden Todesengel gleich – und nun zog er, demoralisiert, enttäuscht und verbittert aus der Stadt hinaus, die er seinem kaiserlichen Herrn und dem König von Bayern zurückerobern und befreien wollte. Und er war nicht von der feindlichen österreichischen Armee besiegt worden – sondern von bäuerlichen Insurgenten unter der Führung eines simplen Wirtes, er, der zum Herzog von Danzig aufgestiegen war, auch wenn er einst selbst ein einfacher Feldwebel gewesen war! Sein Brief an Napoleon geriet zu einem bemerkenswerten Dokument:

»*Sire! Es sei also gesagt, daß ich meinen ersten Rückzug im Leben vor rasenden Bauern antreten mußte ... Diese Wilden in Tirol stiegen mit rasendem Geschrei ins Inntal herab, das Kruzifix an der Spitze, mit ihren Priestern, rasend wie die Tiger ... Ich erwarte Ihre Befehle, Majestät, auch wenn ich mich unter den Ruinen Innsbrucks begraben lassen muß.*«

Das letztere war nun nicht so ganz wörtlich gemeint. Denn noch im Laufe des 14. August verließen die ersten Einheiten der Bayern und Franzosen die Landeshauptstadt. Strömender Regen ließ diesen Abmarsch mit Schimpf und Schande noch düsterer erscheinen.

Jetzt führte Lefèbvre aber das aus, wozu ihn Napoleon verpflichtet hatte: Wütend brannte er entlang dem Rückmarsch zahlreiche Siedlungen nieder; und ohne System ließ er Geiseln ausheben. Der Kronenwirt Straub, die famose pfeifenrauchende Freifrau von Sternbach, der Graf Sarnthein und der Servitenprior von Rattenberg mußten mitmarschieren. Straub gelang es allerdings, durch einen Sprung in den Inn zu entkommen; die anderen Geiseln wurden bis München mitgeschleppt.

In Wörgl trennte sich die französisch-bayrische Armee. Deroy zog innabwärts über Kufstein ins bayrische Mutterland; Lefèbvre über St. Johann und entlang der Saalach bis Salzburg. Zu größeren Kämpfen kam es nicht mehr. Aber man kann sich wohl in die düsteren Überlegungen hineindenken, die den Marschall auf diesem Marsch erfüllten. Ganz Frankreich würde wohl über ihn spotten – vielleicht sang man in den Straßen von Paris schon Scherzlieder auf ihn. Und erst die feinen Herren in den Tuilerien, die ihn und seine Madame Sans Gêne ohnehin auszulachen beliebten! Er, der bei Napoleons Krönung vor fünf Jahren in Notre Dame das Szepter des Kaiserreiches tragen durfte, war jetzt schmählich gescheitert! Vor allem aber: Was würde Napoleon sagen, der in Wien residierte und entschlossen war, die Österreicher in einem Diktatfrieden endgültig zu demütigen? Wie konnte Lefèbvre zu seiner Verteidigung glaubhaft machen, daß er es in dem ekelhaften Land wirklich mit halben Teufeln zu tun hatte, denen nicht zu widerstehen war? Wie wollte er argumentieren, wenn man ihm vorhielt, daß er die harten Terrorbefehle nicht systematisch ausgeführt hatte, ja kein einziger Führer der Tiroler Bewegung vor die Erschießungspelotone gestellt worden war, sondern sich jetzt sogar vergnügt ihres Sieges freuen würden – allen voran der Sandwirt aus dem Passeiertal?

Lefèbvre schob in seinem Bericht an den Kaiser vorerst einmal aber alle Schuld auf die Bayern. Er schrieb, daß er den Eindruck habe, die Bayern seien nur mit halbem Herzen bei der Sache gewesen – allen voran der Kronprinz Ludwig, dessen Korps zwar den Feldzug nach Tirol mitgemacht, aber dort nachlässig agiert hätte.

Aber das alles änderte auch nichts mehr an der Eindeutigkeit der Tatsachen. In den Augen Napoleons, der Bayern sowie aller Zeitgenossen wurde der Umstand, daß der Sieg der Rebellen so vollständig war, nun wirklich als eine Tat der Tiroler selbst gewertet. Weder Waffen noch Geld hatte ja Österreich zu diesem Akt der *Selbstbefreiung* beigesteuert – sondern vielmehr durch die Verwirrung rund um den Waffenstillstand dem Sandwirt eine psychologisch schlechte Ausgangsposition verschafft.

Die bewaffneten Patrioten hatten für alle Welt ein Beispiel gesetzt, wie ein Volk mit ausgeprägtem Verteidigungswillen auch einer gut armierten und ausgebildeten Übermacht widerstehen kann. Und so verbreitete sich auch in Windeseile die Fama über den Führer dieses heroischen Volkes durch halb Europa. Nicht mehr die Spanier waren jetzt das Vorbild für den Widerstand gegen den Korsen – sondern die Tiroler. Hatte doch der spanische Partisanenkampf vor allem unter dem Mangel einer koordinierten Führung gelitten; mit Andreas Hofer hingegen war nun ein personifiziertes Symbol für den organisierten Volkskampf entstanden.

Im geheimen und auch offen verbreiteten Kupferstecher vor allem in Deutschland Porträts des Sandwirts; selbst die Bayern wußten nicht, wie und wo sie gegen den schwunghaften Bilderhandel vorgehen sollten, vor allem in Preußen und Sachsen wurde Hofer allgemein bekannt.

Unzählige Legenden nahmen nach zahlreichen Berichten und Darstellungen aller Art ihren Lauf ins Volk. Dabei wurden auch arge Verzerrungen der Dimensionen des Kampfes um den Bergisel üblich, die Grausamkeit Lefèbvres überzeichnet, ebenso auch die Heldenhaftigkeit der Tiroler ins Skurrile übersteigert.

Vor allem in Österreich entfachten die Nachrichten über die Selbstbefreiung der Tiroler eine Welle der Euphorie. Eine gefährliche Sache! Das kaiserliche Lager in Komorn geriet außer sich vor Freude über den Sieg des Sandwirts; und Erzherzog Johann, den man wegen seiner Verspätung bei Wagram die Schuld an der Niederlage zugeschoben hatte, war für eine gewisse Zeit rehabilitiert. Plötzlich hielt man sich wieder für stark genug, den Waffenstillstand aufzuheben und Napoleon neuerlich anzugreifen.

Die Verbindungen zwischen Tirol und dem nicht besetzten Österreich waren jetzt freilich auf ein Minimum beschränkt. Der Kontakt erfolgte durch Boten und geheim. Noch in Unkenntnis des Sieges am Bergisel hatte Hofers Freund Blasius Trogmann Erzherzog Johann in Ungarn erreicht. Und dessen beide Begleiter, ein Major Müller aus Vorarlberg und Josef von Lichtenthurn, wurden von Kaiser Franz in Audienz empfangen. Zurückgekehrt, überbrachten sie den Tirolern dann mündlich die Grüße des Monarchen und des Erzherzogs Johann sowie die Information, daß Österreich *keinen* Frieden angenommen habe – »sondern es soll der Krieg fortgeführt werden. Unterdessen wünscht der Erzherzog, daß sich die Tiroler tapfer verteidigen.«

Das beweist neuerlich die Schizophrenie und Nonchalance des Kaiserhofes, der mit dem Schicksal Tirols spielte. Denn in Wahrheit verhandelte man natürlich laufend mit den Franzosen. Es war zuerst Graf Laval Nugent-Westmeath, der seit August offiziell als österreichischer Bevollmächtigter mit dem Außenminister Napoleons, dem Herzog von Cadore, Jean

Baptiste Nompere de Champagny – einem verschlagenen und zähen Fuchs –, feilschte; dann auf österreichischer Seite Clemens Graf Metternich, der nach seiner Ausweisung als Botschafter aus Paris den Grafen Stadion abgelöst hatte und nun als Außenminister alle Weichen in Richtung Friedensvertrag stellte. Mit erstaunlicher Selbstverständlichkeit und unnachahmlichem Gleichmut hatte Metternich die schwere Aufgabe übernommen, die für ihn nur in einer dauerhaften Vereinbarung enden konnte. Von einer neuerlichen Aufnahme des Krieges war man also de facto schon weit entfernt, nachdem die Diplomaten die Generäle abgelöst hatten.

Das alles wußte natürlich der Sandwirt nicht, der sich mehr denn je eins mit dem Kaiser von Österreich in dem Bestreben zu wissen glaubte, Tirol wieder unter allen Umständen österreichisch zu machen; und der jetzt annahm, daß Österreich den Krieg neuerlich eröffnen würde. Als nun Hofer am 15. August – am Festtag Mariä Himmelfahrt – in Innsbruck feierlich als Sieger vom Bergisel und unbestrittener Oberkommandant einzog, unternahm er einen sehr entscheidenden Schritt nicht im eigenen Namen, sondern in dem seines Herrn, wie er es sah. Er wurde auch *ziviles* Oberhaupt: »Wenn's Land grad mich haben will, so soll's mich haben, so gut ich das Regieren machen kann – aber im Namen des Kaisers.«

Es war Franz im fernen Komorn, in dessen unausgesprochenem, aber *schlüssigem* Auftrag der Sandwirt das »Bauernregiment« in der Innsbrucker Hofburg antrat. Hofer wollte ein *legitimer* Verwalter sein, ein *Verweser,* Vertreter der ruhenden Macht der fernen kaiserlichen Majestät – nicht angemaßt, sondern rechtmäßig –, bis nach einem Sieg Österreichs die Kaiserlichen wieder von Tirol Besitz ergreifen würden. (Was ab nun vielfach das Provisorische von Hofers zivilem Agieren erklären wird.)

Es gab an diesem 15. August aber niemanden, der die Führerschaft des Sandwirts in Frage stellte. Und die Bürgerschaft Innsbrucks, die wieder einen neuen Herrn hatte, war froh, daß sie wenigstens irgendwem ihr Leid klagen konnte; vor allem angesichts des Umstandes, daß sich wieder Tausende Bauern durch die Straßen der Stadt ergossen – auf der Suche nach Eß- und Trinkbarem. Bei dieser Gelegenheit wurden die Innsbrucker auch neuerlich von den Bauern pauschal verdächtigt, nicht gute Tiroler zu sein. Aber »die meisten Bauern waren benebelt«, schilderte ein Augenzeuge die Konfrontationen.

Der Sandwirt war in einer Kalesche in die Stadt eingefahren, hatte im Gasthof »Goldener Adler« die Menge begrüßt und sich dann zur Hofburg begeben. Der Menge rief er zu, man müsse weiter für »Gott, Kaiser und Vaterland als tapfre, rödle und brave Tiroler streiten«. Hofer zögerte aber dann nicht, konsequent gegen die Ausschreitungen vorzugehen. »Geht's auseinand!« rief er der johlenden und krakeelenden Menge in den Straßen zu. Den Massen vor der Hofburg drohte er in seiner derben Art: »Ös saggra Schwänz! Zwui treibts enk no alleweil umer? Öpper zum Leutplagn und Stehlen?« Aus seinen Passeier Schützen bildete er eine Wache, die den Patrouillendienst durch die Gassen Innsbrucks aufnahm.

Aber es zeigte sich, daß sich unter den Mitkämpfern dieser dritten Befreiung bereits erheblich viele berechnende und gewissenlose Elemente befanden. Waren zu Beginn der Kämpfe im April vor allem Bauern selbst am Kampf beteiligt gewesen, so schickte man im Verlauf des Mai mehr und mehr auch Knechte und Taglöhner in den Kampf. Nach Abzug der Österreicher war es überhaupt nicht mehr möglich, die Spreu vom Weizen zu teilen. Und jetzt waren auch zahlreiche Ranzonierte, also ehemalige österreichische Soldaten, die im

Nachdem uns Gott der Allmächtige durch die Vorbitte seiner göttlichen Mutter abermal von dem alles verheerenden Feinde wunderbarlicher Weise errettet und uns seine Hilfe augenscheinlich gezeigt hat, so gebühret es auch und ist unsere größte Schuldigkeit, daß man ihm allgemeinen Dank abstatte. Es wird dahero zur schuldigen Danksagung (theils für die vergangenen glücklichen Ereignisse, als auch für die Zukunft Glück für unsere Waffen zu erbitten) verordnet: daß am Sonntag als am 3ten September in jeder Seelsorgs = Kirche ein zehnstündiges Gebeth vor ausgesetzten allerhöchsten Gut, dann Hochamt und darunter eine den gegenwärtigen Zeitumständen anpassende Kanzelrede und feyerliches Te Deum abgehalten werde.

Uebrigens wird befohlen, alle Gottesdienste wie vorhin (als wir noch Oesterreichisch waren) zu halten, und das Volk zur Andacht bestmöglichst aufzumuntern.

Innsbruck den 25. August 1809.

Von der k.k. Obercommandantschaft in Tyrol.

Andreas Hofer,
Ober = Commandant in Tyrol.

Aufruf Hofers zur Abhaltung feierlicher Gottesdienste

Land geblieben waren, sowie Versprengte und Freigekommene unter den Bergisel-Kämpfern des 13. August gewesen.

In der Hofburg richtete sich der Sandwirt schnell auf seine Art und Weise ein. Er fühlte sich in dem riesigen Gebäudekomplex nicht sonderlich wohl, wenn er auch seine Regentschaft unter den barocken Fresken durchaus genoß. Er selbst bewohnte nur wenige Räume, die zugleich als Arbeits- und Wohnstätte sowie als Begegnungsort mit jenen dienten, die Hofer nun um sich scharte. Es fällt auf, daß darunter kaum Bürger oder Beamte waren – niemand aus der Innsbrucker Hautevolee, der er mißtraute –, dafür aber viele seiner engeren Mitkämpfer. Dadurch gewannen die Südtiroler aus dem Burggrafenamt um Meran eine stark überproportionale Vertretung in der »Bauernregierung«: Da war Johann Holzknecht aus dem Passeiertal, der sich um die Finanzangelegenheiten kümmern sollte, dann der Wirt Johann Brunner, Josef Innerhofer-Thurner aus Schenna, Jakob Widumsbaumann aus Dorf Tirol, ebenso Blasius Trogmann, Johann Mösl, »der Stallele«, Paul Seitz-Rieglhofer aus Mais, Matthias Oberdorner aus Algund und Georg Waldner-Riebler aus Marling bei Meran. Als einziger Nichttiroler gehörte dem engeren Kreis um den Sandwirt sein Adjutant Kajetan Sweth an, der ein gebürtiger Steirer war, aber von den Tirolern wie einer der ihren akzeptiert wurde. Zu den Zivilisten gesellten sich auch einige Geistliche: natürlich der Kapuzinerpater Haspinger sowie die Kooperatoren Franz Köck und Josef Daney.

Dieser Kreis von Hofers »Garde« konnte in der Hofburg kommen und gehen, wie es ihm beliebte. Ansonsten aber wurde eine »Audienzordnung« eingeführt, wobei der Sandwirt gerne und viel mit den Leuten, die mit ihren Anliegen zu ihm kamen, redete. Bald wurde es üblich, vom Oberkommandanten als vom »Vater Hofer« zu reden. Sein Bart und sein gewaltiges Auftreten machten ihn älter, als er mit seinen 42 Jahren eigentlich war. Speckbacher konnte so weit gehen, von Hofer als vom »Vater und Erlöser« zu sprechen. Aber die Anrede »Exzellenz« verbat sich der Sandwirt mit den Worten: »Ich heiß Andrä! Ich bin nicht besser als die anderen, wir alle sind Bauern und keine Herren!«

Hofer praktizierte hier auch religiöse Übungen, die so gar nicht in das höfische Ambiente paßten. Jeden Morgen wohnten Hofer und seine Mitkämpfer der Frühmesse bei, und jeden Abend betete man gemeinsam den Rosenkranz, an den der Sandwirt Fürbitten für die ihm besonders wichtig erscheinenden Heiligen anschloß. Der kleine Saal, in dem Hofer residierte, mußte auch mit einem Kreuz und einem Marienbild ausgestattet werden. Dafür gab es Verordnungen über Verordnungen betreffend Gottesdienste, Gebetsübungen, Andachten; das »Hl. Herz Jesu« und der »Dienst der hl. Jungfrau« sollten die Tiroler vor drohendem Unheil bewahren; die Kirche und die enteigneten Orden erhielten alles zurück, was sie in der bayrischen Zeit verloren hatten. Ein Historiker ging später so weit, Hofers klerikales Regime sogar als »Kirchenstaat« zu bezeichnen.

In der Hofburg fanden aber auch ausgelassene Gelage statt. Der Südtiroler Wein erhitzte die Gemüter, und man wurde nach mehreren Gläsern besonders dann mutig und zuversichtlich, wenn es um die Zukunft ging ... Überhaupt spielte der Alkohol auch beim Sandwirt eine zwar nicht außergewöhnliche, aber doch zunehmend größere Rolle. Das Trinken war ja Teil eines Rituals; der Wein bei den Südtirolern seit jeher die selbstverständlichste Sache der Welt. Aber nun, wo es um wichtige Entscheidungen ging, wurde manches doch problematischer. Denn schlechte Nachrichten wurden in Hofers Umgebung allzuoft im Suff ertränkt.

Bei alledem kann kein Zweifel an der selbstlosen Haltung des Sandwirts bestehen; er agierte keineswegs in der Absicht irgendeiner persönlichen Bereicherung. Seine Familie ließ er erst gar nicht nach Innsbruck nachkommen, vielmehr mußte seine Frau weiterhin allein in St. Leonhard den Sandhof bewirtschaften. Aber man darf doch annehmen, daß Eitelkeit mit im Spiel war, als sich der gute Bauern-Wirt nun in der Hofburg auf jene Sessel setzte, die einstmals ein Kaiser Franz Stephan, eine Maria Theresia und ein Josef II. benützt hatten; ein Gefühl historischer Wichtigkeit erfüllte den einfachen Mann und machte ihn offen für allerlei Schmeichelei, mit der ihm vor allem seine bäuerlichen »Brüder« hofierten.

So wurde der Sandwirt sehr schnell das Opfer von Intriganten, Heuchlern und Narren, die sich in seiner bunt zusammengewürfelten Umgebung herumtrieben. Was man ihm mit dem Augenaufschlag der patriotischen Herzlichkeit vorlegte, das akzeptierte er auch; und was man ihm gar mit religiösem Pathos unterschob, unterschrieb er unbesehen.

Jetzt erst zeigte sich, daß die Bewegung der Patrioten nicht das *ganze* Volk erfaßt hatte und auch nicht organisch gewachsen war. Zufälligkeiten, Emotionen und persönliche Motive spielten die entscheidende Rolle. Auch Hofer selbst war keinesfalls frei von persönlichen Motiven. Vielmehr hatte er wiederholt Racheabsichten und konnte haßerfüllt gegen jene geifern, von denen er sich verraten fühlte. Einer davon war Martin Teimer, der mit Buol im Juli das Land verlassen hatte. Über ihn schrieb Hofer an Erzherzog Johann: »Teimer, wenn er in Österreich nicht erschossen wird, wird von mir oder anderen guten Landesverteidigern auf der Stelle erschossen. Warum, werde ich mündlich vorbringen ...«

Was die Behördenorganisation betraf, so richtete der Sandwirt eine Generallandesadministration für politische und

Finanzangelegenheiten ein. Die Generalkreiskommissariate, Appellationsgerichte und Finanzdirektionen sollten weiterbestehen.

Als Ersatz für den Landtag, den man später für ganz Tirol einberufen sollte, wurden die Gemeinden um Innsbruck eingeladen, eine Art Regionalkonferenz zu bilden, um einmal die wichtigsten Fragen zu beraten. Auch in anderen Städten wurden diese Regionalversammlungen abgehalten. Ende September wollte Hofer sodann die »Nationalrepräsentation« einberufen und versprach auch Wahlen, weil »das Volk an der Verwaltung der öffentlichen Angelegenheiten den größten Anteil zu nehmen hat«.

Das größte Problem bei alledem war, daß es im Grunde keinen funktionierenden Beamtenapparat gab; zahlreiche österreichische Beamte waren ja durch ihre Zusammenarbeit mit den Bayern nach 1805 kompromittiert, einige hatten sogar mit den Bayern das Land verlassen. Und Unsicherheit über das Regime des Sandwirts in der Hofburg machte sich unter denjenigen breit, die zu einer Zusammenarbeit mit dem Bauernregiment bereit gewesen wären. Allzu leicht passierte es auch, daß die unzuverlässige Umgebung Hofers – zum Teil aus wichtigtuerischen Gründen – ständig in den Gang der Verwaltung eingriff. Es wurden Verdächtigungen wegen »Freimaurerei« ausgesprochen; auch wegen der »Bilderstürmerei« vor dem April 1809; einige Beamte verfolgte man, weil man sie einfach nicht mochte: wie zum Beispiel den Innsbrucker Bürgermeister Schumacher. Dabei sah der Sandwirt selbst ein, daß seine Umgebung zuwenig von Justiz und Verwaltung verstand: »Ihr versteht so wenig wie ich«, erklärte er seinen Bauernfreunden, die Arbeit müßten schon »Gstudierte« machen.

Bald lernte Hofer jedenfalls eines: Wenn man mit einem Problem nicht zu Rande kam, ließ man es am besten liegen.

Verstand er hingegen etwas nicht, dann ließ er es sich »übersetzen«, wodurch vor allem die ihn umgebenden Priester einen übermäßigen Einfluß gewannen. Und weigerte er sich, etwas zu unterschreiben, vermerkte er am Aktenrand: »Kann nit sein.« Er nahm wohl an, daß bald die Österreicher mit ihren Beamten wiederkommen würden.

Kein Wunder, daß bestimmte Erlässe Hofers zum Gegenstand des Spottes wurden. Einer aus der Runde der Einflüsterer, Josef Anton von Stadler, hatte eine famose Idee zur Hebung der allgemeinen Tugend. Über Stadler hatte schon Wochen vorher Hormayr gemeint, daß Zweifel darüber bestünden, »welchem Reich der Natur er beizuzählen« wäre. Dieser Krypto-Konservative verfaßte jedenfalls den Entwurf eines Erlasses über Frauenkleidung, den Hofers Adjutant Purtscher umstilisierte und dem Sandwirt unterbreitete. Und Hofer unterschrieb. Demnach wurde den Tiroler Frauen ein züchtiger und frommer Lebenswandel vorgeschrieben, die »Frauenzimmer« sollten vor allem nicht mehr »ihre Brust und Armfleisch zu wenig und mit durchsichtigen Hadern bedecken«.

Tatsache ist auch, daß Hofer einmal einer Dame die Tür wies, als diese – für seinen Geschmack – zu dekolletiert in der Hofburg erschienen war. Dabei wurde allen, die dem Sittenerlaß nicht folgen sollten, Volksjustiz angedroht: » … widrigenfalls sie es sich selbst zuzuschreiben haben, wenn sie auf eine unbeliebte Art mit Unrat bedeckt werden.«

Ein ähnlich lächerlicher Erlaß verbot auch das Abschneiden von Frauenlocken – eine damals überaus beliebte Form der Neckerei zwischen den Geschlechtern, die sich auch in zahlreichen literarischen Zeugnissen findet.

Gravierender als solche Vorschriften waren schon die allgemeinen Erlässe zur Ordnung des Zusammenlebens. In den

Städten und auf dem Land wurden Tanzfeste und Bälle verboten, und zwar deshalb, um dem »Laster« Einhalt zu gebieten. Hofer verbot auch das Offenhalten von Wirtshäusern, wenn gerade Gottesdienstzeit war. Überdies wurden strenge Vorschriften zur Einhaltung der Sperrstunden erlassen. Das konnte nun überhaupt nicht nach dem Geschmack der Wirte sein, die Hofers engste Gefolgschaft und Garde darstellten; und wohl auch nicht im Interesse des Wein- und Schnapshandels liegen, den Hofer angeblich so förderte, daß man ihm (heute noch) materielle Interessen bei seinem Engagement in der Aufstandsbewegung unterstellt. Wahr ist vielmehr, daß Hofer sogar die auf den Getränken lastenden Steuern *beließ*, obwohl man gegen sie während der bayrischen Zeit so heftig demonstriert hatte.

Trotz der strengen Polizeivorschriften – auch die Trunkenheit zu nächtlicher Stunde wurde bestraft – gelang es nicht einmal in Innsbruck, mit der offenen Gewalttätigkeit fertig zu werden. Zeitgenossen berichten von üblen Schlägereien zwischen jugendlichen Banden, die die Stadt unsicher machten. Hunderte Steine werfende und mit Prügel bewaffnete Jugendliche durchzogen die Straßen der Stadt und lieferten den wenigen Ordnungskräften erbitterte Auseinandersetzungen. Auch im Süden Tirols kam es zu Ausschreitungen, Brandstiftungen und Plünderungen.

Den Hintergrund stellt die zunehmend katastrophale Wirtschaftslage dar, in der sich das ganze Land befand; die Ernte des Jahres 1809 war zum Teil nicht eingebracht worden. Die Bauern, die sich an der Landesverteidigung beteiligt hatten, waren nicht rechtzeitig auf ihre Almen zurückgekehrt. Und so mangelte es bald an Fleisch und Milchprodukten. In den Städten hatten die Verwüstungen auch den Handwerkern arg zugesetzt, der Handel war – seit das Land Tirol praktisch eine

Insel im Feindesland war – vollkommen zum Erliegen gekommen. Soziale Einrichtungen wie Stiftungen und Pensionskassen konnten keine Zahlungen mehr leisten. Tausende erlebten den Hunger ganz konkret.

Und es fehlte vor allem an einer Verwaltung, die durch öffentliche Fürsorge die ärgsten Übel steuern hätte können. Die Stadt Innsbruck besaß am 4. September nicht mehr als – sage und schreibe – 39 Kreuzer in der Stadtkasse; direkte Steuern wurden überhaupt nicht mehr eingehoben, der Fluß der indirekten zerrann zwischen den Unterbehörden, die alle noch verfügbaren Gelder ohne Rücksicht auf ihre Zweckbindung für sich verwendeten. Ein Gefängnisdirektor mußte zum Beispiel aus eigener Kasse die Sträflinge verköstigen und drohte, die Gefangenen unverzüglich freizulassen, wenn er nicht die Gemeindekasse leeren dürfe. Auch die Zahlung von Grundzinsen, Zehenten und Pachtschillingen unterblieb, was neue Probleme heraufbeschwor.

Der Sandwirt hatte natürlich auch keine Ahnung von der Systematik effizienter Finanzgebarung – also dilettierten er und seine Ratgeber herum. Er setzte die Münzprägung fort, der »Sandwirtzwanziger« wurde in Verkehr gebracht. Aber die Münzstätte verfügte bald über keine Edelmetallvorräte mehr. Dafür versuchte Hofer, sich über die Salzsudstätte in Hall Einnahmen zu verschaffen. Dort hatte sich die Produktion stark reduziert, und eine Salzsteuer brachte auch kaum wesentliche Einkünfte. Dafür wurde der Weinaufschlag weiter aufrechterhalten. Maut und Zollgebühren kamen praktisch ganz zum Erliegen.

Er hatte dabei sicherlich insofern ein schlechtes Gewissen, als er ja die Unzufriedenheit seiner Landsleute mit dem bayrischen Steuersystem zur Anstachelung des Widerstandes benutzt hatte. Und jetzt das gleiche tat: durch Verordnungen aus den Leuten herauszupressen, was nur irgendwie möglich war. Groteske am Rande: Hofer empfahl seinen Beamten daher auch wieder in seiner Art gutmütiger Halbherzigkeit »billigmäßige Schonung« der Steuerschuldner ...

Während sich die wirtschaftliche Situation nun immer mehr verschlechterte, unternahm Hofer eine Reise in seine Südtiroler Heimat. Seine Ausfahrt aus der Landeshauptstadt geriet dabei zu einer mittleren Zirkusveranstaltung. War man sich doch nicht klar, was der »Oberkommandant« denn nun in Wirklichkeit war: ein Regent, ein Verwalter, ein höchster Beamter – oder nach wie vor nur ein Rebellenführer, der sich der Macht autokratisch bediente?

Jedenfalls zog Hofer mit einer Kutsche über den Brenner, die von vier Pferden gezogen war; Passeier Schützen ritten mit blankem Säbel voraus, Adjutanten und Schützenführer nahmen auf Leiterwagen Platz. Im letzten Wagen der Prozession befand sich – was sonst? – ein Weinfaß.

Nach Bozen wandte sich Hofer nach Norden, übernachtete noch einmal in Meran und traf endlich am Sandhof ein, wo ihn seine Frau und die Kinder herzlich begrüßten, hatten sie ihn doch lange nicht gesehen. Nach zwei Monaten Abwesenheit schloß er seine Frau in die Arme, die sich in ihrer zurückhaltenden Art offenbar längst mit dem Geschick einer politischen »Witwe« abgefunden hatte.

Nur zwei Tage verbrachte er zu Hause im Passeiertal, dann zog er schon wieder über den Jaufen nach Sterzing.

In der alten Handelsstadt hatten sich mehrere Führer aus dem Eisack- und dem Pustertal eingefunden. Denn neben allen ökonomischen und Verwaltungsproblemen des Landes blieb doch die Frage der Landesverteidigung für Hofer die allerwichtigste. Und damit sah es jetzt schlechter denn je aus, obwohl – mit Ausnahme von Kufstein – kein fremder Soldat auf Tiroler Boden stand.

Denn die Schützenkompanien waren praktisch auseinandergegangen, die Befestigungs- und Wehranlagen lediglich schwach besetzt, auf die Anlage von Depots war vergessen worden.

Dafür hatte Hofer gleich nach seinem Amtsantritt, nämlich am 19. August, an Kaiser Franz ein bemerkenswertes Schreiben geschickt, in dem er um Aufklärung – auch wohl Erklärung – bat:

»Es drohen uns große Gefahren. Da ersuchen wir Euer Majestät um Hilfe. Sollten jedoch die Umstände unmittelbare Hilfe unmöglich machen, so wollen Euer Majestät dem getreuen Land wenigstens die gegenwärtige Lage der Dinge *mitteilen,* um hieraus ersehen zu können, ob weiterer Widerstand die Rettung des so teuren Vaterlandes oder den gänzlichen Untergang desselben herbeiführen würde.«

Ja, hätte das der gute Kaiser Franz selbst gewußt! Schwankte er doch nach wie vor zwischen Depression und Euphorie; und auch sein schlechtes Gewissen machte ihm in bezug auf die Tiroler zu schaffen. Aber im Grunde wollte er schon lange keine neuerliche Auseinandersetzung. In den weiten Ebenen Ungarns war ihm höchst unbehaglich zumute, und er sehnte sich in sein schönes Schönbrunn zurück – in dem freilich nach wie vor das korsische »Scheusal« saß, mit dem man einen Frieden auszuhandeln gezwungen war.

Er wolle aber, so schrieb Franz seinem Bruder, bei einem Friedensschluß »jeden nur möglichen Bedacht« auf Tirol nehmen. Um so erstaunlicher ist es, daß Erzherzog Johann in diesem Klima nicht Vorsicht walten, sondern sein Herz entscheiden ließ: denn dieses drängte ihn – und das in recht phantastischer Art und Weise – zu neuem Kampf »bis zum

Ende«. Der Kurier Trogmann hatte in Tirol über die Meinung des Erzherzogs berichtet; sie sei darauf gerichtet, den Krieg fortzusetzen: »Aber der Tag der Eröffnung kann noch nicht angegeben werden.« Und überdies habe, so Trogmann, der Erzherzog mit seinem Ehrenwort versprochen, daß Rußland in den Krieg auf seiten Österreichs eintreten wolle.

Bei Johann spielte mehr denn je die Hoffnung auf einen neuen Waffengang eine psychologische Rolle. Aber: Mißverstand auch er den Kaiser oder war der Wunsch der Vater des Gedankens? Es war klar, daß Johann die ihm angelasteten Fehler rund um Wagram *ausmerzen* wollte.

Nur so kann der folgenschwere Brief vom 12. September 1809 verstanden werden, der schließlich in Tirol als Rechtfertigung aller weiteren Aktionen angesehen wurde: »Mein lieber Hofer! *Der Krieg fängt von neuem an,* bald müssen entscheidende Streiche geschehen. Tirol wird vermutlich für den ersten Augenblick von Feinden nichts zu fürchten haben. Ihr müßt dort besser wissen, was um Euch ist; habt ihr von Deutsch- und Welschland nichts zu fürchten, so handelt gegen Salzburg und das Oberland ...«

So machte sich nach einem solchen Brief des Erzherzogs an Hofer und nach den schönfärberischen Berichten jener Kuriere, die aus dem kaiserlichen Hauptquartier kamen, in Tirol bald eine sehr optimistische Stimmung breit: verständlich – und doch so fern der wahren Umstände.

Zusammen mit den Durchhalteparolen und zahlreichen Versicherungen vom guten Ausgang der ganzen Unternehmung wurde das Bauernregiment in der Hofburg daher zum Zentrum der Selbsttäuschung.

Immer wieder hieß es da, Österreich habe schon die Waffen gegen Napoleon erhoben; es gab »Augenzeugen«, die vom Rückmarsch der Armee Napoleons berichteten; in der Folge wurde immer wieder das Gerücht ausgestreut, die Russen hätten eingegriffen und wären Österreich zu Hilfe gekommen. Ein Zeitungsbericht ging so weit, bereits eine Niederlage Napoleons gegen diese – potemkinschen – Russen bei Olmütz als »sicher« hinzustellen. Hernach hieß es wieder, die ungarische »Insurrektion« – also die magyarische Landwehr – habe sich unter dem Kommando eines Bruders des Kaisers erhoben und den Vizekönig Beauharnais geschlagen, der den Tod bei Preßburg fand.

Allerdings: Auch von feindlichen Truppenkonzentrationen an den Grenzen Tirols war wiederholt die Rede; sie waren immerhin erkennbar. Napoleon, das »Scheusal«, wollte offenbar das gute »Landl« noch rasch vernichten, ehe Österreich den Tirolern zu Hilfe kommen konnte …

Und im September wurde im südlichen Etschtal auch die Situation für die Tiroler immer bedrohlicher. Die schwachen Landesverteidiger mußten am 5. September die Grenzposten bei Ala räumen, als der französische General Peyri mit 4000 Mann anrückte und sich binnen kürzester Zeit in den Besitz der Stadt Trient setzte. Ja, bei Lavis kam es zu einer mittleren Katastrophe für die Tiroler, nachdem durch ein Umgehungsmanöver zahlreiche Schützen getötet worden waren. Es war der ehemalige Adjutant des Sandwirts, Eisenstecken, der mit Hilfe der Stadt Bozen einige Kompanien zusammentrommelte und sie nach Süden führte. Es gelang ihm, Peyri in Trient zurückzudrängen, sogar einzuschließen und der Stadt die Wasserzufuhr zu sperren. Aber an eine längere Belagerung war dennoch nicht zu denken. Die Tiroler Schützen hatten keinerlei Erfahrung bei einer derartigen Kriegführung und verliefen sich beim ersten energischen Ausfall des französischen Generals. Immerhin: Bei Mezzolombardo wurde ein Riegel errichtet und dort das Etschtal abgesperrt.

Dennoch spürten die Tiroler, wie ihnen seitens der italienischsprachigen Bevölkerung jetzt weniger Begeisterung denn je für den Aufstand, der nicht der ihre war, entgegengebracht wurde. Trient, die jahrhundertelang reichsunmittelbare Bischofsstadt, war ja stets einen eigenständigen Weg gegangen, und die Bürger hatten sich mit dem völligen Aufgehen in Tirol nie wirklich abgefunden. Die diversen Ergebenheitsadressen des Trientiner Magistrats an den König von Bayern spiegeln diese Stimmung wider – und den Wunsch der Handelsstadt nach Ordnung und Ruhe. Dem Gefühl der liberalen Bürgerschaft zufolge wurde der Friede aber vor allem durch die aufgeregten bigotten deutschen Bauern aus den Tälern im Norden gestört – während südlich des nahen Gardasees für sie das aufgeklärte italienische Königreich begann. Und alles war den Trientinern lieber als die Bauernherrschaft eines Wirts, der in Innsbruck Regent spielte ...

Mit der Abriegelung im Süden war Tirol aber für diesen Bauernregenten jetzt mehr denn je und ganz und gar eine Festung aus Fels und Stein geworden. Ohne zu wissen, wie es weitergehen soll, saß er in seiner barocken Hofburg; und war im Grunde ratloser denn je.

Seine einzige Vorstellung kreiste um die Hoffnung der Wiederaufnahme des Kampfes durch Österreich; und je mehr ihn seine Umgebung und die diversen falschen Gerüchte aus dem kaiserlichen Hauptquartier darin noch bestärkten, desto weniger Alternativen entwickelte er. Das war insofern bedauerlich, als sich sehr wohl in Bayern ein Stimmungsumschwung anzubahnen schien. Die Beteiligung Bayerns am Kriegszug gegen Österreich hatte dem Königreich ja nicht nur nichts gebracht, sondern den Verlust Tirols eingetragen. Und der Kronprinz Ludwig war längst nicht der einzige, der in einem vernünftigen Ausgleich mit den Österreichern jenseits der weiß-blauen Grenze und den Tirolern innerhalb derselben eine Lösung suchte. Auch der König selbst neigte zum Ausgleich, konnte sich aber vorläufig gegen die Partei seines Ministers Montgelas nicht durchsetzen. Der schlaue Fuchs blieb seinem harten Kurs treu und glaubte – ähnlich wie Napoleon – nur in einer rigorosen und gnadenlosen Ausrottung des Tiroler Widerstandes einen Weg zur endgültigen Befriedung im bayrischen Interesse gehen zu müssen.

Und dennoch gab es in diesen Wochen relativer Waffenruhe zwischen Bayern und den Tirolern sogar enge Kontakte: in der Frage des Gefangenenaustausches.

Noch im August hatte Hofer dem Marschall Lefèbvre schriftlich vorgeschlagen, die von den Franzosen genommenen Geiseln gegen Stabsoffiziere, die die Tiroler gefangen hatten, auszutauschen. General Deroy sah darin eine plausible Chance für die bayrische Regierung, mit Hofer ins Gespräch zu kommen. Es war also keinesfalls so, daß die bayrischen Generäle dem Sandwirt nur haßerfüllt begegnet wären – im Gegenteil: Viele bewunderten ihn sogar. Aber Montgelas konnte sich durchsetzen; er argumentierte, daß man schon aus prinzipiellen Gründen keinen Kontakt mit den Aufständischen schaffen dürfte – also könnte es auch keine Verhandlungen über die Gefangenen geben.

In Bayern hatte man dabei mittlerweile nicht nur Geiseln und die während der Kämpfe Gefangenen inhaftiert, sondern auch im Land herumziehende Händler und Hausierer aus dem Tirolerischen. Die Polizeibehörden zerbrachen sich wiederholt den Kopf darüber, was man mit diesen zivilen Gefangenen tun sollte. Allein im Münchner Korrektionshaus saßen über hundert Leute ein, die mit militärischen Aktionen nichts, aber auch gar nichts zu tun hatten und lediglich Opfer ihrer Herkunft geworden waren. Dazu kam, daß der Münchner Polizeidirektor Stetten die armen Teufel auch noch zum Schanzbau mißbrauchte, was den bayrischen König sogar zu einem scharfen Verweis veranlaßte.

Der Sandwirt schrieb in der Gefangenenfrage dann direkt an den bayrischen König. Er ließ nämlich zwei gefangene Bayern auf Ehrenwort frei und gab ihnen einen Brief an Max Josef mit; hatten doch die Tiroler auch bei einem Streifzug Bauern aus Miesbach gefangengenommen. In dem mit »Majestät gehorsamster Empfehlung« signierten Brief schlug Hofer als »Oberkommandant in Tirol« vor, die Gefangenen gut zu behandeln und in gleicher Zahl auszuwechseln; der bayrische König wiederum beauftragte den Grafen Preysing mit Gesprächen, der seinerseits freilich dem Sandwirt klarzumachen versuchte, worin aus bayrischer Sicht der Unterschied bestünde: »Die einen Gefangenen wären ›ruhige Bürger‹ gewesen, die anderen aber Aufständische.«

Hofers Antwort war daraufhin eine einzige Anklage an die Bayern: »Es ist schreckbar, wenn man die ungeheuren Brandstätten so vieler Unglücklichen sieht, die jetzt mit ihren Kindern am Hungertuch schmachten. Wenn man die Untaten betrachtet, welche die Unmenschen an Greisen, wehrlosen Menschen begingen, die sie verstümmelten, welchen sie lebendig die Haut abzogen und die sie so mißhandelten, daß man es nicht aussprechen kann, so muß man sagen, diese Taten sind unbeschreiblich und ausgeübt von Menschen, die doch auch Christen sein sollten ... Wie viele Tiroler sind von den Bayern fortgeschleppt worden, welche nie ein Gewehr in der Hand hatten? ... Und was haben die Bayern alles von der Landstraße und der Gemeindeweide fortgenommen? Dies sind die Taten der Bayern bei uns.«

Hofer garnierte seine Angriffe durch eine besonders selbstbewußte Drohung: »Ich führe mit Gott diesen Stolz und meine es dem König zu Gutem; und sollte auch wirklich der Bonaparte selbst sich dawider aufhalten, so sind wir dennoch unerschütterlich!« Was die Geiseln beträfe, so müßten diese freigelassen werden, »widrigenfalls wir sodann München finden und sie selbst abholen werden«.

Das wechselweise Angeben nützte indessen wenig. Es kam zu keinem Gefangenenaustausch, weil Prestige und politisches Kalkül alle menschlichen Überlegungen in den Hintergrund schoben.

Auch dem angeblich so gutmütigen und menschlichen Sandwirt waren plötzlich »Prinzipien« wichtiger als die konkrete Hilfe für seine armen Landsleute, die ins Räderwerk der großen Politik geraten waren. Und allemal war dem Bauern in der Innsbrucker Hofburg besonders wichtig, seine Rolle als Quasi-Landesfürst, der mit Königen und Marschällen korrespondiert, auch deutlich hervorzukehren.

Ende September kamen dabei zu den rund 1400 in Tirol inhaftierten Bayern noch 300 dazu, die bei den Kämpfen in Salzburg in Gefangenschaft geraten waren. Auch jetzt blieb – nach einer devoten nachträglichen Anfrage bei Napoleon – der bayrische König ein Opfer seines eigenen Bündnisses; Napoleon verweigerte *jeden* Gefangenenaustausch aus Gründen der Staatsräson und sah im Sandwirt einen Rebellen, dem man auch nicht den kleinsten Schein einer Teilanerkennung zumessen dürfte. Nur *im geheimen* ließ daher der bayrische König Andreas Hofer wissen, daß ohnehin bald ein Friedensschluß mit Österreich zustande kommen werde, in dessen Rahmen ein Gefangenenaustausch vereinbart werden würde. Was er nicht hinzufügte, mag er sich gedacht haben: daß er dann wieder mit seinesgleichen, seinen hochgeborenen Standesgenossen verhandeln würde und nicht mit ungehobelten und frechen Bauern ...

Bei Hofer war dafür, je länger er in der Hofburg residierte, das Selbstbewußtsein kräftig gewachsen. Und ganz besonders war er beeindruckt, als ihm Kaiser Franz eine Kette samt Medaille im Wert von 900 Gulden übersandte. Überdies überbrachte man ihm auch eine Geldsendung, die zur Linderung der ärgsten Not im Land bestimmt sein sollte.

Mit seinen Kumpanen feierte er weinselig die huldvolle Geste – denn die Kette löste bei Hofer eine ganz eigenartige Euphorie aus; zum ersten schien ihm das kaiserliche Geschenk ein Beweis für die unwandelbare Treue Österreichs zu sein – zum anderen sah er darin eine Bestätigung der Rechtmäßigkeit seiner Regentschaft von Tirol: Wem der Kaiser von Österreich eine Ehrenkette mit Bild schickt, der war ja kein Rebell und Partisan, wie Napoleon und die Bayern behaupteten, vielmehr ein gerechter Verwalter des Landes im Namen des *wirklichen* Herrn – des Kaisers von Österreich. Daß dieses lächerliche Präsent nichts anderes als ein Zeichen des schlechten Gewissens von Franz I. sein könnte, kam dem Sandwirt nicht in den Sinn.

Auf bayrischer und französischer Seite hingegen verstärkte sich der Eindruck, als tue Österreich nach wie vor alles, um die Rebellion der Tiroler weiter zu schüren. Der französische Gesandte in München berichtete seinem Außenminister, daß Agenten »in großer Zahl« zwischen Österreich und Tirol hin und her gingen und daß Österreich der »Souffleur le feu de la rebellion« wäre – was in der Tat ja nicht falsch war. Nur begann das Doppelspiel frivole Züge anzunehmen: Denn während die österreichischen Diplomaten immer intensiver mit den Franzosen über den Friedensvertrag verhandelten, ermunterte man desto unentwegter den Sandwirt, den Widerstand nur ja fortzusetzen – ohne sich offenbar Gedanken zu machen, was aus den Patrioten denn nach einem Friedensvertrag werden würde; und dies, obwohl man in Wien erkannt hatte, daß Napoleon in der Frage Tirols unerbittlich war und keinesfalls einem Wiederanschluß des Landes an Österreich zustimmen würde. Allerdings dürfte der in Schönbrunn residierende Korse zu diesem Zeitpunkt eine gewisse Bereitschaft gezeigt haben, auf die substantiellen Verfassungswünsche der Tiroler einzugehen und diese nicht unbedingt wieder zu Bayern zu machen – sie dafür aber dem Königreich Italien anzuschließen. Napoleon war sich bewußt, daß die Bayern vor Ausbruch der Kämpfe viele Fehler gemacht hatten und selbst schuld daran waren, wenn sich die Tiroler zur Rebellion entschlossen hatten.

In allen Verhandlungsvarianten, die in diesen Wochen mit Napoleons Vertretern diskutiert wurden, war eines jedenfalls immer unbestritten: Tirol würde aus geostrategischen Überlegungen in der Hand der Franzosen oder eines Verbündeten bleiben. Napoleons aufgeregte Argumentation gegenüber dem österreichischen Generalleutnant Graf Bubna blieb *immer* seine Maxime: »Und wenn die Österreicher in Metz und auf den Schanzen von St. Croix ständen, könnte ich den Vorschlag wegen Tirol nicht annehmen. Tirol darf niemals dem Haus Österreich angehören, denn es trennt Deutschland und Italien und grenzt an die Schweiz. Bayern hat sich ja wenig gekümmert um dieses Land, das ihm viel kostete und wenig eintrug. Aber ich werde nie dulden, daß dieses Land meinem Einfluß entwunden wird.«

Neben dem Anschluß Tirols an das Königreich Italien ventilierte Napoleon offenbar kurz auch die Variante, eine Tochter seines Bruders Lucien einem harmlosen habsburgischen Erzherzog zu verheiraten und dem Paar das Land zur Regentschaft zu übertragen. Lucien Bonaparte war ja der Außenseiter der Familie, der sich den diversen dynastisch-politischen

Plänen Napoleons widersetzte und demgegenüber der Kaiser daher ein schlechtes Gewissen hatte. Es gab aber auch wieder den Plan Talleyrands, der bereits 1805 zur Diskussion gestanden war und eine Vereinigung Tirols, Vorarlbergs und Liechtensteins zu einem eigenen Herzogtum vorsah; mag sein, daß der bayrische Kronprinz Ludwig bei einem obskuren Vorschlag an den österreichischen Hof im Sommer auch darauf spekuliert hatte.

Vor allem aber spielte Napoleon mit der Überlegung, Tirol mit der Schweiz zu vereinen.

Schon im April hatte Napoleon dem Gesandten der Helvetischen Republik gegenüber die Idee geäußert, das artverwandte Tirol – mit dem gleichen »Freiheitsdrang«, wie der Korse sagte – zu einem Schweizer Kanton zu machen. Die Schweizer lehnten das damals ziemlich abrupt ab, weil sie um das labile konfessionelle Gleichgewicht in der Republik fürchteten. Im Herbst 1809 kam Napoleon nun nochmals darauf zurück. Die damalige Schweiz wäre flächenmäßig fast verdoppelt und zu einer beachtlichen mitteleuropäischen Macht geformt worden. Aber an der Intransigenz der konservativen und gar nicht expansionslüsternen Eidgenossen zerschlug sich der Plan neuerlich.

Metternich war es schließlich, der einigermaßen kompetent die Verhandlungen in die Endrunde führte. Hatte ihn Napoleon als Partner wohl deshalb akzeptiert, weil er im ehemaligen Botschafter Österreichs in Paris ein frankophiles und devotes Subjekt vermutete, entpuppte sich dieser Mann als gewiefter Psychologe. Als man noch im kaiserlichen Lager in Ungarn von der Wiederaufnahme des Krieges palaverte, brachte er schon einen Toast auf den baldigen Frieden aus. Er ließ seine Umgebung wissen, daß er die Zukunft Österreichs in der »Anschmiegung an das triumphierende französische

System« sehe. Das verfehlte nicht die Wirkung; denn Napoleon meinte nun seinerseits zu triumphieren: Er verkehrte mit Metternich ab diesem Zeitpunkt nicht wie mit dem Vertreter einer geschlagenen, sondern *gleichberechtigten* Macht.

Überdies machte es Eindruck auf die gewandten Franzosen, daß dieser Kavalier so gelassen auch noch privaten Frivolitäten nachging. Hatte Metternich seinerzeit die Pariser Damenwelt verführt, als er noch Botschafter nächst den Tuilerien war – allen voran Napoleons Schwester Caroline und Madame Junot –, so war er nun in Ungarisch-Altenburg etwas bodenständiger: »Wir arbeiten und abends tanzen wir«, berichtete er, »ein Dutzend Frauen und Mädchen aus dem Komitat, gar nicht übel dafür, daß sie niemals über Raab und Preßburg hinauskamen, bildet den Charme unserer Gesellschaft.«

»Wir« – das hieß der französische Außenminister Champagny und er, der Chef der österreichischen Delegation.

Freilich: Metternich wußte bald, daß nicht Champagny die Verhandlungen führte, sondern Napoleon selbst im fernen Schönbrunn. Der Kaiser wollte nämlich so lange in Österreich bleiben, bis er sein Ziel erreicht haben würde: Und das sah vor, die österreichische Monarchie zu demütigen und ihr auf der Basis des Bestehenden alles wegzunehmen, was französische Truppen zu diesem Zeitpunkt besetzt hielten. Weiters sollte Österreich vom Meer abgeschnitten werden, indem man das adriatische Küstengebiet abtrennte, und der Monarchie eine so hohe Kontribution auferlegte, daß Österreich weder als möglicher Gegner, ja nicht einmal mehr als Verbündeter künftiger Gegner Frankreichs in Frage kam. Napoleon wollte nicht, so sagte er, alle paar Jahre die Donau entlangziehen, sondern ein für allemal mit den Kriegstreibern in Wien Schluß machen.

Das ließ er Metternich wissen. Und auch: daß er Tirol ganz und gar von Österreich trennen wolle; Deutschland und Italien sollten nur durch ihn selbst verbunden sein – nie mehr sollte sich wie ein sperriger Keil Österreich zwischen seine Verbündeten legen können.

Metternich erkannte hinter den harten Forderungen freilich bald die Schwäche des Korsen: Er hatte es sehr eilig mit dem Friedensvertrag – der Kaiser stand unter enormem Zeitdruck. Denn in Frankreich gärte es, in Deutschland flackerten Revolten auf, Spanien war keineswegs befriedet, England immer noch zu einem Angriff irgendwo von See aus in der Lage. Und da saß er nun in Wien, gewissermaßen ein Gefangener seiner eigenen Forderungen – und mußte warten, was der Bote jeweils aus Ungarisch-Altenburg brachte ...

Das einzige, was Napoleon in Wien ablenkte, war eine polnische Gräfin: Marie Walewska. Er hatte sie nach dem Sieg von Wagram aus Warschau nach Wien bringen lassen und bewohnte nun mit ihr wie ein verliebter Hahn eine ganze Suite in Schönbrunn. Er hatte sich bereits von seiner Frau Josephine getrennt, die in Malmaison ihrerseits der Zerstreuung nachging; und in Napoleons Hirn verfestigten sich daher jetzt die Pläne zur Scheidung. Er zeugte in Wien ein Kind und bewies sich und der Walewska, daß er auch einen legitimen Nachfolger zeugen könne.

Spürte Metternich das alles?

Als die Verhandlungen an der Kippe standen, machte plötzlich Kaiser Franz eine Kehrtwendung: Statt Metternich zu Ende jonglieren zu lassen, beorderte er den Grafen Stadion, den Außenminister des Krieges, in sein Lager und betraute *diesen* mit der weiteren Verhandlungsführung; Metternich wurde – von heute auf morgen – abgesetzt.

Am 17. September hatte Napoleon seinerseits mit der Absetzung von Kaiser Franz gedroht, den er jetzt mehr denn je verachtete; ein Attentatsversuch in Wien hatte die Psyche des Korsen überdies stark belastet; und die Meldungen seiner Marschälle, daß es auch um die französische Besatzungsarmee nicht besonders gut bestellt war, drängten ihn zur Entscheidung.

Die Österreicher zogen sich Ende September im ungarischen Totis zu einer Konferenz zurück. Und hier platzte denn auch dem Minister Stadion der Kragen, als sich Kaiser Franz völlig unschlüssig zeigte. Seine Beschreibung des Kaisers ist ein bemerkenswertes Dokument des mittleren kakanischen Wahnsinns: »Auf der einen Seite scheinbarer Charakter bis zur Hartnäckigkeit …, auf der anderen Seite völlige Unfähigkeit, auch nur irgendein Hilfsmittel anzuwenden. Apathie, Sorglosigkeit und passive Verzweiflung, ich möchte fast sagen, Wille zum Untergang.«

Am 8. Oktober war wieder Metternich Außenminister; aber der »diplomatische Gaukler« hielt es mit seiner Würde für unvereinbar, die mageren Reste des diplomatischen Massakers wegzuräumen. Franz mußte jemand anderen in die Schlußrunde der Verhandlungen schicken. Es war ein Soldat, der General Liechtenstein. Und dieser tat im Sinne guter österreichischer Militärtradition das, was Generäle tun, wenn sie geschlagen sind – er kapitulierte.

Verzweiflung am Brenner

In eben diesen Tagen schrieb der Sandwirt in Innsbruck einen Brief an Erzherzog Johann, der in seiner Einfachheit ein zentrales Dokument der Aufrichtigkeit in dieser Welt der Lügen, Tricks und Finessen war. Längst war über die Tiroler entschieden – längst war klar, daß sie im Stich gelassen werden mußten, längst bestand auch kein wie immer gearteter Zweifel daran, daß Napoleon zu keinem Tauschgeschäft mehr bereit war. Aber noch immer glaubte Andreas Hofer fest daran, daß der Kaiser, Erzherzog Johann und die Wiener Herren alles tun würden, um Tirol zu retten: vor allem eingedenk der Versprechen von Braunau, Wolkersdorf und Hollabrunn – die man ja auch in zahlreichen Schreiben der Österreicher seither erneuert hatte. Hofer schrieb also – es war schon zu einem Zeitpunkt, als er die goldene Kette seines geliebten Kaisers um den Hals trug:

»Es ist bekannt, was Tirol seit dem 11. April getan und gelitten hat. Wenn ein Volk, das durch einen dreijährigen namenlosen Druck der bayrischen Regierung ausgesaugt, dann durch öftere Einbrüche unmenschlicher Feinde geplündert, endlich durch seine Freunde und Erlöser, durch die österreichischen Truppen ... von seinen noch übrigen Subsistenz- und Verteidigungsmittel entblößt und zuletzt durch einen unglücklichen Traktat der willkürlichen Wut barbarischer Unmenschen preisgegeben wird, wenn ein Volk ... wo ihm nichts übrigbleibt als Blut und Leben, auch noch dieses der Freiheit und dem Vaterlande, seinem Kaiser und seiner Religion mutig und entschlossen zum Opfer bringt, wenn ein solches Volk Berücksichtigung verdient, so glaube ich verpflichtet und berechtigt zu sein, dringend ans Herz zu legen, daß man im Falle eines Friedensschlusses Tirol nicht vergesse, wie es beim Waffenstillstand geschah, damit nicht vielleicht unsere Kinder und Kindeskinder dafür büßen, daß ihre Väter für den österreichischen Kaiser ihr Herzblut vergossen haben ... und wenn nicht bald die vom Kaiser heilig versprochenen Geldzuflüsse und zwar in etwas beträchtlicherer Summe uns aus der Not reißen, dann müssen sich alle Bande der bürgerlichen Vereinigung auflösen und Hunger, Elend und Not im Innern werden jedem Feind die gefährlichen Angriffe von außen ersparen.«

Das Dokument naiven Vertrauens und gleichzeitig existenzieller Verzweiflung traf erst zu einem Zeitpunkt beim Bruder des Kaisers ein, als alles längst entschieden war. Die Kanonen, die Napoleon zum Zeichen des Vertragsabschlusses abfeuern ließ, zeigten nur noch an, daß Tirol endgültig seinem Schicksal überlassen bleiben sollte – und an Österreich nicht zurückgegeben werden würde. Endgültig, unwiderruflich, wie Napoleon erklärte.

Aber er hatte sich, wie nun bekannt wurde, wenigstens eine Amnestie für die Tiroler Rebellen abringen lassen. Im Artikel X des Friedensvertrages hieß es: »Seine Majestät der Kaiser der Franzosen verpflichtet sich, den Bewohnern von Tirol und Vorarlberg, die an der Insurrektion teilgenommen haben, eine volle und gänzliche Verzeihung auszuwirken, so daß sie weder in Rücksicht ihrer Person noch ihres Vermögens irgendeiner Untersuchung unterliegen können.«

War das aber alles?

Hofer muß sich jedenfalls irgendwann Mitte Oktober zum folgenschweren Entschluß durchgekämpft haben, die diversen Berichte zu negieren und so zu tun, als ginge ihn und Tirol der Vertrag von Wien gar nichts an; so sah der aus einer Mischung von Resignation und Fanatismus gefaßte Plan vor, die eigenen Landsleute so lange wie möglich unter Waffen zu halten und zu weiterem Widerstand zu ermuntern. Ab einem bestimmten Zeitpunkt muß Hofer dann wohl bewußt *gegen besseres Wissen* gehandelt haben; er trieb seine Leute ins bayrische und französische Feuer, wiewohl er schon aus genügend vielen Indizien wußte, daß von Österreich keine Hilfe mehr zu erwarten war.

Man mag diesen Akt als verantwortungslos bezeichnen – er markiert freilich eher den Mut der Verzweiflung, der sich des Sandwirts bemächtigt haben muß: Da saß er nun mit seiner goldenen Kette in der Hofburg, die ihm ein wortbrüchiger Kaiser erst vor kurzem geschenkt hatte – und wiegelte seine eigenen Landsleute auf, sich einer gnadenlosen Übermacht zu opfern und damit bewußt der Amnestie zu entschlagen.

Hofer ging so weit, allen jenen Strafen anzudrohen, die irgendwo vom Frieden *sprachen.* Er warnte alle Tiroler, selbst Boten in österreichischer Uniform irgend etwas zu glauben – weil ja Feinde »unter der Maskera« versteckt sein könnten; seine Proklamationen verraten nach außen nichts von der inneren Skepsis, die ihn längst ergriffen hatte. Sein »Haben wir Gott vor Augen und sei'n wir alleweil frisch« klingt vielmehr nach Selbstbetäubung.

Jetzt gingen auch Napoleon Berichte zu, daß Tirol trotz des Friedens und der Amnestie nicht an Unterwerfung denke; wütend machte er die Österreicher verantwortlich, die das Land weiter aufgestachelt hätten – er konnte sich nicht vorstellen, daß das unvorstellbare Maß von Desinformation auf österreichischer Seite und die Feigheit des Kaisers der eigentliche Grund für die Entwicklung waren. Der bayrische König stichelte gleichfalls gegen die Tiroler: »Es ist eine verdammte Brut, fähig aller Untaten.«

Dem italienischen Vizekönig Eugène gab Napoleon am 14. Oktober den Auftrag, von der Kärntner Flanke im Osten und vom Gardasee im Süden her nach Tirol einzurücken. Von Bayern und Salzburg aus sollte General Drouet mit vornehmlich bayrischen Truppen Nordtirol erobern. Deroy, Wrede, der Kronprinz Ludwig erhielten den Befehl, in einem raschen Feldzug dem Spuk der Insurrektion ein Ende zu machen.

Anders als im Juli – so lauteten alle diese Befehle – sollte man es zuerst friedlich versuchen: Das Land müßte entwaffnet werden, die Führer könnte man lediglich »vorladen« und sich die Klagen der Bewohner anhören; nur wer bewaffnet angetroffen werde, der sollte mit der vollen Härte des Kriegsrechtes rechnen; er müßte gnadenlos liquidiert werden.

Am 21. Oktober 1809, zwei Monate und sechs Tage nach seinem triumphalen Einzug in der Hauptstadt, verließ Andreas Hofer wieder die Innsbrucker Hofburg.

Eine Schreckensnachricht nach der anderen erreichte ihn jetzt, während er mit den flüchtenden Kolonnen und den für wichtig erachteten Habseligkeiten auf der Brennerstraße aufwärts zog. Das war nicht zum ersten Mal der Fall gewesen; warum sollte der Kampf des letzten Aufgebots vergeblich sein? Hofer inspizierte die Schanzarbeiten, die er am Bergisel durchführen hatte lassen, und trieb die dort Arbeitenden zu noch größerer Eile an; denn noch einmal wollte er hier, das war seine Absicht, um die Entscheidung kämpfen. Es war ihm dabei wohl bewußt, daß es wirklich die *letzte,* die *allerletzte* sein würde.

Der Sandwirt wußte um den Mangel an Versorgung und Munition. Und er sah, wer noch übriggeblieben war in den bewaffneten Haufen, die sich nun südlich von Innsbruck sammelten: Es waren nicht mehr die Bauern und ihre Söhne, die Handwerker und die patriotischen Bürger. Vielmehr waren es arbeitslose Knechte, die auf den Höfen keine Arbeit fanden, Gesindel aus der Hauptstadt Innsbruck. Und auch zahlreiche durch den Krieg Versprengte. Ehemalige österreichische Soldaten etwa, Deserteure – Gefangene, Kriegsgewinner, auch übergelaufene Bayern – alles in allem unzuverlässige Elemente, die sich mehr vom Andauern der chaotischen Zustände versprachen als von einer neuen, straffen Ordnung.

Mit diesen Männern nochmals eine Schlacht zu wagen, erschien Hofer zunehmend als hoffnungslos; aber er glaubte dennoch, keine Wahl zu haben.

Es war auch nicht die strategische Einschätzung, die ihn wirklich belastete, sondern der Bruch des Versprechens durch Wien. Er begriff die Vergeblichkeit, redete aber öffentlich vom österreichischen Sukkurs. Und verfiel nun offenbar von einer Depression in die andere, ja verlor öfter überhaupt das Interesse, die Führung zu behalten.

Immer noch schrieb er flehentliche Briefe nach Österreich, in denen die Vorwürfe unübersehbar waren; dabei war er es doch, der den Tirolern einredete, für die Sache des Hauses Habsburg Gut und Blut zu opfern; und daß das Schicksal Tirols mit jenem Österreichs auf ewig verbunden wäre; daß schließlich der Kaiser Franz und der gute Erzherzog Johann Tirol doch nie wirklich im Stich lassen würden.

Nur in klaren Stunden begriff er, daß es anders war. »Nun kommt es leider so weit, daß ich mir bald nicht mehr zu helfen weiß«, kritzelte er hilflos auf das Briefpapier. »Gestern mußte ich Innsbruck verlassen, und der Feind wird sicher heute dort eintreffen. Unsere Lage ist schrecklich ...«

An Kaiser Franz: »Der Gedanke, daß Eure Majestät uns bei Abschluß des Friedens vergessen haben soll, läßt sich nicht denken. Auf der anderen Seite läßt sich die lange Stille, die immer nur halboffiziellen und unbestimmten Nachrichten der kaiserlichen Kuriere, die äußerst saumselige Unterstützung an Geld und besonders die soeben eingelangte Abberufung des erst jüngst gekommenen Roschmann nicht erklären.«

Und dann mit allerletztem Pathos: »Tirol ist bereit, für Eure Majestät seinen letzten Blutstropfen zu verspritzen, ich bürge dafür. Aber ohne Unterstützung können wir nicht länger aushalten, und dann gehen wir einem grenzenlosen Elend und allgemeiner Verwüstung entgegen. Ich und das ganze Land werfen uns in Euer Majestät Arme.«

Dieser völlig irrealen Hoffnung schließen sich jetzt immer mehr Männer in Hofers Umgebung an; die Versuche des Sandwirts, mit dem in Hall und damit vor den Toren Innsbrucks stehenden General Drouet ins Gespräch zu kommen, werden mit Murren aufgenommen. Drouet läßt sich aber ohnehin zu keinen Gesprächen herbei; er übersendet Hofer vielmehr am 27. Oktober die Exemplare eines Manifestes des Vizekönigs Beauharnais, der im Auftrag Napoleons vom Süden her in Tirol einmarschiert ist. Der Inhalt: Die Tiroler sollen die Waffen niederlegen, sich dem Friedensvertrag beugen und keine weiteren Gesetzwidrigkeiten begehen; man wäre dann sogar dazu bereit, die Beschwerden des Volkes entgegenzunehmen und, wenn möglich, Abhilfe zu schaffen.

Der Sandwirt weiß nun weder ein noch aus. Er flüchtet in die Melancholie und auch in den Alkohol. Im Grunde scheint er längst von der Aussichtslosigkeit des Kampfes überzeugt zu sein – und wahrscheinlich ist er auch ganz einfach müde: müde von der Flucht, der Organisation des Widerstandes, müde auch in der ungewohnten Verantwortung des sich selbst übertragenen Amtes. Im Grunde hat Hofer längst resigniert; aber er hat auch keine Kraft mehr, seine Führung niederzulegen. So wird er ein Kommandant – ohne Willen zum Kommando.

Die Ereignisse im Posthaus von Schönberg an der Brennerstraße gerieten daher zu einem Possentheater, in dem der Sandwirt zum Hanswurst degradiert wird. Er ist nur mehr ein Getriebener, Opfer einer emotional aufgeheizten Stimmung – gewissermaßen Statist in einem masochistischen Götterdämmerungsakt.

Am 29. Oktober traf dort als neuer Abgesandter Erzherzog Johanns der Freiherr von Lichtenthurn ein. Der Schützenhauptmann hatte sich besonders bei der zweiten Befreiung Tirols ausgezeichnet und war im August im Auftrag des Sandwirts ins kaiserliche Hauptquartier nach Ungarn abgegangen. Kaum zurückgekehrt, schickte ihn Hofer gleich wieder mit Briefen nach Österreich. Jetzt hatte Lichtenthurn aber das authentische Dokument über den Schönbrunner Friedensvertrag bei sich. Schon auf der Anreise durch Osttirol war Lichtenthurn Opfer empörter Insulte von radikalen Bauernhaufen geworden. Man ging so weit, den Brief des Erzherzogs als Fälschung, ihn selbst als Fälscher und Lügner zu bezeichnen. Lichtenthurn war stets ein aufrechter Patriot gewesen und verstand die Feindschaft, die ihm entgegenschlug, nicht. Kaum hatte er jetzt dem Sandwirt den Brief persönlich übergeben, in dem der Erzherzog *offiziell* die Tiroler zur Aufgabe des Kampfes aufforderte, bekam er angesichts der Aufregungen einen epileptischen Anfall.

Tiefe Depression verbreitete sich in der Wirtsstube. Hofer entrang sich ein verzweifeltes »Gott, unsere liebe Frau und die armen Seelen!« – wohl ein ehrliches Wort, das aus seiner verwundeten Seele hochkam; aber er sah jetzt wenigstens ein, daß jede Hoffnung auf Hilfe durch Österreich umsonst war. Und auf der Stelle ging er daher daran, sich durch die Abfassung eines Schreibens mit den Bayern zu verständigen. Auch an den Chef der Italienarmee Napoleons, Beauharnais, sollte ein Brief geschickt werden – ohne daß Hofer wußte, daß auch die Pustertaler bereits an den Vizekönig einen Brief gesandt hatten, in dem die Bereitschaft zur Niederlegung der Waffen mitgeteilt und um eine Frist zur Übergabe gebeten wurde.

Aber plötzlich tauchte im Schönberger Gasthaus der Rotbart Haspinger auf, der feurige Kapuziner, der nach seinen Salzburger Mißerfolgen noch immer nicht entmutigt war. Und mit der ganzen Emphase seiner geistlichen Beredsamkeit begann dieser nun, jeden Gedanken an Unterwerfung als *Verrat* zu brandmarken und selbst die offiziellen Berichte vom Friedensschluß als *Lüge* zu denunzieren; Lichtenthurns Epilepsie deutete er als Zeichen Gottes – weil Gott jenes Subjekt so sichtbar bestraft habe, das den Tirolern eine Fälschung unterschieben wollte; er hingegen, der Rotbart, wisse ganz genau, daß Österreich bereits ein Heer zur Unterstützung der Tiroler in Bewegung gesetzt habe. Jeder, der weiter von Unterwerfung rede, sei daher ein Feind Gottes. Der Kampf müsse des Glaubens wegen fortgeführt werden und Hofer wieder an die Spitze treten.

Der blindwütige Fanatismus des Kapuziners lähmte Hofer vollends. Der Alkohol zeigte seine Wirkung. Apathie trat an die Stelle nüchterner Überlegung. In dieser Stimmung fühlte sich Hofer – ganz und gar weich geworden – nun doch noch am meisten zu Haspinger, seinem treuen Mitkämpfer, hingezogen. Und dieser nahm ihm die Entscheidung ab – Hofer war dankbar dafür. Nur allzuoft hatte er sich zwar über den Rotbart geärgert, nie aber hatte er ja an der moralischen Autorität des Paters gezweifelt.

So ließ sich Andreas Hofer in einer Mischung aus Gleichgültigkeit und Gehorsam vom Kapuziner leicht dazu bewegen, sein Quartier nach Matrei zu verlegen; dort sollte, so wurde beschlossen, über die Frage von Krieg oder Frieden endgültig eine Deputiertenversammlung entscheiden.

In Matrei war Hofer zweifellos noch weniger Herr seiner Entschlüsse. Im »Gasthaus zum Lamm« hatte Haspinger seine Anhänger versammelt, und eine aufgeregte Menge drängte sich rund um das Wirtsgebäude des kleinen Ortes.

Und überdies betrat in Matrei auch noch der psychopathische Osttiroler Schützenkommandant Kolb die Bühne – jener Fanatiker, der sich als Vollstrecker metaphysischer Aufträge betrachtete und zum Kreuzzug »bis zum letzten Mann« entschlossen zu sein behauptete. Man wurde handgreiflich, vernichtete die bereits vorbereiteten Aufrufe zur Unterwerfung und drangsalierte Hofer auch physisch. Angeblich schüttete man Branntwein in sein Glas, um ihn betrunken – und willig – zu machen. War das noch notwendig? Je weiter die Stunden des 30. Oktober vorrückten, desto grotesker wurde die Szene – und desto wüstere Vorstellungen geisterten in der rauschigen Runde. Man beschwor den Himmel und die Heiligen – es war ja zwei Tage vor Allerheiligen – und redete sich in einen Wirbel gegen Österreich hinein. Sogar die ansonsten verhaßte Staatsform der Republik erschien nun attraktiv: Los von Habsburg, diesem Verräterpack! *Allein mit Gott gegen die ganze Welt* – gegen Napoleon, die Franzosen, Bayern, Italiener; ein einsamer Gipfel im Felsenmeer, auf den man den Tiroler Adler aufpflanzen würde.

Wir haben relativ genaue, wenn auch voneinander abweichende Schilderungen dieses Abends in Matrei: So versuchte nur der gemäßigte Philipp von Wörndle auf den Sandwirt beruhigend einzuwirken. Aber es zeigte sich, daß dieser der hysterischen Faszination des Kapuziner-Rotbartes bereits erlegen war. »Ich glaube«, so sagte Hofer zu den Befürwortern einer friedlichen Regelung, »wir sind die Gläubigen, und ihr seid die Ungläubigen...« Wieder einmal schien ja der Himmel beschlossen zu haben, was Hofer tun sollte. Aber es war nur jener Himmel, in dessen Namen ein Pater Haspinger agitierte.

Am letzten Oktobertag des Jahres 1809 feierte Hofer in der Früh die Messe. Er war ausgenüchtert und hatte sich entschieden; und war wieder, in Grenzen, optimistisch. Die Narreteien Haspingers hatten ihm – zumindest kurzfristig – den alten Elan zurückgegeben. Man beschloß noch am Vormittag, sofort alle verfügbaren Männer in die Schanzen am Bergisel zu schicken und dort den Angriff der Gegner abzuwarten. Am Allerheiligentag würde wohl die Entscheidung fallen – und *alle Heiligen* würden ohnehin wieder auf Tiroler Seite mitfechten.

So sammelten sich die verbliebenen Kompanien dort, wo man schon die ersten großen Iselschlachten siegreich erfochten hatte.

Wieder hatte man keinen Plan, nachdem man schon ohne jede Kenntnisse des Fortifikationswesens die Schanzen ausgehoben hatte: Sie waren simple Erdwälle.

Vor allem aber fehlte jetzt Speckbacher als Stratege, der zwar mit seinen Männern oberhalb von Hall stand, aber keine Verbindung mit dem Sandwirt hatte. Viel zu spät erreichte ihn der Auftrag Hofers: »Sucht nur die Posten zu behaupten, damit wir den Feind wieder zurückdrängen.«

Das Verhältnis von Bayern und Franzosen einerseits, Tirolern andererseits war diesmal etwa 2:1.

*

Am 1. November eröffnen, kaum daß sich die ersten Nebel gelichtet haben, die in Wilten aufgestellten Geschütze Drouets das Feuer auf die Flanken des Bergisel. In den Schanzen erwidern einige Doppelhaken die Kanonade. Bald erweist sich die Tiroler Bedienung als technisch unzuverlässig, die Artillerie der Bayern ist erheblich genauer. Als die ersten Schanzen getroffen sind und die Tiroler Geschütze verstummen, tritt die Infanterie Drouets zum Sturmangriff an. Sie findet kaum Widerstand vor. Wo einst die Schützen Meter für Meter verteidigt haben, läuft nun das letzte Aufgebot davon.

Schon zu Mittag ist alles vorbei. Speckbacher im Osten und Haspinger im Westen fliehen in Richtung Brenner. Andreas Hofer, der traurige Oberkommandant, hat Matrei erst gar nicht verlassen. Seine Befehle waren spärlich gewesen, wirkliche Anweisungen hatte er ohnehin nicht gegeben – und vielleicht war er dazu auch gar nicht mehr in der Lage. Er wartet jetzt ab – und betet den Rosenkranz; dann schreibt er Briefe, voll von Resignation und Verzweiflung. Mehr denn je gilt für diese letzte Schlacht um den Bergisel die Bemerkung des bayrischen Hauptmanns Baur über die Führung der Tiroler: Sie sei »von tölpischer Planlosigkeit«.

Als die ersten Flüchtlinge eintreffen und ihm vom unglücklichen Verlauf der Schlacht berichten, geht Hofer trotzdem nicht zu den Kämpfenden nach vorne, sondern zieht sich sehr rasch nach Steinach zurück. Hat ihn jeder persönliche Mut verlassen, der ein Teil des Geheimnisses war, das ihn umgab? Es hat den Anschein, als hätte er jeden Glauben an sich selbst eingebüßt und jeden Versuch unmöglich gemacht, das Ruder noch einmal herumzureißen. Ein Kommandant berichtet später, Hofer sei »ganz verwirrt« gewesen; andere, daß er der Schwermut verfallen war. In einem verzweifelten Anfall griff er sogar sein Idol, Franz I., an: »Wie konnte der Kaiser einen solchen Frieden eingehen und die Tiroler in so großes Unglück stürzen?« Dabei kreischte der Sandwirt, so ein Augenzeuge, und sein Benehmen glich dem eines Verzweifelten. Hoffnungslosigkeit freilich wirkt ansteckend.

Als Haspinger in Steinach rauchgeschwärzt und blutverschmiert eintrifft, versucht er mit seiner Predigt nochmals die Bauern zu neuem Widerstand zu überreden. Aber er wird jetzt nicht mehr ernst genommen, man schreit ihn nieder. Die »Tauben« haben Oberwasser, und der Priester Josef Daney aus Innsbruck überzeugt schließlich auch den Sandwirt, sich offen für die Einstellung des Kampfes zu erklären. Hofer ist einverstanden.

»Schreiben Sie halt«, so meint er, »man möcht uns ein bißchen mit dem Zahlen verschonen und uns unseren alten Glauben lassen, und die Kapuziner und die anderen Pater wollen und müssen wir auch haben ...« Bescheidene Bedingungen für Unterwerfungsgespräche. Dabei hatte es erst kürzlich noch geheißen: »Wir können keine Sklaven werden.« Jetzt war das Pathos aus Hofer ausgefahren, er war müde und zu allem bereit. Er war – und wußte es – an seiner Aufgabe gescheitert.

Aber war es seine Schuld? Die Schuld des einfachen, gottesfürchtigen und patriotischen Wirts und Weinhändlers, dem sein Leben in der Wiege ganz anders vorherbestimmt gewesen war? Er war jetzt mit der bitteren Wahrheit konfrontiert, eben nur ein kleines Sandkorn im Uhrwerk der großen Politik gewesen zu sein, das zwar irritieren, den Schlag aber nicht aufhalten konnte. Er kapitulierte nicht nur äußerlich, sondern auch innerlich. Sein stets weicher Kern machte ihn zum hoffnungslos Getriebenen.

Die »Falken« erkennen das. Und kaum war der Priester Daney mit seinem Brief außer Sichtweite, beginnen sie neuerlich, den Sandwirt zu bearbeiten.

Drei Tage vergehen. Hofer verharrt in melancholischer Meditation. General Drouet hat mittlerweile im Inntal Hofers Friedenserklärung veröffentlicht. Die noch versteckten Bauern kehren deprimiert in ihre Dörfer zurück. In einem Brief bezeichnet sich der Sandwirt als »gewöster« (gewesener) »Oberkommandant«.

Es ist der Wirt Peter Mayr aus der Gegend südlich von Brixen, der ihn jetzt umgarnt; Kolb schreibt närrische Briefe, und bald ist auch Haspinger wieder zur Stelle; man redet so lange auf ihn ein, bis er einverstanden ist, den Brennerpaß doch noch einmal zu verteidigen.

Hofer vergißt seine Friedensaufrufe und verfaßt neue Laufzettel, in denen er jedem die Todesstrafe androht, der sich nicht zum Kampf entschließt. Dem Bischof Karl Graf Lodron von Brixen rät er, sich nicht in die Auseinandersetzung einzuschalten; aber es ist jetzt wenigstens ein ehrliches Eingeständnis, wenn Hofer ausspricht, daß »natürlich keine Aussichten bestehen. Aber wer kann der Menge und dem Volk widerstehen«? Hofer hält sich also selbst bereits für einen Gefangenen des »Volkswillens« oder dafür, was ihm seine Umgebung als solchen eingibt. Er selbst ist hilflos und will sich auch kein Bild mehr von der wirklichen Stimmung im Land verschaffen.

Unterdessen kommen der Priester Daney und Hofers alter Kampfgefährte Sieberer direkt aus dem Süden, wo sie die Unterwerfungserklärung von Matrei auftragsgemäß dem Vizekönig Eugène Beauharnais überbracht haben; dieser war außerordentlich freundlich gewesen und hatte Hofer sogar ausdrücklich als »braven Mann« bezeichnet. Soll sich, als sie nun wieder vor dem Sandwirt stehen, alles als Fopperei herausstellen – sollen sie selbst als Überbringer einer falschen Nachricht beim Vizekönig gewesen sein?

Daney versucht, Hofer den Wahnsinn des weiteren Widerstandes klarzumachen; er hatte gerade gesehen, wie viele Truppen der General Rusca an den Grenzen Südtirols stationiert hat – die nur darauf warten, in Tirol einzufallen.

Hofer wird wieder kleinlaut. Er behauptet, »Brixener Lumpen« hätten ihn bedroht und am Brenner zum Widerruf seiner Unterwerfungserklärung gezwungen. Und als ihm jetzt – wieder unter Alkohol – Sieberer und Daney zusetzen, wird Hofer neuerlich weich und willig; er müsse sich doch klar sein, sagen die beiden, was die Wiederaufnahme des Krieges bedeuten würde – nämlich nur noch den Kampf ohne Gnade bis zur völligen Unterwerfung Tirols! War das zu verantworten?

Hofer zeigt sich jetzt zerknirscht. Und wiederum unterschreibt er ein anderes, anderslautendes Manifest – das Gegenteil von jenem am Tag vorher, leider aber auch das Gegenteil von dem, was noch kommen wird: »Wir dürfen uns nicht länger sträuben, kein Vernünftiger wird gegen den Strom schwimmen. Wir wollen uns in Gottes Willen ergeben und uns der Großmut Napoleons würdig machen ... nach der Versicherung (General) Ruscas werden uns die Truppen um so schneller verlassen, je schneller wir uns unterwerfen.«

In der Diözese Brixen ergeht noch zusätzlich ein Schreiben, das vor »zwecklosem Widerstand« warnt, während nun dieses Manifest des Friedens wieder in vielen Teilen Tirols verbreitet wird. Freilich: Auch die Laufzettel mit den gegenteiligen Befehlen aus den Stunden vor dem 4. November erreichen erst jetzt vielfach ihre Empfänger.

In Sterzing lösten sich die noch zum Widerstand entschlossenen Haufen sofort auf. Es waren nicht mehr die disziplinierten Schützenkompanien, sondern bunt zusammengewürfelte Gruppen, die sich da zusammengerottet hatten.

Immerhin: Als Hofer mit wenigen Vertrauten am 9. November über den Jaufenpaß zog, dachte man, daß sich noch alles aufs beste lösen lassen würde. Die Sieger, so hatte es den Anschein, waren ja voll der Gnade, die Delegation vom Vizekönig mit Zusicherungen aller Art zurückgekommen – und Österreich hatte ja für die Führer des Aufstandes auch die volle Amnestie garantiert erhalten. Das Verständnis Beauharnais' ging so weit, daß er sich brieflich bei Napoleon für die Tiroler einsetzte. »Diese sagen«, so der Vizekönig, »daß die Bayern sie betrogen haben und daß sie lieber zu Grunde gehen wollen, als unter bayrischer Herrschaft zu leben.« Und seinem Cousin Tascher de la Pagerie erteilte er den Auftrag, Andreas Hofer persönlich zu ihm zu geleiten, um über die Beschwerden der Tiroler zu verhandeln.

Hofer hätte also jetzt wieder zum einfachen Sandwirt werden können, der den Wanderern über den Jaufen den Schnaps serviert; eine Legendenfigur vielleicht, aber ansonsten ein Untertan des italienischen Königs – oder wer auch immer in Tirol in Zukunft das Sagen haben würde. In einem Brief, den er einem Boten nach Wien mitgab, unterschrieb er jetzt mit »A. Hofer, ehemaliger Oberkommandant«. Äußerstenfalls stand ihm nämlich noch immer die Flucht nach Österreich offen. So weit war es nicht bis zur Kärntner Grenze; wenngleich ihm besonders Vorsichtige den Rat gaben, sich sicherheitshalber doch den markanten Bart abrasieren zu lassen.

Aber statt dessen hatte sich im stillen Passeiertal eine bunte Schar von Abenteurern und Marodeuren eingefunden, Leute, die allesamt nichts zu verlieren hatten. Und wieder waren es auch hier die Fanatiker, die schon in den letzten Tagen dem Sandwirt zugesetzt hatten: darunter Hofers Schwager Josef Gufler und der Hauptmann Wild von Sterzing; und natürlich auch der Rotbart Haspinger, der aus seinem Kloster ausgebrochen und ins Passeiertal gewandert war. Zudem verbreitete sich das Gerücht, der Sandwirt habe noch österreichisches Geld zur Fortsetzung des Kampfes erhalten. Mag sein, daß dies mit dem Eintreffen des Kaufmannes Oberrauch aus Wilten zusammenhing, den Hofer einige Wochen zuvor in die Schweiz geschickt hatte. Beim österreichischen Gesandten in Bern hatte der Kaufmann vergeblich um eine Geldhilfe ersucht, wie wir schon gesehen haben. Oberrauch kam mit leerer Tasche, dafür aber mit der neuerlichen Bestätigung des Friedensvertrages. Die Schweiz war schon damals ein verläßlicher Platz für Informationen.

Dafür erkannte der Wiltener Gast bald, daß seine Berichte in Hofers Umgebung auf taube Ohren stießen, weil man hier die Wahrheit offenbar nicht hören wollte. Hofer selbst war, nach Oberrauchs durchaus verläßlicher Darstellung, bereits neuerlich schwankend geworden. Angeblich sollen die durch ständigen Wein- und Branntweingenuß benebelten Kumpane den Sandwirt auch bedroht haben – indem man dem »Anderl« eine Kugel zusicherte, sollte er sich als feige oder als Verräter an der *wahren* Tiroler Sache erweisen.

Tatsächlich war es jenseits des Jaufen zu harten Kämpfen gekommen, die aber in Wahrheit mit einer schweren Niederlage der Bauern endeten. In der Mühlbacher Klause, unweit von Brixen, hatte man versucht, den Vormarsch der Einheiten des Generals Rusca aufzuhalten. Aber diesmal waren die Franzosen schlauer als seinerzeit die Sachsen im oberen Eisacktal gewesen: Rusca schickte einen Teil seiner Truppen zu einem Umgehungsmanöver auf die nördlichen Talhöhen. In einem wütenden Kampf verlor er zwar 100 Mann, sicherte sich aber immerhin endgültig den Zugang nach Brixen.

Eines war am 11. November, diesem Entscheidungstag, jedenfalls für Andreas Hofer klar: Zumindest in einigen Teilen des Landes hatten sich die Bauern wieder erhoben und seinem Friedensappell nicht gehorcht. Auch jene Männer, die er am Sandhof um sich hatte, waren zum Kampf bis zur letzten Kugel bereit – wie sie sagten. Und vielleicht war es doch wahr, daß sich Wien neuerlich zum Krieg entschlossen hatte.

Das zusammen mag im Rausch des hitzigen Novembertages die Verwirrung der Geister bestimmt haben. Warum nicht ein letztes Mal alles auf eine Karte setzen? Warum nicht untergehen in einem Meer von Blut und Feuer?

Und wirklich: Der Sandwirt setzte sich wieder an den Tisch, holte Feder und Tinte hervor und schrieb neuerlich an seine »Mannder« – an die Kompanieführer, Geistlichen und Vorsteher der Gemeinden: »Fast alle Gerichte in Tirol ersuchen mich, gegen den Feind zu sein. Brüder, es ist nur ein Kleines zu tun. Wenn wir nachgeben, ist Glaube, Religion, Volk und alles hin. Wer widerstrebt, ist ein Feind Gottes und des Vaterlandes.«

Jetzt, erst jetzt, war der Sandwirt endgültig zum stigmatisierten Insurgenten geworden; mit diesem Aufruf schrieb er sich selbst vogelfrei; jetzt konnte ihn auch nicht mehr der Friedensvertrag schützen, kein Kaiser in Wien, der bis zu diesem Zeitpunkt noch immer Argumente für den Tiroler Partisanen vorbringen hätte können. Jetzt hatte sich Hofer endgültig nicht nur für die Franzosen und Bayern außerhalb jeder Ordnung gestellt, sondern auch für die Bürger des Landes Tirol selbst: Warum sollte dieser verzweifelte Selbstmörder sein letztes Aufgebot in den Untergang führen dürfen? Warum sollte man von den Siegern dieses Feldzuges noch Gnade erwarten, wenn Hofer selbst wieder mit dem Krieg begann?

Weshalb auch sollte es Pardon für einen Mann geben, den jedermann zwar insgeheim nach wie vor bewunderte, der aber jetzt mehr denn je zum Unglück für das ganze Land zu werden drohte? Warum sollte man noch irgendein Verständnis für Hofers Kumpane haben, die da entgegen aller Vernunft eine Verlängerung des Elends ihrer Landsleute verschuldeten?

Aber Hofers Aufruf wirkte dennoch.

Neuerlich läuteten im Passeiertal, Vintschgau und in Meran die Sturmglocken, Feuer loderte auf den Höhen oberhalb von Schloß Tirol, dem heimlichen Herzen des Landes. In den Orten versammelten sich wieder die Schützen; man hörte den Boten zu, die direkt vom Sandwirt kamen – und einen Augenblick glaubten die Menschen in diesem Teil Südtirols auch, daß ganz Tirol wirklich wieder in Flammen stünde.

Am 13. November rückte General Rusca gegen Meran vor. Dort fand er die Stadt ruhig, weshalb er schon meinte, daß die Berichte vom neuen Aufruhr falsch seien. Ja, er sandte eine höfliche Einladung an Hofer nach St. Leonhard, sich mit ihm zu treffen. Am nächsten Tag rückte er dann mit gut tausend Mann in das Passeiertal ein.

Unmittelbar vor der Ortschaft Riffian trafen seine Soldaten plötzlich auf die Bauern, die sich nach bewährter Taktik an den Flanken der Hänge verschanzt hatten. Es können zwar nicht allzu viele gewesen sein, die sich da den Franzosen entgegenstellten – aber sie hatten wie eh und je Erfolg, weil sich die Grenadiere auch jetzt noch immer nicht auf den Kampf im Gebirge eingestellt hatten. Unter beträchtlichen Verlusten zogen sich Ruscas Truppen wieder in die Stadt Meran zurück.

Am 15. November wandte sich Rusca in das andere Tal, das von Meran in westlicher Richtung verläuft – in den Vintschgau. Aber auch dort wiederholte sich das gleiche blutige Spiel.

Die auf den Abhängen postierten Schützen bildeten einen undurchdringlichen Riegel, so daß an Durchbruch nicht zu denken war.

Hofers aufgeregte Gesellschaft triumphierte jetzt. Hatte man nicht den schwankenden Sandwirt mit Gewalt zu seinem Glück zwingen müssen und die aufrechte Haltung des guten, braven Tirolervolkes *richtig* eingeschätzt? Hofer ließ sich gerne überzeugen. Er war wieder ganz Feuer und Flamme und glaubte schon wieder alles, was ihm zugetragen wurde – wenn es in seinen Ohren nur nach Bestätigung seiner eigenen Überzeugung klang.

In der Ortschaft Saltaus schlug er, etwas näher bei Meran, sein Hauptquartier auf und schickte nun vor allem Rechtfertigungsbriefe in alle Welt. Er habe sich infolge eigener »Verwirrung« getäuscht, man habe ihm auch falsche Informationen gegeben, als er zur allgemeinen Waffenniederlegung aufrief; jetzt sei alles anders, und die Menschen im Herzen Tirols hätten sich aufs neue für das ganze Land erhoben, das bald nachfolgen würde. »Schreitet mit uns!« schrieb er etwa den Oberinntalern. »Denn wenn wir uns ergeben, so würden wir binnen 14 Tagen unserer jungen Leute beraubt und die Religion vernichtet werden.« Er fürchtete auch den Mißbrauch mit seinem Namen: »Glaubt niemand etwas, außer es ist meine Unterschrift darauf.« – Und dann, drohend und selbsterkennend: »Das muß ich euch melden, wenn ich nicht ein Opfer meiner eigenen Leute werden will, und das gleiche würde euch geschehen, wenn ihr nichts für Gott und Vaterland tun wollt.«

General Rusca, der italienische und dalmatinische Truppen unter seinen Fahnen führte, mußte sich jetzt eingestehen, daß es um sein eigenes und das Prestige seines Kaisers und Herrn ging. Er stand wieder im Krieg und offensichtlich mitten in

Feindesland. Konnte er da noch Pardon gewähren, Verständnis für die möglicherweise berechtigten Anliegen der Tiroler haben? Denn heimlich kamen ja die reichen Bürger, die Gemeindevorsteher und Vertreter der hohen Geistlichkeit zu ihm – am Abend zumeist –, um ihn zu bitten, dem Spuk ein Ende zu machen. Es mußten also wirklich üble Unruhestifter sein, die jetzt den Sandwirt antrieben und deren Bestrafung im Interesse des ganzen Landes lag; je früher man die Brut endgültig ausräucherte, die sich da zwischen Etsch und Passer festgesetzt hatte, desto früher würden die anständigen Tiroler wieder zum friedlichen Tagewerk zurückkehren können ...

Also konzentrierte er alles auf Meran.

Diese lebendige alte Stadt, überragt von Schloß Tirol, war stets wie die geheime historische Hauptstadt des Landes gewesen. Hier wohl konnte durch einen Sieg ein symbolisches Zeichen gesetzt werden.

Die Stadt selbst liegt in einem Talkessel, in den drei Täler münden: Die obere Etsch bildet westlich den Vintschgau, im Nordosten erstreckt sich das Passeiertal, und die breite Talschaft im Süden öffnet die Verbindung nach Bozen.

Andreas Hofer hatte in Saltaus einen durchaus strategischen Plan erstellt: Demnach, so befahl er seinen Männern, sollten die mittleren Höhen rund um Meran in einem geschlossenen Bogen besetzt werden. Man würde dort den Kampf suchen und nicht in die Stadt eindringen. Rusca hingegen hatte sich vorgenommen, die Herausforderung anzunehmen und *anzugreifen*.

Es schneite an diesem kalten Novembertag schon bis in die mittleren Höhen, als es um und unterhalb des Schlosses Tirol zu den ersten Kämpfen kam. Im zerklüfteten Gelände erwies sich die Taktik der Franzosen als richtig, die Tiroler aus ihren

Schlupflöchern und Schießständen herauszuholen: Mann für Mann. Bald waren die Bauern im Norden der Stadt in die Defensive gedrängt.

Anders gestaltete sich der Kampf am südlichen Ufer der Passer. Dort hatte – emphatisch wie eh und je – der rotbärtige Haspinger die Aufstellung der Schützen organisiert. Es gelang ihm, die Franzosen auf das rechte Passerufer zu treiben. Damit aber sahen sich die Männer Ruscas bald in der Flanke bedroht. Nachdem etwa zur gleichen Zeit auch der Kampf um die sogenannte Marlinger Brücke über die Etsch nicht zugunsten der Franzosen ausgegangen war, konzentrierten sich die Tiroler in den Abendstunden des heißen Kampftages auf dem Bergrücken oberhalb Merans, dem Küchelberg – auf dem Dorf Tirol liegt. Dort hatten, so wurde den Kämpfern zugetragen, die Soldaten Ruscas auch an Dorfbewohnern üble Greuel verübt. Das spornte an. Waren die Kugeln verschossen, drehten die Schützen den Stutzen um und stürmten mit dem Kolben auf die müden Grenadiere los. Bald waren alle Höhen in den Händen der Männer des Sandwirts; General Rusca selbst sah sich mit den Überlebenden in der eigentlichen Altstadt von Meran eingekesselt. Er selbst, der trotz seiner Leibesfülle vorne mit dabei war, hatte eine schwere Rückgratverletzung erlitten (an deren Folgen er fünf Jahre später auch starb).

Es wiederholte sich nun, was die französischen Generäle schon in Innsbruck nach den verlorenen Bergisel-Schlachten getan hatten: Man zog in der Nacht ab.

Diesmal freilich paßte ein Teil der Tiroler Patrioten gut auf. Sie verfolgten Ruscas abziehende Kolonnen und überfielen sie im Etschtal auf ihrem Zug südwärts. Mit vielen Blessierten kam die Division am 17. November in Bozen an.

Während Hofers Garde in Meran noch trank und tafelte, hatte sich der Sandwirt nicht in die Stadt vorgewagt; fürchtete er sich?

Hofer blieb in seinem Quartier in Saltaus und schickte offene und konkrete Aufforderungen in alle Teile Tirols, den Kampf wiederaufzunehmen. Der Sieg von Meran sei ein Zeichen des Himmels gewesen. Diktierte er selbst diese Briefe – oder diktierte sie ihm seine Umgebung? Vieles ist kraus und verworren, was da hinausging. Und immer wieder beschwor der Sandwirt »Religion und Vaterland«; oder: »Gott wirkt mit uns, warum sollen wir nicht streiten und fechten um Himmel und Vaterland?« In einem anderen Brief erklärte er seine Wandlung, die nicht von ihm selbst ausgegangen wäre: »Wenn die guten Patrioten die Sache noch nicht verstehen wollen, so wird es ihnen ergehen, wie es mir ergangen ist; hätte ich nicht freiwillig mitgewirkt, so hätten sie mir warmes Blei angetragen, und so wird es jedem gehen, der nicht mit der guten Sache halten will.« Ehrliche Überzeugung, Selbstmitleid, pathologische Verwirrung, Angst – das alles mischte sich zu einer eigenartigen Hoffnungsseligkeit, die alle realen Argumente verdrängte. Und in diesen Stunden des Sieges von Meran übersah Hofer prompt die neuen Gefahren, die drohten.

Am 17. November erstieg nämlich, trotz des bereits gefallenen Schnees, eine französische Kolonne unter den Majoren Dorelli und Klippfeld den Jaufenpaß und trat zum Abstieg ins Passeiertal an: Das aber bedeutete, daß gut 1200 Mann Hofer und seinen Leuten geradewegs in den Rücken zu fallen beabsichtigten.

Die Männer des französischen Kommandos hatten es in dem aufgeweichten Gelände nicht leicht, trafen aber lange Zeit auf keinen Widerstand. Der eine Teil setzte sich daher ungestört in Hofers Geburtsort St. Leonhard fest, der andere wollte bis St. Martin, in die Nachbargemeinde im Passeiertal, marschieren. Erst jetzt erkannten die Schützen und Bauern des Tales die unmittelbare Gefahr. Sie beeilten sich, aus Meran und von den Höhen des Passeiertales so rasch wie möglich zurückzukehren, fanden jedoch die Franzosen bereits in den Häusern St. Leonhards verschanzt.

Was nun einsetzte, war ein mörderischer Kampf Mann gegen Mann um jedes Haus des Ortes. Es waren die engsten Waffengefährten Hofers, die ihre unmittelbarste Heimat gefährdet sahen und freikämpfen wollten; und voll Zorn und Wut stürzten sich auch die Männer von St. Leonhard in das Gemetzel.

Die Franzosen wehrten sich mannhaft, weil ihnen keine Alternative offenstand. Erst am 22. November waren die Soldaten der beiden Bataillone auf dem Friedhof rund um die Pfarrkirche von St. Leonhard zusammengedrängt. Ein letzter Sturmlauf der Tiroler zwang den Major Dorelli zur Hissung der weißen Fahne.

Was nun begann, war ein übles Spießrutenlaufen für die französischen Grenadiere, denen man sogleich alle Habseligkeiten abgenommen hatte. Man eskortierte sie ins Sandwirtshaus, wo ihnen Andreas Hofer entgegentrat. Hatte er sich selbst am Kampf nicht beteiligt, so erwies er sich dennoch als großmütiger Sieger und ließ sie frei. In der Freude über den Erfolg erkannte er nicht, daß sein Operationsgebiet im Grunde auf seine unmittelbarste Heimat, auf das kleine, entlegene Passeiertal, zusammengeschrumpft war. Und noch einmal glaubte er Johann Kolb, der ihm neuerlich eine falsche Nachricht zukommen hatte lassen. Er verkündet lauthals seiner klein gewordenen Welt: »Das Haus Österreich lebt wieder auf, indem die Österreicher durch Kärnten einrücken!«

Aber selbst seine engsten Talgenossen glaubten ihm das jetzt nicht mehr. Man hatte sich wohl der Feinde erwehrt, die die Heimat zu besetzen versuchten, aber jetzt war man mit der Kraft am Ende – der Kampf mußte ja irgendwann ein Ende haben.

Und so verließen selbst die Passeier Bauern den Sandhof und zogen sich zurück auf ihre Höfe links und rechts von Straße und Fluß. Zurück blieb Hofer inmitten einer immer kleiner werdenden Gruppe von Abenteurern und Hysterikern. Was noch im Keller des Sandhofs vorzufinden war, wurde ausgetrunken.

Mittlerweile waren zwei alte Mitkämpfer, Jakob Sieberer und der Priester Josef Daney, die immer wieder zum Frieden gemahnt und in Matrei nach der verlorenen Allerheiligenschlacht den ersten Friedensaufruf Hofers verfaßt hatten, waren Hofers letztem Aufgebot in die Hände gefallen. Man zerrte die beiden Patrioten ins Sandwirtshaus und stellte sie anklagend vor Hofer. Der Sandwirt, offenbar betrunken, bestätigte, was seine Umgebung wollte: die *Hinrichtung.*

Hofer war auf den Tag genau 42 Jahre alt; und er machte sich ein Todesurteil zum Geburtstagsgeschenk!

Man sperrte Sieberer und Daney unter miserabelsten Bedingungen in ein Loch ein und beschloß die Erschießung am kommenden Tag.

Mußte es so weit kommen, daß eine Kolonne von Franzosen, die am Jaufenpaß auftauchte, die Rettung der beiden Verurteilten ermöglichte? Ihre Bewacher liefen jedenfalls beim ersten Schuß davon.

General Barbou war mittlerweile, nachdem er die Nachricht von der Niederlage seines Majors Dorelli aus St. Leonhard erhalten hatte, sofort selbst mit 3000 Mann von Sterzing zum Jaufen aufgebrochen. Seine Vorhut traf auf den fast völlig verlassenen Heimatort des Sandwirts. Als er die toten Franzosen unbestattet vorfand und ihm verwundete Versprengte vom Blutbad berichteten, wollte er St. Leonhard niederbrennen lassen. Erst auf die Bitte zweier Ansässiger beschränkte er sich auf die Zerstörung mehrerer Häuser.

Am 23. November schließlich betrat General Barbou auch den Sandhof, Hofers Haus. Aber er fand den Oberkommandanten Tirols nicht mehr vor. Andreas Hofer war auf der letzten Flucht.

Vom Ende zur Legende

Fanatismus kann bekanntlich ansteckend sein. Und was sich Ende November im Passeiertal abspielte, war in jener Talschaft nicht bekannt, in der der immer verrückter agierende Kolb wie ein Savonarola zum allerletzten Widerstand rüstete: im Osten der Sarntaler Alpen. Anders als Hofer, der ein Spielball seiner Umgebung geworden war und in lichten Augenblicken sehr wohl den Untergang vor Augen hatte, glaubte Kolb wohl höchstpersönlich seinen eigenen Unsinn, den er den Bauern eingab. Keine Frage: In dieser allerletzten Phase des Kampfes um Tirol war gar nicht mehr Hofer der wahre Führer – sondern Kolb und schließlich auch der Wirt an der Mahr, Peter Mayr.

Dieser Mayr stammte aus einer angesehenen Familie aus der Gegend des Ritten, eines Bergzuges nördlich von Bozen; in seiner Familie bewahrte man sogar einen Adelsbrief Karls V. aus dem 16. Jahrhundert auf. Der Mahrwirt trat aber erst in der Phase der späteren Befreiung Tirols in Erscheinung – und zwar im Massaker der Sachsenklemme. Dort entstand auch sein Führermythos, der sich noch steigerte, als er am Bergisel am 13. August den entscheidenden Kampf im Zentrum anführte. So machte es nun Eindruck, daß auch der besonnen wirkende Mayr für die Fortsetzung des Widerstandes eintrat, obwohl er zweifellos etwas zu verlieren hatte.

Wieder war es aber die gleiche religiöse Verstiegenheit, die die Triebfeder des letzten Aufgebotes war. »Lieber als echte Katholiken im Kampf fallen, als unter der bayrischen Regierung lutherisch zu leben«, wurde Mayrs letzte und unsinnigste, aber geglaubte Parole. Kolb wiederum phantasierte von Erscheinungen der Mutter Gottes, die ihm ein Eingreifen himmlischer Kampfhelden auf der Seite der Tiroler zugesagt hatte.

So kam es zu einer Art Belagerung der Bischofsstadt Brixen durch die Haufen Kolbs und Mayrs; der französische General Moreau wurde zeitweilig völlig von den im Eisack- und im Pustertal stehenden anderen französischen Einheiten abgeschnitten.

Unter dem Brigadier Severoli rückten von Bozen aus schließlich gut 2500 Mann nach Brixen, die sich Anfang Dezember mit Moreaus Truppen vereinigen und die Umgebung der Stadt in Brand steckten. Es war einer der grausamsten Akte des an Grausamkeiten nicht armen Kampfes um Tirol, wiewohl die Franzosen offensichtlich ein Fanal setzen und damit den Krieg zu einem raschen Ende bringen wollten.

Mittlerweile war auch in Meran eine Division einmarschiert und hatte jeden weiteren Widerstand gebrochen. Die Gegenden um Bruneck im Pustertal und Lienz in Osttirol ergaben sich, nachdem ein letztes Aufgebot am 2. Dezember noch einmal gut hundert Tote auf Tiroler Seite gefordert hatte. Immer wieder waren es vor allem die angeblichen und wirklichen Aufrufe Andreas Hofers gewesen, die Kolb den Bauern zeigte und die dafür herhalten mußten, den sinnlosen Widerstand zu verlängern.

Für die Behandlung der vielen jetzt gefangenen Tiroler gab es auf französischer Seite keine einheitlichen Befehle. Es war den kommandierenden Offizieren überlassen, wie sie sich gegenüber den Insurgenten und der Zivilbevölkerung verhalten wollten. Auch die Bayern in Nordtirol waren weitgehend weisungsfrei.

Daraus erklärt sich die sehr unterschiedliche Vorgangsweise der Militärbehörden; und wohl haben auch die jeweiligen Gemütslagen, die Herkunft der Generäle und der von Ort zu Ort unterschiedliche Widerstand im Zuge der Besetzung eine Rolle gespielt, wie nun vorgegangen wurde.

In Nordtirol, wo sich nach dem 1. November kaum noch ernstlich Widerstand geregt hatte (sieht man vom Paznauntal ab, in dem es ein ehemaliger österreichischer Milizoffizier zuwege gebracht hatte, die Talschaft nochmals zum Aufruhr zu motivieren), kam es kaum zu Exekutionen. Speckbacher, der geheime und prominenteste Führer aus Nordtirol, hatte sich in ein Versteck geflüchtet. Seine Briefe, in denen er zu weiterem Widerstand aufrief, blieben ohne Widerhall. Die Bayern hatten begriffen, daß in Tirol mit nackter Gewalt allein nichts durchzusetzen war, und hielten sich, alles in allem, äußerst zurück. Zwei Motive dürften überdies eine Rolle gespielt haben:

In München war nach dem Frieden von Wien ein Stimmungsumschwung eingetreten; unter dem Einfluß des Kronprinzen griff das Gefühl um sich, man habe die »falsche Seite« unterstützt. Der keimende deutsche Patriotismus hatte besonders das Offizierskorps angesteckt – viele fühlten sich von den verbündeten Franzosen mißachtet, zurückgesetzt. Fast jeder bayrische Soldat hatte im vergangenen Feldzug ja irgendwann mit der Arroganz und dem übersteigerten Selbstbewußtsein der Franzosen Bekanntschaft machen müssen.

Zum zweiten entdeckte man in München, daß Napoleon hinsichtlich Tirols andere Pläne als noch zu Beginn des Feldzuges hegte. Er hatte sich mit dem italienischen Vizekönig, seinem Stiefsohn, mittlerweile so weit besprochen, daß das aufrührerische Land in zwei Teile gerissen und den Bayern lediglich Nordtirol übergeben werden sollte. Erstmals taucht auch die Brennergrenze als »natürliche« Scheide zwischen Nord und Süd auf. Und die französischen Generäle erhielten von Mailand aus die Ordre, keine bayrische Verwaltung in Südtirol zuzulassen, obwohl das Land südwärts des Brenner offiziell noch immer zum bayrischen Königreich gehörte.

Sie, die Herren Generäle des Kaisers Napoleon, handhabten die militärische und zivile Gewalt im Süden, soweit die Bajonette ihrer Grenadiere reichten. Am rücksichtslosesten wüteten die Italiener in französischen Diensten, allen voran die Generäle Severoli und Bertoletti, die die Stadt Brixen und deren Umgebung gebrandschatzt hatten. Jene Gefangenen, die noch mit der Waffe in der Hand angetroffen wurden – viele davon verwundet –, wurden gefesselt nach Bozen eskortiert. Einige ließ man in Klausen frei, die meisten aber wurden abgeurteilt. Wer langjährige Gefängnisstrafen verbüßen mußte, kam in die Kasematten von Mantua, Elba oder Korsika; nur wenige kamen Jahre später noch lebend nach Tirol zurück.

Die sogenannte Tuchbleiche in Bozen wurde zum Ort der standrechtlichen Erschießung für alle jene, die man als »Anführer« betrachtete. Einige Namen sind uns bekannt, es darf aber angenommen werden, daß die Erschießungen sehr viel zahlreicher waren und einige ohne formelle Urteilssprüche vollzogen wurden. In Bozen starben nachweislich Ignaz Nunzinger, der bereits 67jährige Georg Kaneider, Zellerwirt von Villnöss, Simon Rieder, Kolbs Sekretär Trischler, die Vertrauten des Sandwirts Matthias Frena, Josef Markreich und Franz Burger sowie der Student Heinrich Koch.

In Brixen erfolgten die Hinrichtungen auf dem Domplatz. Man bestimmte die Bauern Johann Kirchner, Bartholomä Pichler und Johann Haller als Todeskandidaten. Die Bitte des Brixener Bischofs um Begnadigung wurde von den französischen Generälen zurückgewiesen.

Zu den meisten Hinrichtungen kam es jedoch im Pustertal und in Osttirol. Die wütende Soldateska unter dem besonders grausamen General Broussier fing alle zusammen, deren Namen im Zusammenhang mit der Rebellion irgendwann genannt worden waren. Die Zahl der spontanen Hinrichtungen ist nicht mehr eruierbar, doch gelang es dem General nicht, die Anführer zu erwischen. Die meisten entkamen wohl über die nahe Kärntner Grenze.

Broussier stellte selbst die Kriegsgerichte zusammen: Franz Frandl, Josef Daxer, Johann Oblasser, Wirt in Ainet, sowie Stefan Groder wurden jeweils in ihren Heimatorten Virgen, Defreggen und Kals hingerichtet, wobei man jeweils die Dorfbewohner zwang, den Erschießungen beizuwohnen. Die Häuser der Verurteilten wurden nachträglich zerstört.

Im Pustertal mußten die Bauern Georg Wurzer, Josef Achammer, Josef und Georg Bachmann, Josef Mehlhofer, Jakob Schmadl, Bartholomä Durnwalder, Nikolaus Amhof, Johann Jäger, Josef Leitgeb und Anton Worscher ihr Leben lassen. Von Peter Sigmair, dem Sohn eines Wirtes aus Olang, ist ein Beispiel besonderer Ehrenhaftigkeit in die Geschichte eingegangen: Die Franzosen hatten seinen erblindeten alten Vater gefaßt und diesem den Tod angedroht, sollte sich der Sohn, der sich versteckt hielt, nicht stellen. Peter Sigmair erschien daraufhin vor dem Blutgericht und wurde verurteilt und hingerichtet.

General Broussier ließ die Leichen der Exekutierten zur Abschreckung schließlich noch einige Tage auf die Galgen der Ortschaften hängen.

Dennoch war es den Besatzern nicht gelungen, sich des Urhebers des letzten und sinnlosesten Aufstands zu bemächtigen: des verrückten Johann von Kolb. Der Fanatiker hatte nicht den Mut, sich zu stellen, sondern konnte nach Österreich entkommen, obwohl ein Preis auf seinen Kopf ausgesetzt war. Und auch der Wirt an der Mahr, Peter Mayr, war flüchtig. Er konnte allerdings Wochen später ausgeforscht werden und starb als aufrechter Patriot in Bozen, nachdem man ihm sogar eine Chance für seine Rettung anbot: Man legte ihm nahe, bei der Verhandlung vor dem Kriegsgericht zu behaupten, nichts vom Abschluß des Wiener Friedens gewußt und nur deshalb wieder zu den Waffen gegriffen zu haben. Obwohl sich auch Bozner Bürger für Mayr verwendeten, blieb dieser bei der Wahrheit: *Selbstverständlich hatte er vom Friedensvertrag gewußt.* So starb auch er unter den Kugeln des Pelotons.

Letztlich machten die Besatzer auch vor Klerikern nicht halt; die Priester Damaszen Sigmund und Martin Unterkirchner verloren ihr Leben.

Was aber war mit dem Sandwirt?

Wir haben ihn verlassen, als General Barbou am 23. November 1809 in St. Leonhard einrückte und auf keinen Widerstand der Bevölkerung stieß. Der General betrat den Sandhof, der leer und verwüstet war – allerdings nicht durch seine Soldaten, sondern durch die Leute aus Hofers betrunkener Garde, die vor den anrückenden Feinden alles zerstört hatten. Die letzten Pferde requirierte eine französische Patrouille. Auch das Durchwühlen des Hauses brachte keine Schätze mehr ans Tageslicht.

Hofer war jedenfalls geflohen, seine Frau und die Kinder waren nicht aufzufinden. So setzte Barbou seinen Marsch nach Meran fort und beließ im Passeiertal eine starke Besatzung, die sich die Auffindung Hofers und seiner Adjutanten sowie Helfer zum Ziel setzen sollte.

Über den Sandhof wurde später der Konkurs eröffnet, ein Sebastian Pamer zum Sequester bestellt. Der Richter Auer aus Passeier gab General Barbou darüber einen genauen Bericht.

Andreas Hofer war zuerst mit seinem Adjutanten Sweth und seiner Familie auf die sogenannte Kellerlahn geflüchtet; als er sich dort nicht mehr sicher fühlte, zog er auf den Prantacherhof am gleichnamigen Berg. Von dort sandte er an Erzherzog Johann einen verzweifelten Bittbrief, den Tirolern doch noch zu Hilfe zu kommen. Seine Unterschrift: »Der im Herz betrübteste Andrä Hofer von Passeier.«

Hofers alter Freund Holzknecht schickte dem Sandwirt ein Schreiben, in dem er ihn inständig bat, alle Vorstellungen von weiterem Widerstand fallenzulassen und sich zu retten; er, Hofer, möge doch auf die Stimme der Kirche hören, die sich jetzt gleichfalls gegen weiteren Widerstand gewandt habe. Das war wohl abgesprochen: Denn im Einverständnis mit Holzknecht machten sich mehrere Priester aus dem Passeiertal auf den Weg ins Versteck, um den Sandwirt von weiteren Abenteuern abzuhalten.

Freilich vergeblich. In Hofer spukte nach wie vor die Idee herum, er müsse zu weiterem Widerstand aufrufen, ja Gott selbst habe ihm dies aufgetragen. Die religiöse Inspiration erfüllte ihn ganz und gar.

Hatte er etwa Wahnvorstellungen? Oder spielte auch jetzt der Alkohol eine nicht unerhebliche Rolle? Hofer betete stundenlang den Rosenkranz und die Litaneien. Die ihn aufsuchende Priesterabordnung hielt er für eine Delegation des Gottseibeiuns; und dem Pfarrer Ampach von St. Leonhard warf er allen Ernstes vor, dieser habe Gott und Vaterland verraten; denn jetzt müßten die »Schafe den Hirten und nicht mehr der Hirte die Schafe suchen«. Energisch verbat sich der Sandwirt auch jeden weiteren Ratschlag und wies die Bitten der Geistlichen ab. Hofer fühlte sich nicht nur von

Österreich verraten, sondern nun auch von der offiziellen Kirche.

Als der Pfarrer von St. Leonhard wieder im Tal war, beschlossen er und seine Mitbrüder, ein »Unterwerfungsprotokoll« aufzusetzen, in dem sie die Franzosen im Namen der Bewohner um Milde ersuchten; als Hofer und die ihm noch immer ergebenen wenigen Passeier Vertrauten davon erfuhren, gab es in Saltaus eine neuerliche Zusammenrottung.

Jetzt verkündete der französische General Baraguey d'Hilliers – der sich ansonsten außerordentlich menschlich und verständnisvoll zeigte – über den Sandwirt die Acht und setzte einen Preis auf seinen Kopf aus: 1500 Gulden.

Hofer wurde in seinem Versteck immer unruhiger; wußte man doch allgemein im Tal, wo er sich aufhielt.

Also trennte er sich von Frau und Kindern und zog allein in die Hütte eines Bauern aus Prantach – in die im Winter unbewirtschaftete Almhütte auf der sogenannten Pfandleralm. Mit ihm Kajetan Sweth, sein Adjutant.

Hier gab es nur das Allernotdürftigste, das die Senner brauchten, um sich im Sommer gegen Unwetter zu schützen. Freilich: Es fanden sich Gewehre auf der Alm, die man *vor* dem Einmarsch der Franzosen hierher gebracht und versteckt hatte.

Das allerschlimmste war für Hofer und Sweth jetzt die Kälte. Die beiden Männer stopften Stroh und Heu in die offenen Ritzen der Hütte, wagten es aber nur selten, Feuer zu machen, um nicht durch Rauch das Versteck zu verraten.

In den kurzen Tagen und langen Nächten mag Hofer nun zurückgedacht haben – an sein bisheriges Leben, die ruhigen Jahre als Wirt und Händler – und an das kurze eine Jahr, in dem er zu einer Entscheidungsfigur auf dem Schachbrett der Geschichte geworden war ... nur war er nicht König noch Turm oder Läufer; nur ein Bauer.

Es hat nicht an Versuchen gefehlt, Hofer zur Flucht zu überreden und diese auch zu organisieren; seit Oktober hatten sich zahlreiche Freunde erbötig gemacht, den ehemaligen Oberkommandierenden aus Tirol hinauszubringen. Überdies bestand lange Zeit die Möglichkeit einer Flucht in die Schweiz. Vom Passeiertal ist es über den Vintschgau ja nicht allzu weit bis ins Engadin; und auch dort gab es Patrioten. Man hätte also wohl Mittel und Wege gefunden, Hofer irgendwo sicher unterzubringen. Auch bestand in der Schweiz eine gewisse Möglichkeit, auf österreichische Geldmittel zu greifen.

Der naheliegendere Weg wäre über die Höhen der Sarntaler Alpen – entlang dem Pustertal und durch Osttirol ins Kärntnerische – verlaufen. Dieses Kronland war Österreich zum Großteil verblieben, und die Österreicher lösten die französischen Truppen dort systematisch ab. Der Weg über die Berge wäre auch im Winter für Hofer kein Problem gewesen. Oftmals hatte er ja bei Schnee den Jaufenpaß überquert; er war Strapazen gewohnt und zu diesem Zeitpunkt kerngesund – jedenfalls liegen keine Berichte über physische Beschwerden des Sandwirts vor.

Zweifellos hätte er auch, der legendäre Führer des Aufstandes, nach wie vor und wohl gerade im Pustertal und Osttirol, Unterstützung bei den Bauern gefunden – wo immer er eingekehrt wäre. Dort war ja der Widerstand bis zuletzt am vehementesten gewesen. (Die Erschießungen fanden in Osttirol erst in den Weihnachtstagen des Jahres 1809 statt.)

Erstaunlich ist, daß ihn auch ein Brief Martin Teimers erreichte, der im österreichischen Exil lebte. Teimer, einst Held der ersten Siege der Tiroler in Innsbruck, war mit Hofer bekanntlich übers Kreuz geraten. Hofer hatte sogar angekündigt, er würde Teimer sofort verhaften und hinrichten lassen, sollte dieser je wieder Tiroler Boden betreten. Jetzt erwies sich dieser Teimer jedenfalls als Freund und bot Hofer in einem Brief vom 26. November Geldmittel an. Vor allem empfahl er dem Sandwirt die eigene Errettung, wenn der Aufstand zusammenbrechen sollte.

Mit der Antwort Hofers kam Anton Wild, einer der letzten Getreuen, wohlbehalten in Wien an, wo er sogar vom Kaiser empfangen wurde. Hofer hätte also nur mit Wild zusammen die Fahrt antreten müssen. Er wäre noch vor Jahresende 1809 in Sicherheit gewesen.

Die zweite Möglichkeit, zu der sich der Einsiedler auf der Pfandleralm entschließen hätte können, wäre die freiwillige Stellung gewesen. Dazu hatten ihm auch die Priester des Tales geraten.

Tatsächlich ist fraglich, wie sich die französischen Behörden dem Sandwirt gegenüber verhalten hätten, wäre das im November oder Anfang Dezember erfolgt. Er galt ja als die Führerfigur des Aufstandes; Hofer hatte nach wie vor den größten moralischen Einfluß auf seine Landsleute und hätte durchaus an der *Befriedung* mitwirken können. Immerhin existierte ja eine Zusage des Vizekönigs Beauharnais. Und eine freiwillige Unterwerfung hätte zu diesem Zeitpunkt durchaus als Anerkennung des Friedensvertrages angesehen werden können. Gab man doch noch Wochen später dem Mahrwirt Peter Mayr eine Chance zur Rettung.

Aber Hofer wollte anderes: Allen Ernstes glaubte er nämlich auch jetzt noch daran, daß Österreich im Frühjahr 1810 wieder zu den Waffen greifen würde. Wer Hofer den Unsinn eingab und wer in ihm nach wie vor den Glauben an eine Hilfe des Kaisers Franz, des Erzherzogs Johann oder des Erzherzogs Karl schürte, ist unklar. Hatte er sich das selbst zusammenfabuliert oder hatte man ihm wieder irgendwelche Geschichten erzählt?

Es ist bezeichnend, daß der St. Leonharder Landrichter Staffler in einem Bericht über die Stimmung der Bauern davon sprach, daß sich die Tiroler »den Juden gleich verhalten, deren Messias noch kommen wird«. Im gleichen Bericht heißt es, daß nicht einmal 15 Prozent der Gewehre, die vorhanden wären, abgegeben wurden.

Das, so scheint es, dürfte also der wahre innere Beweggrund des Ausharrens des Sandwirts gewesen sein: Er hatte die abstruse Hoffnung, sich nach der Schneeschmelze *erneut an die Spitze einer Aufstandsbewegung zu stellen*. Nur so ist auch wohl sein letzter Brief an Erzherzog Johann zu verstehen, in dem er »im Namen aller gutgesinnten Tiroler« darum bittet, »nur eine kleine Hilfe an Truppen zu senden – und ich werde nach Kräften meine gutgesinnten Mitbrüder in Waffen haben, um vereint mit Österreichs Heer zu streiten und den Feind zu schlagen«.

Hofer klammerte sich offensichtlich immer mehr an diesen Strohhalm, der für ihn zu einem imaginären Tragbalken wurde: Österreich greift wieder ein! Das wurde offensichtlich zu einer fixen Idee. Man konnte ihn, den Sandwirt mit der goldenen Kaiserkette, doch nicht im Stich lassen …

Wir wissen übrigens auch, daß er in der Hütte das ihm vom Kaiser Franz übersandte Präsent trug und das Bild des Kaisers im Medaillon oft und ergriffen küßte.

Was wußte der arme Kerl auf seiner Hütte wirklich? Zu diesem Zeitpunkt war längst ausgemacht, daß Kaiser Franz zum Schwiegervater Napoleons werden würde, daß die Tochter des Kaisers und Nichte des guten Erzherzogs Johann schon die Garderobe für ihre Hochzeit zusammenstellte, daß Frankreich und Österreich eine neue Allianz gebildet hatten …

Nun war es keinesfalls so, daß Andreas Hofer auf der Pfandleralm völlig von der Außenwelt abgeschlossen gewesen war;

nach wie vor standen Boten zur Verfügung, die seine Briefe austrugen; auch erhielt er diverse Schreiben, wie wir gesehen haben. Sein Versteck auf der Alm war seinen unmittelbaren Vertrauten Steinhauser, Öttl, Wild und Ilmer bekannt, die ihn dort regelmäßig aufsuchten. Sie brachten wohl Lebensmittel, Wein und das Allernotwendigste. Auch ein Schweizer, der in Tiroler Diensten gestanden war, drang bis zur Alm vor und wollte Hofer gleichfalls zur gemeinsamen Flucht überreden.

Aber Hofer blieb. Weder die Flucht noch der Märtyrertod schienen ihm angemessen zu sein: Er hoffte. Waren das aber nicht doch eher Zeichen verstärkter Apathie und der Unfähigkeit zum *entscheidenden Schritt,* die ihn in der kalten Hütte festhielten?

Es hat den Anschein, als wäre der Sandwirt nicht mehr stark genug gewesen, sein Schicksal nochmals selbst in die eigenen Hände zu nehmen, er ließ sich wartend treiben – mit der vagen Hoffnung auf ein *Wunder.*

Es war zu Weihnachten, daß Frau und Sohn den Sandwirt auf der Pfandleralm aufsuchten und erklärten, ihn nicht mehr verlassen zu wollen; umgeben vom tiefen Schnee, beging man ein armseliges, ganz und gar nur von Gebeten ausgefülltes Weihnachtsfest 1809.

Die Vermehrung der Bewohnerschaft der kleinen Hütte machte freilich jetzt verstärkte Nahrungslieferungen nötig, auch wollte Hofer seine Familie in der schneidenden Kälte nicht so oft frieren lassen. So wurden die Sicherheitsvorkehrungen mit Beginn des neuen Jahres gelockert, Rauch stieg öfter auf, Fußspuren zur und um die Hütte waren unvermeidlich.

So entdeckte der Nachbar des Pfandlerbauern, der Grubhofbauer Franz Raffl, Anfang Jänner das Versteck. Nur war

Raffl nicht sonderlich beliebt im Tal, hatte aber bei Hofers letztem Aufgebot mitgekämpft und sogar noch in den Kämpfen um und in St. Leonhard seinen Mann gestellt. Unklar ist, ob er wirklich ein so liederliches Subjekt war, wie ihn die lokale Geschichtsschreibung darstellt, und ob Geld allein bei ihm das Motiv war, die Behörden auf Hofers Spur zu führen. Denkbar ist immerhin, daß ihm nicht ganz geheuer war, den Sandwirt weiterhin in der Nähe seines Hofes zu wissen. Waren nicht viele Berichte bis ins Passeiertal gedrungen, wie die Franzosen mit denjenigen Ortsbewohnern umsprangen, die gesuchte Rebellen nicht angaben und Verstecke geheimhielten? Würden die Besatzer nicht an den Menschen in und um St. Leonhard bittere Rache nehmen? Auch wußte Raffl, daß die Priester des Tales zur endgültigen Befriedung aufgerufen hatten.

Lange kämpfte er offenbar mit sich selbst einen Kampf aus. Sollte er zum Verräter werden – oder schweigen, bis die Franzosen selbst das Versteck finden würden? Für seine finsteren Gedanken spricht allerdings, daß er dem Ortsaufseher von St. Martin, Peter Ilmer, erklärte, er wisse, wo Hofer wäre, und würde das auf Hofers Kopf ausgesetzte Geld mit Ilmer teilen.

Die Behörden glaubten übrigens zu diesem Zeitpunkt allgemein, daß Hofer über alle Berge wäre; die dubiosesten Gerüchte schwirrten umher und waren auch den Franzosen bekannt. Es hieß, Hofer sei mit einer Fuhr von Edelkastanien in einem großen Faß mitten durch das Besatzungsgebiet direkt ins sichere Österreich transportiert worden – oder, Hofer habe einen famosen Marsch über die schneebedeckten Berge angetreten.

Ende Jänner schrieb der ehemalige Sandwirt jenen Brief an Erzherzog Johann, der erst später zum »Abschiedsbrief«

wurde. In ihm unterschrieb er als der »armbe verlassne Ssinder Andre Hofer« – also der arme, verlassene Sünder; und in ihm klagte er sich an, die Schuld am Elend seines Landes Tirol zu haben. Es ging ihm freilich nicht um das materielle oder politische Elend, sondern um das metaphysische: Er befürchtete nämlich, daß die Seelen Tausender verloren seien, weil sie unter dem Kommando der Gottlosen jetzt »ein Opfer des Teufels« werden würden. Ganz und gar hatte die religiöse Verstiegenheit alles andere in seinem Kopf verdrängt. Er hielt die Feinde Tirols für Ausgeburten der Hölle und sich und seine Sache für die einzig seligmachende Form des Glaubens auf Erden; so war religiöse Überzeugung *bis zuletzt* die eigentliche Triebfeder und Schwungkraft in ihm.

Am 27. Jänner hatte sich der Bauer Raffl endgültig entschlossen, Hofers Versteck anzugeben. Der Ortsaufseher Einer informierte den Richter Andreas Auer von St. Leonhard darüber, daß Raffl das Versteck Hofers kenne. So war dieser nicht überrascht, aber doch betreten, als der Verräter bei ihm erschien und die Pfandleralm als Hofers Versteck zu Protokoll gab. Auer schickte Raffl mit dem Protokoll nach Meran zu den französischen Militärbehörden.

Offenbar machte aber Richter Auer sofort den Versuch, Hofer zu retten; er benachrichtigte seine Umgebung, daß die Pfandleralm entdeckt wäre. So erfuhren auch Hofers Vertraute sofort davon, und Josef Thaler lief so rasch wie möglich zur Hütte hoch, um Hofer zur eiligen Flucht anzutreiben. Der Sandwirt erklärte sich bereit, am nächsten Tag loszuziehen – war also *nicht* zur heroischen Selbstpreisgabe entschlossen.

Aber es war schon zu spät.

Eine französische Abteilung mit vornehmlich italienischen Soldaten erreichte in der Nacht von Samstag auf Sonntag –

vom 27. zum 28. Jänner 1810 – den Wald, der die Pfandleralm umgibt.

Raffl führte sie.

Kajetan Sweth, Hofers Adjutant, entdeckte als erster den bewaffneten Zug; er sah zuerst Raffl und dann den kommandierenden Offizier, der seinen Leuten ein »Avancez!« zurief.

Auf zahlreichen Darstellungen, die bis heute Tiroler Gastzimmer schmücken, ist die nun folgende Szene festgehalten: Hofer tritt heraus, hinter ihm seine Frau und der Sohn – halb ein Kind, halb ein junger Mann, ohne Schuhe, direkt von der Schlafstatt geholt. Der Sandwirt gibt sich – so Kajetan Sweth – dem deutschsprechenden Adjutanten des Generals Baraguey gegenüber, der sich gleichfalls unter den Soldaten befindet, als Gesuchter aus. Dann sagt Hofer: »Mit mir tun Sie, was Sie wollen, denn ich bin schuldig, für mein Weib und mein Kind und diesen jungen Menschen (Sweth) bitte ich um Gnade, denn sie sind wahrhaftig ganz schuldlos!«

Die Soldaten kümmern sich freilich nicht um Hofers Bitte. Man bindet dem Sandwirt die Hände auf den Rücken und legt um Hals und Körper einen Strick. Frau und Sohn werden nur mit Hand- und Lendenstrick aneinandergebunden. Die Soldaten durchsuchen noch die Hütte und finden dort neben Hofers letzten Habseligkeiten seinen Säbel, Pistolen und die seinerzeit versteckten Gewehre.

Es ist ein bitterkalter Wintertag, als der Abstieg von der Pfandleralm beginnt. Sweth berichtete später, daß die Soldaten rücksichtslos mit den Gefangenen umgegangen wären, daß man Hofer und ihn wiederholt geschlagen und an den Haaren gerissen habe – ja, daß sich die Soldaten Barthaare des »Barbone« als »Erinnerungsstücke« mitgenommen hätten. Hofers Gesicht soll voll von Blut gewesen sein; Sweth und der Sohn des Sandwirts, die man bloßfüßig durch den Schnee trieb, waren an den Füßen blutig. Der Sandwirt richtete aber die Seinen damit auf, daß er ihnen das Beten empfahl und die beschämende Sekkatur zur Buße für die vielfach begangenen Sünden erklärte.

In St. Martin holte man für die Gefangenen Kleidungsstücke, vor allem Schuhwerk, und ließ sie dann gefesselt nach Meran – quer durch die Ortschaften des schönen Passeiertales – laufen. In der Stadt hatte sich das französische Offizierskorps versammelt – man hatte auch eine Musikkapelle aufgestellt. Unter Trommelwirbel und mit klingendem Spiel trieben die Soldaten Hofer vor sich her – ein makabres Schauspiel für die Bürgerschaft, aber ein erhebender Moment für die Sieger, die nun endlich den Hauptträdelsführer der Insurrektion gefaßt hatten. Damit, so wollte man deutlich machen, war der Tiroler Aufstand beendet und das Land vom gefährlichsten Aufrührer befreit.

Aufrufe der französischen Militärverwaltung wurden in den Orten und Städten ganz Tirols angeschlagen, bayrische Zeitungen berichteten eifrig darüber, und es besteht kein Zweifel, daß auch in Wien die Verhaftung Hofers spätestens drei Tage später bekannt gewesen sein muß.

General Drouet seinerseits meldete die Gefangennahme dem französischen Kriegsminister Henri Clarke nach Paris, Baraguey dem Vizekönig, der sich gleichfalls in der französischen Hauptstadt aufhielt. Von dort verfügte Eugène Beauharnais, daß Hofer nach Mantua zu bringen sei, seine Papiere aber nach Mailand. Man erhoffte sich offenbar Aufschlüsse über die Insurrektion.

Eugène bewies dabei neuerlich eine außergewöhnliche Sympathie für den »Barbone«, dem er zwar die geballte Verantwortung für den Aufstand zumaß, ihm aber auch »Menschenfreundlichkeit« nicht aberkannte. In der Tat schätzten viele Franzosen die Anständigkeit, die man Hofer etwa bei der Behandlung von Gefangenen und Verwundeten nachsagte. Selbst in der Phase des Endkampfes war er ja für eine anständige und humane Behandlung der Gegner eingetreten – sehr zum Unterschied von seinen Kumpanen und dem unnachsichtigen Pater Haspinger.

Der Sandwirt wurde in Meran von General Huard verhört und am nächsten Tag nach Bozen überführt. Hofers Sohn kam wegen seiner erfrorenen Füße in ein Spital, die Frau des Sandwirts mußte von ihrem Mann Abschied nehmen. Abschied für immer.

Bozner Bürger wie die Familie Giovanelli und auch Priester wie Josef Daney bemühten sich um Hafterleichterungen für den Sandwirt. Über ihre Erfolge wissen wir nichts. An die nach Österreich ausgewanderten Tiroler ergingen Briefe mit der Bitte, sich umgehend in Wien für den Verhafteten einzusetzen.

Hofer blieb nicht lange in Bozen. Die französische Militärverwaltung fürchtete Befreiungsversuche und war froh, als der Vizekönig den Befehl zum Transport Hofers nach Mantua gab.

Am 5. Februar traf der Zug in Mantua ein.

In Paris hatte Napoleon seinerseits bereits disponiert. Er wollte Hofer nach Frankreich bringen und in Vincennes inhaftieren lassen. In dem im Südosten von Paris liegenden ehemaligen Schloß waren die prominentesten Staatsgefangenen seit dem 16. Jahrhundert gefangengehalten worden: der Marschall d'Ornano, der Herzog von Beaufort, der Kardinal von Metz, die Giftmischerin Voisin, Graf Mirabeau, der Marquis de Sade und der Herzog von Enghien – letzterer erst im Jahre 1803, als ihn Napoleon als angeblichen Hauptverantwortlichen einer restaurativen Verschwörung der Bourbonen entlarvte und in Vincennes hinrichten ließ.

Das deutet klar darauf hin, daß Napoleon mit dem Tiroler Sandwirt etwas ganz und gar Weltpolitisches plante. Die Hinrichtung des bedeutendsten Insurgenten seiner Kriege sollte als *Staatsspektakel* inszeniert werden und der ganzen Welt beweisen, welches Schicksal Rebellen und Aufständische gegen ihn, den Weltgeist, erleiden ... Andreas Hofer sollte damit zum anerkannten Gegner avancieren – auf dem Richtblock.

Es dürfte Eugène Beauharnais gewesen sein, der den Kaiser davon überzeugte, die unvermeidliche Sache besser in Mantua vor sich gehen zu lassen. Fürchtete der Vizekönig – der ja mit einer bayrischen Prinzessin verheiratet war –, daß sich die Tiroler durch das Spektakel von Vincennes übermäßig gedemütigt fühlen und neuerlich Unruhen ausbrechen könnten? Oder versuchte die Schwester des bayrischen Kronprinzen Ludwig einen privaten Rettungsversuch für Hofer?

So schien es jedenfalls vernünftiger, in aller Stille und ohne besonderes Aufheben den Sandwirt vom Leben zum Tode zu befördern und ihm nicht die letzte Chance zum großen Martyrium zu geben.

Mag sein, daß Napoleon aber vor allem fürchtete, daß ihn Wien um Begnadigung ersuchen würde. Immerhin stand er schon mitten in den Vorbereitungen zur Hochzeit mit Marie-Louise. Was hätte er getan, würde ihn seine Braut um das Leben Hofers gebeten haben?

Er hätte sich die Sorge freilich sparen können. Wien rührte sich nicht.

Also stimmte Napoleon zu, was Beauharnais klug abwog und vorschlug. In einem Brief gab er die Ordre, wie in Mantua zu verfahren sei: »Forme une commission militaire pour le juger et qu'il soit fusillé à l'endroit où votre ordre arrivera;

et que tout cela soit l'affaire de 24 heures.« Eine kurze Angelegenheit sohin ...

Am 17. Februar kehrte Vizekönig Eugène von Paris nach Mailand zurück; in seiner Tasche befand sich der Auftrag seines Kaisers. Noch immer rührten sich die Österreicher nicht. Umgehend gab er den Befehl an General Bisson nach Mantua weiter.

In Wien hatte man, spätestens, in den ersten Februartagen von Hofers Verhaftung Bescheid gewußt. Jedenfalls war schon den ganzen Jänner über bekannt, daß sich Hofer versteckt hielt – und der Wiener Hof mußte damit rechnen, daß man den Sandwirt in seinem Versteck aufstöbern würde. Aber man unternahm nichts.

Denn erinnern wir uns: Ende Dezember war Anton Wild, einer der letzten Hauptleute Hofers, in Wien bis zum Kaiser vorgedrungen und hatte ihm die Lage des Sandwirts auf der kalten Pfandleralm geschildert. Man wußte also sogar, *wo* Hofers Versteck lag. Am 6. Jänner verließ Wild die Hauptstadt Österreichs wieder und gelangte unter größeren Schwierigkeiten nach Tirol – kam aber aus Sicherheitsgründen nicht mehr persönlich auf die Pfandleralm. Hofer erhielt, wie wir wissen, den Bericht Wilds in den letzten Jännertagen.

Einen Tag vor seiner Verhaftung hatte Hofer dann noch an den Erzherzog Johann geschrieben.

Die Frage ist daher zu stellen: Wenn Wien genau über Hofers Situation Bescheid wußte, warum – ja warum? – versuchte man nicht, bei den Franzosen zu intervenieren? Und: Am 7. Februar hatte Österreichs Botschafter in Paris den Ehekontrakt zwischen Napoleon und Marie-Louise unterfertigt – man war vom Gegner zum Verbündeten geworden.

Es hat erstens den plausiblen Anschein, als hätten sich Teile der Wiener Beamtenschaft und vor allem die Diplomaten

Metternichs die These von der »ungerechtfertigten Tiroler Insurrektion« selbst zu eigen gemacht; die Ereignisse *nach* dem Friedensschluß konnte Österreich ja vom völkerrechtlichen Standpunkt aus keineswegs gutheißen.

Zweitens dürfte der Hof, allen voran Kaiser Franz, einfach Angst davor gehabt haben, daß man Österreich weiterhin für die Aufsässigkeit des Tiroler Volkes verantwortlich machen könnte. Er hatte ein schlechtes Gewissen und fürchtete, daß die ganze leidige Frage der *nachträglichen* Unterstützung Hofers aufkommen könnte.

Und drittens sorgte er sich, als Blamierter dazustehen. Dann nämlich, wenn ihm sein künftiger Schwiegersohn kaltblütig ein »Nein« zu Hofers Begnadigung gesagt hätte – womöglich unter Hinweis auf Österreichs Verwicklung in die leidige Sache.

Erzherzog Johann wiederum war in schwere Depressionen verfallen. Er hatte sich völlig vom Hofleben zurückgezogen und jammerte über die Ungerechtigkeit, die man ihm, dem angeblich Verantwortlichen für die Malaise Österreichs, hinter vorgehaltener Hand überall machte. Jedenfalls legte Johann *erst Ende März* dem Kaiser jenen Brief des Sandwirts vor, der gut zwei Monate vorher geschrieben war! Hat dieser letzte Brief von der Pfandleralm wirklich so lange gebraucht, um seinen Weg in die Wiener Hofburg zu nehmen? War es verletzter Stolz des Erzherzogs? In diesen Tagen stellte er bloß die rhetorische Frage – aber nicht an den kaiserlichen Bruder: »Wo war das Gefühl der Redlichkeit, daß Ihr dies Volk des Feindes Rache überließet?«

Es muß aber vor allem Metternich selbst gewesen sein, der kein Interesse daran haben konnte, daß auch nur ein Schatten von Disharmonie auf das neue Verhältnis zwischen Frankreich und Österreich fiel. Das Opfer der Marie-Louise war für den Diplomaten schwierig genug zu garnieren, als daß er angesichts der ohnehin mißtrauischen Franzosen auch noch Zweifel an der Zuverlässigkeit Österreichs wachsen hätte lassen dürfen. Metternich mußte und wollte vielmehr alles unternehmen, um nun ja die Bündnistreue Österreichs notorisch und eilfertig unter ständigen Beweis zu stellen.

Die »Anschmiegung an das triumphierende französische System« hatte er dem Kaiser Franz ganz und gar eingegeben, bis dieser selbst an die These glaubte; und er spielte sich damit geschickt zum Rettet Österreichs nach der militärischen Katastrophe auf.

Bald hatte er dem österreichischen Kaiser wohl auch das schlechte Gewissen ausgeredet, das dieser nach den Erklärungen von Schärding und Wolkersdorf gegenüber den Tirolern hatte; und so »vergaß« der labile Habsburger einfach auf die Tiroler, ja verdrängte sein moralisches Bauchweh. Er flüchtete daher – nicht zum ersten Mal – in apathische Gleichgültigkeit, wann immer etwas für Tirol zu tun war.

Aber immerhin – zur Ehrenrettung vor der Geschichte – hat man doch eine Weisung des Kaisers vom 12. Februar 1810 ausfindig gemacht. In dieser schrieb er an Metternich: »Der bekannte Sandwirt Andreas Hofer ist dem sicheren Vernehmen nach von den Franzosen gefangengenommen und abgeführt worden. Sie werden zu seiner Befreiung und Rettung vom Tode alle tunliche Verwendung eintreten lassen ...«

Das war 81 Tage nach Hofers Verschwinden; 46 Tage nachdem der Hauptmann Wild dem Kaiser persönlich Hofers Lage dargelegt hatte.

Und 15 Tage nach Hofers Verhaftung. Allein diese Meldung hatte vom Polizeipräsidium zum Kaiser bereits *drei* Tage Zeit in Anspruch genommen; und jetzt brauchte auch Metternich wieder *zwei* Tage, bis er dem österreichischen Botschafter in Paris, Schwarzenberg, schrieb. Der Botschafter möge sich »mit allen Mitteln, die sich als tunlich erweisen« für Andreas Hofer einsetzen; er solle die Franzosen auf den Artikel X im Friedensvertrag und die Amnestie verweisen; immerhin sei Hofer bei der Verhaftung unbewaffnet gewesen. Hofer sei ja immer nur ein loyaler Untertan gewesen, der sich »Schutz und Fürsorge unseres erlauchten Kaisers erworben hat«.

Schwarzenberg erhielt diese Nachricht erst *am 22. Februar* und die Franzosen erklärten ihm, als er nun in Paris vorsichtig zu intervenieren begann, daß Hofer bereits tot sei.

Und tatsächlich: In der Nacht vom 19. auf den 20. Februar war dem Sandwirt der Urteilsspruch seines Tribunals verkündet worden.

Gegen 11 Uhr vormittag war er am 20. Februar unter den Schußsalven des Hinrichtungskommandos gefallen.

In der St.-Michaels-Kirche wurde für ihn am gleichen Tag eine Totenmesse gelesen, dann im dortigen Pfarrfriedhof ein Grab ausgehoben und Hofer darin bestattet.

Die Wiener Presse berichtete so gut wie mit keinem Wort über den Tod des Sandwirts. Vielmehr finden sich ausführliche Darstellungen der Prokura-Vermählung Marie-Louises mit Kaiser Napoleon.

Tirol wurde in der Folge in drei Teile zerrissen. Nordtirol und ein Teil des Burggrafenamtes blieben bayrisch, der Süden um Bozen und Trient kam an das Königreich Italien, ein kleiner Teil im Osten Tirols an das neugeschaffene Illyrien.

Kaum gab es noch Widersetzlichkeiten, allerdings Desertionen bei der Aushebung von Tiroler Wehrpflichtigen.

Die Bayern versuchten – vor allem unter dem Einfluß des Kronprinzen Ludwig – aus ihren Fehlern aus der Zeit vor 1809 zu lernen. Sie waren aber über die Franzosen erbittert, die die Zerreißung Tirols angeordnet hatten. Ludwig zog als Generalgouverneur und Militärkommandant des Inn- und Salzachkreises in die Innsbrucker Hofburg ein.

Erzherzog Johann versuchte etwas später nochmals, eine allgemeine Aufstandsbewegung zu entfachen. Dieser »Alpenbund« wurde aber entdeckt und von Metternich und Kaiser Franz unterbunden. Hormayr, der Intendant des Jahres 1809, wurde bei dieser Gelegenheit eingekerkert, Erzherzog Johann untersagt, Tirol je wieder zu betreten.

Am 27. März 1810 hatte Napoleon die österreichische Erzherzogin Marie-Louise geheiratet, ein Jahr später wurde dem Paar der »König von Rom« – der spätere Herzog von Reichstadt – geboren.

1812 entschied sich im grauenhaften Rußlandfeldzug Napoleons militärisches Schicksal. Mehr als 5000 Tiroler standen zu diesem Zeitpunkt im bayrischen Militärdienst. Viele von ihnen starben zwischen Moskau und der Beresina.

1813 wandte sich Österreich von Frankreich ab; Metternich führte das Kaisertum in die Allianz mit Rußland und Preußen.

Der Rheinbund löste sich faktisch auf, Bayern trat ins Lager der Verbündeten gegen Napoleon über. Tiroler Emigranten stießen in das besetzte Tirol vor und versuchten, einen Widerstand wie im Jahr 1809 zu entfachen, das Land also wieder gewaltsam Österreich anzugliedern. Um aber die neuen Verbündeten, die Bayern, zu beruhigen, stellte Metternich dem Königreich die Erhaltung seines Besitzstandes ungeschmälert in Aussicht; zumindest Nordtirol wäre demnach bayrisch geblieben.

Ende 1813 verlor Napoleon in der Völkerschlacht von Leipzig endgültig sein Charisma als größter Heerführer der Geschichte. Ein halbes Jahr später standen die Alliierten vor Paris.

Vom Ende zur Legende

Napoleon wurde auf die Insel Elba verbannt, wo in den nahen Gefängnissen noch immer inhaftierte Tiroler dahinvegetierten. Diese wurden fast alle freigelassen.

Im Herbst 1814 begann der Wiener Kongreß. Der Besitzstand aus der Zeit vor den Napoleonischen Kriegen sollte, so lautete das erklärte Ziel, in ganz Europa wiederhergestellt werden.

Im Frühjahr 1815 kehrte Napoleon noch einmal aus Elba nach Frankreich zurück. Seine Herrschaft der hundert Tage endete jedoch mit der Niederlage von Waterloo und der endgültigen Verbannung des abgedankten Kaisers auf eine Insel im Südatlantik.

Am Ende des Wiener Kongresses war ganz Tirol wieder geeint und österreichisch, ja als Kronland noch größer als vor dem Preßburger Frieden. Die von Kaiser Franz 1816 neugefaßte Tiroler Landesverfassung hatte jedoch erheblich zentralistischere Züge als jene, die *vor* den Kriegen in Geltung gestanden war. Zwischen Tirol und Wien setzte ein Kleinkrieg um alte Privilegien, neue Steuern und Beamtenernennungen ein. Österreich hatte kein Interesse, den Tirolern ihre alten, ja mittelalterlichen Rechte neuerlich zuzugestehen. Und die Erinnerung an das Jahr 1809 war in den Augen der Vormärz-Autokraten und Bürokraten kein Lehrstück. Die scharfe innere Polizeiordnung – die in der ganzen Monarchie, ja in Mitteleuropa, liberale Gedanken unterdrückte – fand es nicht sonderlich vorteilhaft, aus Aufständischen Helden zu machen.

So wird verständlich, warum einige Tiroler Offiziere und Soldaten *geheim* und *ohne* Wissen ihrer Vorgesetzten aus dem längst wieder österreichisch gewordenen Mantua in der Nacht zum 10. Jänner 1823 Hofers Gebeine exhumierten und nach Bozen brachten. Kaiser Franz forderte in einem Handbillett höchstselbst die Bestrafung der patriotischen Grabräuber, was auch durch Arrest und »Verweis« erfolgte.

Der Leichnam des Sandwirts – oder was davon noch übrig war – wurde schließlich in der Hofkirche in Innsbruck bestattet. Erst 1834 konnte dort ein Denkmal aufgestellt werden.

Nach der Hinrichtung Hofers war dessen völlig verarmte Witwe nach Österreich gereist, wo sie von Kaiser Franz empfangen worden war; allerdings ohne besonderes Aufsehen – und nicht in Wien, sondern in Baden, wo sich der Kaiser zur Sommerfrische aufhielt. Die Sandwirtin erhielt 800 Gulden und Bankozettel, mehrere Jahre später bewilligte der Kaiser auch eine Pension und eine Unterstützung für die Töchter Hofers. 1836 starb Anna Hofer, ohne noch jemals ihr Passeiertal verlassen zu haben.

Hofers Sohn wanderte 1810 nach Österreich aus und wurde im Stift Admont in der Steiermark sowie danach in Heiligenkreuz in Niederösterreich den Patres übergeben.

Er ersuchte Kaiser Franz 1818 darum, die seinerzeitige Adelserhebung des Sandwirts, von der dieser selbst allerdings nie erfahren hatte, zu bestätigen. Der nunmehrige »Edle von Hofer« wurde Wirt in Fischamend bei Wien und 1834 Leiter eines Tabakhauptverlages in der Residenzstadt. 1855 starb der Sohn Andreas Hofers, der letzte Augenzeuge des Geschehens auf der Pfandleralm.

Andreas Hofers Mythos wurde aber in ganz Europa weitergetragen. Der Wirt aus dem Passeiertal wurde zu einer Symbolgestalt. Auf ihn beriefen sich die Patrioten, wenn sie zum Kampf gegen Fremdherrschaft antraten, und Märtyrer, die für eine gerechte Sache ihr Leben zu lassen bereit waren: Rebellen, Partisanen, nationale Freiheitskämpfer, verlassene arme Teufel und großartige Helden.

Für sein Land Tirol aber sind Andreas Hofers Kampf und sein Sterben zur Legende geworden. Und zum Gleichnis der Einheit über alle Zeitläufe hinweg.

Zeittafel

1511	Landlibell Kaiser Maximilians I. – die Grundlage der besonderen Wehrverfassung Tirols
1525	Aufstand von Tiroler Bauern unter Michael Gaismair
1703	Im Zuge des Spanischen Erbfolgekrieges Einfall Bayerns in Tirol, Kampf um die Pontlatzer Brücke
1767	22. November: Geburt Andreas Hofers in St. Leonhard im Passeiertal
1780–1790	Alleinregierung Josefs II., Widerstand gegen die Reformmaßnahmen
1782	20. Jänner: Geburt Erzherzog Johanns in Florenz
1789	Beginn der Französischen Revolution
	21. Juli: Andreas Hofer heiratet Anna Ladurner in Algund bei Meran.
1790–1792	Regierungszeit Leopolds II.
1790	Andreas Hofer nimmt am »Offenen Tiroler Landtag« in Innsbruck teil.
1792–1797	Erster Koalitionskrieg Frankreichs gegen Österreich und Preußen
1792	Leopold II. gestorben. Sein Sohn Franz II. wird Kaiser. April: Frankreich erklärt Österreich den Krieg. September: Kanonade von Valmy. Die Revolutionsheere besetzen das linke Rheinufer und erobern Belgien.
1793	Jänner: König Ludwig XVI. von Frankreich hingerichtet. Das Deutsche Reich, England, Holland, Spanien, Portugal, Sardinien und Neapel schließen sich zur Koalition gegen Frankreich zusammen.
	Oktober: Hinrichtung Marie-Antoinettes, Königin von Frankreich
1794	Juli: Hinrichtungen Robespierres und Saint-Justs
1795	April: Sonderfriede von Basel zwischen Frankreich und Preußen
1796	März: Bonapartes Feldzug in Italien

Zeittafel

	Verteidigung der Tiroler in Südtirol, Andreas Hofer als Schützenhauptmann am Tonalepaß
1797	März: Vorstoß der Franzosen durch das Etsch- und Eisacktal
	Verteidigung durch Tiroler Schützen, Kämpfe in Jenesien und Spinges
	Oktober: Friedensvertrag von Campo Formido zwischen Österreich und Frankreich. Belgien und das linke Rheinufer werden französisch, Österreich erhält Venedig.
1798/99	Ägyptenfeldzug Bonapartes
	Max Josef wird Kurfürst von Bayern.
1799	März: Frankreich erklärt Österreich den Krieg. Kämpfe in der Schweiz; Vorstoß der Franzosen im Vintschgau.
	August: Bonaparte kehrt nach Frankreich zurück.
	November: Staatsstreich in Paris, Bonaparte wird Erster Konsul auf 10 Jahre.
1800	Mai: Bonaparte kämpft in Oberitalien gegen die Österreicher; Sieg bei Marengo.
	September: Erzherzog Johann wird österreichischer Oberbefehlshaber.
	Dezember: Niederlage Erzherzog Johanns bei Hohenlinden
1801	Februar: Friede von Lunéville zwischen Frankreich und Österreich
	August: Erzherzog Johann bereist als »Generalgeniedirektor« Tirol; Zusammentreffen mit Andreas Hofer und Josef von Hormayr
1802	März: Friede von Amiens zwischen Frankreich und England.
	August: Napoleon Konsul auf Lebenszeit
	Konkordat zwischen Frankreich und der katholischen Kirche
1803	Februar: Der Reichsdeputationshauptschluß zu Regensburg bringt das Ende des alten Deutschen Reiches. Säkularisierung der Hochstifte Trient und Brixen; ihre Territorien fallen an das Land Tirol.
1804	März: Verhaftung und Hinrichtung des Herzogs von

Zeittafel

Enghien; Code Civil (»Code Napoléon«) veröffentlicht.

November: Geheimabkommen zwischen Österreich und Rußland

Dezember: Krönung Napoleons zum Kaiser der Franzosen in Paris

1805 Dritter Koalitionskrieg gegen Frankreich

Mai: Napoleon krönt sich in Mailand auch zum König von Italien.

Juli: Erzherzog Johann wird Kommandant der österreichischen Truppen in Tirol.

August: Geheimvertrag von Bogenhausen zwischen Frankreich und Bayern

Oktober: Napoleon überschreitet den Rhein. Bayern kämpft an Frankreichs Seite gegen Österreich.

November: Französische Truppen besetzen Wien. Erzherzog Johann räumt Tirol.

Dezember: Dreikaiserschlacht bei Austerlitz. Sieg Napoleons über die österreichischen und russischen Truppen.

Dezember: Friede von Preßburg; Gebietsverluste für Österreich

Bayern und Württemberg werden Königreiche. Tirol wird ein Teil Bayerns.

1806/07 Vierter Koalitionskrieg

1806 Juli: Bildung des Rheinbundes unter Führung Frankreichs; Metternich wird österreichischer Botschafter in Paris.

August: Franz II. dankt als römisch-deutscher Kaiser ab (als Franz I. bleibt er – wie schon seit 1804 – Kaiser von Österreich).

Ende des Heiligen Römischen Reiches Deutscher Nation

Oktober: Schlacht bei Jena und Auerstedt. Frankreich siegt über die preußische Armee.

1807 Februar: Napoleon siegt bei Eylau über die Russen.

April: Bayrisches Dekret über die Neugestaltung der Verwaltung in Tirol

Mai: Bayrisches Dekret über die Neuordnung der Zivilverteidigung in Tirol (Allgemeine Wehrpflicht)

1807	Juli: Friede von Tilsit zwischen Frankreich, Rußland und Preußen
	November: Geheimer Bauernkonvent der Tiroler Bauernvertreter mit Andreas Hofer bei Brixen.
	Dezember: Vernehmung Andreas Hofers durch das Landgericht Meran.
1808	Mai: Aufstand in Madrid. König Karl von Spanien verhandelt in Bayonne mit Napoleon. Abtretung des Throns an Frankreich.
	Eine Kommission unter Vorsitz Erzherzog Johanns beschließt die Einführung der Landwehr in Österreich.
	Juli: Kämpfe in Spanien
	November: Murat erobert Madrid. Joseph Bonaparte wird König von Spanien.
	Geheimer Briefwechsel zwischen den Tiroler Patrioten und Erzherzog Johann in Wien.
1809	Jänner: Reise Andreas Hofers nach Wien
	Februar: Ausarbeitung eines Feldzugplanes durch Erzherzog Karl und Erzherzog Johann. Johann wird Befehlshaber der auch für Tirol zuständigen österreichischen Südarmee.
	April: Kriegserklärung Österreichs an Frankreich und Bayern
	Erzherzog Karl überschreitet die bayrische Grenze. Das 8. Armeekorps unter Feldmarschalleutnant Chasteler marschiert in Tirol ein.
	11. April: Sieg Andreas Hofers bei Sterzing über bayrische Truppen
1809	12. und 13. April: Eroberung Innsbrucks durch Tiroler Schützen und Landstürmer, Gefangennahme der Generäle Kinkel und Bisson
	Hormayr wird Intendant von Tirol.
	17. April: Sieg Erzherzog Johanns bei Sacile
	18. April: Handschreiben Kaiser Franz' I. in Schärding.
	23. April: Einnahme Trients durch die Österreicher
	Mai: Rückzug der Österreicher aus Bayern, Rückzug Erzherzog Johanns aus Oberitalien

Zeittafel

1809
12. Mai: Napoleon besetzt Wien.
13. Mai: Niederlage der Österreicher und Tiroler in Wörgl
19. Mai: Einzug Marschall Lefèbvres in Innsbruck
21. Mai: Abzug Chastelers aus Tirol. Andreas Hofer wird »Oberkommandant«.
21./22. Mai: Sieg Erzherzog Karls bei Aspern
25. und 29. Mai: Kampf am Bergisel; Abzug der Bayern und Franzosen
29. Mai: »Wolkersdorfer Handbillett« von Kaiser Franz I.
Juni: Neuordnung der Tiroler Verwaltung unter Hormayr
5. Juli: Niederlage der Österreicher bei Wagram
6. Juli: Verhaftung Pius' VII. in Rom
12. Juli: Waffenstillstand in Znaim
22. Juli: Aufruf Andreas Hofers zu weiterem Widerstand. Franzosen und Bayern unter Marschall Lefèbvre rücken neuerlich in Tirol ein.
30. Juli: Lefèbvre in Innsbruck
2. August: General Rouyer in Sterzing
4./5. August: Vernichtung einer bayrisch-sächsischen Einheit in der Sachsenklemme bei Mitterwald
8./9. August: Kämpfe in und um Sterzing, Rückzug Lefèbvres über den Brenner
9. August: Vernichtung einer bayrischen Einheit an der Pontlatzer Brücke
13. August: Schlacht am Bergisel; Lefèbvre räumt Innsbruck; Einzug Andreas Hofers in die Hofburg
September: Vorstoß der Tiroler nach Salzburg; Siege am Paß Lueg und Steinpaß, Niederlage in Hallein
4. Oktober: Andreas Hofer erhält von Kaiser Franz eine goldene Ehrenkette.
14. Oktober: Friedensvertrag von Schönbrunn zwischen Österreich und Frankreich; Gebietsverluste Österreichs, Tirol wird wieder bayrisch; eine Amnestie sichert den Tirolern Straffreiheit zu.
17. Oktober: Niederlage Speckbachers bei Melleck, Vordringen der Franzosen im Etschtal

Zeittafel

1809	21. Oktober: Hofer verläßt Innsbruck.
	19. Oktober: Hofer erhält von Erzherzog Johann die offizielle Verständigung vom Friedensschluß.
	1. November: Schlacht am Bergisel, Niederlage der Tiroler
	2. November: Hofer erklärt sich zur Unterwerfung bereit.
	11. November: Widerruf der Erklärung
	16. November: Schlacht um Meran; Sieg der Tiroler
	22. November: Sieg der Tiroler in St. Leonhard; Vorrücken der Franzosen und Bayern in ganz Nord- und Südtirol
	26. November: Flucht Hofers auf die Pfandleralm
	Dezember: Ende des Widerstandes auch im Eisack- und Pustertal; Hinrichtungen
	15. Dezember: Napoleon löst seine Ehe mit Josephine Beauharnais auf; Verhandlungen über eine Heirat mit Marie-Louise, Tochter von Kaiser Franz I.
1810	26. Jänner: Brief Hofers an Erzherzog Johann
	28. Jänner: Verhaftung Hofers
	5. Februar: Inhaftierung Hofers in Mantua
	11. Februar: Befehl Napoleons zur Hinrichtung Hofers
	14. Februar: Auftrag Metternichs an den österreichischen Botschafter in Paris, für Hofer zu intervenieren
	19. Februar: Kriegsgerichtsverfahren gegen Hofer in Mantua
	20. Februar: Hinrichtung
	28. Februar: Aufteilung Tirols auf Bayern, Italien und Illyrien
	27. März: Hochzeit zwischen Napoleon und Marie-Louise
1812	Rußlandfeldzug Napoleons
1813	Oktober: Bayern schließt sich den Gegnern Napoleons an.
	16. bis 19. Oktober: Völkerschlacht bei Leipzig
1814	6. April: Abdankung Napoleons
	Juni: Tirol wieder österreichisch
	Oktober: Beginn des Wiener Kongresses

Literaturverzeichnis

Adalbert Prinz von Bayern, Eugen Beauharnais, der Stiefsohn Napoleons, 2. A., München 1950.

Aichner, E., Das bayerische Heer in den Napoleonischen Kriegen. In: Krone und Verfassung; Max I. Joseph und der neue Staat, Beiträge zur bayer. Geschichte und Kunst. 1799–1825 (Katalog zu den Ausstellungen.Wittelsbach und Bayern III/1), München 1980.

Allmayer-Beck, Johann Christoph, Erzherzog Carl. In: Große Österreicher, Bd. 14, Zürich 1960.

Allmayer-Beck, Johann Christoph, Das Heer unter dem Doppeladler, 1718–1848, München 1981.

Allmayer-Beck, Johann Christoph, Erzherzog Carl, Mensch und Feldherr. In: Albertina-Studien, 3. Jg. Heft 3, Wien 1965.

Anderlan, Eduard v., Darstellung des tirolischen Landesverteidigungswesens, Innsbruck 1861.

Andreas, Willy, Das Zeitalter Napoleons und die Erhebung der Völker, Heidelberg 1955.

Aretin, Karl Otmar Frhr. v., Das Ende des Alten Reiches, 1966.

Arneth, Alfred Ritter v., Geschichte Maria Theresias, 10 Bde., Wien 1863–1879.

Arnold, Wolfgang, Erzherzog Johann – Sein Leben im Roman, Graz 1980.

Atz, Karl, Kunstgeschichte von Tirol, 2. A., Innsbruck 1909.

Auernheimer, Raoul, Metternich, Staatsmann und Kavalier, München 1978.

Bartsch, Rudolf, Der Volkskrieg in Tirol, Wien 1905.

Beaulieu-Marconnay, Karl v., Karl von Dalberg und seine Zeit, 2 Bde., Weimar 1879.

Beer, Adolf, Die österreichische Handelspolitik im 19. Jahrhundert, Wien 1891.

Beer, Adolf, Die Finanzverwaltung Österreichs 1749–1816. In: Mitteilungen des Instituts für Österreichische Geschichtsforschung, Bd. XV, Innsbruck 1894.

Beer, Adolf, Zehn Jahre österreichische Politik 1801–1810, Leipzig 1877.
Benedikt, Ernst, Kaiser Joseph II. 1741–1790, Wien 1947.
Benedikt, Heinrich, Kaiseradler über dem Apennin, Wien 1964.
Bernard, J. F., Talleyrand – Diplomat, Günstling, Opportunist, München 1973.
Bezdeka, Maria, Freiherr von Hormayr, Wien 1933.
Bibl, Viktor, Metternich, Leipzig 1936.
Bibl, Viktor, Kaiser Franz, Leipzig 1938.
Bibl, Viktor, Erzherzog Karl, Wien 1942.
Bidermann, H. I., Zur Geschichte der Aufklärung in Tirol, Innsbruck 1868.
Binder-Kriegelstein, Christian, Der Krieg Napoleons gegen Österreich 1809, Bd. 2, Berlin 1906.
Bleibtreu, Karl, Das Geheimnis von Wagram und andere Studien, Dresden 1887.
Bohnenblust, Ernst, Geschichte der Schweiz, Erlenbach-Zürich 1974.
Bossi-Fedrigotti, Anton Graf, Ade mein Land Tirol, München 1978.
Bossi-Fedrigotti, Anton Graf, Andreas Hofer, Berlin-Leipzig 1943.
Bourgoing, Jean de, 1809, Wien 1959.
Briefe der Marie-Louise an Napoleon, München 1960.
Brusatti, Alois, Österreichische Wirtschaftspolitik vom Josephinismus zum Ständestaat, Wien 1965.
Chlapowski, B., Als Ordonnanzoffizier Napoleons in den Kriegen 1806–1813, Berlin 1910.
Coignet, C., Von Marengo bis Waterloo, Memoiren, Stuttgart 1910.
Conte-Corti, Egon Cäsar, Ludwig I. von Bayern, München 1937.
Crankshaw, Edward, Die Habsburger, Wien 1971.
Criste, Oskar, Erzherzog Carl von Österreich, 3 Bde., Wien-Leipzig 1912.
Criste, Oskar, Feldmarschall Johannes Fürst von Liechtenstein, Wien 1905.
Cronin, Vincent, Napoleon – Eine Biographie, Hamburg 1973.
Dallamassl, J., Die innere Landesverwaltung Tirols unter Bayern 1810–1814, Diss., Wien 1910.

Dard, Emile, Napoleon und Talleyrand, Gießen 1938.
Demelitsch, Fedor v., Metternich und seine auswärtige Politik, Wien 1900.
Dietrich, B., Tirol unter bayerischer Herrschaft. In: Die österreichische Nation. Nr. 11, Wien 1959.
Döberl, A., Montgelas' Kirchenpolitik 1800–1808. In: Historisch-politische Blätter, 154 Bd. A 1/2.
Dörrer, Fridolin, Die bayerische Kirchenpolitik in Tirol. Veröffentlichungen des Verbandes österreichischer Geschichtsvereine, Nr. 13, 1960.
Dörrer, Fridolin, Zur sogenannten Pfarregulierung Josephs II. in Deutschtirol. Innsbruck 1950.
Drimmel, Heinrich, Franz von Österreich, Wien 1982.
Droz, Jacques, Deutschland und die Französische Revolution, Wiesbaden 1955.
Duffy, Christopher, Die Schlacht von Austerlitz, München 1977.
Ebner, Anton, Wehrgeschichte von Tirol in den Jahren 1796–1813, Innsbruck 1942.
Egg, Erich, *Pfaundler,* Wolfgang, Kaiser Maximilian und Tirol, Innsbruck 1969.
Egger, Josef, Geschichte Tirols von den ältesten Zeiten bis in die Neuzeit, Bd. III, Innsbruck 1880.
Ernstberger, Anton, Die deutschen Freikorps 1809 in Böhmen, Prag 1942.
Ernstberger, Anton, Eine deutsche Untergrundbewegung gegen Napoleon 1806/07, München 1955.
Erzherzog Johann, Gedächtnisausstellung/Katalog, Joanneum, Graz 1959.
Fay, Bernard, Die große Revolution 1715–1815, München 1960.
Festschrift der Tiroler Landesfeier 1809–1959, Innsbruck 1959.
Figl, E., Die Wirtschafts- und Finanzpolitik Josefs II., Erlangen 1951.
Fischer-Fabian, Preußens Krieg und Frieden, München 1981.
Forcher, Michael, Bayern – Tirol. Die Geschichte einer freud-leidvollen Nachbarschaft, Wien 1981.
Fournier, August, Gentz und Cobenzl, Geschichte der österreichischen Diplomatie 1801–1805, Wien 1880.

Fournier, August, Napoleon I., eine Biographie, Wien 1886.
Frankl, Ludwig August, Andreas Hofer im Liede, Innsbruck 1884.
Frauenholz, Eugen v., Infanterist Deifl, ein Tagebuch aus napoleonischer Zeit, München 1939.
Frei, Matthias, Andreas Hofer, Bozen 1974.
Frei, Matthias, Befreiungskriege 1813, Festschrift, Wien 1913.
Frodl, Walter, Eine Dienstreise des Erzherzogs Johann im Jahre 1804 und die dazugehörige Aquarellfolge. Beiträge zur Kunstgeschichte Tirols (Josef-Weingartner-Festschrift). In: Schlern-Schriften 139, Innsbruck 1955.
Gentz, Friedrich v., Briefe an Pilat, Leipzig 1868.
Gonda, Imre, *Niederbauser,* Emil, Die Habsburger, Budapest 1983.
Grab, Walter, *Friesel,* Uwe, Noch ist Deutschland nicht verloren; eine historisch-politische Analyse unterdrückter Lyrik von der Französischen Revolution bis zur Reichsgründung, München 1970.
Granichstädten-Czerva, Rudolf, Andreas Hofer, seine Familie, seine Vorfahren und seine Nachkommen, Wien-Leipzig 1926.
Granichstädten-Czerva, Rudolf, Andreas Hofers alte Garde, Innsbruck 1932.
Granichstädten-Czerva, Rudolf, Josef Eisenstecken, Tiroler Landesschützen-Major 1809, Innsbruck 1940.
Granichstädten-Czerva, Rudolf, Der Prozeß gegen Andreas Hofer, Innsbruck 1949.
Gschließer, Oswald v., Zur Geschichte des stehenden Heeres in Tirol bis zur bayerischen Besetzung 1805 (Veröffentlichungen des Museums Ferdinandeum, Bd. 31), Innsbruck 1951.
Gschließer, Oswald v., Das Zeitalter der Koalitions- und Befreiungskriege. In: Unser Heer. 300 Jahre österreichisches Soldatentum in Krieg und Frieden, hrsg. von Herbert St. Fürlinger, Wien 1963.
Guglia, Eugen, Kaiserin Maria Ludovica von Österreich, Wien 1898.
Hantsch, Hugo, Gestalter der Geschichte Österreichs, Innsbruck 1962.
Hantsch, Hugo, Die Geschichte Österreichs 1648–1918, Graz 1962.
Hartung, Fritz, Deutschlands Zusammenbruch und Erhebung im Zeitalter der Französischen Revolution 1792–1815, Bielefeld 1922.
Heichen, Walter, Andreas Hofer, Berlin 1939.

Literaturverzeichnis

Heigel, Karl Theodor, Andreas Hofer, ein Vortrag, München 1875.

Hermann, Carl Hans, Deutsche Militärgeschichte, Frankfurt/M. 1966.

Herre, Franz, Metternich, Staatsmann des Friedens, Köln 1983.

Herre, Franz, Freiherr vom Stein, München 1973.

Hertenberger, Helmut, Die Schlacht bei Wagram, Wien 1950.

Hertenberger, Helmut, *Wiltschek,* Franz, Erzherzog Karl, der Sieger von Aspern, Graz 1983.

Heydendorff, Walther, Österreich und Preußen, Wien 1947.

Hinck, Walter (Hrsg.), Geschichte als Schauspiel, Frankfurt 1981.

Hirn, Ferdinand, Geschichte Tirols von 1809 bis 1814, Innsbruck 1913.

Hirn, Josef, Tirols Erhebung im Jahre 1809, Innsbruck 1909.

Hochenegg, Hans, Bibliographie zur Geschichte des Tiroler Freiheitskampfes von 1809. Beihefte zu:»Tiroler Heimat«, Jahrbuch für Geschichte und Volkskunde. Tiroler Bibliographien, Heft 1, Innsbruck 1960.

Hochrainer, Ignaz, Das Jahr 1809 zu meiner Erinnerung, Innsbruck 1909.

Hoerman, Joseph v., Tirol unter bayrischer Regierung, Aarau 1816.

Hormayr, Josef, Das Land Tyrol, Leipzig 1945.

Hormayr, Josef, Allgemeine Geschichte der neuesten Zeit vom Tode Friedrichs des Großen bis zum 2. Pariser Frieden, Wien 1819.

Hormayr, Josef, Geschichte Andreas Hofers (anonym), 2. Auflage, 2 Bde., Leipzig 1845.

Hudeczek, Karl, österreichische Handelspolitik im Vormärz 1815–1848 (Studien zur Sozial-, Wirtschafts- und Verwaltungsgeschichte, Heft XI), Wien 1918.

Innerhofer, Franz, Geschichte Andreas Hofers, Meran 1913.

Jungbauer, Stefanie, Beiträge zur Tiroler Landesgeschichte 1800–1805, Innsbruck 1951.

Kircheisen, Friedrich, Feldzugserinnerungen aus dem Kriegsjahr 1809, Hamburg 1909.

Kissinger, Henry A., Großmacht-Diplomatie. Von der Staatskunst Castlereaghs und Metternichs, Düsseldorf 1962.

Klaar, Karl, Franz Raffl, der Verräter Andreas Hofers (»Anno Neun«, Bd. 31), Innsbruck 1921.

Klier, Heinz Erich, Der Alpenbund, Salzburg 1952.

Koch-Sternfeld, H. v., Bayern und Tirol, München 1901.

Koeinig-Warthausen, G. Freiin, Friedrich Graf von Stadion. In: Lebensbilder aus Schwaben und Franken, 8. Bd., 1962.

Kolb, Franz, Das Tiroler Volk in seinem Freiheitskampf 1796–1797, Innsbruck 1957.

Kramer, Hans, Pater Joachim Haspinger, Innsbruck 1938.

Kramer, Hans, Andreas Hofer. In: An der Etsch und im Gebirge. IX. Bd., Brixen 1958.

Kramer, Hans, Die Gefallenen Tirols 1796–1813. Schlern-Schriften 47, Innsbruck 1940.

Kramer, Hans, Andreas Hofer, Brixen 1948.

Krenstetter, Josef, Die Folgen der Schlacht von Wagram in militärischer Hinsicht, Wien 1959.

Krones, Franz, Hormayrs Lebensgang bis 1816 und seine Briefe an Erzherzog Johann 1813–1816, Innsbruck 1891.

Krones, Franz, Zur Geschichte Österreichs im Zeitalter der französischen Kriege und der Restauration, 1792–1816, Gotha 1886.

Krones, Franz, Tirol 1812–1816 und Erzherzog Johann von Österreich, Innsbruck 1890.

Krum, Werner, Gardasee und das Veronese, München 1979.

Langes, Gunther, Burggrafenamt und Meran, Bozen 1978.

Lauber, Emil, Metternichs Kampf um die europäische Mitte, Wien 1939.

Lechthaler, Alois, Geschichte Tirols, Innsbruck 1948.

Litschauer, Gottfried F., *Jambor,* Walter, Österreichische Geschichte, Wien 1974.

Maass, Ferdinand, Der Josephinismus, Quellen zu seiner Geschichte in Österreich, 5 Bde., Wien 1951–1961.

Macdonnel, A. G., Napoleon und seine Marschälle, Leipzig 1936.

Madelin, L., Fouché, 1759–1820, Frankfurt 1971.

Magenschab, Hans, Erzherzog Johann. Habsburgs grüner Rebell, 3. A., Graz 1983.

Magenschab, Hans, Josef II. Revolutionär von Gottes Gnaden, 3. A., Graz 1981.

Mann, Golo, Friedrich von Gentz, Ulm 1972.

Maretich, Gideon v., Die 4. Bergiselschlacht am 13. August 1809, Innsbruck 1899.

Marquet, Mario, Geschwister, Marschälle, Minister: Die Spitzen des napoleonischen Reiches, Wien 1983.

Mayer, J. P., Alexis de Tocqueville, München 1954.

Mayerhoffer von Vedropolje, Österreichs Krieg mit Napoleon 1809, Wien 1904.

Mayr, Josef Karl, Geschichte der österreichischen Staatskanzlei, Wien 1935.

Mayr, Michael, Erinnerungen an Andreas Hofer, Innsbruck 1899.

Meister, Oskar, Die Reise eines französischen Offiziers durch Obersteiermark im Jahre 1800. In: Blätter für Heimatkunde, hrsg. vom Historischen Verein für Steiermark, Graz 1959.

Mikoletzky, Hanns Leo, Österreich, das entscheidende 19. Jahrhundert, Wien 1972.

Mitrofanow, Paul v., Joseph II., Wien 1910.

Mittermaier, Karl, Peter Mayr – Wirt in der Lahn, Brixen 1981.

Montgelas, Graf Max Joseph, Denkwürdigkeiten, hrsg. von Freiherr von Freyberg-Eisenberg und L. Graf Montgelas, Stuttgart 1887.

Mueller, Adolf, Bayrische Politik, München 1954.

Musulin, Stella, Vienna in the Age of Metternich, London 1975.

Neuhauser, Hertha, FZM Johann N. Freiherr von Kutschera, Wien 1937.

Oncken, W., Das Zeitalter der Revolution, des Kaiserreichs und der Befreiungskriege, Berlin 1887.

Orieux, J., Talleyrand, die unverstandene Sphinx, Frankfurt 1972.

Otto, Hans, Gneisenau – Preußens unbequemer Patriot. München 1979.

Palmer, Alan, Alexander I., Esslingen 1981.

Palmer, Alan, Metternich, London 1971.

Pasquier, E., Napoleons Glück und Ende, Erinnerungen 1806–1815, Stuttgart 1907.

Paulin, Karl, Das Leben Andreas Hofers, Innsbruck 1935.

Paulin, Karl, Andreas Hofer und der Tiroler Freiheitskampf 1809, Innsbruck 1981.

Paulin, Karl, Tiroler Köpfe, Innsbruck 1953.

Pelet, G., Feldzüge des Kaisers Napoleon in Deutschland, Italien und Polen im Jahr 1809, Stuttgart 1824–1828.

Peter, Anton, Kajetan Sweth, der Leidensgefährte Andreas Hofers, Innsbruck 1908.

Peuckert, Willi-Erich, Andreas Hofer oder Der Bauernkrieg in Tirol, Jena 1926.

Pfaundler, Gertrud, Tirol-Lexikon, Innsbruck 1983.

Pfaundler, Wolfgang, *Köfler,* Werner, Der Tiroler Freiheitskampf 1809 unter Andreas Hofer, München 1984.

Pizzinini, Meinrad, Andreas Hofer, Wien 1984.

Probszt, Günther, Erzherzog Johann als Armeekommandant im Jahre 1809. In: Südostdeutsches Archiv. Hrsg. v. Harold Steinacker, Bd. 2, München 1959.

Procacci, Giuliano, Geschichte Italiens und der Italiener, München 1983.

Rall, Hans, Kurbayern in der letzten Epoche der alten Reichsverfassung 1745–1801, München 1952.

Rapp, Josef, Tirol im Jahre 1809, Innsbruck 1852.

Rauchensteiner, Manfried, Die Schlacht bei Deutsch-Wagram am 5. und 6. Juli 1809, Militärhistorische Schriftenreihe, Heft 36, Wien 1977.

Rauchensteiner, Manfried, Kaiser Franz und Erzherzog Carl, Wien 1972.

Regele, Oskar, Der österreichische Hofkriegsrat 1556–1848, Wien 1949.

Reifenscheid, Richard, Die Habsburger in Lebensbildern, 2. A., Graz 1983.

Reinalter, Helmut, Aufklärung, Absolutismus, Reaktion, Tirol in der 2. Hälfte des 18. Jahrhunderts, Wien 1974,

Reinhard, M., Avec Bonaparte en Italie, Paris 1946.

Reschounig, Friedrich, Das Jahr 1809 im Urteil der Zeitgenossen, Wien 1939.

Riedmann, Josef, Geschichte Tirols, Wien 1982.

Rolletschek, Giselbert, Zur geistigen Entwicklung des Freiherrn Josef von Hormayr, Wien 1937.

Rössler, Hellmuth, Graf Johann P. Stadion, Wien 1966.

Rössler, Hellmuth, Österreichs Kampf um Deutschlands Befreiung.

Die deutsche Politik der nationalen Führer Österreichs, 2 Bde., Hamburg 1945.

Rössler, Hellmuth, *Franz,* Günther, Biographisches Wörterbuch zur deutschen Geschichte, München 1952.

Schiel, Irmgard, Marie-Louise, eine Habsburgerin für Napoleon, Stuttgart 1983.

Schmölzer, Hans, Andreas Hofer und seine Kampfgenossen, Innsbruck 1900.

Seidlmayer, Michael, Geschichte Italiens, Stuttgart 1962.

Sevilla, Jean, Le chouan de Tyrol, Paris 1991.

Srbik, Heinrich Ritter v., Metternich, der Staatsmann und der Mensch, 2 Bde., München 1915.

Srbik, Heinrich Ritter v., Der Ideengehalt des Metternichschen Systems. In: Historische Zeitschrift, Bd. 81, 1925.

Srbik, Heinrich Ritter v., Geist und Geschichte vom deutschen Humanismus bis zur Gegenwart, München-Salzburg 1950.

Steinacker, Harold, Der Tiroler Freiheitskampf von 1809 und die Gegenwart, Brünn 1943.

Steiner, Hertha, Das Urteil Napoleons I. über Österreich, Wien 1946.

Steiner, Josef, Josef Danej, Hamburg 1909.

Stolz, Otto, Meran und das Burggrafenamt, Innsbruck 1956.

Stolz, Otto, Geschichte des Landes Tirol, Innsbruck 1955.

Strobel, Ferdinand v. Ravelsberg, Die Landwehr Anno Neun, Wien 1909.

Sturmberger, Hans Anton Baldacci im Jahre 1809, Wien 1937.

Stutzer, Dietmar, Andreas Hofer und die Bayern in Tirol, Rosenheim 1983.

Sutherland, Christine, Maria Walewska, Geliebte Napoleons, Gräfin Ornano, München 1981.

Tapie, v. L., Die Völker unter dem Doppeladler, Graz 1975.

Theiss, Viktor, Erzherzog Johann, der steirische Prinz; ein Lebensbild, Graz 1950.

Tritsch, Walter, Franz von Österreich, Leipzig 1937.

Tritsch, Walter, Metternich und sein Monarch, Darmstadt 1952.

Tuchman, Barbara, In Geschichte denken, Düsseldorf 1981.

Tulard, Jean, Napoleon – oder der Mythos des Retters, Tübingen 1978.

Vebe, Kurt, Der Stimmungsumschwung in der bayrischen Armee, München 1939.

Vivenot, Alfred v., Thugut – Clerfayt und Wurmser, Wien 1869.

Voltelini, Hans v., Forschungen und Beiträge zur Geschichte des Tiroler Aufstandes im Jahre 1809, Gotha 1909.

Voltelini, Hans v., Die Entstehung der Landgerichte im bayerisch-österreichischen Rechtsgebiete, Wien 1905.

Wandruszka, Adam, Leopold II., 2 Bde., Wien 1963 und 1965.

Wandruszka, Adam, Das Haus Habsburg, Wien 1978.

Weber, Beda, Andreas Hofer und das Jahr 1809, Innsbruck 1852.

Weigend-Abendroth, Friedrich, Der Reichsverräter am Rhein – Exkanzler Carl von Dalberg, Stuttgart 1980.

Weis, E., Die Begründung des modernen bayerischen Staates unter König Max I. 1799–1825. In: Hbch. der Bayer. Geschichte. Hrsg. von M. Spindler, Bd. IV, München 1974.

Wertheimer, Eduard, Geschichte Österreichs und Ungarns im I. Jahrzehnt des 19. Jahrhunderts, 2 Bde., Leipzig 1884–1890.

Wild, Thomas, Tirols Kampf um die Freiheit 1796–1797, Innsbruck 1949.

Winter, Eduard, Der Josephinismus, Berlin 1962.

Wodka, Josef, Kirche in Österreich, Wien 1959.

Wolfsgruber, Cölestin, Franz I., Wien 1899.

Wörndle, H. v., Philipp von Wörndle, Brixen 1894.

Wurzbach, Constant v., Biographisches Lexikon des Kaisertums Österreich, Wien 1856–1891.

Zieger, A., Storia del Trentino e dell'Alto Adige, Trento 1963.

Zierer, Otto, Die große Revolution. In: Große illustrierte Weltgeschichte, München 1980.

Zöllner, Erich, Geschichte Österreichs, Wien 1979.

Zwehl, Hans Karl, Der Kampf um Bayern, München 1939.

Zwiedineck-Südenhorst, Hans, Erzherzog Johann von Österreich im Feldzug 1809, Graz 1892.

Personenregister

Achammer, Josef 342
Alvinczy, Joseph Freiherr von Barberek 59
Amhof, Nikolaus 342
Ammann, österr. Hauptmann 217
Ampach, Pfarrer 344
Andermatt, Joseph Leon 81
Arço, Karl Graf 106f., 110, 131, 283f.
Aretin, Johann Georg Freiherr von 120, 157f.
Arndt, Ernst Moritz von 149, 151
Arnim, Bettina von 198
Arrivabene, Giovanni Graf 13
Auckenthaler, Josef 271, 273
Auer, Andreas 343, 351
Augereau, Pierre François Charles 93

Bachmann, Georg 342
Bachmann, Josef 342
Baldacci, Anton von 238
Baraguey d'Hilliers, Louis Graf 19, 344, 352f.
Barbou, franz. General 336f., 343f.

Basevi, Joachim 20–26, 33
Beaufort, Herzog von 354
Beauharnais, Eugène, Herzog von Leuchtenberg, Vizekönig von Italien 18, 164, 193–196, 205, 224, 240f., 316, 318, 320, 325, 327, 340, 347, 353–356
Beauharnais, Josephine de 55, 84, 369
Beaumont, Antoine M. Graf 255
Beethoven, Ludwig van 83
Bernadotte, Jean Baptiste Jules 93, 101
Berthier, Alexandre, Fürst von Neuchâtel 164
Bertoletti, franz. General 15, 341
Bisson, Pierre François 14ff., 18ff., 33, 169, 172ff., 181–184, 219, 253, 356, 367
Bonaparte, Caroline 310
Bonaparte, Joseph 141, 143, 367
Bonaparte, Louis 141
Bonaparte, Lucien 308
Borghi, Alexander 30

Bresciani, Antonio 11
Broussier, franz. General 15, 342
Brulon, J. 24f., 29f.
Brunner, Johann 292
Bubna, Ferdinand Graf 238, 308
Bucher, Georg 175
Büllingen, bayr. Major 274
Buol von Bärenberg, Josef Ignaz Freiherr von 202–206, 208, 210, 216, 219, 229f., 249, 251, 259, 294
Buol-Schauenstein, Karl Rudolf Freiherr von 130, 133, 135
Burger, Franz 341
Burscheid, bayr. Oberst 273f.

Carneri, Innsbrucker Polizeidirektor 98
Carnot, Lazare Nicola Marguerite Graf 55
Cevallo, Don 152
Champagny, Jean Baptiste Nompere de 289, 310
Chasteler, Johannes Gabriel, Marquis de Courcelles 89, 92,

Personenregister

168, 173f., 176, 185f., 190ff., 194f., 197, 199, 202–207, 216, 222, 225, 240f., 259, 367f.
Clarke, Henri 353
Cobenzl, Johann Ludwig Graf 81
Colloredo-Waldsee, Franz de Paula Karl Graf 70

Dallaveccia, Jakob 192
Daney, Josef 292, 324ff., 336, 354
Danton, Georges Jacques 158
Daubrawa, österr. Hauptmann 217
Daxer, Josef 342
Delama, Matthias 207
Deroy, Bernhard Erasmus Graf 101, 196, 210, 213f., 217–220, 272, 275, 277, 279, 304, 316
Ditfurth, Karl Freiherr von 162, 178
Dolgoruki, Fürst von 82
Donnersberg, Alois Freiherr von 189
Dorelli, franz. Major 334ff.
Drouet, Jean Baptiste, Graf d'Erlon 275, 281, 316, 318, 323, 325, 353
Dubois, franz. Leutnant 22
Dumouriez, Charles François 53
Dupont, franz. General 142, 144

Durnwalder, Bartholomä 342
Duschel, Andreas 155

Egloffstein, sächs. Oberst 267
Eiffes, Michael 33
Eisenstecken, Adjutant Hofers 208f., 302
Elisabeth, Erzherzogin von Österreich 116
Enghien, Herzog von 354, 365f.
Ennemoser, Andreas 175
Ertel, österr. Oberstleutnant 216, 218f.
Etschmann 208

Ferdinand, Prinz von Asturien, Infant von Spanien 140f.
Fichte, Johann Gottlieb 149
Forestier, Caspare François de 22, 27f.
Fouché, Joseph, Herzog von Otranto 235
Frandl, Franz 342
Franz I. Stephan, röm.-dt. Kaiser 39, 294
Franz I. (II.), Kaiser von Österreich 15, 17f., 27, 29, 45, 51, 66f., 69–72, 74ff., 81–85, 89, 91f., 95, 98, 103, 105, 116, 119, 126, 138, 144, 147, 151, 153, 221ff., 225f., 233, 235–241, 244–248, 250f., 259f., 288f., 300,

302, 307, 311–315, 317, 323, 329, 347f., 356ff., 360ff., 364, 366–369
Frena, Matthias 341
Frey, Avelinus 189
Frick, Anna 38
Friedrich II. der Große, König von Preußen 120
Friedrich Wilhelm II., König von Preußen 68
Friedrich Wilhelm III., König von Preußen 120
Friedrich Wilhelm III., König von Preußen 69

Gaismair, Michael 364
Gasteiger, Anton von 207, 211
Gebhard, Johann 125
Gentz, Friedrich von 82, 149
Giovanelli, Kaufmann 125, 189, 354
Gneisenau, August Wilhelm Graf 235
Godoy y Avarez de Faria, Manuel 139f.
Goethe, Johann Wolfgang von 41, 69, 149, 183, 198
Görres, Johann Joseph von 149
Goya, Francisco 142
Griener, Josef 40ff., 135
Groder, Stefan 342
Gufler, Josef 327
Guillot, franz. Leutnant 22, 28

Personenregister

Haller, Johann 341
Haller, Josef 35
Haspinger, Joachim 16, 134, 205, 207, 213, 217, 227, 257, 269, 276, 280ff., 292, 320–325, 327, 333, 354
Hauser, Andreas 24
Heine, Heinrich 10
Hepperger, Serafin 114
Hermeter, Matthias 134f.
Hofer, Adele 263
Hofer, Anna, geb. Ladurner, Frau A. Hofers 43f., 167, 294, 299, 343, 345, 349, 352, 354, 362, 364
Hofer, Anna, Schwester A. Hofers 40
Hofer, Jakob, Feldpater 166
Hofer, Johann, Sohn A. Hofers 362
Hofer, Johann, Vorfahre A. Hofers 34
Hofer, Josef, Vater A. Hofers 34
Hofer, Marie, Mutter A. Hofers 34
Holzer, Johannes 35
Holzknecht, Johann 60, 292, 344
Hormayr, Josef Freiherr von und zu Hartenburg 86, 125, 133, 149, 151–158, 166, 168, 184f., 188–193, 207f., 211, 221f., 225, 227, 229–232, 243, 258ff., 264, 296, 360, 365, 367f.
Huard, franz. General 354

Huber, Peter 125
Hübscher, Catherine 200, 286
Hudelist, Josef von 156
Hus, Johannes 158

Ilmer, Andreas 349
Ilmer, Peter 350
Innerhofer-Thurner, Josef 292
Isnard, franz. Unteroffizier 22f., 28

Jäger, Anna 198
Jäger, Johann 342
Jeanne d'Arc 64
Johann, Erzherzog von Österreich 18, 71, 75, 85ff., 91–97, 116, 124f., 147ff., 152–158, 161, 165f., 168, 174f., 179ff., 184, 192–195, 199, 203, 205, 209, 221f., 243, 248ff., 259, 288, 294, 300f., 313, 317, 319, 347f., 350, 356f., 360, 364–367
Jordan, Johann 181
Josef II., röm.-dt. Kaiser 39f., 46f., 50, 66, 70f., 112, 115f., 128, 130f., 197, 294, 364
Joubert, Barthélemy Catherine 61, 64f.
Joubert, franz. Hauptmann 22
Jourdan, Jean Baptiste Graf 59
Junker, Pfarrer 135
Junot, Andoch, Herzog von Abrantes 143f.
Junot, Madame 310

Kahl, Wenzel von 153f.
Kaneider, Georg 341
Karl IV., König von Spanien 139ff., 367
Karl, Erzherzog von Österreich 58f., 71, 73ff., 81, 90, 91–94, 96, 147, 151f., 156f., 163, 191, 194f., 233f., 238, 241f., 245–248, 250, 263f., 300, 302, 347, 368
Katt, Leutnant 234
Kinkel, Georg August Freiherr von 162, 164, 176–179, 182, 219, 367
Kirchner, Johann 341
Kleist, Heinrich von 150
Klippfeld, franz. Major 334
Knoflach, Anton 264
Koch, Heinrich 341
Köck, Franz 292
Kolb, Johann von 16, 166, 257ff., 321, 325, 335, 338f., 342
Korber, Johann 24
Kraft, Andrä 35
Kräuter, Peter 155
Kugstatscher, Postverwalter 154
Kutschera, Johann von 238

Lannes, Jean L. 121, 233
Lantscher, Priester 271
Lanz, Katharina 64
Laudon, Johann Ludwig Alexander von 57, 60f.

Personenregister

Launey, de 45
Lefèbvre, François Joseph, Herzog von Danzig 145, 163, 196ff., 200, 204, 208ff., 225, 231, 252–257, 259ff., 265, 268–275, 277, 281–288, 304, 368
Leiningen, Christian Graf 186, 205f., 230
Leitgeb, Josef 342
Lemoine, franz. General 184
Leopold II., röm.-dt. Kaiser 39, 50, 70, 116, 364
Lichtenthurn, Josef Freiherr von 288, 319f.
Liechtenstein, Johann I. Joseph Fürst von 245, 312
Lodron, Franz Graf 179
Lodron, Karl Graf 167, 260, 325, 341
Louis-Ferdinand, Prinz von Preußen 121
Ludovica, Kaiserin, 3. Frau von Franz I. (II.) 156
Ludwig Karl August, Kronprinz von Bayern 254, 256, 274f., 287, 303, 309, 316, 340, 355, 359f.
Ludwig XVI., König von Frankreich 45f., 364
Luise, Königin von Preußen 69, 121
Lutterotti, Johann von 192

Mack von Leiberich, Karl Freiherr von 81, 90
»Madame Sans Gêne« siehe Hübscher, Catherine
Manifesti, Giovanni 30, 32
Marceau, François 59
Margarete Maultasch, Gräfin von Tirol 46f., 99
Margreiter, Jakob 182, 207
Maria Theresia, Kaiserin 39f., 57, 115f., 178, 181, 197, 204, 278, 294
Marie-Antoinette, Erzherzogin von Österreich, Königin von Frankreich 45, 364
Marie-Louise, Erzherzogin von Österreich, Kaiserin von Frankreich 355f., 357ff., 369
Markreich, Josef 341
Marmont, Auguste 101
Masséna, André Duc de Rivoli 74, 93f., 233
Masson, franz. Hauptmann 22
Maximilian I., röm.-dt. Kaiser 23, 116, 364
Maximilian I. (IV.) Josef, Kurfürst, ab 1806 König von Bayern 25, 97, 100–103, 105ff., 115, 128, 132, 137, 156, 159,
167, 242, 275, 303–306, 316, 365
Mayr, Peter 123, 276, 279, 325, 338f., 343, 347
Mehlhofer, Josef 342
Metternich, Clemens Wenzel Lothar Fürst von 29, 289, 309–312, 357–360, 366, 369
Metz, Kardinal von 354
Mirabeau, Graf 354
Montgelas, Maximilian Joseph Freiherr von 100, 103, 107ff., 119f., 123, 126, 132, 137, 161ff., 176, 228, 257, 275, 304
Morandell, Josef von 192, 257
Moreau, Jean Victor 59, 339
Mortier, Edouard 121
Mösl, Johann 292
Mosloy, Graf 137
Müller, österr. Major 288
Murat, Joachim 141, 367

Napoleon I. Bonaparte, Kaiser von Frankreich 7, 11, 14–19, 23ff., 28f., 54–59, 61, 65ff., 75ff., 80–84, 89f., 92ff., 96ff., 100–103, 105f., 109ff., 120ff., 128, 137–141, 143–146, 150, 152, 162–165, 177, 187, 193ff., 199f., 204, 216, 220f., 223ff., 233–236, 240–243,

245f., 248, 251–254, 257f., 261–264, 268f., 272, 275, 277f., 285–288, 301f., 304, 306–311, 313–316, 318, 320f., 326f., 340f., 348, 355f., 359, 360f., 364–370
Necker, Jacques 45
Nessing, Franz Anton 125, 153ff.
Ney, Michael 93f., 96, 121, 145
Novalis (eigentl. Friedrich Leopold Freiherr von Hardenberg) 149
Nugent-Westmeath, Graf Laval 288
Nunzinger, Ignaz 341

Oberdorner, Matthias 292
Oberrauch, Kaufmann 328
Oblasser, Johann 342
Orléans, Louis-Philippe von 45
Ornano, Marschall d' 354
Öttl 349
Otto, Ludwig Wilhelm 100, 137, 153

Pamer, Sebastian 343
Parma, Marie-Luise von 139
Patsch, Schützenhauptmann 178
Paul I., Zar von Rußland 73f., 101, 121, 144
Peyri, Ludwig de 302
Pfaundler, Gertrud 8

Pichler, Bartholomä 341
Pichler, Karoline 149
Pius VII., Papst 152, 277f., 368
Plattner, Anton 282
Plutarch 151
Preysing, Max Graf 305
Pühler, Josef von 31
Purtscher, Adjutant 296

Quosdanovich, österr. Feldmarschalleutnant 59

Raffl, Franz 21, 349ff.
Raglovich, Klemens von 254
Rákóczi 158
Rattenberg, von 286
Reissenfels, Samuel von 184
Rieder, Simon 341
Robespierre, Maximilian de 54f., 364
Röggl, Alois 182
Roschmann, Anton von 318
Rößler, Müller 113
Rousseau, Jean Jacques 146
Rouyer, François 255, 265–270, 368
Rüchel, Ernst Friedrich Wilhelm von 121
Rudolf I., röm.-dt. Kaiser 259
Rudolf IV. der Stifter, Herzog von Österreich 99
Rusca, Jean B. 260f.,

265, 269, 272, 326, 330–333

Sade, Marquis de 354
Saint-Just, franz. Revolutionär 364
Sarnthein, Alois Graf 286
Savonarola, Girolamo 338
Scharnhorst, Gerhard Johann David von 235
Schasser, Johann 185
Schenkendorf, Max von 151
Schifer, Thomas 135
Schill, Ferdinand von 234
Schlegel, Friedrich 149f.
Schleiermacher, Friedrich Daniel 149
Schmadl, Jakob 342
Schmidt, Josef von 230, 259
Schumacher, Bürgermeister von Innsbruck 295
Schwarzenberg, Karl Philipp Fürst zu 359
Seitz-Rieglhofer, Paul 292
Senn, Johann Michael 225f., 257
Severoli, Philippe 15, 339, 341
Siebein, bayr. General 97
Sieberer, Jakob 207, 257, 324ff., 336
Sieß, Anton 35
Sigmair, Peter 342
Sigmund, Damaszen 343

Spaur, Graf, Landeshauptmann 181
Speckbacher, Josef 16, 160, 175, 205, 207, 210, 212, 215, 217, 255, 257, 269, 276, 279–282, 293, 322f., 340, 368
Speicher, bayr. Major 170
St. Julien, Graf 92f.
Stadion, Johann Philipp Graf 147, 149, 157, 238f., 289, 311f.
Stadler, Josef Anton von 296
Staffler, Richter 348
Steger, Anton 154
Stein, Heinrich Friedrich Karl, Reichsfreiherr vom und zum 66, 149f., 235
Steinhauser, Josl-Gufler, Josef 349
Sternbach, Therese Freifrau von 286
Stetten, Polizeidirektor 305
Stettner, Chronist 119
Straub, Josef Ignaz 113, 160, 175, 186f., 190, 257, 286
Strobel, Martin 57
Suwarow-Rymnikskij, Alexander Wassiljewitsch 73f.

Sweth, Kajetan 11, 15, 29f., 32, 292, 344f., 352f.

Talleyrand, Charles Maurice de, Fürst von Benevent 309
Tascher de la Pagerie 327
Taxis, Paul Freiherr von 184, 191
Teimer, Martin Rochus 180ff., 185ff., 191f., 200f., 218f., 257, 260, 294, 346f.
Thaler, Josef 351
Thugut, Johann Amadeus Franz de Paula Freiherr von 69, 71f.
Tombe, de, franz. Offizier 22
Trischler 341
Triva, Johann Graf 164
Trogmann, Blasius 288, 292, 301
Tschiderer, Karl Baron 98
Tschöll, Valentin 171f., 257

Uhland, Ludwig 151
Unterkirchner, Martin 343

Vergil 13
Victor, franz. Marschall 145

Voisin, Giftmischerin 354

Waldner-Riebler, Georg 292
Walewska, Marie Gräfin 311
Wander-Ballon, franz. Hauptmann 22f.
Weinbach, bayr. Kommissär 275
Wellington, Arthur Wellesley, Herzog von 143, 235
Welsperg, Johann Graf 189
Widumsbaumann, Johann 292
Wieland, Christoph Martin 254
Wild, Anton 327, 347, 349, 356, 358
Wintersteller, Rupert 159, 257
Wolkenstein, Franz Graf 57
Wörndle, Philipp 63, 321
Worscher, Anton 342
Wrede, Karl Philipp Fürst von 101, 137, 162, 169, 172f., 196, 198ff., 316
Wurmser, Dagobert Sigmund Graf 53, 58f.
Wurzer, Georg 342

Zimmermann, Josef 182

Daß wir Ursache über Ursache haben dem allmächtigen gütigsten Gott für die durch seine außerordentliche Hilfe erfolgte Befreyung des Vaterlandes von dem so mächtig als grausamen Feinde zu danken, muß und wird wohl jedermann erkennen, und jedermann wünschen, fernerhin von dieser großen Plage befreiet zu bleiben, mit welcher Gott, so wie im alten und neuen Testament, sein Volk so oft, und also auch unser Vaterland, heimgesucht und gezüchtiget hat, auf daß wir uns zu ihn wenden und bessern sollen.

Mit herzlichen Dank für des gütigen Gottes so große Erbarmniß, und mit aufrichtigen Vorsatz einer ernstlichen Besserung müssen und wollen wir uns also zu ihn wenden, und um fernere Verschonung bitten. Wir müssen seine väterliche Liebe mit wahrer Gegenliebe durch auferbaulichen, züchtigen und frommen Lebenswandel, und wie er als Vater besiehlt, mit aufrichtiger und wahrer Liebe des Nächsten zu erlangen uns ernstlich bestreben, und also Haß und Neid und Raubsucht und alles Lasterhafte verbannen, den Vorgesetzten Gehorsam, und dem bedrängten Mitbürger so viel wir können Hilfe leisten; überhaupt aber alle Aergernisse vermeiden.

Viele meiner guten Waffenbrüder und Landesvertheidiger haben sich geärgert, daß die Frauenzimmer von allerhand Gattungen ihre Brust und Armfleisch zu wenig, oder mit durchsichtigen Hudern bedecken, und also zu sündhaften Reizungen Anlaß geben, welches Gott und jedem christlich denkenden höchst mißfallen muß.

Man hoffet, daß sie sich zu Hintanhaltung der Strafe Gottes bessern, widrigenfalls aber sich selbst zuschreiben werden, wenn sie auf eine unbeliebige Art mit ——— bedecket werden.

Innsbruck den 25sten August 1809.

Andreas Hofer,
Ober-Commandant in Tyrol.